도덕철학과
도덕심리학

❄ 도덕교육론의 새로운 동향과 근거 ❄

Contemporary Philosophical and Psychological Perspectives
on Moral Development and Education

도덕철학과
도덕심리학

❈ 도덕교육론의 새로운 동향과 근거 ❈

웨인 윌리스 · 다니엘 패스코 쥬니어 엮음
박병기 · 김동창 · 이철훈 옮김

인간사랑

CONTENTS

2부 도덕성 발달과 도덕교육에 관한 심리학적 관점들 · 189

역자 서문

우리에게 도덕교육은 그다지 매력적인 화제가 아니다. 국가적으로 학생들의 자살이 급증하고 있을 뿐만 아니라 학교 폭력이 수그러들 기미가 보이지 않고 있지만 정부 당국자들이나 어른들의 대응은 실망스럽기 그지없다. 이런저런 대책들을 내놓아도 대부분의 사람들은 그 대책들이 우리 문제를 해결해 주리라고 기대하지 않는다. 그저 문제가 생기니 '소 잃고 외양간 고치는' 시늉만 하다가 넘어가겠거니 하면서 냉소적인 자세를 취한다. 그런 가운데 가끔씩 언론매체를 통해서나 사적인 대화의 자리에서 도덕교육이 제자리를 찾는 일이 시급하다고 주장하는 사람들을 드물게 만나기도 하지만 그 역시 많은 사람들의 관심과 호응을 얻지 못한 채 일회성 언급으로 그치는 경우가 대부분이다.

그렇다고 이렇게 계속 지켜만 보고 있을 수만은 없다. 우선 폭력의 희생자가 되거나 성적과 관련된 스트레스를 견디지 못해 아파트 옥상으로 올라가는 아이들이 따로 정해져 있지 않아 바로 나의 문제가 될 가능성이 상존한다는 점에서 그러하다. 상상하기도 싫지만 만약 나의 아이가 그런 경우를 당한다면 그 참담함은 어떻게 할 것인가? 어떤 어려움이 있다고 해도 우리가 나서서 그 원인을 분석하고 그것에 맞는 대책을 마련해 실행해 나가야만 하는 시점임을 부인할 길이 없다. 우리에게 더 이상 물러설 곳이 없다.

그런 절박한 심정으로 문제의 해결책을 찾다보면 자칫 잘못된 길을 찾게 되는 결과를 낳을 수도 있다. 이럴 때일수록 문제의 본질을 들여다보면서 그 본질에 맞는 근원적인 대응책을 찾아 실천에 옮길 수 있는 것부터 하나씩 행동에 옮기는 길 외에는 다른 대안이 없다. 그 지점에서 우리는 다시 도덕교육 또는 인성교육과 마주하게 된다. 오랜 시간 동안 이문제에 주목해 온 역자는 우리 사회에 '인성교육에 대한 인식론적 혼란과 실천적 방치'가 횡행하고 있다는 주장을 해오고 있다. 인성교육이 무엇인지에 대한 합의가 없는 상태에서 많은 사람들이 인성교육을 강화해야 한다고 공허하게 외치고 있을 뿐 실질적으로 가정과 학교에서 인성교육이 방치되고 있다는 주장이다.

이 상황을 극복할 수 있는 단 한 가지의 강력한 대안이 있을 수는 없지만 그 출발점으로 삼을 만한 몇 가지 전제는 찾을 수 있다. 우선 인성교육 또는 도덕교육을 바라보는 관점에 대한 최소한의 합의가 있어야한다. 인성(人性)은 인간의 본성 또는 인간만의 고유한 본성을 의미하는 전통윤리적 개념으로 주로 선진유교의 성선(性善)이나 불교의 불성(佛性)에 뿌리를 두고 있다. 그런데 우리 사회에서 통용되고 있는 또 다른 인성개념은 가치중립적인 성격(personality)이다. 광복 후 미국 교육학이 우리교육계를 지배하면서 널리 확산된 개념으로, 이 성격 개념은 주로 상담과 치유라는 심리학적 활동과 깊은 관계를 맺고 있는 것이다. 우리 사회에서 인성교육을 말하는 사람들은 모두 이 두 개념 중 어느 하나에 기울어서 말하는 경향이 있고, 특히 대부분의 교육학자들은 후자일 가능성이 높다. 그렇기 때문에 인성교육을 강화하기 위한 주요 방안으로 상담교사를 늘리는 방안을 먼저 내세우는 것이다. 인성에 성격이 포함될 수 있지만 전자는 윤리학적 개념인 반면에 후자는 심리학적 개념임을 먼저 분명히 한 후에 인성교육에 접근해야만 기대하는 성과를 거둘 수 있을 것임은 더 말할 나위가 없다.

두 번째 전제는 인성교육과 도덕교육, 특히 도덕과 교육과의 관계를 보다 분명히 하는 일이다. 인성교육을 인간만의 고유한 본성을 살리는 일과 함께 성격을 원만하게 만들어가는 노력으로 정의할 경우 도덕교육은 자연스럽게 그 안에 포함된다. 다시 말해서 인성교육을 인간이 갖추고 있어야 하는 고유한 본성을 제대로 갖추게 하는 교육이라고 정의할 경우, 그 고유한 본성은 이성과 언어에 근거하는 합리성과 삶의 의미를 지향하는 도덕성이 핵심 요소를 이룬다. 이 합리성과 도덕성은 궁극적으로는 서로 분리될 수 없지만 교육의 과정에서는 부분적으로 분리해 생각해 볼 수도 있다. 합리성은 주로 추론과 사유경험이라는 방법을 통해 길러질 수 있고, 도덕성은 인격체들 사이의 만남과 도덕적 판단과 실천을 필요로 하는 구체적 상황과의 만남을 통해 길러질 수 있다. 그렇게 본다면 인성교육은 창의성과 같은 합리성의 하위범주의 목표를 포함하는 모든 교육의 목표이자 과정으로 설정되어야 마땅하다. 도덕교육은 이러한 인성교육의 목표를 주로 삶의 의미지향이라는 도덕성의 차원에 중점을 두고 접근하고자 하는 노력이고, 도덕과 교육은 그것을 도덕수업을 통해 이루어내고자 하는 적극적인 접근법이 된다. 즉 도덕과 교육은 그러한 인성교육과 도덕교육에 접근하는 교과적 방법을 의미하게 되고, 그 결과 주로 학교라는 공간과 도덕시간이라는 시간의 제약 속에 존재하는 도덕교육에 대한 하나의 접근법이 되는 것이다.

도덕교육에 접근하는 방법에는 이러한 도덕과 교육 외에도 철학교육적 접근과 종교교육적 접근이 있는데, 주로 불교와 유교를 사상적 배경으로 공유하는 문화권에서 도덕교과를 설정하는 도덕교과적 접근을 선호하고 있고 프랑스, 영국, 독일 같은 유럽권 국가들은 그리스도교를 전제로 하는 종교교육적 접근에서 점차 탈피하여 철학 또는 윤리를 교과로 설정하는 방향으로 가고 있는 중이다. 종교교육적 접근의 경우에는 이슬람권과 남방 불교권 국가들이 대표적이다. 우리의 경우에는 도덕교과와 도덕수업을 근간으로 삼아 도덕교육과 인성교육에 임하면서 다른 교과 및 학교생활 전반, 그리고 가정교육 등을 활용하는 접근법을 택하고 있고, 이러한 접근법이 지니는 장단점에 대한 열린 논의가 펼쳐지고 있는 중이다.

이러한 전제들을 가지고 도덕교육을 포함하는 넓은 의미의 인성교육에 접근하고자 할 때 우리는 당연히 그 배경을 이루고 있는 다양한 학문적·실천적 측면에 눈을 돌려야 한다. 이 책의 편집자들은 그 배경을 '철학적·발달론적·심리학적 기초'라고 분류한다. 그 중에서 발달론적 기초는 심리학적 기초에 해당되므로 우리는 도덕교육을 중심에 두는 인성교육은 철학적·심리학적 기초를 튼튼히 하면서 이루어져야 한다고 말할 수 있다. 그런 점에서 도덕교육은 윤리학과 도덕심리학에 기반해야 하고, 도덕교과의 배경학문도 당연히 윤리학과 도덕심리학일 수밖에 없다.

이러한 맥락에서 이 책은 우리에게 많은 시사점을 던져줄 수 있는 내용을 담고 있다. 현대 사회에서 부각된 도덕교육에 대한 대표적인 접근법을 인격교육과 도덕적 추론, 비판적 문해, 배려공동체라는 네 가지로 분류하면서 도덕교육이 목표로 설정해야 하는 과제를 '자신의 일상적인 도덕문제를 분명하고도 적절한 방식으로 다룰 수 있게 되는 것'과 '삶에서 도덕적 힘을 가장 소중하고 이상적인 목표로 갖는 것'이라고 제시하는 편자들은 그것에 좀 더 가깝고도 적절하게 다가설 수 있는 방법들을 다층적으로 모색하는 글들을 모아놓고 있다. 한편으로 우리가 익숙해져 있는 내용들도 있지만, 그 경우에도 최근의 연구성과를 비판적으로 확인해 볼 수 있는 내용들일 뿐만 아니라 비판적 문해(critical literacy)와 같은 사회윤리교육적 내용도 포함하고 있어 많은 생각거리를 제공해 준다.

역자들은 이 책을 2010년에 한국교원대학교 대학원 윤리교육과의 강의 교재로 선택해서 함께 읽었다. 그 과정에서 학교 현장의 도덕교육과 관련된 많은 쟁점들을 이 책에 실린 글의 저자들과의 대화를 통해 되살려낼 수 있었고, 여러 가지 의미 있는 성과를 공유하기도 했다. 그때 함께 했던 대학원생이자 대부분 초·중등학교 현장에서 파견 온 교사들이기도 했던 사람들의 얼굴과 만남의 순간을 떠올려보는 것만으로도 행복해진다. 그런 뿌듯한 행복감을 도덕교육에 관심을 갖고 있는 분들과 함께하고 싶다는 열망으로 번역해 보기로 결심했고, 먼저 박사과정생들인 김동창, 이철훈이 초역을 하기로 했다. 그 초역본을 강의를 이끌었던 박병기가 다시 검토하면서 현재와 같은 번역본으로 만들었다. 이 과정에서 원문과 대조해 가며 꼼꼼하게 교정을 보아준 김은미 선생에게 고마운 마음을 전한다. 기초학술서들이 거의 팔리지 않는다는 열악한 출판상황 속에서도 어렵게 이 책의 출간을 결정해 준 도서출판 인간사랑의 어국동 사장님과 이국재 부장님의 호의에도 감사하고 싶고, 문체가 통일되어 있지 않아 난삽하게 느껴질 수도 있는 번역 원고를 꼼꼼히 살펴주신 홍성례 편집장님과의 각별한 인연도 꼭 기억해두고 싶다. 그 분은 본 대표역자의 책을 박사과정 시절인 1990년대 초반부터 현재에 이르기까지 여러 권 만들어주셨다. 계획하시는 일들이 모두 순조롭기를 기원한다. 아울러 이 책이 우리의 인성교육과 도덕교육에 새로운 희망의 탈출구를 마련하는 데 조금이나마 도움이 될 수 있기를 기대한다.

2012년 겨울
역자들을 대표하여
박병기 드림

감사의 글

이 책이 구성되어 나오기까지는 많은 이들의 협조와 노고, 격려가 있었다. 집필자들은 자신이 맡은 장을 위해 많은 시간과 정력을 쏟아부었다. 그리고 끝이 보이지 않을 것 같은 편집과정을 묵묵히 인내심을 가지고 기다려 주었다. 이 시리즈의 편집자 칸폴 박사(Dr. Barry Kanpol)는 편집상의 조언을 해주며 격려를 아끼지 않았다. 롱(Cathy Long)과 함몬(Linda Hammon) 역시 많은 지원을 아끼지 않았다. 또한 도서관 자료를 조사해 준 제자 호프(Ashley Hoepf)도 빼놓을 수 없는 고마운 사람이다. 주제어 색인작업을 도와준 스프래들링(Jeff Spradling)에게도 감사한다. 당연히 함톤 출판사 사장인 번스타인(Barbara Bernstein)에게도 무한한 감사를 표한다. 아마도 그녀의 군건한 의지가 없었다면 이 책은 세상의 빛을 보지 못했을 것이다.

머리말

오늘날 산업화와 민주화를 이룩한 서양과 미국사회가 도덕교육에 대해 보이는 태도는 정말이지 정신분열증적인 것 같다. 아이들에게 도덕적 행동들을 길러주는 적절한 방법들은 너무나도 자명하다고 확신하는, 그래서 공공장소에서 못된 짓을 하는 아이들의 부모를 어리석다는 듯이 곁눈질로 힐끗 쳐다보는 부모들을 나는 알고 있다. 그리고 그들에게 말한다. 그들이 그러한 곁눈질을 통해 무언가 암시를 보내는 것 같은데 나는 도무지 내가 무엇을 해야 하는지 전혀 모를 때가 많다. 우리 아이들은 내 어릴 적과는 너무 다르다. 그들은 매우 개성이 강하다. 그리고 우리가 사는 이 세계 역시 내가 성장했던 그것과는 너무도 차이가 많다. 어떤 아이들에게는 적절한 양육방식이 내 아이들에게는 부적절한 거 아닌가 하는 생각에 종종 빠지곤 한다.

어떤 부모들은 아이들을 적절하게 기르는 방법이 자명하다고 생각하지만 대부분의 부모들은 우리가 사는 이 세상이 엄청난 도덕적 위기에 직면해 있다고 생각한다. 그들은 범죄와 테러, 그리고 학교 폭력이 증가하는 것을 안타까워한다. (통계가 이를 지지해 주는지 여부와 관계없이 그들은 이러한 경험적 지식들을 사실로 지각한다.) 이제 인격교육(character education)은 정치적인 이야기가 되었고, 많은 집단들로부터 확실한 지지를 이끌어내는 주제가 되었다.

부모들이 도덕교육에 대해 약간의 정신분열증적인 모습을 보인다면 학교는 그보다 훨씬 더한 반응을 보인다. 많은 교사들은 이 시대의 도덕적 위기를 안타까워하며 인격교육을 학교 교육의 핵심으로 요구한다. 반면 또 다른 교사들은 그들의 직업이 학문적인 내용을 가르치는 것이라고 말하면서 학생들의 가치들에 영향을 주려는 시도는 적절한 처사가 아니라고 말한다. 다원주의 사회에서 도덕과 가치는 종교가 그렇듯이 가정의 문제라고 그들은 주장한다.

도덕교육에 대해 학교가 해야 할 역할이 무엇인가에 대해서도 학자들 간의 합의가 없는 상태이다. 우리는 어떤 가치를 가르쳐야 하는지 혹은 그것들을 어떻게 가르쳐야 하는지에 대해 합의점을 찾을 수 없는 것처럼 보인다. 다른 가정들(assumptions)과 방법론들이 작동하는 학문은 종종 서로 대치되는 입장들로 갈라지기도 한다.

대다수 부모들의 확신에도 불구하고 도덕교육이 직면해 있는 문제의 해답이 그리 자명하지 않다고 이 책의 편집자들은 생각한다. 그 해답은 근본이 되는 가정들, 사회적 현실, 학문적 통찰에 대한 세심한 검토를 요구한다. 하지만 이것들을 분석하는 것이 우리의 임무라고 생각하지 않는다. 또한 우리의 결론을 독자들에게 단지 전해주는 것이 우리의 임무라고도 생각하지 않는다. 우리는 독자들이 혼자 힘으로 다양한 관점들을 숙고해 보도록, 그리고 그것들의 철학적·심리학적 가정들을 검토해 보도록 인도한다. 그리고 그 과정에서 아이들에게 선한 마음을 길러주기 위해 부모가 해야 할 역할이 무엇인지 충분한 정보를 가지고 결정할 수 있도록 안내한다.

이 시대 최고의 지성들 중 몇몇은 이 문제들을 탐구해 왔고, 여기 실린 몇몇 논문들을 통해 독자들은 도덕교육에 종사하는 학자들에게 아주 쉽게 접근할 수 있을 것이다. 그러나 우리는 충분한 정보를 가지고 의사결정을 해야 하는 부모들뿐만 아니라 대학원생들 및 교사들을 포함하여 관심 있는 모든 사람들에게도 이것을 하나의 자원으로 제공한다. 그리고 몇몇 장들은 깊이가 있으므로 이 서문을 통해 최근 도덕교육의 역사뿐만 아니라 뒤에 나오는 몇몇 복잡한 논쟁들에 대한 일반적인 개관을 제공한다. 부디 이 서문이 최고 학자들의 탁월한 통찰을 일반 독자들이 좀 더 쉽게 이해하는 데 조금이나마 도움이 되길 기원한다.

역사적 배경[1]

20세기는 도덕교육에 그리 좋지 않은 시기였다. 인격함양이라 부르든 도덕교육이라 부르든 20세기 초 교육의 핵심 목표는 아이들을 좀

---

1) 이 부분의 많은 내용은 1998년에 나온 *Journal of Philosophy and History of Education*에 실린 나의 논문, "*Moral Education and the New Aristotelialism*"에서 가져온 것이다.

더 착하고, 도덕적이며, 정직하고, 유덕한 사람이 될 수 있게 돕는 것이라고 생각했다. [나는 이 서문에서 매우 넓은 의미로 '도덕교육'(moral education)이라는 용어를 사용한다.] 게다가 학생들에게 규범들을 외우게 하고, 그 규범을 어긴 학생들에 대해 벌을 주며, 선생님을 도덕적 행동들의 모델로 삼게 히는 등 다양한 방법들을 통해 도덕교육의 목표를 성취할 수 있다고 생각했다.

하지만 20세기 중반에 접어들면서 이러한 생각은 좌절되었다. 도덕성(morality)이 교육을 정의하는 데 핵심이었던 2,500여 년의 교육의 역사, 300년 동안 축적되어 온 계몽된 학문, 그리고 반세기 넘는 심리학의 발전에도 불구하고 우리는 도덕교육의 실마리를 제대로 찾지 못하고 있는 것 같다. 옛날의 도덕교육은 이미 죽었다. 그리고 우리는 그 죽음을 가져온 용의자를 확인하기 위해 군이 셜록 홈즈가 될 필요도 없다. 유력한 용의자 중 하나는 문화 다원주의이다. 그것은 거리를 걸을 때마다 우리의 얼굴을 때리고, 이 세계의 사람들이 모두 우리와 같지는 않다는 사실을 일깨워준다. 그들은 생각하고 행하는 방식이 우리와 다르다.

두 번째 용의자는 정의주의(情意主義, emotivism)의 출현, 그리고 철학과 대중문화에 대한 그것의 영향이다(MacIntyre, 1981, pp. 5ff ; Carr, 1991, pp. 90ff). 정의주의의 핵심 교리는 다음과 같다. "모든 평가적 판단 그리고 좀 더 정확하게 모든 도덕판단은—그것들이 성격상 도덕적 혹은 평가적인 한에 있어서—선호의 표현, 태도 혹은 감정의 표현에 지나지 않는다"(MacIntyre, 1981, p. 11). 다른 철학적인 움직임들과 마찬가지로 이러한 주장은 문화 속으로 폭넓게 스며들었다. 그리고 현대의 도덕담론에 큰 타격을 주었다.

문화적으로 편협했던 19세기 도덕교육에 대한 믿음의 적절한 붕괴와 보편적으로 옹호될 수 있는 도덕원리를 찾기 위한 노력의 부적절한 포기라는 두 사건으로 인해 학교는 어떤 내용을 가지고 도덕교육을 해야 할지 혼란스러운 상황에 직면하게 된다.

세 번째 용의자는 다름 아닌 도덕교육을 위해 학교가 무엇을 해야 하는가에 관한 연구결과들이다. 1920년대 후반 전통적인 도덕교육의 효과에 의문을 품고 하트숀과 메이(Hartshorne & May)가 수행한 도덕성에 관한 연구는 도덕교육에 대한 우리의 확신을 부숴버리는 데 한몫을 했다. 이 방대한 연구는 도덕적 규범을 배운 아이들이 배우지 않은 아이들보다 실제로는 그것들에 따르지 않고 있다는 것을 밝혀냈다. 시간을 초월한 행동의 일관성을 내포하는 인격 개념에 의혹을 제기하며 도덕적 행동이 상황의존적임을 보여준 이 연구와 또 다른 관련된 연구들은 도덕적 담론을 위해 가치 있는 것들이다.

도덕교육에 대한 신념을 무너뜨린 네 번째 용의자는 학교로 하여금 특정한 문화집단이나 개인의 비위에 거슬리는 이슈들에 대해 어떠한 입장도 취하지 못하도록 한 정치적·법적인 분위기였다. 실제 특정한 도덕적 태도나 입장은 누군가를 화나게 할 수 있다. 때문에 학교는 도덕적인 문제들 대부분을 회피하면서 누구에게도 불쾌감을 주지 않는 학문적인 "사실들"(the facts)만을 가르치는 데 집착했다.

어찌됐든 1970년대 이후 약물교육(drug education), 성교육(sex education)과 같은 프로그램을 제외하고는 도덕교육을 위한 계획적인 시도들은 뒷전으로 밀려나거나 아예 사라져 버렸다. 학교가 의도적으로 도덕적 문제를 다루려 할 때 자신들이 정치적인 살얼음판 위를 걷고 있음을 발견하게 된다. 이를 알고 나면 학교는 학생들이 갖고 있는 가치를 명료화하도록 돕는 것 이상의 어떠한 것도 시도하지 않게 된다(가치명료화). 약물교육과 성교육에서조차도 우리는 자주 도덕적인 주장들을 내세우지 말고 화학적이고 생물학적인 사실들만을 가지고 교육하도록 압력을 받는다. 1980년대를 지나면서 학교는 사실들만을 가르쳐야 한다는 프라이데이(Joe Friday)의 생각은 교육개혁론자들을 비롯하여 "기본으로 돌아가자"(back-to-basics)는 구호를 지지하는 수많은 사람들의 외침을 커지게 했다.

때로는 도덕적 추론(moral reasoning)을 말하는 것이 도덕교육을 이야기하는 가장 안전한 길인 것처럼 보이기도 했다. 내용을 버리고 과정에 초점을 맞추어라. 도덕성에 관한 콜버그적 접근이 거의 전형이 되었다. 콜버그의 틀이 도덕교육을 논의하는 틀이 된 것이다. 도덕적 추론과 도덕적 행동 사이에 매우 밀접한 상관관계가 있다는 그의 가정은 자주 비판받았지만 그의 틀이 도덕교육의 문제들을 다룰 수 있는 유일한 접근 방법이었다. 즉 20세기 후반 공교육의 맥락에서 도덕교육을 언급하는 데 사용될 수 있는 유일한 논의의 틀이었던 것이다.

1970-80년대 도덕교육에서 의도적인 시도가 조금만 더 불투명했다면(너무 분명했다) 의식적인 가치교육이 완전히 사라지지는 않았을 것이다. 다소 미흡하긴 하지만 학교는 항상 불가피하게 가치함축적인 장소였다. 우리가 학생들에게 시험 중 부정행위를 하지 말라고 말할 때, 학생들이 합리적으로 수학 문제의 답을 구할 수 있도록 노력할 때, 지각에 대해 벌을 줄 때 우리는 학생들의 가치관에 영향을 주고자 노력하고 있는 것이다. 학교가 도덕/가치 교육을 목적으로 삼지 않는다는 것은 우리들

에게 상상조차 할 수 없는 일이다.

잭슨(Jackson)과 부스트롬(Boostrom), 한센(Hansen)의 『학교에서의 도덕적 생활』(*The Moral Life of Schools*, 1993)은 좀 더 최근의 연구이고, 지루(Giroux)와 퍼플(Purpel)의 『잠재적 교육과정과 도덕교육』(*The Hidden Curriculum and Moral Education*, 1983), 퍼플(Purpel)과 라이언(Ryan)의 『도덕교육 … 세력권 안으로 들어오다』(*Moral Education … It Comes with the Territory*, 1976)는 좀 더 오래된 연구로서 유사한 관점을 취하고 있다. 『학교에서의 도덕적 생활』은 대규모 질적 연구로서 관찰자들은 교실 안에서 도덕성에 영향을 주는 모든 것—교사의 의사소통 스타일에서부터 교실 배치에 이르기까지—을 관찰·기록하여 기술한다. 이 모든 것들은 사실 특정한 도덕적 분위기를 반영한 것이라고 그들은 전한다. 이와 유사한 관점들은 『잠재적 교육과정과 도덕교육』, 퍼플과 라이언의 『도덕교육 … 세력권 안으로 들어오다』 안에서도 발견된다.

도덕교육에 관한 합의가 파기되고 도덕교육의 위기를 초래한 원인들이 여전히 상존함에도 불구하고 우리는 도덕교육의 부활을 바라는 엄청난 관심의 한복판에 서 있다. 그 관심은 대중문화와 학계, 학문분야들, 그리고 이론과 실천의 경계를 넘나든다.

나는 관심의 수준과 관점의 다양성이 확대됨을 발견한다. 그러나 이 다양성이 맥킨타이어가 『덕 이후』(*After Virtue*)에서 현대 도덕적 담론의 본질적 특성이라고 주장한 도덕적 무질서로 작동할까 두렵다. 잭슨(Philip Jackson)과 파인(Melinda Fine, 1995), 파워(Clark Power, 1997), 그리고 윈(Wynne)과 라이언(Ryan, 1997)의 도덕교육에 관한 상이한 입장들을 접하는 것은 나에게 지적인 자극이고, 심지어 기쁨을 가져다 준다. 그러나 어떤 사람들은 학문공동체가 우리 학생들과 문화를 한층 높은 도덕적 지반으로 인도할 지침을 학교에 제공할 수 있는 희망이라는 생각을 이상하게 여긴다.

더 높은 도덕적 지반으로 이동할 필요가 있다는 우리의 뜻을 내비치기 위한 사례들은 몇 가지만 제시할 것이다. 이후에 이어지는 본문을 읽으면서 독자들은 그 의미를 보다 잘 추정할 수 있을 것이다. 도덕교육 부흥에 대한 대부분의 관심들은 우리나라가 도덕적 위기상황에 처해 있다는 인식의 공유에서 일어난다. 도덕교육에 보수적인 목소리를 내는 리코나(Thomas Lickona, 1991)는 "점차적으로 확대되어 가는 사회의 도덕적 문제—탐욕과 부정직에서 폭력적인 범죄, 약물 오남용, 자살과 같은 자기파괴적 행위까지—가 새로운 도덕교육을 요구함"(pp. 3-4)에 대해 집필하였다.

널리 알려진 인격교육론자 윈(Edward Wynne)은 "1955년 최고 전성기 시절 아동들의 행동을 측정한 방대한 자료에 기초하여" 글을 쓸 때 그는 우리 젊은이들이 나아가야 할 길(그리고 그가 바라는 젊은이들의 부류가 무엇인가)에 대해 어떠한 구애도 받지 않았다.

이러한 비판들은 보수적 세계관에서 비롯된 것이기는 하지만 보수주의자들이 문화적 위기에 대해 고민하는 것을 단순히 하찮게 볼 것이 아니다. 가치명료화의 대변자였던 커션바움(Howard Kirshenbaum)조차도 『학교, 도덕성, 가치를 고양시키기 위한 100가지 방법』의 서문에서 이 세계의 상황을 악화시키는 것들의 목록에 반달리즘(vandalism), 정신적 병폐, 약물 오남용, 흡연 그리고 폭력적 범죄를 포함시키고 있다. 그러고 나서 "오늘날 이러한 유행에 따른 젊은이들의 가치변화는 심각한 국민

성 타락의 징후이자 원인과 관련된다"(p. xii)고 논평한다. 해방신학자로 우리에게 더 익숙한 퍼플(David Purpel, 1988)은 『교육에서의 도덕과 정신의 위기』(*The Moral and Spiritual Crisis in Education*)라는 책 제목에 자신의 입장을 새겨넣고 있다.

좌파, 우파를 가릴 것 없이 대부분의 사람들은 우리 사회가 도덕적 위기에 직면해 있다는 것에 동의한다. 그러나 그뿐이다. 그 밖의 것에 대해서는 어떠한 합의도 이루지 못 하고 있다. 그리고 사람들이 도덕교육에 대해 어떤 입장을 취하기를 바라는지 올바로 이해하기가 쉽지 않다. 그래서 도덕교육의 전망은 더욱 안개 속에 가려 선명하지가 못하다.

파인(Melinda Fine, 1995)은 『마음의 습관』(*Habits of Mind*)이라는 책에서 홀로코스트를 다루는 교육과정 단원을 둘러싼 격렬한 정치적 논쟁을 검토했다. 그리고 대부분의 도덕교육 담론들은 두 가지 기본적인 접근방식으로 요약된다고 결론내렸다. 듀이, 피아제, 콜버그에 뿌리를 두고 있는 민주적 접근방식과 전통적인 미국의 교육과 오늘날 윈(Edward Wynne), 베넷(Bill Bennett)에 의해 옹호되고 있는 주입식 접근방식이 바로 그것이다(pp. 178ff).

『덕의 재건』(*The Rehabilitation of Virtue*)에서 샌딘(Robert Sandin, 1992) 역시 도덕교육을 두 가지 접근방법으로 구분했는데, 하나는 "교화"(indoctrination)이고, 다른 하나는 "교육"(education) 또는 "가르침"(instruction)이다. 그에 따르면 "가르침이란 학습자의 자유에 의존한다. 교화는 학습자를 통제와 조작을 위한 대상으로 다룬다"(pp. 39-40). 이 구절은 분명 행동주의(behaviorism)를 공격하고 있는 것이지만, 그는 우리의 도덕교육이 오늘날 "인격교육"이라 불리는 전통적인 접근방법을 추구해야 한다고 제안한다.

누치의 『도덕발달과 인격교육 : 하나의 대화』(Moral Development and character Education : A Dialogue)는 권위주의적 인격교육론자들과 진보적인 도덕발달론자들의 사유방식이 갖고 있는 특징들을 파악하여 양자간의 논쟁을 피하며 대화를 시도한 책이다. 이들은 상대방에게 말하는 방식이 그리 공감적이지도, 친사회적이지도 않기 때문에 이러한 작업은 공을 들여 연구할 만한 가치가 있다.

비록 많은 학자들이 두 개의 바구니 중 하나를 선택하는 것을 편하게 생각하겠지만, 도덕교육에 대한 두 목소리 중 어느 하나라도 무시하는 것은 도덕교육의 담론을 너무 거칠게 단순화하는 것이다. 어떤 이론가는 "전통적인 인격교육론자"로, 또 다른 이론가들은 "도덕발달론자" 혹은 "도덕적 추론 이론가"로 분류하는 것이 타당해 보인다. 그러나 나는 이러한 분류법에 비판적 문해 이론가(critical-literacy theorists)와 배려 공동체주의자(community-of-care)를 더할 것이다. 프레이리(Freire, 1998)나 지루(Giroux, 1992)와 같은 비판적 문해 이론가들은 비록 자신들이 수행한 학문적 작업에 도덕교육이라는 용어를 붙이지는 않았지만 그것은 분명 서로에 대한 도덕적 대우를 장려한다. 학교를 좀 더 배려할 수 있는 곳으로 만들기 위해 교육에 양육(nurture)이라는 페미니즘의 개념을 적용하는 데 관심을 가졌던 나딩스(Nel Noddings, 1992)와 같은 이들은, 비록 도덕교육의 영역에서 통용되는 표본조사에 관한 책들에서는 그것들을 무시하고 있지만, 배려를 도덕교육에 포함시키고 있다. 비판적 문해교육과 배려교육론이 도덕교육의 영역 안으로 들어오지 않은 것은 이들의 접근방식이 도덕교육을 교육을 구성하는 한 영역으로 바라보는 것이 아니라 그 자체를 교육으로 본다는 사실 때문이 아닐까 하는 생각이 든다. 그것은 도덕교육이론이라기 보다는 교육철학으로서 기능하고 있는 것이다.

도덕교육이라는 지형에 우뚝 솟아 있는 이 네 가지 상징물들이―인격교육(character education), 도덕적 추론(moral reasoning), 비판적 문해(critical literacy), 배려공동체(community of compassion)―도덕교육에 대한 주요한 접근법들을 모두 포괄한다고 말할 수는 없다. 그 경계를 가로지르는 수많은 학자들을 포괄하지 못할 뿐만 아니라, 특정한 철학적 지향에 얽매이지 않는 기술적(descriptive) 연구들의 급격한 성장도 끌어안지 못한다. 이러한 범주화는 범주 내부에 존재하는 차이점을 지나치게 최소화하고 단순화하는 경향이 있는데, 이는 그들을 비판할 좋은 빌미가 된다. 그럼에도 불구하고 이러한 네 가지 분류방식은 두 가지로 분류하는 것보다 더 정확하고, 이론적 연구들의 다양한 의미를 음미하는 데 20-30가지 이론을 상정하는 것보다 효율적이다.

어떤 이들은 오늘날 관심을 끌지 못하고 있는 가치명료화의 가치목록 부재에 주목하기도 한다. 사실 커선바움의 가치명료화는 그의 동료 싸이몬(Sidney Simon)에 의해 "주입"이라고 비판받은 전통적인 주입식 방법을 포함하여 다양한 도덕교육의 방법을 장려하기 위해 "포괄적 가치교육"(comprehensive values education) 모델을 주장한다. 커선바움(1995)은 "나를 비롯해 1960-70년대 가치교육의 새로운 접근방법을 지지했던 이들은 전통적 가치를 평가절하하고 그것을 소홀히 취급했던 과오를 범했다"(p. 8)고 시인한다.

도덕교육의 근본을 확인하는 것은 곧 주요한 도덕교육이론을 통해 우리 사회가 직면한 도덕적인 문제로 언급되는 것들을 확인하는 것이다.

　도덕발달 이론가들은 도덕적 자아를 형성하는 데 이성의 힘을 과대평가하는 반면 감정의 힘은 과소평가하는 경향이 있다. 사실 그들은 감정적 자아(emotional self)에 직·간접적으로 호소하는 도덕교육을 "교화"라고 비난한다. 학생들은 어떤 기본적인 도덕적 전제들 없이 무엇이 도덕적으로 옳은지 이성적으로 연역해낼 수 없다. 즉 토론 속에서 전제들을 연역해낼 수 없다. 그러면 이성에 선행하는(prerational) 전제들은 어디에서 비롯되는가? 이 진영에 몸담고 있는 어떤 학자들은 그러한 도덕적 전제들은 선천적인 것이라고 가정하고 싶어 한다. 하지만 이런 식의 가정은 그리 믿음이 가지 않는다.

　반면에 "인격교육론자"들은 방대하고 다양한 방법론을 높이 평가하는 경향이 있다. 그러나 어떻게 살 것인가에 대해 스스로 사고하고 선택하는 학생들의 역할을 거의 인정하지 않는다. 그들은 권위적인 방법에 너무 의존하는 경향이 있다. 또한 자율, 민주적 참여와 같은 가치들에는 별로 주목하지 않는 반면 복종, 권위에 대한 존중 같은 권위주의적 가치들에 초점을 맞추는 경향이 있다.

　내가 보기에 비판적 문해교육을 지지하는 이들, 배려공동체 지지자들, 발달론자들과 인격교육론자들 모두 도덕교육의 목표를 사회적 행동에 의거해 너무 협소하게 규정하는 경향이 있다. 그들은 우리가 타인을 어떻게 대하는가를 강조한다. 하지만 선한 사람은 오로지 타인을 존중하는 사람만도 아니요, 그렇다고 타인을 배려하는 사람만도 아니다. 어쩌면 선한 사람은 자신의 통합적인 자아를 키워나가는 사람일 수도 있다. 그런데 그들은 이러한 가능성을 외면하고 있는 것처럼 보인다.

독자들은 이 책을 통해 이런 비판이 정당화될 수 있는지 성찰해 볼 수 있을 것이다.

웨인 윌리스 W. Willis
(모어헤드 주립 대학교)

1부

❊ 도덕교육의 철학적 기초들 ❊

웨인 윌리스 W. Willis

⟩⟩⟩ 1장 개요 :
피아제와 콜버그의 도덕교육에 대한
칸트의 영향

1장에서 노틀담 대학의 문첼(G. Felicitas Munzel)과 파워(F. Clark Power)는 오늘날 도덕교육에서 벌어지고 있는 논쟁 중에서 민주주의적인 측면의 철학적 뿌리를 탐구한다. 이 부분은 항상 듀이(John Dewey), 피아제(Jean Piaget), 콜버그(Lawrence Kohlberg)와 관련된다. 그리고 저자들은 칸트(Immanuel Kant)의 철학이 피아제와 콜버그의 이론 형성에 어떤 영향을 미쳤는지 그 세밀한 부분까지 탐구한다. 비록 20세기 두 이론가는 방법론 측면에서 칸트와 다른 길을 걸었지만, 학습자는 환경의 영향을 수동적으로 받아들이는 것이 아니라 지식과 앎의 방식을 역동적이고 능동적으로 구성해 간다는 칸트의 입장을 지지한다.

피아제는 도덕성을 '규칙들에 대한 존중'이라고 규정함으로써 칸트를 지지한다. 그리고 나서 이 규칙에 대한 존중, 즉 도덕성이 아이들에게 어떻게 발달하는지를 연구한다. 피아제는 어린아이들이 규칙을 어른들의 권위의 산물로 보는 경향이 있다는 것을 발견했다. 어른들은 아이들이 더 성장할 때까지 복종해야 할 규칙을 부과한다. 그러나 좀 더 나이가 많은 아이들은 규칙을 추론과정의 산물로 생각하게 된다. 그리고 규칙제정에 자신이 참여할 수 있다는 것 또한 인지한다.

아이러니하게 피아제는 규칙을 신성불가침한 것으로 믿는 어린아이들이 그것을 이성에 기초하여 협의가 가능하고 또 탄력적인 것이라고 생각하는 나이 많은 아이들보다 그것을 위반할 가능성이 높다는 사실을 발견했다. 더 나아가서 어른과 아이 사이의 불평등한 관계가 유아기 아동의 자기중심성을 조장하는 반면 또래들 간의 평등한 관계는 타인의 관점에서 생각하도록 조장하고, 상호간의 논의를 통해 이성적인 결론을 내리도록 자극한다고 주장했다. 궁극적으로 그는 부모가 아닌 또래집단이 아동의 도덕발달에 중대한 역할을 한다고 결론짓는다.

도덕발달에 관한 피아제의 업적은 그의 인지발달 분야에서의 눈부신 성과로 인해 그다지 주목받지 못했다. 하지만 콜버그는 피아제가 제안했던 도덕추론의 문제를 깊이 있게 탐구해 명성을 얻었다. 또한 콜버그는 칸트에게도 직접적인 영향을 받았다. 칸트의 저작은 그가 도덕성의 이성적 토대를 마련하는 데 중요한 정보를 제공했다. 정언명법 개념에 매료된 그는 정언명법을 도덕적 추론의 궁극 목표로 삼았다. 정언명법은 우리의 행위가 보편적인 법칙이 되도록 행위할 것을 요구한다.

콜버그에게 있어서 보편적인 원리에 근거해서 사고하는 것은 가장 높은 수준의 도덕적 추론을 하는 것이다. 그의 유명한 도덕적 딜레마는 사람들이 사용하는 도덕적 추론을 알아보기 위해 고안되었다. 만약 어떤 사람이 제시된 딜레마에 관해 도덕적 추론을 한다면 그는 콜버그가 고안한 도덕추론 6단계 중 어느 한 단계에 속하게 될 것이다. 개인의 도덕적 추론단계는 도덕적 상황에 관한 대화와 토론을 통해 발달한다.

문첼과 파워에 따르면 피아제의 도덕발달이론이 함축하고 있는 교육적 의미는 다음과 같다 : (1) 아동은 배움의 과정에서 수동적인 수혜자가 아니라 역동적인 기여자이다. (2) 교육은 아동 중심이 되어야 하고, 아동들의 사고하기(children's thinking)가 나타내는 특징들에 민감해야 한다. (3) 문화 전수(transmission)라는 전통적 개념은 문화의 풍요(cultural enrichment)로 대체해야 한다. (4) 교육은 커다란 도덕적 기획(enterprise)이다. 그리고 전통적 교육방법들은 자율성보다는 타율성을 조장하는 모방에 근거하고 있으므로 변화기 필요하다.

콜버그에 따르면 도덕교육은 토론과정에서 드러나는 의견의 불일치에 대응하고, 자신의 입장을 시험하도록 해서 학생들이 인지적 불균형을 느낄 수 있게 해야 한다. 이는 "공유, 배려, 믿음, 집단책임감"(shar - ing, caring, trust and collective responsibility)의 실현을 추구하는 정의공동체(a just community) 속에서 가장 잘 작동된다(p. 29). 그런데 콜버그는 예외적으로 교육과정을 결정하는 데 있어서만은 민주적 절차를 적용하지 않는다.

이 장의 마지막에서 저자들은 피아제주의자와 콜버그주의자들의 도덕교육에 대한 접근방법이 칸트의 관점을 어떻게 되풀이하고 있는지에 대해 다룬다. 저자들에 따르면 피아제와 콜버그 훨씬 이전에 칸트는 학생들을 단순히 훈련시키거나 기계적으로 양육하는 것이 아니라 그들을 계몽해야 한다고 지적했다. 칸트는 전통적인 교조주의적 방법을 통한 도덕교육은 적절치 못한 것이라고 비난했다. 그리고 교사는 "학생 스스로가 자신 안에서 자의식과 도덕법칙의 효능감"(the self-consciousness and efficacy)을 도출해낼 수 있도록 그들의 추론능력을 계발해 주어야 한다고 주장했다(p. 32).

마지막에서 두 저자들은 콜버그와 피아제가 칸트가 걸었던 길을 뒤따르고 있다고 단언한다. 그들은 도덕적 자율의 길이 올바른 길임을 믿는다. 그러나 비록 칸트가 우리에게 올바른 길을 제시했지만 실제로 우리는 칸트로부터 그리 멀리까지 나아가지 못했다. 칸트는 훈련과 자율 사이의 긴장이 교육의 가장 중요한 문제 중 하나임을 인정했다. 그 긴장은 지금도 사라지지 않고 도덕교육에 대한 오늘날의 생각을 적절히 규정짓는 특징이 되고 있다.

》》》 2장 개요 :
덕윤리학과 아리스토텔레스의 영향

제2장에서 에든버러 대학의 카(David Carr) 교수는 도덕교육이 칸트의 정언명법(categorical imperative)이 아니라 아리스토텔레스의 덕윤리학(virtue ethics)에 그 뿌리를 박아야 한다고 주장한다. 그는 "지식의 내용과 도덕교육 모두와 관련해서, 특히 오늘날 이를 둘러싼 논쟁과 의견차를 고려할 때 우리가 가르치는 수업을 어떻게 정당화할 것인가?"의 문제가 도덕교육(과 모든 교육)의 핵심 문제라고 주장한다.

　카는 20세기 철학적 담론을 지배했던 네 가지―(1) 주관적 정서(subjective emotion)(가치는 개인의 선호이다), (2) 사회적 상대주의(social relativism), (3) 공리주의(행복을 위한 규범들은 결과들에 기초한다), (4) 칸트의 의무론(가치는 계몽된 인간들 간의 상호작용에 필수적인 보편원리이다)―주요한 해법을 확인해 보고 이들 각각이 지니고 있는 문제점들을 보여준다. 그리고 그 대안으로 덕윤리학(virtue ethics)을 제안한다.

그에 따르면 덕이란 "훌륭한 상태 혹은 어떤 행동을 위한 적절한 인격적 특성 … 일종의 성향"이다. 덕은 도덕적 책임을 떠안고, 기술을 습득하듯 훈련(training)을 통해 계발된다. 아리스토텔레스가 도덕교육에서 훈련을 강조한 것은 덕윤리학뿐만 아니라 권위주의적이라고 평가받는 인격교육의 핵심적인 특징이기도 하다.

그러나 아리스토텔레스의 도덕교육에서 훈련은 그의 광범위한 도덕이론의 극히 일부일 뿐이라고 카는 지적한다. 아리스토텔레스는 독립적인 실천적 이성(phronesis)의 계발이 필요함을 인식했다. 교육과 관련된 저작들 속에서 도덕적 이성에 초점을 맞추는 것은 아리스토텔레스보다는 오늘날의 "민주주의", 혹은 콜버그, 듀이, 칸트와 관련된 담론지향적 접근법과 훨씬 더 관련이 있는 것으로 간주된다. 만약 카가 옳다면 이러한 이분법적 사고에서 아리스토텔레스를 우측에 놓는 것은 잘못된 처사이다. 아니 사실은 이분법 그 자체가 잘못된 것이다. 아리스토텔레스의 주요한 덕(virtues)들은 도덕교육에 영향력을 행사하고 있는 두 부류의 이론을 화해시켜 준다.

덕윤리학은 공리주의가 그러한 것처럼 도덕적 선택의 결과를 올바로 인식할 수 있는 장점이 있다. 그러나 덕윤리학은 결과가 도덕적 선택에서 고려할 가치가 있다는 것에 대해 (공리주의보다) 한층 설득력이 강한 철학적 기초를 갖고 있다. 마찬가지로 덕윤리학은 도덕원리들에 대한 절대적인 믿음을 칸트의 의무론(deontology)과 공유한다. 그러나 덕윤리학이 초점을 맞추는 것은 보편적 법칙의 정초가 아니다. 구체적인 상황 속에서 행위자가 하는 도덕적 선택의 결과를 탐구하기 위해 도덕원리에 관심을 갖는 것이다. 법칙은 "인간이 그것에 봉사하는 그런 것이 아니다. 법칙은 인간에게 봉사하기 위해 존재하는 것이다"(p. 51).

아리스토텔레스의 덕윤리학이 가장 크게 기여한 것 중 하나는 개인적 열망으로서의 도덕교육과 도덕발달을 재건한 것이다. 만약 도덕적 행동이 인류의 번영에 그 뿌리를 둔 것이라면 보다 높은 수준의 도덕성에 도달하는 것은 귀찮은 일이 아니다. 기쁨에 차서 추구하게 되는 일종의 인간승리이다. 이러한 인간승리는 훌륭한 고전의 중심 테마이다. 그리고 이 고전 속 이야기들은 도덕교육에서 매우 중요한 역할을 한다고 카는 주장한다. 여기에서 카는 미국의 교육철학자들이 허친스의 항존주의와 연계한 이유에 공감을 표한다. 허친스는 자신이 아리스토텔레스주의자임을 이미 밝혔고, 이는 전혀 놀랄 만한 일이 아니다. 그러나 허친스는 고전적인 전통 속에 내재해 있는 이성적 담론에 좀 더 초점을 맞추는 반면 카는 "지적인 것 못지않게 마음을 움직이는 힘이 있는 인간의 도덕적 시련, 실패, 그리고 승리에 대한 훌륭한 문화적 서사들(narratives)에서 도덕 교육적 영감을"(p. 56) 끌어내고 그것을 찬미하는 것에 초점을 맞춘다.

카는 이러한 생각을 좀 더 확대해서 교사를 도덕적 행동의 문학적 모델로서 뿐만 아니라 학생 개인의 모델로 탐구한다. 그는 도덕적 표본으로서의 전통적인 교사의 역할을 지지하지만 다원주의, 민주주의 사회에서 이러한 입장의 위험성과 복잡성 또한 인정한다. 그러나 교화와 문화 제국주의로 흐를 잠재적 가능성이 도덕적으로 불편부당한 중립적인 입장에서 교육할 수 있다는 생각을 꼭 부정하는 것만은 아니다. 카가 규칙준수라는 우파의 도덕성에 공감하는지, 아니면 사회적 정의와 그것의 구현이라는 좌파에 공감하는지는 여기에서 말하기 곤란하다. 어찌 되었든 카는 논리적이고 응집력 있는 기능적인 통합체 속에 다른 이론의 장점들을 결합시키는 포괄적인 도덕교육 접근방법을 만들어내고자 하는 시도를 하고 있다. 다른 3개의 논문을 읽고 난 후 독자들은 카의 생각에 대해 자신의 견해를 결정할 수 있을 것이다.

》》》 3장 개요 :
비판이론과 도덕적 차원 : 해방, 복잡성, 힘

제3장에서 킨첼로(Joe Kincheloe)는 비판이론(critical Theory)을 통해 도덕교육의 이슈들을 탐구한다. 일반적으로 도덕교육에 관한 담론의 장에서 비판이론은 잘 다루어지지 않아 왔다. 그런데 이는 내가 보기에 도덕교육계의 심각한 태만이다. 비판이론에서는 도덕교육을 학교가 수행해야 하는 특수한 임무 중 하나 정도로 보지 않는다. 오히려 학교를 도덕성을 핵심목표로 하는 기관이라고 재규정한다. 그러나 이때의 도덕성은 전통적인 착한 소년·소녀와 같은 순종, 혹은 민주적 접근방법들과 연관된 독립적으로 사고하기 등 일반적인 도덕교육 담론에서 통용되는 그런 도덕성을 의미하는 것이 아니다. 학교 교육을 통해 사회적 관계를 근본적으로 개선하는 데 초점을 맞춘 급진적인 도덕성이다. 교육계 내부에서 비판이론은 사회적 재건주의(social reconstructionism)와 실존주의(existentialism)라는 두 이름으로 존재한다.

킨첼로(Kincheloe)는 비판이론 자체가 "도덕이라는 구조물은 이 세계에서 고통받고 있는 사람들을 줄이기 위해 고안된 것"이라는 주장에서부터 이야기를 풀어간다. 대부분의 고통은 우리의 특정한 의사결정 방식에서 비롯된다. 어떤 결정은 힘을 부여하고 또 어떤 결정은 그것을 부정한다. 그리고 이러한 불평등은 마치 정당한 것처럼 변호된다. 사실 민주주의 사회는 우리가 생각하는 것만큼 그렇게 민주적이지 않다. 그리고 최근의 기술적 진보는 사회적 제도가 우리에게 제공하는 유익한 것들에 대해서도 좀 더 주의깊은 분석을 필요로 한다. 킨첼로는 이 문제들에 대해 비판이론가들과 포스트모더니스트들 간 대화를 요청한다. 그에 따르면 포스트모던적 관점은 실재의 복잡성을 적나라하게 까발리고, 비판이론은 의사결정의 도덕적 기초를 제공해 준다.

킨첼로는 자신의 주장을 설명하기 위해 브리콜라주(bricolage)라는 용어를 활용한다. 브리콜라주는 우리에게 (쉽게 이용 가능한 물질이면 무엇이든) 알려진 대상들로 구성된 어떤 것이다. 이 경우 알려진 것은 믿기 어려울 정도로 다양한 이론적인 관점들과 방법론적인 도구들, 즉 좀 더 진정한 평등주의자를 만들고 민주주의를 자유롭게 하기 위해 이용 가능한 모든 것들을 의미한다. 그는 기호학(semiotics)이라는 특별한 도구의 실용성을 탐구한다. 정보화 시대를 살아가는 우리에게 의사소통에 사용되는 기호를 연구하는 것은 매우 중요한 일이다.

킨첼로는 자신의 관점을 "재개념화된 비판이론"(reconceptualized critical theory)이라고 부른다. 비판이론의 재개념화는 다음과 같은 그의 생각과 의도에서 비롯된 것이다. 포스트모던적인 사고에 대한 비판이론의 대응, 일상의 복잡성이 반영된 겸손함, 그리고 인간은 이러한 막연하고 복잡한 상황 속에서 도덕적인 결정들을 내려야 하는 존재라는 사실이다.

이런 재개념화된 비판이론에 비추어 킨첼로는 문화적 다름과 삶의 복잡성, 민주적인 교육의 요구를 설명하고자 비판적 도덕교육학(critical moral pedagogy)의 구성을 시도한다. 이러한 비판적 도덕교육학 안에서 교사는 사회의 구조물로서 세계와 자아를 이해한다. 그리고 어떻게 사회적 힘이 개인의 관점을 형성하는지에 주의를 집중한다. 그들은 왜 어떤 실재의 구조와 도덕적 행동들은 지배문화에 의해 뒷받침되는데 다른 것들은 억압되는지 그 이유를 묻는다. 비판이론가들에 따르면 교육을 받는다는 의미 속에는 비백인 문화를 교육적·도덕적으로 열등하게 생각하는 백인 중상위 계층의 편견이 반영되어 있다.

비판적 도덕교육학에서는 교사가 교육을 정치화(politicizing)하고 일정 정도 한쪽 편의 입장에 서서 가르침을 제공함으로써 변화를 가져올 수 있다. 하지만 어찌 됐든 전통적인 교육은 객관적이며 정치적으로도 중립적이라고 생각한다. 그러나 이러한 생각은 비판주의의 도전을 견뎌 낼 수 없을 것이다. 전통적인 교육은 정치적·인식론적 선입견을 반영하고 있고, 이런 검증되지 않은 선입견들을 주장하는 것은 민주주의의 기본 원리를 위배하는 것이다.

이 장에서 킨첼로는 페미니즘의 공헌과 해석학에 특별히 주의를 기울인다. 전자는 데카르트적인(근대적인 혹은 계몽주의적인) 사고가 감정에서 사고를 분리할 뿐만 아니라 감정을 넘어서는 사고의 중요성을 가정한다는 사실에 주의를 집중한다. 이런 분리와 위계적 분류는 진부한 남성중심적 세계관을 반영한 것이기도 하지만, 또 다른 절반인 여성이 남성들이 바라보는 바로 그 세계를 어떻게 바라보는지 제대로 반영하지 못한다는 더 큰 한계를 안고 있다.

해석학은 우리가 어떻게 의미를 발견하고 해석하는가를 연구한다. 킨첼로에 따르면 사건들은 의미에 대해 특정한 해석을 암시하지 않는다. 해석은 그것이 발생하는 맥락에 따라 구체화되는 복잡한 과정이다. 이는 연구와 학문의 본질에 대해 다시 한 번 생각해 볼 것을 요구한다. 궁극적으로 연구자가 목표하는 바는 주체와 분리된 객관적인 지식을 생산하는 것이 아니다. 그것은 그 주체들에게 힘을 부여하는 것이다. 그리고 그런 힘의 부여는 연구자들이나 인격교육론자들 혹은 도덕적 담론을 확산시키는 자들만의 임무가 아니라 모든 교육자들의 임무라고 킨첼로는 주장한다.

》》》 4장 개요 :
배려적 추론하기

제4장에서 테이어–베이컨(Barbara Thayer-Bacon)은 도덕교육적 담론에 페미니즘적인 사고가 기여하는 바에 대해 탐구한다. 특히 그것은 배려(caring)의 개념과 관련된다. 배려는 페미니즘에서 비롯된 새로운 개념이 아니라는 사실을 그녀는 지적한다. 하지만 이 시대 페미니스트들은 배려에서 나타나는 성차를 연구해 왔고, 그것이 도덕교육에서 논의될 수 있도록 하나의 장을 마련하는 데 주요한 역할을 해왔다.

메이어오프(Milton Mayeroff)의 연구에 따르면, 테이어–베이컨은 배려라는 용어를 개인적인 특성(trait)이나 덕(virtue)이 아니라 관계적 과정

(relational process)으로 정의한다. 배려는 당연히 다른 사람들을 필요로 하고, 또 상호작용에 의존한다. 그녀는 성(gender)과 도덕적 추론 사이의 관계를 연구한 길리간(Carol Gilligan)의 역할을 검토한다. 길리간에 따르면 여성은 책임과 배려의 개념을 중심으로 도덕적 추론을 체계화하는 경향이 있었다. 반면 남성들은 권리와 규칙에 초점을 맞추었다. 나딩스(Nel Noddings)가 "아빠의 목소리"(voice of the father)를 원칙에 의거한 윤리와 동일시하고 "엄마의 목소리"(voice of the mother)를 배려윤리와 동일시한 것은 페미니즘이 도덕적 사유에 기여한 바이다. 테이어-베이컨은 통계상의 가능성을 "본래적인" 것으로 가정하거나 그것들을 상투적인 것으로 그냥 인정하는 것을 경계하라고 충고한다.

또한 테이어-베이컨은 "~에 대한 배려"(caring about)와 "~을 위한 배려"(caring for) 사이의 차이를 탐구한다. 전자는 그렇지 않지만 후자는 헌신을 요구한다. 그리고 대립되는 생각이나 목표들에 대한 배려가능성을 논의한다. 배려는 자율적이고 독립적인 타인 존중, 진정한 관심 기울이기를 통해 타자에게 가치 부여하기, 그리고 수용, 신뢰, 포용, 열린 마음과 같은 자세 가지기가 필요하다. 이렇게 이해되는 배려는 "페미니즘의 마음이요, 친밀함(friendship)의 정서적 차원"(p. 89)을 의미한다.

이를 토대로 테이어-베이컨은 배려가 페미니즘의 정신적 측면이라고 주장한다. 그녀는 고대 그리스 이래 철학자들은 존재와 지식이 서로 다르고 쉽게 분리될 수 있는 것이라고 가정해 온 점에 주목한다. 존재론은 존재에 관한 탐구이고 인식론은 지식에 관한 탐구이다. 계몽주의 이후 학계는 두 차원이 분리되어야 한다고 생각해 왔다. 그렇지 않을 경우 지식은 앎을 추구하는 개체적 존재의 특성으로 인해 타락하게 될 것이라고 그들은 말한다. 테이어-베이컨은 우리가 태어나면서부터 관계적 존재라는 자신의 첫 번째 주장을 뒷받침하기 위해 나딩스를 끌어들인다. 갓 태어난 신생아는 보살핌 받기를 원한다. 나딩스 철학에서 이러한 탄생 초기 배려에 대한 경험은 인류에게 가장 보편적인 것 중 하나이다.

인간은 (보편적으로) 관계적이다. 그리고 모든 지식은 인간이 만들어낸다. 때문에 지식은 삶의 맥락성(contextuality), 복잡성(complexity)으로부터 분리될 수 없다. 지식은 우리와 분리되어 거기에 그냥 존재하는 것이 아니라 우리와의 관계 속에서 생겨나고 구성되는 것이다. 배려는 인간 존재의 핵심을 이룬다. 게다가 유일하게 보편적인 것이다. 그렇기 때문에 배려가 우리의 인식론을 형성하는 것이 틀림없다.

진리를 향한 인식론적 탐구는 절대주의에 빠지기 십상이다. 그러나 배려이론가들은 그러한 고정되어 있는 확실한 것으로 나아가려는 절대주의적 충동에 저항하기 위해 끊임없이 노력해 왔다. 그녀는 이러한 배려이론가들의 저항에 공감하지만 배려에 대한 인식론적 정당화를 진지하게 숙고하지 않는다면 우리는 결국 "저속한 상대주의" 정도밖에 되지 않을 것이라고 우려한다.

저속한 상대주의가 되지 않기 위해 그녀는 "배려적 추론"(caring reasoning)을 제안한다. 배려적 추론은 듀이의 '공감적 이해'(sympathetic understanding) 개념과 유사하다. 그리고 여러 단계(steps)를 수반한다. 우리는 일상의 경험 속에서 인지하고, 인지한 것에 주의를 기울인다. 우리가 인지한 것을 이해하기 위한 방식으로 우리는 그것에 주의를 기울인다. 후자가 가리키는 내용은 공감의지(sympathetic intent), 공정한 듣기(fair listening), 의혹의 일시 정지(a temporary suspension of our doubts), 비판주의

(criticisms)와 같은 관용의 자세를 수반한다.

마지막 장에서 테이어-베이컨은 지금까지의 논의와 도덕교육 간의 관계를 탐구한다. "무엇보다 먼저 … 교육의 목적은 배려를 증대시키고 유지하는 것이다"(p. 101). 여기에서 그녀는 다시 나딩스(1992)를 불러낸다. 나딩스는 학교 환경을 다음과 같이 묘사한다. 교사가 학생을 대상이 아니라 배려해야 할 존재로 대우하고, 교과보다 더 중시하며, 수용적이고 포용적인 자세를 취하고, 학생은 협력적으로 공부하는 그런 학교에는 관용과 대화가 넘쳐날 것이다.

이 글은 교사와 학생 사이의 본질적 관계에 대한 논의로 마무리된다. 이 관계는 전통적인 학교 교육의 학문적·직업교육적 목적을 벗어나는 것이 아니다. 그것들은 여전히 학교가 수행해야 할 핵심 임무로 남는다.

참고문헌

Blum, L. A. (1994). *Moral perception and particularity*. Cambridge : Cambridge University Press.

Burrett, K., & Rusnak, T. (1993). *Integrated character education*. Bloomington, IN : Phi Delta Kappa Educational Foundation.

Carr, D. (1991). *Educating the virtues : As essay on the philosophical psychology of moral development and education*. New York : Routledge.

Chazan, B. (1985). *Contemporary approaches to moral education : Analyzing moral theories*. New York : Teachers College Press.

Colby, A., & Damon, W. (1992). *Some do care : Contemporary lives of moral commitment*. New York : The Free Press.

Coles, R. (1997). *The moral intelligence of children*. New York : Random House.

Coles, R. (1991). *The spiritual life of children*. Boston : Houghton Mifflin.

Crisp, R., & Slote, M. (Eds.). (1997). *Virtue ethics*. New York : Oxford University Press.

DeVries, R. (1994). *Moral classrooms, moral children : Creating a constructivist atmosphere in early education*. New York : Teachers College Press.

Fine, M. (1995). *Habits of mind*. San Francisco : Jossey-Bass.

Foot, p. (1978). *Virtues and vices : And other essays in moral philosophy*. Oxford : Blackwell.

Freire, p. (1998). *Pedagogy of freedom : Ethics, democracy, and civic courage*. Lanham, MD : Rowman & Littlefield.

Garrod, A (Ed.). (1993). *Approaches to moral development : New Research and emerging themes*. New York : Teachers College Press.

Giroux, H. (1992). *Border crossings : Cultural workers and the politics of education.* New York : Routledge.

Giroux, H., & Purpel, D. (1983). *The hidden curriculum and moral education.* Berkeley, CA : McCutchan.

Harshorne, H., & May, M. A. (1928-1930). *Studies in the nature of character* (3 Vols.) New York : Macmillan.

Helwig, C., Turiel, E., & Nucci, L. (1997). *Character education after the bandwagon has gone.* Paper presented at the annual meeting of the American Educational Research Association Available : http://www.uic.edu/~lnucci/MoralEd/.

Hersh, R. H., Paolitto, D. P., & Reimer, J. (1979). *Promoting moral growth : From Piaget to Kohlberg.* New York : Longman.

Hutchins, R. (1936). *The higher learning in America.* New Haven : Yale University Press.

Hudson, S. D. (1986). *Human character and morality.* Boston : Routledge & Kegan Paul.

Jackson, P. W., Boostrom, R. E., & Hansen, D. T. (1993). *The moral life of schools.* San Francisco : Jossey-Bass.

Jarrett, J. L. (1991). *The teaching of value : Caring and appreciation.* New York : Routledge.

Johnson, M. (1993). *Moral imagination : Implications of cognitive science for ethics.* Chicago : University of Chicago Press.

Kant, I. (1964). *The doctrine of virtue.* Philadelphia : University of Pennsylvania Press.

Kirschenbaum, H. (1995). *100 Ways to Enhance Values and Morality and Schools and Youth Settings.* Boston : Allyn & Bacon.

Kruschwitz, R. B., & Roberts, R. C. (Eds.). (1987). *The virtues : Contemporary essays on moral character*, Belmont, CA : Wadsworth.

Kupperman, J. (1991). *Character.* New York : Oxford University Press.

Lickona, T. (1991). *Educating for character : How schools can teach respect and responsibility.* New York : Bantam Books.

MacIntyre, A. (1981). *After virtue : A study in moral theory*. Notre Dame, IN : University of Notre Dame Press.

MacIntyre, A. (1992). *Virtue ethics*. In L. C. Becker & C. Becker (Eds.), *Encyclopedia of ethics* (pp. 1757-1763). New York : Garland.

McClelland, D. C. (Ed.). (1982). *Education for values*. New York : Irvington

McKeon, R. (Ed.). (1941). *The basic works of Aristotle*. New York : Randoom House.

Natale, S. M., & Wilson, J. B. (1991). *Central issues in moral and ethical education*. New York : University Press of America

Noam, G., & Wren, T. (1993). *The moral self : Building a better paradigm*. Cambridge, MA : MIT Press.

Noddings, N. (1992). *The challenge to care in schools : An alternative approach to education*. New York : Teachers College Press.

Noddings, N. (1984). *Caring : A feminine approach to ethics and moral education*. Berkeley : University of California Press.

Nucci, L. P. (Ed.). (1989). *Moral development and character education : A dialogue*. Berkeley, CA : McCutchan.

Power, C. (1997). *Understanding the character in character education*. Paper presented at the annual meeting of the American Educational Research Association. Available : Internet at http://www.uic.edu/~lnucci/MoralEd/.

Power, C., Higgens, A., & Kohlberg, L. (1989). *Lawrence Kohlberg's approach to moral education*. New York : Columbia University Press.

Punzo, V. A. (1996). After Kohlberg : Virtue ethics and the recovery of the moral self. *Philosophical Psychology*, 9(1), 7-23.

Purpel, D. (1988). *The moral and spiritual crisis in education*. Westport, CT : Greenwood.

Purpel, D., & Ryan, K. (1976). *Moral education ··· It comes with the territory*. Berkeley, CA : McCutchan.

Sandin, R. T. (1992). *The rehabilitation of virtue : Foundations of moral education*. New York : Praeger.

Sichel, B. (1988). *Moral education : Character, community, and ideals*. Philadelphia : Temple University Press.

Spiecker, B., & Straughan, R. (1988). *Philosophical issues in moral education and development*. Philadelphia : Open University Press.

Starratt, R. J. (1994). *Building and ethical school : A practical response to the moral crisis in schools*. Washington, DC : Falmer.

Wilson, J. (1990). *A new introduction to moral education*. London : Cassall Educational Limited.

Wolterstorff, N. (1980). *Educating for responsible action*. Grand Rapids, MI : William B. Eerdman.

Wynne, E. A., & Ryan, K. (1997). *Reclaiming our schools : A handbook for teaching character, academics, and discipline* (2nd ed.). New York : Merrill.

〈 1장 〉

피아제와 콜버그의 도덕교육론에 대한 칸트의 영향

펠리시터스 문젤(G. Felicitas Munzel, 미국 노틀담 대학교)
클라크 파워(F. Clark Power, 미국 노틀담 대학교)

칸트(I. Kant)만큼 현대 도덕심리학과 도덕교육의 접근방법에 심오한 영향을 끼친 철학자도 그리 많지 않을 것이다. 훌륭한 도덕발달심리학자인 피아제(J. Piaget)와 콜버그(L. Kohlberg)의 도덕성과 도덕교육에 관한 입장은 칸트의 탐독과 다른 학자들의 칸트 주석 및 해석에 기초한 것이다. 피아제와 콜버그 둘 다 칸트의 도덕철학을 지지했다. 그리고 둘 다 자신들의 발달적 계열성의 구조를 뒷받침하기 위해 칸트의 자율성과 타율성의 구분을 활용했다.

이들에 대한 칸트의 영향을 전체적으로 이해하기 위해서는 그들의 도덕철학뿐만 아니라 인식론에 대해서도 살펴보아야 한다. 칸트가 주체(subject)에 초점을 맞춤으로써 자신이 살았던 시대의 철학에 코페르니쿠

스적 전환을 가져온 것처럼 피아제와 콜버그 역시 경험 심리학(empirical psychology) 영역에서 그러한 혁명적 변화를 일으켰다. 심리학 분야는 20세기 대부분을 행동주의가 지배했고, 후기에 와서는 사회학습이론이 그 자리를 대신했다. 두 이론 모두 지식은 환경이 수동적인 개인에게 영향을 주어 발생한다는 입장을 취한다. 피아제(1932/1965)와 콜버그(1984)는 개인이 환경에 능동적으로 작용하여 지식뿐만 아니라 앎의 방식까지도 구성해 간다고 가정함으로써 그러한 접근법에 변화를 가져왔다.

하지만 그들은 결정적인 부분에서 칸트와 차이를 보인다. 그들은 지식의 범주가 선천적이라는 것을 믿지 않았다. 오히려 범주는 환경과의 상호작용을 통해 개발된다고 믿었다. 예를 들어 피아제, 인헬더(Inhelder), 스지민스카(Szeminska, 1960)는 아이들이 칸트(1900)가 예상한 것처럼 처음부터 유클리드 기하학의 원리에 따라 공간을 조직화하지 않는다는 것을 알아냈다. 대신 아이들은 위상 기하학과 사영(射影) 기하학의 원리에 따라 공간의 관계를 조정하고, 마지막에 가서야 비로소 유클리드 기하학의 원리에 따라 공간의 관계를 정리한다. 피아제는 아이들이 시간, 인과성, 동일성, 보존과 같은 기초적인 개념들을 구성하는 것에 대해서도 이와 유사한 설명을 제공해 준다(Piaget & Inhelder, 1969).

피아제의 접근법

규칙에 대한 존중으로서의 도덕성

피아제(1932/1965)는 『아동의 도덕판단』에서 칸트, 뒤르껭(E. Durkheim), 보빗(Bovet)과 마찬가지로 도덕성을 규칙에 대한 존중이라고 정의하면서 책을 시작한다.

> 모든 도덕성은 규칙의 체계로 구성된다. 그리고 모든 도덕성의 기초
> 는 개인이 규칙을 배운다는 점에서 부단히 탐구되어야 한다. 칸트의
> 반성적 분석, 뒤르껭의 사회학 또는 보빗의 개인주의 심리학 모두 이
> 점에서 서로 만난다(p. 13).

피아제에게 발달심리학의 과제는 아이들이 어떻게 법칙을 존중하게 되는지 설명하는 것이었다. 그는 스위스의 한 마을에서 아이들 사이에 가장 인기 있는 구슬치기와 돌차기 놀이의 법칙을 3-12세 아이들이 어떻게 이해하고 적용하는지 조사했다. 이 놀이에 대한 연구를 통해 그는 어른들의 도덕세계와는 아마도 다를 아이들의 도덕세계로 침투해 들어갈 수 있기를 희망했다. 피아제의 방법론은 단순하고 효과적이었다. 그는 게임의 규칙을 잊어버린 것처럼 가장한다. 그리고 아이들에게 자신도 아이들과 함께 게임을 할 수 있도록 규칙을 가르쳐 줄 것을 부탁한다. 아이들이 갖고 있는 "규칙의 실제"(practice)를 밝혀낸 후 "너 새

로운 규칙을 만들 수 있니?", "친구들과 그렇게 게임하는 데 너도 찬성하니?", "사람들은 예전에도 친구들이 하는 것처럼 그렇게 게임을 했을까?"와 같은 단순한 질문들을 던진다. 이러한 물음을 통해 그는 규칙에 대한 아이들의 생각을 계속 조사했다.

피아제는 어린아이들(보통 8세 이하)은 일반적으로 규칙이 어른들의 권위에서 비롯되고, 태고의 과거로부터 계속 확장되어 왔으며, 규칙은 바꿀 수 없는 것이라고 믿는다는 것을 발견했다. 반면 좀 더 나이가 많은 아이들(보통 9살이 넘는 이아들)은 친구들과 함께 규칙들을 만들고 바꾸는 것이 허용된다고 생각했다. 이러한 연구조사를 통해 피아제는 어른의 권위가 규칙을 창조한다는 아이들의 믿음은 준종교적(quasimystical)이고, 규칙 존중의 타율성을 반영하는 반면 규칙을 스스로 만들 수 있는 나이가 좀 더 많은 아이들의 믿음은 비종교적이고(secular), 규칙존중의 자율성을 반영한다고 이론화하였다.

뒤르껭에 대한 피아제의 응답

이런 존중에 대한 상반되는 개념은 피아제로 하여금 도덕교육에서는 이미 고전이라 할 수 있는 뒤르껭(1925/1973)의 『도덕교육 : 이론적인 연구와 교육사회학에의 적용』을 검토하게 했다. 뒤르껭은 칸트에게 깊은 영향을 받았다. 이는 도덕성의 세 요소 중 규율정신(discipline)과 자율성(autonomy)에 대한 그의 서술에서 확연히 드러난다. 집단의 규칙을 지키기 위해 도덕발달은 자신의 충동과 이기적 욕구의 자제를 수반한다고 주장하면서 칸트의 의무감과 자신의 규율정신을 연결시킨다. 뒤르껭은 법칙에 대한 경외(Ehrfurcht)를 수반하는 것으로 의무에 대한 칸트의 입장을 특히 강조했다. 이러한 경외감은 세상 사람들이 신에 복종하는 것과 유사한 방법으로 사람들을 법칙에 복종하도록 권유하는 종교적인 의미를 함축한다. 법칙과 신 둘 다 나 자신보다 낫고, 복종할 가치가 있다. 법칙은 사회로부터 나온다. 그리고 사회는 그것을 만든 사람보다 우월하다. 또한 도덕적 의무감을 지속적으로 유지하기 위해서는 반드시 법칙에 대한 '존중'(respect)이 필요한데, 이를 불러일으킬 수 있는 종교적 특성(법칙에 대한 경외감)을 사회가 법칙에 부여한다고 뒤르켐은 믿었다.

피아제의 게임 규칙에 대한 연구는 아동의 일면적 존중(unilateral respect) 개념을 통해 뒤르켕의 의무에 대한 종교적 차원의 통찰을 지지해 준다. 최소한 어린아이들에게 규칙은 보다 큰 힘에서 유래하고, 또 두려움을 주는 것이다. 그러나 피아제는 보다 높은 권위에의 복종에 기초하지 않는, 동등한 존재들 사이의 협력에 기초한 상호 존중이라는 두 번째 종류의 존중이 있다고 믿었다. 하지만 뒤르켕은 이러한 두 번째 존중의 존재를 인식하지 못했다.

피아제는 합리성, 자율성, 보편성을 특징으로 하는 칸트적 의미의 도덕성이 되기 위해 필수적인 두 번째 유형의 존중을 발견했다. 어른과 아이 사이의 불공평한 관계는 무조건적인 복종의 도덕성을 조장한다. 아이들은 어른이 몸집이 크고 나이가 많다는 단순한 이유로 그들의 권위에 복종한다. 반대로 아이들 간의 평등한 관계는 호혜적 도덕성을 촉진한다. 그리고 무엇이 옳고 또 참인지에 대해 함께 탐구하는 것을 촉진한다. 평등한 관계 속에서 아이들은 우월한 힘에 의해 강제되는 것이 아니라 이성을 통해 설득하고 또 설득된다. 아이들은 이성에 따르는 한, 특정한 권위에 근거하지 않는 보편적인 도덕성을 스스로 꽃피울 것이다. 더욱이 그들이 기꺼이 이성적으로 반응하는 한에서 아이들은 강제로 부과된 법이 아닌 그들이 스스로 제정한 규칙에 자발적으로 복종하게 된다.

비록 뒤르껭이 도덕성의 한 요소로 자율성을 인정했지만 그의 자율성은 피아제의 그것에 미치지 못한다. 뒤르껭은 자율성을 "사물들의 본성에 따라"(p. 115) 행동하기를 원하는 것으로 재정의함으로써 자율성의 요소와 사회의 권위를 융합하고자 했다. 사회의 법칙은 자연의 법칙과 다르지 않다. 둘 다 모두 사실들이다. 그리고 "개인의 이성이 도덕세계의 입법자가 될 수 없는 것은 물리적 세계의 입법자가 될 수 없는 것과 마찬가지 이치이다"(p. 116). 그는 "과학은 우리 자율성의 원천"이라고 덧붙인다(p. 116). 도덕성 법칙은 타율성의 한 유형인 자연법칙과 동일한 것이 아니라는 칸트의 입장에 충실했던 피아제는 철학적·심리학적 구성주의자의 관점에서 자율성을 고찰했다. 이성이 도덕법칙을 제정하므로 그것은 이상적인 것이다. 그래서 도덕법칙을 사회에 현존하는 일반 규칙들과 동일하게 취급해서는 안 된다.

뒤르껭은 집단과 국가의 특정한 규율을 초월하는 보편적인 도덕성을 수립하려는 칸트의 목적을 이해했고, 또 올바르게 인식했다. 반면 칸트의 접근이 너무 합리주의적이고 또 형식적이라고 생각했다. 뒤르껭의 관점에서 사회는 칸트가 마음에 그렸던 개인의 인권과 자유의 도덕성을 향해 서서히 발전해 왔다. 사회가 진보함에 따라 이제는 일체감과 규율정신을 유지할 수 있는 방법이 필요하게 되었다. 뒤르껭은 전문가협회와 같은 2차적인 제도들이 개인과 거대한 사회를 잇는 교량 역할을 할 수 있다고 제안했다. 그는 학생들에게 삶에 대한 경험을 제공하고 상호작용의 습관과 집단에 헌신하는 마음을 가질 수 있도록 하는 2차적인 제도로 학교를 첫 손가락에 꼽았다.

피아제는 타율적 단계에 있는 아이들이 두렵고 변하지 않을 것이라고 생각하는 그런 규칙들을 무의식적으로 자주 위반한다는 사실을 발견했다. 그는 이러한 역설적인 아동의 모습을 아동기의 자기중심성(egocentrism)이 작용한 결과로 설명했다. 자기중심성을 이기주의(egoism) 혹은 이기심(selfishness)과 혼동해서는 안 될 것이다. 그것은 단순히 그들 자신의 주체적 관점과 타인의 관점을 또렷하게 구분할 수 있는 능력이 아동들에게 아직은 없다는 것을 의미할 뿐이다. 피아제와 다른 학자들이 연구했던 것처럼 자기중심성은 아이들이 사용하는 말과 놀이에서 두드러지게 나타나는 특징이다. 예를 들어 이야기를 할 때나 무엇을 요구할 때 어린아이들은 듣는 사람의 필요를 잘 고려하지 못한다. 아이들은 듣는 사람이 자기가 무엇을 말하는지 안다고 생각한다. 이와 유사하게 어린아이들은 게임을 할 때 나란히 게임을 하거나 또는 또래집단 속에서 집단의 일원이 아닌 개인으로서 각자의 게임에 열중하는 경향을 보인다.

타인과의 상호작용을 통해서 아이들은 좀 더 효과적으로 의사소통을 하고, 게임의 규칙에 복종하는 능력을 발달시킨다. 규칙에 복종하는 것을 배우는 초기 과정의 아이들은 대개 규칙을 지지할 때는 규칙을 준수하고, 반대할 때는 규칙을 모르는 척함으로써 자기중심적인 방법으로 규칙에 복종한다. 게임에 등장하는 모든 역할을 고려하는 것은 아동들을 호혜주의와 "도덕적 보편성"(p. 71)으로 인도한다. 『아동의 도덕판단』(The Moral Judgement of the Child, 1965)과 그 밖의 저술에서 피아제는 규칙과 성향을 구분하는 심리적 근원에 대해 설명한다. 칸트에게도 이 구분은 매우 중요하다. 이러한 구분이 법칙과 성향 혹은 법칙과 바람 사이에 갈등을 야기하는 것은 아니다. 오히려 법칙이 우리의 모든 욕구를 구속한다는 사실을 인식할 필요가 있을 뿐이다. 경쟁 게임의 경우 규칙에 따를 것을 약속하는 것은 승리를 위해 속이고 싶은 충동을 억제한다는 의미이다. 처음에 규칙준수의 약속은 외부 권위의 우월함에 대한 반응에서 나타난다. 그러나 후에는 게임 그 자체에 참여하기 위해 규칙을 준수하는 것으로 나타난다. 피아제는 아동에 대한 관찰과 인터뷰 결과 자신의 욕구를 억제하고 규칙에 자발적으로 복종하게 하는 인지적 토대는 10세에서 12세 사이에 형성된다는 결론에 이른다.

피아제는 시종일관 아이와 어른의 불평등한 관계가 어른의 권위에 대한 복종을 조장함으로써 아동의 자기중심성을 강화한다고 주장했다. 반면 또래 아이들 사이에 존재하는 평등한 관계는 상호 합의과정을 거쳐 합리적인 결정을 내리기 위해 자신의 관점을 깊이 생각해 보도록 격려한다고 보았다. 도덕발달에 관한 이러한 관계적 관점은 부모가 아닌 또래들이 아동의 도덕발달 증진에 결정적인 역할을 한다는 급진적인 결론으로 피아제를 이끌었다.

고의성

아동의 '고의성'(Intentionality)에 대한 인식의 기원을 탐구한 것은 도덕심리학에서 피아제의 가장 탁월한 기여 중 하나일 것이다. 고의성은 모든 도덕이론의 본질적 구성요소이지만 특히 선의지(good will)에 초점을 맞추고 있는 칸트의 이론에서는 더욱 특별한 힘을 갖는다. 피아제는

15개의 컵을 우연히 뒤엎거나 혹은 부모의 지시를 따르지 않아 컵 하나를 깨는 장난꾸러기 아이들에게 질문한다. 피아제는 8-9세 이하의 아이들이 죄의 유무를 대개 물질적 손해의 정도에 근거해서 판단하고 있음을 발견했다. 그러나 더 나이 많은 아이들은 행위자 의도의 도덕적 타당성을 인지했다. 아마도 아동이 객관적인 의무을 받아들이는 것은 아이들의 꼴사나운 짓에 부모가 어떻게 대응하는가와 상관관계가 있을 것이다. 피아제와 그의 부인은 자녀의 의도치 않은 잘못에 대해 비난하거나 벌주지 않았다. 그 결과 그들이 객관적인 의무에 대해 자발적으로 판단한다는 사실을 관찰할 수 있었다. 게다가 도둑질이나 거짓말의 경우 어린아이들은 부모가 그런 짓을 매우 싫어할 것이라는 객관적인 의무판단을 내리는 경향이 있다. 예를 들어 보다 어린아이들은 고의적이든 아니든 상관없이 거짓말은 진실이 아닌 것을 말하는 것이라고 생각했다. 그들에게는 도덕규칙을 어긴 것만으로 유죄 결정의 이유는 충분했다. 피아제는 아동들이 도덕법칙과 물리법칙, 의도와 결과의 구분에 실패하는 것은 그들의 미숙한 사고와 더불어 부모의 권위적인 양육방식 때문이라고 진단한다.

어린이의 두 가지 도덕성

피아제는 도덕발달에 관한 연구를 처벌과 분배적 정의에 관한 아이들의 개념을 고찰하는 것으로 끝맺는다. 비록 그의 자료는 발달이 타율성에서 자율성으로 발달해 간다는 것을 보여주지만, 이러한 패턴에 예외적인 수많은 사례들은 타율성과 자율성이 순차적인 단계가 아니라 서로 다른 합리적인 기초들에 토대를 둔 환원할 수 없는 유형들임을 암시한다. 예를 들면 어린아이들은 자신과 어른과의 관계 속에서만 보상적 처벌을 공정한 것으로 생각한다. 반면 아동들과의 관계에서 모든 연령대의 아동들은 피아제가 호혜성에 의한 처벌이라 부른, 위반자가 자신의 비행이 야기하는 바람직하지 않은 결과를 알게 하는 것을 목적으로 하는 처벌을 선호한다. 콜비(Colby)와 콜버그(1987)는 도덕적 단계의 불변적 계열성을 확인했다. 콜버그는 아동 개인의 발달에 도덕적 환경이 미치는 영향을 밝혀내는 데도 기여했다. 그의 연구는 비록 환경이 발달의 정도(rate)와 범위(extent)에 결정적인 역할을 할지라도 그것이 아동의 도덕적 능력을 퇴보시키지는 못한다고 주장한다.

콜버그의 도덕발달이론

콜버그 개인의 철학

비록 콜버그의 이론이 중요한 길목에서 피아제의 그것과 다른 길을 가지만 콜버그의 접근방법은 피아제의 선구자적 연구에서 비롯된 것이다. 아이러니하게도 우리가 전부터 언급해 온 것처럼 콜버그의 도덕발달 단계는 사회문화적 관점에서 피아제가 수행한 도덕발달 연구보다는 그의 인지발달적 접근원리들에 더 충실하다. 피아제와 마찬가지로 도덕성에 관한 콜버그의 관점 역시 칸트의 도덕철학에 기초하고 있다. 고전들을 열심히 읽는 독서가이자 시카고 대학의 고전읽기 프로그램에도 참여한 그는 주의깊게 칸트를 탐독했다. 그리고 그는 어떤 다른 도덕철학자보다도 바로 칸트에게서 자신의 심원한 도덕적 문제들을 풀어갈 실마리를 찾았다. 콜버그는 도덕심리학을 자신의 학문적 여정으로 선택했을 때 칸트의 정언명법이 도덕발달의 목적인(telos)을 상징한다고 믿었다.

콜버그가 칸트를 전유하고 있다는 것은 자신의 연구가 보편적 도덕성을 위한 것이라고 명명했던 것에 비추어 보면 쉽게 알 수 있다. 고등학교 졸업 후 홀로코스트의 유대인 생존자들을 팔레스타인으로 밀입국시키던 상선 기술병으로 군복무를 마친 콜버그는 도덕성에 대한 연구에 매진했다. 그는 독일 나치의 잔악한 행동뿐만 아니라, 유대인이 팔레스타인의 공격을 방어하기 위해 하가나(Haganah, 팔레스타인 내 이스라엘 지하민병대) 조직을 운영하는 것에 대해서도 역시 아연했다. 콜버그는 한 사람의 도덕성이 그 문화에 기초하고 있는 것인지, 아니면 모든 사회를 초월하는 정의의 원리에 기초하고 있는 것인지 알고 싶었다. 이 같은 의문은 심리학과 대학원에서 본격적인 공부를 시작하면서 더욱 강렬해졌다. 당시 사회과학자들은 도덕적 상대주의를 당연시했다. 그들은 양심을 사회규범의 내면화 정도로 설명했다. 사실상 '도덕'이라는 단어는 사회과학 사전에서 사라졌다. 사회과학자들은 가치들이 사회마다 다르고, 한 사회의 가치가 다른 사회의 가치보다 우월하다고 주장하거나 이를 변호할 수 있는 근거가 전혀 없다고 생각했다.

콜버그가 도덕성은 합리적이고, 문화적 차이를 초월하며, 인습적인 규범과 구분할 수 있다는 주장을 펼치는 데 칸트의 도덕철학은 많은 기여를 하였다. 칸트는 구체적인 규범, 법칙, 가치에 관한 갈등은 정언명법 같은 원리를 통해 해결될 수 있다고 믿었던 콜버그의 신념에 꼭 들어맞는 도덕성에 대한 고도의 형식주의적 접근을 제공했다. 특히 그는 정언명법의 두 번째 형식인 모든 사람을 수단이 아닌 목적으로 대우하라는 것에 끌렸다. 이 정언명법은 도덕성에 대한 공리주의적 접근과 의무론적 접근 사이의 차이를 분명히 보여준다. 이러한 구분은 개인의 가치와 존엄성을 확실하게 지지해 줄 수 있는 도덕원리를 찾던 콜버그에게 매우 중요한 것이었다.

또한 정언명법의 두 번째 형식은 철학과 심리학을 연결하는 교량 역할을 했다. 피아제처럼 콜버그 역시 도덕발달이 이해관계의 갈등을 극복하는 상호작용을 통해 이루어진다고 생각했다. 그리고 도덕판단은 도덕문제를 놓고 논쟁하는 개인들에게 정의로운 결정을 내리게 한다고 주장했다. 피아제처럼 콜버그 역시 정의에 관한 추론은 상호작용 과정과 역할교환을 수반한다. 공정한 결정에 이르기 위해 개인은 모든 관점을 고려해야 한다. 피아제와 콜버그 모두 아이들이 공정해지는 심리적 과정은 다른 아이들과 상호작용하기와 자신의 관점에 직접 직면해 보는 것을 포함한다고 주장했다.

도덕발달에 관한 연구에서 콜버그는 개인적 이해관계뿐만 아니라 도덕적 가치들이 갈등하는 딜레마 참가자들을 소개했다. 예를 들어 유명한 하인즈 딜레마는 하인즈가 그의 아내를 살리기 위해 약을 훔쳐야 하는지 여부에 대해 고민하는 상황을 묘사한다. 하인즈는 약을 얻기 위해 합법적인 모든 방법들을 시도했다. 도둑질은 마지막 수단이었다. 이 딜레마는 생명유지와 소유권 존중이라는 가치 사이의 갈등을 내포한다. 하인즈는 결혼했고, 부인을 돌볼 의무가 있다. 또한 하인즈는 한 사회의 시민이고, 도둑질을 금하는 법률에 복종할 의무도 있다. 콜버그는 이 딜레마의 가장 공정한 해결은 개인존중의 원리에 근거하여 부인을 위해 약을 훔치는 것이라고 주장한다.

콜버그는 도덕발달 단계 계열상 가장 높은 6단계를 설명하면서 이 결정에 대한 정당화를 정교하게 한다. 그의 이론에서 가장 중요한 철학적 논문은 「존재에서 당위에로 : 자연론적 오류를 어떻게 범하는가, 그리고 그것에서 어떻게 모면할 것인가?」이다. 콜버그는 칸트의 두 번째 정언명법을 자신의 6단계 개념과 동일시한다. 그에게 가장 공정한 결정은 모든 부류의 사람들이 "도덕적 음악의자"(moral musical chairs)에 앉아서 황금률을 통해 서로의 관점을 취해본 후 동의하는 것이라고 추론했다(콜버그, 1981, pp. 203-204). 콜버그는 자신의 최고 도덕원리에 관한 형식을 롤즈(Rawls)의 정의론과 결합시켰다. 정의 개념에 분명하게 드러나듯이 롤즈는 목적의 왕국 구성원으로서 입법하는 것처럼 계약의 형식화를 위해 칸트의 정언명법에 의지했다. 콜버그와 롤즈 두 사람은 사회경제적 · 문화적 맥락이 서로 다름에도 칸트에게서 도덕적 객관성의 개념을 발견했다. 콜버그는 6단계의 형식화와 자신의 정의론 속에서 하버마스(1979)의 이상적 담화윤리가 변형된 형태의 "도덕적 음악의자"라는 것을 발견했다. 하버마스는 콜버그의 6단계 개념이 독백에 가깝고 자신의 추론방식에 비해 열등하다고 비판했다. 그러나 콜버그는 6단계가 도덕적 유아론으로 귀착되는 것이 아니라, 하버마스 자신이 마음속에 가장 적합한 도덕적 관점이라고 그린 이상적 대화로 귀결된다고 응수했다. 만약 콜버그의 철학적 입장이 심리학 연구의 나침반이었음을 기억한다면 그의 정의 개념을 이해하는 과정에서 그가 얼마나 대화적이었는지를 알 수 있을 것이다. 콜버그는 사람들의 도덕적 추론능력은 대화와 토론을 통해 발달된다고 믿었다.

　콜버그의 칸트주의에 대한 비판들이 있는데, 특히 그 중에서도 가장 두드러진 것 중 하나는 길리간의 비판이다. 우리 필자들의 입장에서 보면 길리간(Carol Gilligan)의 비판은 콜버그와 칸트 둘 모두에게 너무 지나친 감이 있다. 길리간(1982)은 콜버그의 남성편향적인 가치의 추상화, 전체주의 그리고 독립성을 비판했다. 실제로 모든 인지적 단계들처럼 도덕적 단계들도 구체적인 수준에서 점점 높은 수준의 추상화를 요구한다. 콜버그의 6단계 추상화는 구체적인 것에서 일반적인 것으로 이동하는 것이 아니라, 이해관계가 결부된 모든 사람의 관점에서 도덕적 갈등을 심사숙고하도록 요구하고, 또 그것을 인정하는 '역할 채택하기'(role-taking) 절차에 참여할 것을 요구한다. 이런 의미에서 보면 생명존중과 같은 특정한 도덕규범의 예외없는 고수를 요구하는 그의 관점은 거의 절대적이다. 콜버그는 칸트가 정언명법을 특정 격언들과 구분했던 유사한 방식으로 도덕원리와 도덕규칙을 구분했다. 그러나 칸트는 "진실 말하기"(truth-telling)와 같은 확실한 격언들을 절대적인 것으로 격상시키는 것 같다. 여기에서는 칸트에게 있는 굉장히 복잡한 문제들을 해명하기보다는 콜버그가 분명히 그리고 일관되게 절대적인 도덕규범 혹은 기준에 반대했다는 점만 지적하고 넘어가겠다. 마지막으로 길리간(1982)은 심리적인 독립성을 의미하는 칸트와 콜버그의 자율성 개념을 '상호 의존' 혹은 '관계맺음'(relatedness)과 상반되는 것으로 해석했다. 칸트(1900)와 콜버그(1981)는 자율성을 도덕적 숙고의 자기입법적 특성으로 이해했다. 반면 타율성은 사회의 권위, 전통 혹은 자연법이 부과한 규범의 준수를 뜻한다. 자율성은 자신이 스스로 만들어낸(one generates oneself) 규범의 준수를 의미한다. 그러므로 자율성은 본래적 자유(radical freedom)의 표현이다.

자율성은 자신의 사회적·직업적 삶과는 아무런 관계가 없음이 분명하다. 자율성은 사람들이 타인과 관계되어 있고, 철저하게 사회적인 도덕적 의사결정을 어떻게 내리는가와 특히 관련된다. 칸트의 '목적의 왕국'(realm of ends) 혹은 콜버그의 '도덕적 음악의자'와 같은 개념들은 사회적인 도덕적 의사결정의 측면을 포함한다. 그러므로 콜버그의 자율성에 대한 이해는 의식수준 혹은 도덕적 내면화 정도로 격하될 수 없다. 콜버그는 칸트의 도덕적 구성주의를 기꺼이 받아들이며, 칸트처럼 도덕성을 실천 이성의 산물, 도덕적 판단과정의 산물로 이해한다.

구성주의라는 철학적 개념은 심리학에서 피아제와 콜버그의 인지발달 접근 개념에 필적할 만한 것이다. 이 장의 시작부분에서 지적했듯이 피아제와 콜버그는 개인이 외부세계로부터 지식의 조각을 단순히 흡수하여 학습하는 것이 아니라, 오히려 세계와의 상호작용을 통해 지식을 구성한다고 자신의 입장을 피력한다.

교육적인 함축

피아제와 콜버그는 자신들의 저술 속에서 칸트를 명시적으로 언급하지 않는다. 그들이 칸트의 교육적 이념을 알았거나 혹은 칸트의 작품에 생생하게 살아있는 교육에 관한 대화를 의식했다고 보기는 어렵다. 이는 그들의 칸트 읽기에 대단한 결함이 있었기 때문이 아니다. 오히려 고전적인 교육사상가들 사이의 어떤 자리도 칸트에게 허용하지 않았던 당시 학계의 분위기를 반영한 것이다. 도덕철학자들 사이에서 칸트의 교육적 관심이 인지되는 지점은 그의 형식적 도덕철학에 대한 논쟁이 열리는 곳이다(Beck, 1979를 보라). 칸트가 세상을 뜨기 1년 전에 출판된「교육에 관하여」(On Pedagogy, 1803)라는 에세이는 교육에 관한 비판적인 철학직 저술이다. 하지만 그의 입장이 명확하게 진술된 깃이라고 보기는 어렵다(비록 칸트의 인류학 강의 원고와 그의 비판적 저술들 속에 표현된 서로 부합하는 교육학적인, 특히 그의 주요한 저술들에서 결론짓는 방법론으로서의 많은 원리들이 이 에세이에 포함되어 있지만). 칸트의 윤리학을 의무론 이상으로 인식하는 것뿐만 아니라, 칸트가 일생 동안 도덕적 인격형성 및 배양에 대해 관심을 가졌던 인류학 강의에 대한 최근의 주목은 칸트 철학 속에 내재된 교육적 요소에 새로운 관심을 불러일으키고 있다. 피아제와 콜버그가 명백하게 칸트의 관점에서 자신들의 교육적 관점을 이끌어내지는 않았지만, 그들이 칸트 철학에 동화되는지 여부를 검사할 수 있는 방법 중 하나는 아마도 그들의 결론과 칸트의 그것을 나란히 놓고 검증하는 것 정도가 될 것이다.

피아제(1965)는 『아동의 도덕판단』에서 교육에 대해 거의 언급하지 않는다. 그는 교육에 대한 입장과 생각을 몇 권의 저서에서 암시적으로 드러낼 뿐이다. 이것은 전통의 유효성과 교사지배적인 학교 교육에 대한 회의를 반영한 것이다. 그러나 피아제(1970)는 『교육과학과 아동심리학』(Science of Education and the Psychology of the Child)이라는 저작에서 교육에 대한 자신의 입장을 제시했다. 거기에서 전통적인 접근은 교육을 세대에서 세대로 가치를 '단순히 전수하는 것'으로 보고, 내용에 비해 교육의 과정에 별로 신경 쓰지 않는다고 적고 있다. 피아제의 생각에 전통적 접근은 아이들을 "작은 어른" 혹은 "다루기가 쉽지 않은 가공되지 않은 재료"라고 가정한다. 어느 면에서 접근하든 전통론자들은 아이들의 수동적인 본성이 설교적인 교육을 요구한다고 생각했다. 반대로 피아제는 학습과정에서 아이들은 가치 있는 어떤 것들을 구성한다고 믿었다. 그는 아동발달심리학의 출현은 교육에 중요한 의미를 준다고 생각했다. 가르치는 것은 아동 중심이 되어야 하고, 아동의 사고구조를 고려해야 한다고 언급한다. 그럼으로써 아동들이 교육의 과정에서 중요한 어떤 일을 수행한다면 문화전달이라는 전통적인 생각은 문화적인 풍요 (cultural enrichment)의 관점에 자리를 내주어야만 한다고 생각했다. 마지막으로 피아제는 교육이 지나치게 도덕적이었고, 모방은 자율성보다는 타율성을 더욱 고무시켰다고 역설한다.

　『아동의 도덕판단』에서 그는 교사의 권위가 효과적인 교육에 방해가 된다는 것을 분명히 했다. 우리가 앞에서 언급했듯이 아동들은 또래들 사이에서 자율적 도덕성을 발달시킨다. 이것이 도덕성 연구를 위해 그가 게임을 활용한 이유이다. 그러나 피아제는 교사가 권위자가 아닌 나이가 좀 더 많은 협력자로 행동하면서 아동들과 한층 평등한 관계를 형성하려고 노력한다면 아동의 도덕성 발달에 긍정적인 기여를 할 수 있다고 생각했다. 피아제는 매우 강하면서도 명확하게 아동이 학급운영에 참여하는 민주적인 학교를 주장했다. 특히 노작학교와 관련해서는 듀이(1966/1916)를 지지했다. 이 학교에서는 아이들을 의사결정 과정에 참여시킬 뿐만 아니라 아이들의 관심과 집단학습의 중요성을 고려한다. 듀이처럼 피아제도 아이들은 본질적으로 학습을 위해 동기화된다고 생각했다. 듀이와 피아제의 관점에서 교육적 노력은 아이들에게 자신의 지적 관심을 추구하고 자발성을 키울 수 있도록 용기를 북돋워주는 것이다. 아이들은 학교에서 능동적인 사람이 되어야 한다. 그들은 실험과 발견의 기회를 가져야 한다. 피아제는 또한 오늘날 협력학습으로 알려진 것의 중요성을 강조했다. 피아제는 개인화되고 경쟁적인 체제의 학교는 더불어 학습하려는 아이들의 자연스러운 바람을 침식하고, "이성적인 존재와 좋은 시민을 육성하는데 장애요소가 될 뿐"이라는 것을 발견했다. 그는 어른들이 부과한 경쟁시험의 예견된 결과인 협력적인 부정행위가 우리 학교의 풍토가 되어 있음을 이미 알고 있었다.

콜버그는 근본적으로 교육에 대한 피아제의 핵심적인 생각들을 모두 수용했다. 피아제가 그랬던 것처럼 그 역시 설교적인 도덕교육에 매우 비판적이었다. 콜버그는 도덕교육과 관련된 두 가지 방법에 대해 언질을 준다. 도덕적 토론수업과 정의공동체 접근(Power, Higgins, & Kohlberg, 1989)이 바로 그것이다. 도덕적 토론수업은 그의 심리학적 접근과 결합된다. 학생들은 도덕적 딜레마에 직면하게 되고, 딜레마의 주인공은 무엇을, 왜 해야 하는가를 결정해야 한다. 토론의 진행자는 학생들에게 결정의 정당화에 초점을 맞출 것, 딜레마에 관련된 모든 사람의 관점을 심사숙고할 것, 그리고 토론에서 빠져나오기 위해 갈등하는 관점들을 조화시킬 것 등을 요구한다. 토론의 목적은 학생들이 그 과정에서 자신의 입장을 시험해 보고, 발생한 의견의 불일치에 대응하도록 학생들을 고무시키는 것이다. 콜버그는 이를 통해 인지적 갈등 또는 인지적 불균형을 유발하고자 했다.

정의공동체 접근은 학교생활을 규율하는 규칙의 제정과 집행에 학생과 교직원이 함께 참여한다. 그리고 벌은 직접적인 참여 민주주의의 과정을 통해 부과된다. 정의공동체는 교사와 학생들이 스스로 공유, 배려, 신뢰, 집단 책임감과 같은 공동의 이상(ideal)을 수용할 수 있는 소규모 학교나 학교 안의 소규모 학급들에서 채택될 수 있다. 직접적인 참여 민주주의 과정은 학교의 규칙과 방침이 함축하고 있는 도덕적 의미를 생각할 수 있는 능력이 요구된다. 그러한 능력은 도덕적 토론수업의 원리를 통해 배양될 수 있다. 민주적인 과정은 교육과정 혹은 교사에게 전문적인 지식을 요구하는 문제들로까지 확장되지 않는다. 그것은 약자 괴롭히기, 속임수, 절도, 결석과 같은 일반적으로 학교에서 발생 가능한 생활의 문제들에 그 초점을 맞춘다.

피아제와 콜버그 둘 다 도덕성에 대한 칸트적 접근이 반영된 이성을 통한 민주적인 학교운영을 강하게 지지한다. 그들은 민주적인 학교가 도덕적 자율성을 촉진한다고 생각했다. 그러므로 도덕적 타율성을 촉진하는 전통적인 학교의 대안으로 그것을 환영했다. 피아제와 콜버그는 전통적인 권위주의적 접근방식인 학교에서의 모든 훈련을 비판했다. 그와 같은 접근방식은 순종 및 복종을 잘 할 수 있게 할지는 몰라도 협동을 촉진하지는 못한다. 그러므로 그와 같은 접근은 도덕적 추론 혹은 학교규칙의 배경에 대한 이성적인 이해도 촉진하지 못한다. 피아제와 콜버그는 학생들이 규칙 및 규범의 진정한 가치를 이해할 수 있는 가장 좋은 방법은 그들 스스로 권위를 갖고 학교의 발전에 대한 책임감을 느끼며 학교 규율을 제정해 보는 경험을 갖게 하는 것이라고 생각했다.

도덕교육에 대한 칸트의 관점

　도덕교육에 대한 칸트의 생각은 계몽주의를 자화상으로 삼았던 거대한 교육적 기획에 응답하고 관여하는 과정에서 발전한 것이다. 논의는 일찍이 15, 16세기 비베스(Vivse)와 코메니우스(Comenius)의 저작들에서 이미 시작되었다. 그리고 철학적·문학적·교육적·정치적·사회적·대중적인 모든 수준에서 18세기를 지나 페스탈로치(Pestalozzi), 훔볼트(Humboldt), 딜타이(Dilthey, 1960) 같은 인물들과 함께 19세기까지 지속된다. 교육과학을 수립하기 위한 노력에서 과학적 방법론으로 무장한 심리학이 점차 주도권을 차지하게 된 것은 이 시점부터이다(Munzel을 보라. 2003). 칸트의 시대에는 교육에 대한 기획이 단일하지 못했다. 그것은 계몽이라는 단일한 의미도, 통일된 교육 개념도 함의하지 못했다. 그 시대의 저술들과 담론들은 교육의 목표가 도덕적이고 공적인 사고방식을 지닌 시민육성이 되어야 한다는 기본적인 전제를 표명하고 있다. 그들 간의 실질적인 차이가 무엇이든 모든 집단과 개인들이 공유했던 것은 인간성 그 자체가 불타 없어질지도 모른다는 위기감과, 그래서 (인류에 대한 사명감이라는) 인간의 운명을 자각하기 위해 우리는 전진해야 한다는 긴박감이었다.

　칸트의 교육개혁에 대한 최초의 공식적 논의는 루소의(1979) 『에밀』(Emile) 혹은 『교육에 관하여』(On Education)를 탐독한 후 곧바로 이루어졌다. 칸트 스스로 고백하듯 루소는 인간의 존엄성을 구성하는 것이 무엇인지에 대하여 칸트에게 정확히 전하고 있다. 근본은 학문적 탐구를 통한 지식의 증진이 아니다. 그보다는 칸트의 도덕적·교육학적 견지에서 볼 때 "인간성의 회복"(restoration of the rights of humanity)이라는 '파이데이아'(paideia)의 고전적인 이상(idea)을 재발견하고 교육을 통해 자유·자기입법·인간 존재의 실천적 지혜라는 목적을 완전하게 회복하는 것이었다. 이와 같이 칸트는『에밀』에서 영감을 얻었지만 20여 년 간 한 개인을 위한 헌신적인 교육이 필요하다는 비현실적인 루소의 생각에는 다소 실망스러워했다.

그러나 1774년 독일의 데사우 지방에서 Philanthropin이라는 새로운 교육적 기관이 설립되었다. 그 기관의 학습과정은 로크와 루소의 원리에 기초해 있었다. 칸트는 그것에 대해 솔직하고 열렬하고 확고한 지지를 보냈다. 그리고 그는 유럽의 시민들에게 이 새로운 학교와 그것의 "진실한 교육방법"을 이해하고 지지해 줄 것을 요청했다. 그 기관의 교육이 포함하고 있는 몇 가지 원리들은 다음과 같다. 교육은 인간의 본성(nature)과 합치하는 방향으로 나아가야 한다(즉 인간의 능력과 습성에 일치하도록). 교육은 단순히 훈련하는 것이나 기계적으로 가르치는 것이 아니라 인간의 계몽을 요구한다. 그런 도덕성을 형성하고 배양하는 일은, 비록 인간 내부에 악(惡)이 존재한다 할지라도, 가장 훌륭하고 어려운, 그러나 필수불가결한 인간의 과업으로 단언된다. 그러므로 이는 또한 미래 세대를 위한 과업이기도 하다. 이러한 접근의 중요한 초점은 도덕교육이 가장 우선시 되어야 함을 교사들에게 납득시키는 것이었다. 칸트는 학교 관리자에게 보낸 한 통의 편지에서 이를 명백히 밝히고 있다(1778년 Wolke에게 보낸 편지). "그들의 재능과 인격 둘 다에 있어서 오직 필요한 것은 이론적인 학습이 아니라 인간에 대한 교육(Bildung)이다." 이 같은 생각 속에서 그의 교육학 강의는 학교에서 단순히 지식을 가르치고 정보를 제공하는 자로서의 교사와 삶을 가르치고 이끌어 주는 지도자로서의 교사 사이의 차이점을 강조한다(Ak 9 : 452).[1] 인류학, 교육학에 관한 강의 모두에서 칸트는 반복적으로 교사교육의 필요성을 강조한다. 인간은 그들 스스로 먼저 교육받아야만 했던 다른 인간에 의해 교육될 수 있을 뿐이다. 인간의 교육을 통해 인간은 의미라고 생각하는 것을 보존한다(Ak 9 : 443). "만약 교사와 성직자가 교육을 받았다면, 순수한 도덕성 개념이 그들 사이에 널리 퍼진다면, 그러면 … 모든 인간은 나중에 교육될 것이다(Ak 25 : 691). 이로부터 도출되는 과업은 이제 분명하다. 좀 더 목적이 있는 교육을 계획하는 일이 모든 세대에게 부과된 의무이다"(Ak 9 : 445-46).

칸트가 자신의 비판철학을 도덕적 추론능력의 발달에 초점을 맞춰 교육에 이바지하는 것이라고 생각했다는 것은 비판철학 내부에 등장하는 진술들을 통해 확인할 수 있다. 그는 『순수이성비판』(Critique of Pure Reason)에서 보통 독단적 절차의 반대는 "이론적인 교육 안에서 일어난다"고 말한다. 독단주의에서 벗어날 수 있게 하는 결정적인 방법은 "청년들을 이론교육에 위탁하는 것"이다. 또한 타인과의 관계에서 교육을 담당하는 이들에게 학문이 이성의 배양을 요구하는 것처럼 칸트는 자신

---

1) 인용하고 있는 책과 쪽수는 예를 들어 AK 9 : 447처럼 아카데미 편집판(the Academy edition)을 따른 것이다. 『순수이성비판』 A/B는 각각 1781년과 1787년판 이라는 의미이다. 영어번역본의 경우에는 『케임브리지 칸트 전집』을 보면 되는데, 이 전집에는 아카데미 전집의 쪽수가 끝부분에 명기되어 있다. 또한 한스 라이스가 편집한 칸트, 정치학 저술들을 참고하기 바란다. 이 책은 1970년에 초판이 나오고 1996년에 재판이 나온 『케임브리지 정치사상사』 중 한 권이다.

의 비판철학이 아직 미숙하고 조잡한 판단의 오류를 바로잡기 위한 교육적인 기능을 할 수 있다고 주장한다. "학문이 지혜를 향해 나아가는 엄밀한 관문이라면 그것은 단지 우리가 해야 하는 것만을 의미하지 않는다. 그것은 모두가 따르고 그리고 사람들이 길을 잃어버리지 않도록 지혜의 길을 닦기 위한 가이드라인으로서 교사가 반드시 제공해 주어야 하는 것이다"(Ak 5 : 162-63). 칸트는 제자 헤르츠(Marcus Herz)에게 보낸 편지에서 자신의 학문적 삶의 핵심 목표가 훌륭한 인격의 수양이라고 밝히고 있다. 그는 자기 스스로를 그러한 교사라고 자부한 듯하다.

비록 칸트가 대중적 기획을 조율하고, 교육의 제도적·정책적 모형의 현실적인 방법에도 참여했지만(예를 들어 프로이센의 교육 담당 대신 von Zedlitz와 함께 스스로 교육을 개혁하는 일에 활동적으로 참여) 그는 계몽을 위한 대중적인 기획과 그것의 제도적 형식에 비판적이었다. 그는 목적을 비판적으로 재공식화했고, 선의 본질을 추구했다(행복이 아니라 행복해지는 가치). 그리고 그는 일반 대중을 위한 교육에서 구성요소들의 혼동에 반대했다. 『도덕 형이상학의 정초』(Groundwork of the Metaphysics of Morals)는 칸트의 이러한 비판주의를 잘 반영하고 있다. 그는 당시 사람들이 도덕 형이상학보다는 대중적인 실천철학을 더 선호하고 있다는 사실을 시인한다. 하지만 그런 현상은 대중철학 그 자체가 아닌 그것의 교육방식과 관련된 것이라고 생각했다. 즉 사례와 흉내, 감정과 기질의 적절한 혼합, 그리고 이성적인 개념의 구성에 의해 나타난 현상이라고 칸트는 설명한다. 따라서 계몽을 위한 교육이 철학에 요구한 역할은 흐릿하고 희미해진 도덕교육을 명료화해서 명확히 보여달라는 것이었다. 이를 위해 칸트는 『실천이성비판』에서 방법론은 그것의 학문적 의미에서 이해되는 것이 아니라는 점을 분명히 밝히고 있다(오직 인지의 다양성에 의거하여 이성의 원리에 따르는 절차만이 하나의 체계가 될 수 있는 것처럼). 대신 요구되는 것은 학생들에게 자의식과 도덕법칙의 효능감을 촉진하는 교육방법이다(Ak 5 : 151, 163).

칸트의 저작들에 나타나는 교육에 대한 설명들은 그의 윤리학보다 훨씬 복잡하다. 그는 객관적·주관적·경험적-실용적인 수준에서 전문적으로 기술할 수 있는 세 수준에서의 교육에 관한 규정을 찾아냈다. (1) 우리가 실천해야 하는 것 혹은 객관적 도덕원리의 명확한 표현, 그리고 그것의 선험적 정초 가능성 확인, 인간의 이성적이고 의식적인 본성이 이 세계에서 실천되기를 바라는 그런 의무로 규정되는 행동은 도덕법칙에서 나온다는 사실, (2) 우리가 할 수 있는 것과 우리가 그것을 어떻게 하도록 할 수 있는지, 혹은 그것의 수행에 요구되는 능력을 알아내기 위한 인간 본성에 관한 인류학적 탐구, 즉 자유롭게 행동하는 존재로서의 인간이 그들 스스로를 형성할 수 있고 또 형성해야 하는 것에 대한 탐구, (3) 역사적인 문서나 전기(傳記) 등에 기록된 것으로서 우리가 실제로 행하는 것, 그리고 인간이 갖고 있는 모종의 특성을 활용하고 타인으로부터의 안전을 보호하기 위해서 도덕교육에 유용한 경험적 정보를 습득하는 것. 칸트는 훈육(discipline), 개화(civilzation), 교화(cultivation), 도덕화(moralization)라는 4단계로 교육을 설명하거나 양육, 훈육, 교수라는 세 겹의 교육적 과업에 교육(Bildung)을 더하는 방식을 택한다.

훈육은 소극적이다. 감당할 수 없을 정도로 제멋대로 구는 것은 개발되지 않은 자연적인 경향들을 형성하는 데 긍정적인 효과가 있는 교화의 단계를 설정하기 위해 근절되어야 한다. 훈육은 충동과 본능을 조절하고 적절히 통제하는 데 도움이 된다. 교화는 인간의 사교성 (sociability)과 예절의 배양을 강조한다(그리고 그는 자신이 속해있는 시대를 평가하면서 사회적인 구속과 예절을 통한 제한이 달성된 것에 반해 필수적인 도덕적 구속은 실현되어야 할 것으로 남아 있다고 말한다, *Ak* 25 : 692~94). 교화의 중요한 의미는 "어떤 목적을 위해 교화가 선택되든지 간에 합리적인 존재의 합목적성을 산출하는 것"이다(*Ak* 6 : 431). 그런 적합성을 위해 교화는 이성을 통해 이루어져야 한다. 칸트가 『실천이성비판』에서 쓰고 있는 것처럼 이성은 걷는 것과 같아서 저절로 실현되는 것이 아니라 횟수가 거듭되는 연습 속에서 실현된다(*Ak* 5 : 162). 1786년에 집필한 에세이에서 스스로 사고하는 속에서 일정한 방향잡기를 주장한 것처럼 이성은 이성 그 자체의 법칙에 따르면서 훈련되는 것이다(*Ak* 8 : 145).

비판철학은 이성을 위한 교사이자 규율반장 역할을 한다. (순수이성의 첫 번째 방법론인) 훈육은 일반적으로 오류에 대한 소크라테스적 정화와 관계되고, 이성의 비판적 자기 반성 그리고 그것의 활용으로 요약된다 (A709-94/B737-822). 비판의 회의적 절차는 독단적이고 궤변에 가까운 추론과 "타당한 원인의 적"인 독단적인 회의주의 양자를 규제하는 역할을 한다. 불확실한 판단이 마치 절대적 타당성을 지닌 척하고, 그로 인해 이성이 불확실한 판단의 허구와 속임수에 놀아나는 것을 막아야 한다. 칸트는 합리적인 인식의 두 가지 형태(수학적인 것과 철학적인 것)를 구분했다. 그리고 그것들의 고유한 영역과 나아갈 방향의 윤곽을 그렸다. 그는 판단에 있어서 공적인 표현의 필요성을 강조했고, 이런 식으로 표현된 인간의 보편적 이성은 인간이 처한 조건을 향상시키기 위한 필요조건이 된다. 이론적 인지를 위한 순수이성의 훈련으로부터 나온 소크라테스의 문답법 혹은 아포리아(aporia)는 실천이성의 근본원리를 통해 해결된다. 그리고 『실천이성비판』, 『판단력비판』의 방법론에서는 그러한 도덕적 규범을 제정하는 이성에 대해 설명한다. 인간의 삶에서 도덕적 법칙과 상반된 이미지로서 인격의 실현을 위한 길은 이론적·실천적·반성적·응용적 판단을 모두 포함한다. 그리고 이러한 판단들은 세 권의 『비판서』(Critiques)와 『도덕 형이상학』(Metaphysics of Morals)에서 모두 설명된다.

『순수이성비판』의 제3장 「(순수이성의) 건축술」(Architectonic, A832-51/ B860-79)에서는 이후에 등장하게 될 판단력 계발을 위해 필요한 교육과정에 대한 방대한 철학적 구성체계가 제시되고 있다. 도덕교육은 학생 스스로 통찰력을 갖는다는 근본원리에 근거한다(Ak 9 : 455). 그리고 교육학적 방법을 통해 기대하는 효과는 학생 스스로 자신의 자유를 실현해 나갈 수 있도록 인도하는 것이다. 타인에 의한 결정은 합리적인 자기 결정으로 바꿔야 한다. 건축술은 이성 그 자체의 본래 목적, 즉 「인간의 사명」(Bestim- mung des Menschen)을 목적으로 삶는 추론의 체계를 소개한다. 그리고 철학의 과업을 여타 학문들의 순서를 관장하고 인간의 궁극적인 목적의 규명이라고 규정한다. Architectonic의 어원인 architectonic는 주재하는 행동, 관장하는, 입법하는, 가르치는 능력과 관련된다(Curren 2000을 보라). 그리고 칸트는 그것을 인간 이성의 도처에서 발견되는 입법능력과 관련되는 것으로 사용하였다. 단순한 가르침에 의해 주어진 철학의 체계, 그리고 우리의 제한된 인식과 주어진 판단력은 "다른 인간의 단순한 석고모형이 되는 것"(A836/B864)이고, 이는 다른 사람의 이성에 의해 주조되는 것이다. 그러므로 그것은 인간의 본래적 목적을 상실하는 것이다. 칸트에게 철학은 정보의 백과사전이 아니라 철학적으로 사색하는 인문학이요, "보편적인 원리에 충실한 실천이성의 능력"이다(A838/B866). 철학적 인지체계로서 철학은 인간의 본래 타고난 능력과 한계, 목적을 드러내 보여주고 그것을 폭로하는 형식을 제공한다. 철학은 본래적인 원리를 의식수준까지 끌어올려 주는 교사이다. 본디 타고난 자율적 판단능력을 전제로 학생들 스스로가 자기결정을 실현할 수 있도록 촉진해주는 철학을 통해 이성을 통한 훈육과 교화는 가능하다.

『실천이성비판』의 교육적 방법은 마지막 4단계인 도덕화(moralization)에서 도덕적 통찰력을 증진시키는 것에 초점이 맞추어져 있다. 이를 위해 교사에게 요구되는 것은 다음과 같다. 학생들이 자신의 타고난 도덕적 능력을 스스로 존중할 수 있도록 인도하고, 그 과정에서 판단능력의 발달에 대해 설명한다. 도덕화 단계는 두 단계로 설명할 수 있다. 먼저 첫 번째 단계에서는 연습을 통해 "판단력을 사용하게" 하여 학생들 자신의 인지력을 느낄 수 있도록 한다. 학생들은 자연적 본능을 넘어서 합리적인 판단능력이 신장됨을 깨닫게 된다. 그리고 그것에서 즐거움을 느끼게 된다. 그리하여 학생들은 자신의 본래적 자유의 토대를 인식하고 그에 감사하기 시작한다. 목적론적인 판단을 최초로 깨닫는다(Ak 5 : 159-60). 이 단계를 통해 학생들은 스스로 자신의 능력과 불가분의 관계에 있는 법칙에 대해 의식하게 된다. 그리고 학생들은 의무의 신성함에 복종하고, 의무가 명령한 것을 할 수 있는 자신의 능력을 인식하게 된다(Ak 5 : 159).

학생들이 도덕법칙을 인식하게 하기 위해서는 자신의 인지적인 힘을 인식하고 그것을 향유하는 수준을 넘어서는 단계가 요구된다. 왜냐하면 거기에는 아직 행위와 행위의 도덕성에 대한 관심이 없기 때문이다(Ak 5 : 160). 법칙에 대한 복종은 개인으로 하여금 자유에 대한 의식 속에서 자신에 대한 존중을 느끼게 하는 긍정적인 가치를 지닌다. 그러므로 법칙은 심성에 보다 쉽게 접근하고 또 심성의 준칙에 영향력을 행사할 수 있는 손쉬운 통로를 획득한다(Ak 5 : 161). 게다가 그것의 기초가 잘 다져져 있을 때 자신에 대한 존중은 최상이 되고, 심지어 비열하고 타락한 충동에 빠지지 않도록 마음을 지켜주는 유일한 파수꾼이 된다(Ak 6 : 161). 이러한 성취는 "모든 도덕교육의 진정한 목적"으로 초기의 저작들 속에서 충분히 확인된다. 『도덕 형이상학』에서 도덕적 판단에 대한 연습을 설명하면서 칸트는 아이들에게 즐거우면서도 가장 효과적인 집단 연습을 제안한다. "집단으로 조직된 아이들은 그들의 이해력을 시험해 보는 것이 허용되고, 아이들 각자는 제시된 까다로운 문제를 풀었다고 믿는 방법을 확인한다"(Ak 6 : 483). 강제성이 없는 놀이를 통해 훈련하면서 "학생들은 살아 있는 도덕성(lived morality)에 관심을 갖게 된다"(Ak 6 : 484). 이는 피아제와 콜버그가 도덕판단 능력의 발달에서 가장 중요하게 생각했던 놀이, 도덕적 토론, 민주적 통치의 전조이다.

칸트의 교육학적 방법 중 오늘날 일반 교육에도 널리 활용되고 있는 것은 역할모델이라고 불리는 도덕적 모범사례이다. 칸트는 단순히 많은 소재들만이 아니라 사례를 통한 교육방식, 예를 들면 어떻게 그 사례들을 활용할 것인가를 함께 제시된다. 그는 제시되는 사례들이 허구적인 영웅 이야기가 아닌 전기들로부터 얻어진 사실적인 것이어야 한다고 제안한다(Ak 5 : 154, 155). 『정치(Groundwork)』, 『종교(Religion)』, 『덕의 형이상학적 원리들(Metaphysical Principles of Virtue)』, 『교육에 관하여(On

Pedagogy)』, 인류학 강의록 등의 문헌들 속에서 모범사례 활용에 대해 밝힌 입장과 함께 칸트가 『도덕 형이상학』에서 도덕적 모범사례에 대해 말하고자 하는 것은 다음과 같다. 그는 모든 저서에서 시종일관 모방을 위해 사례에 호소하는 것을 거부하고 있다. 문헌 속에서 그런 목적의 모범사례에 대한 설명이 전혀 발견되지 않을 뿐만 아니라, 모범적인 개인(가장 첫 번째 사례는 교사가 된다)이 모방되지도 않는다. 모범적인 모델들은 어떻게 모델이 자기 내부에 있는 본래적인 법칙(자신의 한계 내에서 행동과 선택을 인도하기 위한 자신의 본래적 법칙)의 지시를 끌어내는 일에 착수하는지를 보이기 위해 수업자료로 활용될 수 있다. 그러므로 모델들은 학생들에게 자신의 삶을 지휘하고, 혼자 힘으로 그러한 인격을 수양하는 능력이 결국 인간의 가능성에 이미 내재해 있다는 인식을 심어주기 위해 활용되고, 또 그때 비로소 그것은 자료로서 도덕교육에 기여하는 것이다. 콜버그(1981)는 『도덕발달의 철학』(The Philosophy of Moral Development) 후기에서 이와 비슷한 모범사례에 대한 자신의 관점을 전개한 바 있다.

사례의 적절한 사용과 같은 교육적 방법과 더불어 칸트의 교육학 개념을 온전히 설명하는 데는 정치적 차원의 논의가 포함되어야 한다. 구체적으로 공화정체의 구성, 본성의 역할, 이성의 공적 사용, 양심의 역할, 그리고 선험적인 것에 의지하지 않는 덕의 가능성 문제에 대한 검토 등이 포함된다. 그는 그것이 성공적으로 달성될 때, 그리고 달성되는 곳에서 교육학적 방법들은 학생들을 미성숙에서 성숙으로 이끌 수 있다고 「계몽이란 무엇인가」(Was ist Aufklärung?, 1784)에서 적고 있다. 그러나 칸트는 이러한 중요한 변화가 실현된다는 것에 대해 전적으로 낙관적인 자세를 취한 것만은 아니었다. 그의 불안감은 없어서는 안 될 훈육의 단계와 자유로운 판단을 위한 자기 입법단계 사이에 존재했다. 게다가 아리스토텔레스가 이미 그의 『분석론 후서』(*Posterior Analytics*)에서 쓰고 있듯이 교육은 무(nothing)에서 시작될 수 없다. 훈련을 위한 모종의 교훈적인 이야기가 필요하다. 즉 용어들의 이해와 경우에 따라서는 주어진 이야기를 사실로 승인하는 것이 최소한 필요하다. 이와 관련된 차이는 기예(arts)로부터의 유추를 통해 설명될 수 있을 것이다. 칸트가 『판단력비판』에서 쓰고 있는 것처럼 일정한 규칙에 따라 만들어진 결과물은 유용한 기교 혹은 기술적인 기교에 속할지는 몰라도 상상력과 인지능력을 자유롭게 사용한 미술작품의 자격을 얻지는 못한다(*Ak*, 5 : 313-319). 어떻게 자유가 훈육 또는 강제를 통해 계발되는가? 칸트가 교육학 강의에서 주장하는 것처럼 이 문제는 "교육의 가장 중요한 문제들" 중 하나이다.

칸트의 교수직을 이어받은 헤르바르트(Johann Friedrich Herbart)에서부터 20세기 신칸트주의의 나토르프(Paul Natorp), 콘(Jonas Cohn), 회니히스발트(Richard Hönigswald)에 이르기까지 계속된 이 문제에 대한 집요한 탐구는 그것의 중요성을 역설한다. 스위스 바젤의 교육학자이자 철학자인 회글리(Anton Hügli, 1999)에 따르면 그 문제는 칸트가 남긴 그곳에 그대로 남아 있다. 칸트 학파와 헤겔 학파에서 내려오는 저술들은 "자율"과 "통제"라는 제명 하에 근본적으로 다른 두 가지 교육학적 방법을 논의하고 있다. 자율의 교육학에서 교사는 학생들이 자신 내부에 존재하는 의지의 근본원리와 맞붙어 싸우는 것을 지원하고 또 조언한다. 또한 깊이 생각하고, 스스로 공부하거나 혹은 그 과정에서 자신의 자유를 경험하게 하는 산파 역할을 자처한다(Hügli, 1999). 여기에서 그리스인들의 생각이 두드러지게 나타난다. 플라톤이 『테아이테투스』(*Theaetetus*)

에서 설명한 바와 같이 내과의사가 건강을 한결 좋게 하듯이 교육자는 한 상황에서 보다 좋은 상황으로 변화할 수 있도록 노력해야 한다(Cooper, 1997, p. 167a). 반면 통제의 방법은 인격(human persons)에 대한 교육학적 규정가능성(determinability)을 전제한다. 즉 학생들이 소속되어 있는 사회 및 국가에 긍정적인 결과를 가져올 수 있도록 하기 위한 외적 매개체로서 교육을 바라보는 것이다(Hügli, 1999). 하지만 그것은 결국 실패한다. 왜냐하면 그가 배워온 것을 유지하고자 하는 개인을 궁극적으로 통제할 수는 없기 때문이다(Hügli, 1999).

그러나 선험적 교육학(transcendental pedagogy)을 완성하기 위한 19-20세기의 끊임없는 시도들은 교육에서 자율이라는 방법을 어떻게 이해해야 하는가, 그것이 교육학적으로 어떻게 의미있게 달성될 수 있을까, 그것의 교육학적 효과는 무엇인가와 같은 문제들에 대해 여전히 만족스러운 답이 제시되지 못하고 있음을 보여준다(Hügli, 1999). 그럼에도 불구하고 회글리는 도덕교육이론의 중심에 (도덕적 행동이 아닌) 도덕판단의 발달을 위치시킨 피아제와 콜버그 두 사람에게 찬사를 보낸다. 이론(異論)의 여지는 있지만 민주사회의 시민에게 요구되는 시민으로서의 덕에 대한 문제는 정치학적 담론으로 되돌아가고 도덕교육은 칸트, 피아제, 콜버그로부터 나온 도덕적 판단능력을 발달시키기 위한 노력이 주도해야 한다. 형이상학이 점성술로 귀결되고, 윤리학적 논의 속에는 종교적 광신과 미신이 내재해 있던 당시 인간에 대한 탐구의 실패한 시도를 탄식했던 칸트는 인간의 본래 타고난 심리상태에 대한 경험적 탐구의 필요성을 제기하며 『실천이성비판』을 끝맺는다. 사례들에 대한 도덕적 판단 근거는 반복되는 실행 속에서 인간 오성을 통해 분석되어야 한다고 그는 충고한다. 반복되는 실행이란 화학에서의 진행방식처럼 행해져야 하고, 이는 곧 합리적인 요소로부터 경험적인 요소를 분리해내는 것과 같다. 그 결과 양자 각각을 통해 우리는 무엇을 달성할 수 있는지 밝힐 수 있을 것이다(*Ak* V : 163). 이러한 분석을 충실히 수행하고 한층 발전시켰다는 측면에서 피아제와 콜버그는 그의 충실한 제자들이었다.

참고문헌

Beck, L. W. (1979). Kant on education. In J. D. Browning (Ed.), *Education in the 18th century* (pp. 10-24). New York : Garland.

Colby, A., & Kohlberg, L. (1987). *The measurement of moral judgment*. Vol 1 : *Theoretical foundations and research validation*. New York : Cambridge University Press.

Cooper, J. M. (Ed.). (1997). *Plato's works*. Indianapolis, IN : Hackett.

Curren, R. R. (2000). *Aristotle on the necessity of public education*. Lanham, MD : Rowman & Littlefield.

Dewey, J. (1916/1966). *Democracy and education*. New York : Macmillan.

Dilthey, W. (1960). *Pädagogik : Geschichte und Grundlinien des Systems*. Vol. 9 of *Gesammelte Schriften*. Göttingen : Vandenhoeck & Ruprecht(Original work published 1934).

Durkheim, E. (1925/1973). *Moral education : A study in the theory and application of the sociology of education*. New York : Free Press.

Fischer, W., & Dieter-Jürgen L. (Eds.). (1998). *Philosophen als Pädagogen*. Wichtige Entwürfe klassischer Denker. Darmstadt : Wissenschaftliche Buchgesellschaft.

Gilligan, C. (1982). *In a different voice : Psychological theory women's development*. Cambridge, MA : Harvard University Press.

Habermas, J. (1979). *Communication and the evolution of society*(T. McCarthy, Trans.) Boston : Beacon Press.

Hügli, A. (1999). *Philosophie und Pädagogik*. Darmstadt : Wissenschaftliche Buchgesellschaft.

Kant, I. (1900). *Kants gesammelte Schriften*. Ed. Preussischen Akademie der

Wissenschaften. Berlin : Walter de Gruyter.

Kohlberg, L. (1971). From is to ought : How to commit the naturalistic fallacy and get away with it in the Study of Moral Development. In T. Mischel(Ed.), *Cognitive development and epistemology*(pp. 151-235). New York : Academic.

Kohlberg, L. (1981). *The philosophy of moral development*. Vol. 1. San Francisco : Harper & Row.

Kohlberg, L. (1984). *The Psychology of moral development*. Vol. 2. San Francisco : Harper & Row.

Kohlberg, L. (1991). My personal search for universal morality. In L. Kuhmerker (Ed.), *The Kohlberg legacy for helping professions*. Birmingham, AL : R.E.P. Books.

Munzel, G. F. (1999). *Kant's conception of moral character. The 'critical' link of morality, anthropology, and reflective judgment*. Chicago : The University of Chicago Press.

Munzel, G. F. (2003). Kant, Hegel, and the rise of pedagogical science. In R. Curren (Ed.), *A companion to the philosophy of education*. Oxford : Blackwell.

Piaget, J. (1965). *The moral judgment of the child*. New York : Free Press(Original work poublished 1932).

Piaget, J. (1970). *Science education and the psychology of the child*. New Youk : Viking Press.

Piaget, J. L., & Inhelder, B. (1969). *The psychology of the child*. New York : Basic Books.

Piaget, J., Inhelder, B., & Szeminska, A. (1960). *The child's conception of geometry*. New York : Basic Books.

Power, F. C., Higgins, A., & Kohlberg, L. (1989). *Lawrence Kohlberg's approach to moral education*. New York : Columbia University Press.

Rawls, J. (1981). *A theory of justice*. Cambridge, MA : Harvard University Press.

Rousseau, J. J. (1979). *Emile, or on education*(A. Bloom, Ed.). New York : Basic Books.

⟨ 2장 ⟩

덕윤리와 아리스토텔레스의 영향

데이빗 카(D. Carr, 스코틀랜드 에딘버러 대학)

덕윤리학 부활의 배경

도덕교육에 대한 가장 기본적인 질문은 젊은이들에게 이런저런 형태의 지식, 기능 혹은 태도(disposition)를 교육하기 위해 우리가 가질 수 있는 정당한 이유에 관한 것이어야 한다. 도덕교육의 경우 '도덕적 논쟁과 불일치가 만연한 상황에서 특히 자유민주주의 정치체제가 지니는 특징인 문화적 다원주의의 맥락하에서 우리가 젊은이들에게 이 가치 혹은 저 행동에 대해 가르치는 것을 논리적으로 정당화할 수 있는 합리적인 근거가 무엇인가?'는 매우 민감한 문제이다. 데카르트 이후의 근대 철학을 통해 일어난 인식론적 전환 속에서 이 문제를 다루려는 이후의 시도들은 다음의 네 흐름 중 하나의 경향을 띠게 되었다. (1) 주관적 정서주의(subjective emotivism) 또는 가치는 개인의 감정적 선호의 표현이라는 생각, (2) 사회적 상대주의(social relativism) 또는 도덕적 가치는 사회적 혹은 문화적으로 구성된 것이라는 생각, (3) 공리주의(utilitarianism) 또는 도덕적 원리들은 행복(wellbeing)을 증진시키기[혹은 위해(harm)줄이기] 위한 일반적인 규칙들이라는 관점, (4) 그리고 (칸트 학파나 그 이외의) 의무론(deontology) 또는 도덕적 원리는 시민 혹은 문명화된 집단의 기준이 되는 보편적인 필수조건이라는 생각. 도덕교육 이론가들은 이러한 관점들에 영향을 받아왔지만 개인적 규정주의(individual prescriptivism)와 사회계약론(social contractarianism)을 불안정하게 혼합한 신칸트주의의 의무론(neo-Kantian deontology)이 사회과학(특히 심리학)과 분석철학 모두에서 20세기 전후(postwar) 대부분의 기간을 지배했다. 우리는 그와 같은 지배적인 영향력은 미국 심리학자 콜버그(Lawrence Kohlberg, 1981)의 도덕교육 관련 저서 혹은 영국 교육철학자 피터스(Richard Peters, 1981)의 저서를 보는 것만으로도 충분히 확인할 수 있다.

그러나 전후 칸트의 도덕교육적 신념이 널리 보급되고 또 일정 부분 정착되었음에도 불구하고 현대 도덕교육론자들이 의지했던 지난날의 주요한 철학적 관점들은 그 장점만큼이나 결점 또한 갖고 있다. 첫째, 도덕적 정서주의는 도덕적 가치와 주체의 느낌, 감정 사이의 직관적 연결을 강조하지만 또한 그들은 도덕적 선호를 기본적으로 비합리적이고 개인적인 문제로 바꾸어 버린다. 이러한 관점에서 도덕적 문제들이 모종의 원리화된 방법을 통해 어떻게 해결될 것인가를 알기란 쉽지 않다. 그러므로 도덕교육이 어떤 방식으로 존재할 것인지도 알기가 어렵다. 둘째, 사회적 상대주의는 사회문화적으로 조건지워진 도덕적 가치의 특징을 인정하지만 그것은 도덕교육을 사회화, 문화적 조건화, 그리고 심지어 교화와 구분하는 데 실패한다. 그리고 도덕적 불일치 혹은 도덕적 부조화를 설명하거나 정당화하기도 어렵다. 셋째, 비록 공리주의가 도덕성과 위해 · 번영 사이의 그럴듯한 연관 관계를 꾸며내고, 도덕교육에 대한 일관된 생각을 갖고 있지만, 도덕적 담론이 본디 지니는 규범성을 충분히 이해하지 못하고 있는 것은 물려받은 도덕적 관습을 반직관적으로 합리화하는 결과를 가져온다. 예를 들면 다른 도덕이론에서는 명백히 도덕적인 잘못으로 간주할 살인이나 거짓말 같은 행동이 적어도 어떤 상황 하에서 공리주의자들에게는 옳은 것으로 간주될 것이다. 넷째, 칸트 윤리학의 현대적 버전들이 도덕적 숙고(deliberation)에서 이성의 통합성, 일관성, 무모순성의 중요성을 인정하지만 보편적이고 공정한 원리에 대한 의무론적 강조와 도덕판단에서 감정을 분리해 낸 것은 양자의 정당한 결합관계와 도덕적 반응으로서의 정서의 존재를 정당하게 인정하는 데 실패할 가능성이 있다.

이런 시각에서 20세기 후반 '새로운 얼굴'(the new kid on the block) 덕윤리학(virtue ethics)의 시의적절한 등장은 많은 철학자들과 일부 도덕교육론자들에게 환영을 받았다. 덕윤리학은 근대 이전 아리스토텔레스의 윤리 관련 저작들, 특히 『니코마코스 윤리학』(Nicomachean Ethics)에 그 기원을 둔다. 아리스토텔레스의 생각들은 극단적인 윤리적 합리주의자인 스승 플라톤(그리고 플라톤의 스승 소크라테스에 대해서도 역시)의 도덕이론에 대한 비판적 반작용 속에서 많은 발전을 이룩했다. 실제 덕윤리학이 정서주의, 사회적 상대주의, 공리주의, 그리고 칸트적 의무론에서 그럴

듯한 것들은 보존하고 중요한 결점들은 피하게 한 것은 (데카르트 이후) 전형적인 근대 철학의 오류에 아리스토텔레스가 부여한 면책권이다. 그러나 비록 아리스토텔레스의 덕윤리학이 아퀴나스(St. Thomas Aquinas, 1984)의 손에서는 중세의 발전에 의미 있는 주제였지만 1950년대 그것의 힘찬 현대저 부활이 있기 전까지는 거의 힘을 상실했었다. 덕윤리학 부활의 추동력은 현대 윤리학의 정곡을 찌른 비판으로 평가받는 앤스콤(Anscomb)의 『현대 도덕철학』(Modern moral philosophy, 1958)에서 비롯되었다. 그러나 앤스콤의 선도는 제1세대 신자연주의적(neonaturalist) 덕이론가[그 중에서도 특히 기치(Peter Geach, 1977), 푸트(Philippa Foot, 1978), 윌리스(James Wallace, 1978)]들에 의해 계승되었다. 이러한 흐름 속에서 맥킨타이어(MacIntyre, 1981, 1988, 1992)는 『덕 이후』(After Virtue, 1981)를 통해 덕윤리학에 대한 관심을 더욱 증폭시켰다. 여하튼 덕윤리학은 칸트주의와 공리주의에 반대하며 덴트(Nicholas Dent, 1984), 슬롯(Michael Slote, 1983, 1992), 누스바움(Martha Nussbaum, 1995), 누스바움과 센(Nussbaum & Sen, 1993), 셔먼(Nancy Sherman, 1989, 1997), 허스트하우스(Rosalind Hursthouse, 1999), 스와턴(Christine Swanton, 2003) 등의 연구성과들을 통해 현대 윤리학에서 강력한 '제3세력'으로서의 입지를 확립했다. 이러한 움직임에도 불구하고 덕윤리학에 대한 도덕교육의 본격적인 관심은 매우 더디게 진행되고 있다. 그러므로 덕윤리학과 도덕교육에 대한 보다 깊은 관심을 자극하고자 필자는 이 글에서 다음과 같은 것을 시도해 볼 것이다. (1) 어떻게 덕윤리학이 경쟁하는 다른 이론들을 뛰어넘는 확실한 도덕철학적 강점을 갖는지 보여줄 것이다. 그리고 (2) 그런 이점들에 근거한 덕윤리학적인 도덕교육의 성과를 제시할 것이다.

덕, 인격 그리고 정서

덕이란 무엇인가? 아리스토텔레스(McKeon, 1941, II, p. 5)에 따르면 덕은 훌륭한 상태 혹은 어떤 행동을 위한 적절한 인격적 특성(trait)이다. 즉 덕은 기본적으로 일종의 성향(disposition)이다. 하지만 준수한 외모, 지성, 육체적인 강인함 혹은 활력과 같은 인간의 특성과 능력, 재능을 바람직한 것 혹은 훌륭한 것으로 인정하기는 해도 거기에 덕이 있다고 생각하지는 않는다. 왜냐하면 그것들은 인격적 특성이 아니기 때문이다. 이에 반해 비겁함, 부정직, 질투, 무절제 같은 성향들은 확실히 인격적 특성들이다. 그러나 그것들은 훌륭한 것이 아니므로 또한 덕이 아니다. 우리는 비겁함이나 부정직을 칭찬하지 않을 뿐만 아니라, 실제로 그런 성향의 개인들을 다른 사람에게 칭찬하지도 않고 오히려 비난한다. 우리가 그런 인격적 특성의 함양 여부에 책임이 있는 도덕적 행위자라는 점이 이러한 악덕, 그리고 그것과 관계가 있는 덕의 중요한 특징이다. 그리고 이것이 덕과 악덕 모두가 도덕적으로 중요한 의미를 갖게 하는 열쇠이다. 요컨대 사람들의 비겁함과 부정직을 비난하고 개탄하는 것만큼 용기와 정의(justice)에 대해서 칭찬하고 경애하는 것은 적절한 것이다. 그러나 덕을 함양한다는 것 혹은 함양하는 데 실패한다는 것은 무엇인가? 용감하고 공정한 사람 혹은 절제할 줄 아는 사람은 비겁하고 불공정한 사람 혹은 탐욕스러운 사람이 이루지 못한 무엇을 이룬 것인가?

덕의 논리적 · 심리적 다양성은 이러한 물음에 간단명료한 대답을 어렵게 만든다. 그럼에도 불구하고 덕의 실천과 인간의 성향(inclinations),

바람(desires), 이익(interests)에 근거한 친숙한 감정들을 규제하는 것 사이에는 상당한 연관성이 존재한다. 예를 들면 용기의 덕은 위험과 고난에 직면할 때 도망치고 싶은 마음으로부터 우리를 지켜준다. 정의의 덕은 나의 안전과 안락에 직결되지만 모두가 그것에 대해 권리를 갖는 재화에 대해 공정하게 나누어 갖지 않고 더 많이 가지려는 것으로부터 우리를 지켜준다. 절제의 덕은 본능적 욕구의 위험한 탐닉에 맞서 우리를 지켜준다. 그러므로 전부는 아닐지라도 대부분의 유덕한 행동들은 현대 철학과 사회과학에서 감정적인 것 혹은 비인지적인 것이라고 특징지워진 인간의 감정, 정서, 감수성, 느낌 혹은 욕구의 어떤 명령을 포함하는 것 같다. 그러나 이와 같은 관계와 관련해서 논의되어야 할 것들이 몇 가지 있다. 첫째, 플라톤과 달리 아리스토텔레스는 덕을 오로지 자제력의 문제로만 여기지 않았다는 것이다. 용기 있는 사람은 두려움에 대해서 일정한 통제나 억제가 필요하겠지만, 무모한 사람의 문제점은 오히려 두려움에 대해 충분히 민감하지 못한 데 있다. 즉 용기는 너무 많지도 적지도 않은 적당한 수준의 두려움에 대한 느낌을 필요로 한다. 비겁함과 같이 무모함은 악덕이다. 둘째, 아리스토텔레스는 정서나 열정을 부정적인 것으로 여기지 않았다. 감수성의 적절한 함양이 아리스토텔레스가 말하는 덕의 핵심인 한 부정의, 인색함, 그리고 무자비함과 같은 악덕들은 타인들과의 적절한 정서적 유대를 형성하는 데 실패한 것이다. 셋째, 아리스토텔레스가 덕의 정서적 기초에 대해 강조한 것은 이성보다는 오히려 열정(passions)이 도덕적 행동의 근원이라는 정서주의자들의 관점과 어느 정도 유사하지만, 그는 덕에 대한 감수성이 이성의 명령을 따라야 한다고 생각한 점에서 현대의 비인지주의자들과 다르다. 비록 관대한 사람과 방탕한 사람의 행동 모두 적극적인 인간관계 속에서 비롯되는 감정 때문이라 해도 오직 전자만이 유덕한 행동이다. 왜냐하면 오직 그것만이 이성적으로 책임질 수 있는 행동과 부합하기 때문이다. 이러한 생각들은 덕은 감정과 정서의 지나침과 모자람 사이에서 현명하게 중용을 택하는 성향이라는 아리스토텔레스의 유명한 가르침에 내포되어 있다.

덕, 사회적 맥락 그리고 훈련

그러므로 유덕한 행동은 도덕적 비인지주의자들과 정서주의자들이 생각하는 것처럼 단지 긍정적인 감정에서 흘러나오는 것만은 아니다. 덕은 주관적 성향 그 이상이다. 게다가 아리스토텔레스의 덕은 이성과 감정 사이의 최소한의 상호작용 혹은 관계만을 포함하는 것이 아니다. 후기 데카르트주의자들이 인지와 비인지 혹은 인지와 정서 사이의 차이를 이성과 느낌 사이의 차이로 동화시키는 것과는 전적으로 다르다. 그에게 (긍정적인) 정서는 도덕적 실천이성의 일부이다. 유덕한 감정은 그 자체로 이성적인 면을 갖는다. 더구나 이는 덕을 쌓는 방법에 대한 아리스토텔레스의 설명에서 더욱 분명하게 드러난다. 비록 덕이 자연적인 성향, 감성, 감수성에 기초하고 있을지라도 우리는 본디 덕스럽지 못하므로 덕을 쌓기 위한 교육과 훈련(특히 사회화와 사회적 훈련)이 필요하다고 그는 주장한다. 여기에서 플라톤과의 차이점이 드러난다. 플라톤이 덕을 이론에 준하는 그런 종류의 지식과 동일시하는 것은 도덕교육에 대한 인지적 입장을 표명한 것이다. 아리스토텔레스는 유덕한 성품의 함양을 기능(skill)의 습득을 모델로 삼아 설명한다(Mckeon, 1941, II, p. 1). 우리가 건축이나 음악에 관한 이론적 작업보다는 그것에 관한 실천적 활동을 통해 훌륭한 건축가나 음악가가 되는 것처럼 정직, 정의, 용기를 일상 속에서 행동으로 실천함으로써, 즉 실천적 참여를 통해 우리는 정직하고, 공정하며, 용감해진다. 그러므로 도덕교육은 무엇보다 정서적으로 영향을 받는 행동들의 옳음과 그름에 대한 사회적 훈련 – 부모, 교사, 공동체 내 연장자의 조언과 가르침을 통해 이루어짐 – 의 문제이다. 우리는 과식의 부정적 결과를, 혹은 타인의 욕구를 무시하는 것이 부당한 것임을 아이들에게 조언해 줌으로써 마지막 한 조각의 케이크까지 꿀꺽 삼키려는 아이들을 단념시킨다. 또한 자제력을 상실한 사람과 마주하고 싶지 않다는 점을 지적함으로써 화를 폭력적으로 표출하지 말아야 한다고 일깨워 준다. 우리는 극기정신 혹은 기품 있는 침착성을 북돋아 줌으로써 아이들이 사소한 상처에 눈물짓는 것을 막는다.

그러므로 이러한 관점에서 도덕적 훈련(moral training)은 도덕교육과 불가피하게 관계를 맺는다. 그리고 그런 훈련은 사회적인 것이 될 수밖에 없다. 아리스토텔레스는 덕이 다른 사람들에게 그러한 것처럼 그것들을 소유한 사람들에게도 이익이 된다고, 그리고 자기애적인(self-regarding) 어떤 덕들은 그만큼 다른 사람에게 이익이 되지 않는다고 가정한다. 하지만 대부분의 덕들이 관계적·사회적·타자지향적 관계 이외에 다른 것이 아니라면 아리스토텔레스의 이러한 가정은 여전히 덕의 다른 많은 부분들을 설명하기에는 부족함이 있어 보인다. 때문에 아리스토텔레스의 이러한 가정은 덕의 의미 중 일부만을 지적하는 것이라고 보아야 한다. 게다가 아리스토텔레스는 인간을 이성적 존재 못지않게 사회적 존재로 이해한다. 이러한 그의 생각을 이해하기 위해서는 그의 철학적 인간학, 윤리학, 사회철학, 그리고 특히 그의 정치철학을 이해하는 것이 매우 중요하다. 인간에게 실천적 지혜로서 덕이 필요한 이유 중하나는 사회적 조화와 협력에 대한 관심 속에서 사람들 간의 교제를 원활하게 하기 위함이다. 만약 개별자들이 식량생산, 양육, 시민방위와 같은 공동의 노력을 전제하는 집단의 계획, 사업, 제도, 그리고 그것의 실천으로부터 이익을 얻고자 한다면 적절한 사교의 덕, 공정거래의 덕, 관용의 덕, 자기 조절의 덕을 갖출 필요가 있다. 이러한 관점에서 도덕교육의 기본은 사회적으로 바람직하고 사회가 승인한 규범과 행동양식으로 학습자를 입문시키는 체계적인 도덕적 훈련이 되어야 한다. 그러므로 도덕교육은 적어도 처음에는 사회적 관습에 순응하도록 권장하는 데서 출발해야 한다.

그러나 그런 관습들이 한 사회의 문화적 맥락과 다른 사회의 그것이 다르다면(우리는 그러한 것을 지지해 주는 경험적인 근거를 갖고 있다), 그러면 그와 같은 훈련은 결국 사회적 조건화나 교화보다 딱히 좋을 것도 없지 않은가? 게다가 아리스토텔레스는 문화적·도덕적 다양성에 관한 오늘날의 사회과학적 증거를 당연히 알지 못했겠지만, 그 당시 학원 수강료 기준뿐만 아니라 플라톤의 표적이 된 문화적·도덕적 관습주의와 상대주의에 대한 여러 비판을 몰랐을 리 없다(hamilton & Cairns의 Gorgias, Protagoras and Meno을 보라. 1961). 이런 관점에서 도덕교육은 사회가 전통적으로 승인해 온 도덕적 실천의 훈련이나 습관화라고 생각한 아리스토텔레스의 초기 관점은 앞서 지적한 사회적 상대주의 같은 장애물을 극복해야 하는 과제를 안고 있다. 상대주의에 따르면 사회의 관습적 규범 체계에 따라 살아가는 데 동의하는 것 이외에 더 좋은 도덕원리나 가치는 없다. 그리고 현존하는 관습이나 풍습이 집단 내에서 도덕으로 가치 있다고 규정되는 한, 그 사회집단이 부여한 어떤 원리나 관습은 집단 외부에서 제기하는 도덕적 비판에 답할 수 없다. 그러나 아리스토텔레스가 전통적인 윤리적 관점을 수호하고자 한 것 때문에 비난을 받았음에도 불구하고 도덕적 훈련 혹은 덕의 습관화가 결정적인 것이며 도덕교육을 구성하는 핵심적인 한 부분이라는 그의 생각은 『니코마코스 윤리학』의 여러 곳에서 분명히 드러난다.

도덕적 이성과 인간의 번영

도덕교육과 도덕적 훈련 사이의 관계를 바라보는 아리스토텔레스의 관점은 매우 역설적인 듯하지만 다른 영역에서 인간의 학습에 관한 그의 관점은 거의 논쟁의 여지가 없는 자명한 것으로 인정된다. 도덕교육에 대한 아리스토텔레스의 역설(Peters를 보라. 1981)은 자율적인 실천이성의 증진을 목표로 하는 도덕교육의 목적과 이미 주어진 관습 속에서 도덕적 행동을 습관화한다는 생각 사이에서 심각한 불일치를 보여준다. 이는 "행위자들이 발달기에 지나치게 습관화된다면 그들은 도대체 어떻게 스스로 생각할 수 있게 되는가?"에 대해 묻는 것이다. 그러나 교육의 다른 영역에서는 이런 어려움이 발견되지 않는다. 일반적으로 수학자들은 구구단을 기계적으로 기억해야 하고, 피아니스트는 음계와 아르

페지오를 기계적으로 숙달해야 한다. 또한 체조선수는 반복적인 연습을 통해 어떤 기본적인 신체적 기술을 습득해야 한다. 하지만 우리는 이러한 것이 그 사람들의 지적인 혹은 이성적인 측면에서 자율적이고 창조적인 수학, 음악, 체조를 빼앗았다고 여기지는 않는다. 오히려 반대로 적절한 기초적인 훈련을 받지 않았다면 우리는 그들을 이성적으로, 그리고/혹은 실천적으로 무능한 자들이라고 보아야 할 것이다. 그러므로 도덕적 훈련과 도덕교육의 관계에 대한 아리스토텔레스의 생각은 역설적이기는커녕 교육과 훈련의 일반적인 관계에 관한 형식적 관점을 반영한 것이다. 즉 간단히 말해서 일정한 기능과 학문에서의 중요한 지적·실천적 발달은 그 분야를 구성하는 기본적인 기능에 대한 충실한 이해를 요구한다.

아리스토텔레스의 도덕적 이성에 관한 생각이 지니고 있는 더 큰 난점은 사회적 규칙, 관습과의 일치를 넘어 도덕적 추론의 객관적인 근거는 무엇인가 하는 문제이다. 예를 들면 우리가 공정치 못한 노예의 강제노동 같은 관습을 거부하려 한다고 가정해 보자. 우리는 이미 사회 내부적으로 승인된 규범을 어떤 근거에 기초해서 도덕적으로 비판할 수 있는가? 이에 대해 아리스토텔레스는 개념적 긴장관계에 있는 두 가지 주장을 밝힌다. 첫 번째 주장은 도덕적 추론에 대한 그의 설명에서 나온다. "아리스토텔레스의 최고의 발견 중 하나"(Anscombe, 1959)는 이론이성(episteme)과 기술적 혹은 생산적 추론(techne, 기예) 양자로부터 도덕적·실천이성(phronesis)을 구분한 것이다. 아리스토텔레스는 진리보다는 선이 무엇인가를 알고자 하는 당시의 사회적 관심에 따라 (과학, 수학과 같은) 이론이성으로부터 도덕적 지혜인 프로네시스(phronesis)와 기예적 숙고

양자를 처음으로 구분했다(Mckeon, 1941, VI, pp. 1, 2). 그러나 프로네시스는 도구적 측면에서 능률적이고 효율적인 것보다는 도덕적으로 가치 있는 목표를 식별하고 그것을 성취하는 데 관심을 갖는다는 점에서 기술적 숙고와 구분된다(Mckeon, 1941, VI, pp. 3, 5). 이런 관점에서 인간의 행동은 그것의 목적이 지닌 가치 혹은 목적달성 방법의 효율성에 의해서 선 또는 악으로 평가하는 것이 적절하다. 왜냐하면 행동은 효율적이지만 사악하거나 비효율적이지만 도덕적으로는 선한 것이 될 수 있으므로 그런 평가들이 굳이 일치할 필요는 없다. 그러나 본질적으로 프로네시스는 가치에 근거한 추론이고, 가치를 위한 추론이며, 가치의 실현을 위한 추론이다. 그리고 그런 측면에서 프로네시스는 이론적 혹은 기술적 주장이나 판단들이 의지하는 경험적 진리와 효율성과 같은 기준으로 답할 수 있는 것이 아니다. 이것은 경험적·기술적 데이터에서 도덕적·평가적 가치 또는 바람직함을 직접 추론하지 않음을 시사한다. 그러므로 예를 들어 과학기술이 인간에게 유용한 핵연료를 싼값에 제공할 수 있을지라도 또 다른 관점에서는 여전히 핵에너지의 이익을 거부하는 것이 더 현명한 것으로 간주될 수 있다. 그러므로 아리스토텔레스의 실천적 도덕이성은 본질적으로 규범적이라는 점에서 어떠한 가치중립적인 도덕적 숙고도 있을 수 없고, 그러므로 서로 다른 가치관은 동일한 경험적 증거들과 일치할 수 있다.

'에우다이모니아'(eudaemonia)에 기여하는 것을 아리스토텔레스는 도덕추론의 특징이라고 규정하는데, 대개 잘 삶(well-being) 또는 번영(flourishing)으로 번역된다. 사실 한 존재의 탁월함(arete)은 그 존재의 목적에 적합한 것을 의미한다. 그러므로 아리스토텔레스의 윤리학은 기능주의적 생물학에 의지하고 있다. 도끼는 자르는 것에 필요하므로 그것의 탁월함은 안전한 손잡이와 예리한 도끼날을 수반한다. 물고기는 헤엄쳐야 하므로 그것의 탁월함은 헤엄치기에 효과적인 지느러미와 아가미를 포함할 것이다. 식물은 성장할 필요가 있으므로 그것의 탁월함은 좋은 뿌리와 건강한 잎을 포함할 것이다[인간의 마음과 행동에 대한 목적론적 또는 기능주의적 설명에 대해서는 아리스토텔레스의 『영혼에 관하여』(De Anima)를 보라. Mckeon, 1941]. 그러므로 아리스토텔레스에 있어서 인간의 탁월함의 핵심은 어떤 것이 인간의 번영에 공헌하느냐, 또 어떤 것이 인간에게 해악을 가져오느냐를 이해하는 것이다. 간단히 얘기하면 아리스토텔레스의 관점은 물고기의 지느러미나 나무의 뿌리가 하는 역할처럼 똑같이 정직, 용기, 절제, 정의, 신중함과 같은 덕들도 한 개인의 개인적 혹은 사회적 활동을 돕는 역할을 수행한다는 것이다. 즉 덕은 불신, 탐욕, 나약함, 불공정, 우유부단함으로부터 사람들을 안전하게 보호한다. 도덕적 성향이 가치가 있는 것은 인간의 도덕적 선과 이익에 긍정적인 기여를 하기 때문이다. 그리고 이를 근거로 아리스토텔레스의 도덕철학은 현대의 공리주의 윤리학과 함께 목적론적 윤리학으로 분류된다. 공리주의에 따르면 인간의 행동은 그것이 쾌락이나 행복을 산출하는 한에 있어서만 도덕적으로 선하다. 또한 그것이 불행이나 고통을 야기할 때 도덕적으로 나쁘다.

덕, 가치 그리고 도덕적 결과들

공리주의의 매력은 인간의 행복과 불행에 관한 가치중립적인 경험적 사실을 도덕과 직접 연결짓는 데 있다. 소외되고 굶주리는 아프리카 사람들에게 도움의 손길이 필요하다는 것은 그들의 고통이 경험적으로 분별할 수 있는 사실이기 때문이라고 가정하는 것이 타당하다. 그러한 사실들은 꽤 분명하게 도덕규범을 지지하는 것처럼 보인다. 하지만 경험적 서술에서 평가적 규범을 직접 추론해낼 방법이 없다는 점이 도덕의 규범성과 평가적 숙고에 관한 명제가 지니는 본질적인 문제이다. 결국 아프리카 원조를 위해 활용할 수 있는 자원들은 다른 곳 또는 다른 목적들을 위해 더 잘 사용할 수 있다는 것을 근거로 어떤 이들은 그들의 기근에 대한 우리의 도덕적 의무를 부정할 수도 있다. 일부의 도덕철학자들(예를 들어 공리주의자들)은 우리가 사실적 기술을 규범의 기초로 삼을 수 있다고, 또는 존재로부터 당위를 이끌어낼 수 있다고 주장해 온 반면 다른 도덕철학자들은(정서주의자들과 규정주의자들) 사실과 가치 사이에 존재하는 논리적 간극이 양자를 가로지르는 어떤 추론도 봉쇄한다는 강한 입장을 취한다. 더욱이 도덕철학자들은 일반적으로 이 문제와 관련해 서로 다른 두 방향으로 나아가고 있을 뿐만 아니라, 덕윤리학자들은 양 방향으로 동시에 나아가길 바라는 것 같다. 본디 규범적인 도덕적 추론은 어떤 가치중립적인 문제에 직접적으로 답할 수는 없다. 그러나 덕들은 인간의 행복/불행이라는 증거적 사실에 자연주의적으로 기반하고 있다는 점에서 모두 동일하다. 이는 자신의 윤리 케이크를 갖기 위한, 그리고 또 그것을 먹기 위한 시도가 아니겠는가?

해결이 쉽지 않은 이 문제는 지금까지 다양한 방식으로 다루어져 왔다. 그런 개념적 긴장을 완화하는 한 방법은 종종 융합되어 있는 사실 - 가치와 존재 - 당위를 분리하는 것이다. 존재로부터 당위를 직접 도출할 수 없다는 사실로부터 가치와 사실이 서로 관계가 없다는 것이 직접 도출되는 것은 아니다. 또는 가치와 사실은 서로 관계가 있다는 주장에서 존재에서 당위를 이끌어낼 수 있다는 것이 따라오는 것도 아니다. 이론의 여지는 있지만 규정주의자와 비인지주의자들이 전자의 잘못을 범한 반면 공리주의자는 후자의 잘못을 범한다(Carr, 1995, 2000, 5장). 덕윤리학은 도덕적 가치, 덕 그리고 태도가 행복과 불행에 대한 경험적인 바탕 속에 존재해야 한다는 관점을 공리주의와 공유한다. 정직, 정의, 절제, 용기, 연민 모두 인간의 행복을 직접적으로 증진시키고 고통을 미연에 예방한다. 그리고 그런 해악과 행복은 삶의 생물학적 · 경험적 조건들과 떼어놓고는 이해할 수 없다(이에 대해서는 맥킨타이어를 참조하라. 1999). 확실한 하나의 예로, 만약 사람들이 불쾌감이나 고통으로 괴로워하지 않는다면 우리는 연민의 마음을 가질 필요가 없다. 사람들을 괴롭히는 대부분의 고통은 물리적 원인과 함께 경험을 통해 직접 주어진다. 그러나 공리주의자들이 놓치고 있는 것이 있다. 그것은 바로 인간 행동의 결과로 인한 행복/불행은 행복을 증진하고 고통을 경감하기 위한 방법과 관련해서 어떠한 통일된 단일한 관점도 인정하지 않는다는 것이다. 실제로 행복과 고통에 덕이 관련된 결과는 개별 행위자들이 서로 갈등하는 도덕적 의무 혹은 하나 이상의 덕들이 요구하는 것을 동시에 만족시킬 수 없는 상황에 직면한다는 것이다. 우리는 어머니에게 그녀의 아들이 전투에서 실종되었다고 말하기보다는 전사했다고 진실을 말해야 할까? 그러면 어머니는 자포자기한 절망에 빠질 텐데. 아니면 동정심에서 아들의 생존에 대한 어머니의 희망을 지켜줄까? 이 사례에서 우리는 사실과 관련된 의견의 불일치가 전혀 없거나 또는 정직과 동정심 둘 중 하나를 고통·경감과 행복증진에 도움이 되는 덕으로 평가할 수 있다. 하지만 개인들은 이 상황에서 어떻게 행동해야 할 것인가에 대해 완전히 서로 다른 입장을 취할 수 있다. 이 사례를 포함하여 여러 사례들에서 보이듯이 공리주의가 본디 도덕적 삶이 비극적이고 갈등적인 본성을 지니고 있다는 것을 인식하지 못하는 한, 해악 혹은 번영의 윤리적 다양성을 적절히 감지해내지 못할 것이다(Carr를 보라. 2003).

실천이성, 규범 그리고 원리

준경험주의적 공리주의자들은 고통과 쾌락의 원인을 통계학적으로 수량화할 수 있다고 생각한다. 그리고 이들에게 그런 측정과 관계되지 않는 행동은 규범적 의미를 가질 수 없다. 측정은 앞서 지적했듯이 이미 받아들여진 도덕적 관습을 합법화하도록 이끈다. 예를 들어 거짓말이나 살인 같은 행동이 인간에게 일반적으로 이익을 가져다 준다는 생각에서 비롯된 것이라면 공리주의자들은 도덕적으로 그런 행동을 칭찬할 것 같다. 그러나 보편화할 수 있는 정직 및 정의의 원리가 도덕의 실제적 구성요소인 한, 칸트주의자와 다른 의무론자들로부터 배척받게 될 것이 틀림없다. 간단히 말해 살인이나 거짓말은 도덕적으로 항상 그릇된 것이다(Kant를 보라. 1984). 이러한 문제에서 덕윤리학은 분명하게 공리주의에 반하여 의무론 입장에 선다. 아리스토텔레스는 강간, 강도, 살인은 개념의 정의상 부도덕한 것이므로 결과에 관계없이 결코 긍정적인 도덕적 평가를 받을 수 없다고 주장한다(Mckeon, 1941, II, p. 6). 그러므로 칸트주의자와 다른 의무론자들처럼 덕윤리학은 어떤 행위의 본질적인 선/악, 그리고 덕의 함양과 악이 근본적으로 서로 양립 불가능하다는 것을 인정한다. 그러나 의무론적 절대주의와 덕윤리적 절대주의 사이에 중요한 차이 또한 존재한다. 정직한 혹은 공정한 습관의 의무론적 정당화는 궁극적으로 정직과 정의의 보편화 가능성(universalizability) 혹은 적어도 부정직과 부정의에 대한 보편화 불가능성에 의존한다. 부정직, 부정의한 사람은 근본적으로 합리적인 행위자에게 유덕한 행위라고 추천할 수 없는 그런 행동을 했기 때문에 도덕적으로 위태로워진다. 즉 도덕적 행동의 권위는 모순 없이 일관된 합리적인 원리에서 비롯되는 것이다. 그러나 덕윤리학이 절대적인 원리들을 인정한다 해도 절대적인 명령 혹은 금지는 경험을 통해 일반화(generalization)된다. 즉 일반화는 정직, 성실과 같은 사회구성적인 가치와 거짓말이나 간통 등 남에게 유해한 결과를 야기하거나 남을 속이는 것 모두에 대한 인간들의 공통된 평가에 기초한다. 따라서 덕윤리학에서 도덕원리를 정당화하는 것은 다름 아닌 실천적 경험이다.

더욱이 덕윤리학은 정통적인 칸트주의보다 윤리적 여지(ethical room)를 더 많이 인정한다. 거짓말 혹은 약속 파기가 항상 그릇된 것임에도 불구하고 궁핍한 환경 속에서 속임수 혹은 믿음의 불이행은 어느 정도 도덕적으로 변호될 수 있다. 부정한 일을 하지 않고 빠져나오기 어려운 딜레마 상황에서 최선의 행동은 최악을 피하는 것이다. 그런데 이러한 입장에서 타인의 삶을 위한 거짓말이나 배신이 가져오는 결과는 때로 타인을 파멸로 몰아넣는 것을 넘어서 그 행위자 자신의 도덕적 신의와 명예를 잃게 한다. 물론 덕의 함양을 열망하는 행위자는 그런 행위가 자신의 체면을 실추시킨다고 생각할 것이다. 그러나 이 예는 덕윤리학이 어떻게 원리의 윤리학이 아니라 판단의 윤리학(ethics of judgement)이 되는지를 보여준다. 그러므로 아리스토텔레스의 프로네시스(phronesis)가 절대적인 원리와 다르지 않다거나 혹은 절대적 원리에 구속받지 않는다고 생각하는 것은 상식적 수준의 오류이지만, 칸트의 실천이성 관점에서 보면 그런 프로네시스는 아직도 명확하지 않거나 혹은 도덕적 지혜의 구성요소가 되지는 못한다. 그리고 거기에는 절대적인 도덕원리가 구체적인 실천의 장에서 자유롭게 적용되기 어렵지 않을까 하는 덕윤리학적 인식이 존재하는 것 같다. 그러므로 덕윤리학이 양의 탈을 쓴 결과주의(consequentialism)일 뿐이라고 여기지 않도록 실천의 장 속에서 도덕적 행동을 조율할 수 있는 여지를 남겨두는 것이 덕윤리학적 숙고의 특징임을 아는 것은 매우 중요하다.

그러므로 마치 법이 인간의 삶에 이바지하듯 덕윤리학의 원리가 사람들 간의 협력에 이바지하는 것을 목적으로 삼는다면 그 원리들은 도덕적 맥락 및 관계의 특수성을 민감하게 적용하라고 요구한다. 이것은 정의(justice)의 경우에 가장 분명하게 드러난다. 아리스토텔레스는 정의와 다른 덕들을 추상적이고 형식적인 술어로 해석하는 플라톤에 비판적이다. 이성과 숙고는 사적인 경험과 대인관계의 경험이 갖는 복잡한 특수성에 관심을 갖는다는 점에서 과학적·수학적 추론과 다르다. 즉 그것은 추상적인 일반성에 경험을 억지로 꿰맞추려 하기보다는 구체적인 경험과 관련해서 규칙을 세밀하게 조정함으로써 구체적인 도덕적 삶에 보다 훌륭한 기여를 한다. 실제로 아리스토텔레스는 평등한 것을 불평등하게 다루는 것은 불평한 것을 평등하게 다루는 것만큼이나 정의롭지 못하다고 주장했다(McKeon, 1941). 모두를 같게 대우하는 공정한 대우의 원리는 개인들 간의 관계에서는 분명치가 못하다. 공정한 대우가 어느 한쪽으로 치우치지 않을 것을 요구하는 데는 확실한 몇 가지 이유가 있을 것이다. 예를 들어 존경하는 어떤 사람을 위해서 나는 의도적으로 무례하게 굴어 그에게 상처를 주거나 혹은 부당하게 차별하는 잘못을 피하고자 한다. 그러나 이러한 회피는 이미 그 자체로 상대에게 상처와 모욕감을 주는 것이 무엇인가에 대한 민감성을 요구한다. 예를 들어 친구나 안면 있는 사람과 관련된 상황에서 상대에게 주는 모욕감은 사적인 비밀 이야기를 나누려하지 않거나 또는 상대방의 사생활에 주제넘게 참견하는 것에서 비롯된다. 그러므로 정당한(just) 대우가 불편부당한 공정한(fair) 대우인 한에 있어서, 그리고 공정한 대우가 개인적으로 적절한 대우인 한에 있어서 내가 공정하기 위해서는 개인들의 차이에 나의 반응을 맞추어야 할 필요가 있다.

그러나 우리가 친구나 안면이 있는 사람을 남다르게 느끼고 또 대우하는 그런 성향의 한계가 어디까지든 어떤 이들은 교실 같은 공적인 공간에서 전문가의 공정함은 불편부당하게, 그리고 개인적 감정을 배제한 채 학생들을 대우해야 한다고 말할 것이다. 이러한 입장은 물어볼 필요도 없을 만큼 명백한 것인가? 내가 모두를 똑같이 존중하고 특별대우나 특정한 학생을 편애하지 않기 위해 노력하고 있다는 것을 보여주려 해도 그것은 여전히 개인들을 서로 다르게 대우함으로써 잘 표현될 수 있다. 어떤 학생들은 노력의 성과에 대해 객관적인 비판을 환영하고 그것에 더 잘 반응할 것이다. 또 다른 어떤 학생들은 아낌없는 따뜻한 칭찬과 격려를 더 필요로 할 것이다. 그러므로 훌륭한 교사는 학생들을 동등하게 존중할 필요는 있지만 그런 존중은 보편적 원리의 적용에서 나오는 것이 아니다. 오히려 학생들의 상황적인 요구에 대한 교사의 세심한 조율 속에서 드러난다. 프로네시스(phronesis)의 정서적 차원을 고려하면 학생들과의 교육적 교류는 단순한 규칙의 적용만이 아니다. 그것은 인지적이고 기술적인 만큼이나 개인적이고, 사회적이며, 정서적이다. 그러므로 교사가 다양한 요구를 갖고 있는 학생들과의 접촉에 태만하면서 그들을 공정하게 대우하는 방법을 안다는 것은 어려운 일이다. 부모들조차도 자녀들에 따라 다른 관계가 필요하다는 것을 안다. 자녀들에 따라 다른 방식의 관계맺음과 벌이 필요하다. 그럼에도 불구하고 부모는 똑같이 자녀들을 사랑한다. 그러나 이런 덕윤리적 지향은 우리가 좀 더 세심한 주의를 기울여야 할 중대한 문제들을 안고 있다.

덕윤리학, 문화 그리고 공동체

앞절에서 우리는 훈련이 비판적이고 실천적인 이성의 프로네시스 계발에 전제가 된다는 것을 살펴보았다. 이에 근거해서 우리는 아리스토텔레스의 덕의 습관화를 노골적인 사회적 조건화로 해석하려는 어떤 상대주의도 거부했다. 그러나 앞서 지적한 것처럼 의무론과 공리주의의 도덕적 이성과 실천적 지혜인 프로네시스를 결정적으로 구분지어 주는 것은 단순히 맥락에 대한 민감성이 아니라 그 맥락의 범위이다. 이런 관점에서 가치가 개입되지 않는 인간, 행복 개념은 있을 수 없다. 그러므로 규범적으로 가치중립적인 도덕적 반응도 있을 수 없다. 따라서 맥락초월적인 보편적 도덕법칙이나 원리를 찾는 일은 적절치 못한 일이다. 이런 점에서 덕윤리학은 '가상의 관점'(Nagel, 1986)을 거부하는 현대 공동체주의자들과 통한다. 그렇지만 가치는 비록 보편적인 규범은 아닐지라도 특정 지역의 사회문화적 기대와 열망을 내면 깊숙한 곳에서 좌우할 수 있는 일반적인 원리는 된다. 또한 가치는 어떤 지역에서 다른 지역과 상호 대립되는 지점을 다양화할 수 있다. 예를 들어 어떤 문화권에서는 학생이 교사의 작품을 놓고 비판적인 토론을 벌이는 것이 교사에 대한 존경의 표시로 생각된다. 반면에 동일한 행동이 다른 문화권에서는 교사에 대한 심한 모욕이자 수치로 간주될 수도 있다. 여기에 객관적인 옳고 그름의 문제가 있는가? 이러한 서로 모순되는 두 행동방식에도 불구하고 내가 후자의 맥락에서 교사를 비판한 것은 전자의 맥락에서 교사를 비판하지 않은 것처럼 도덕적으로 무감각한 것은 아닌가? 양자의 맥락 속에서 나는 맥락의존적(context-sensitive) 이성을 사용하고 있다. 그러나 맥락은 그 자체로 적절한 도덕적 지혜에 결정적이다. 영향력 있는 덕윤리학적 관점을 지닌 공동체주의자에 따르면 우리는 경쟁하는 전통들 중 하나를 다른 것보다 나은 맥락의존적인 도덕적 반응이라고 판단한다. 그리고 이로 인해 어떠한 가치중립적 입장도 존재할 수 없게 된다.

따라서 맥킨타이어 같은 공동체주의자들에 의해 대중화된 "경쟁하는 전통들"(rival traditions)로서의 덕 개념에 따르면(1981, 1988, 1992, Taylor,

1989 참조), 주어진 덕은 구체적이고 사회문화적으로 정해진 형태가 아닌 다른 어떤 방식으로 설명하는 것은 불가능한 것으로 생각된다. 어느 한 사회문화의 관점에서 용기 있어 보이는 행동은—정의롭지 못한 전쟁이라고 생각하는 사람이 동료들과 함께 싸우는 것을 거부하는 것—다른 관점에서는 줏대 없는 것일 뿐만 아니라 비겁한 것으로 간주될지도 모른다. 이러한 관점에서 보면 유덕한 행동뿐만 아니라 유덕한 이성과 숙고 또한 도덕적으로 상대적인 것 같다.

　나는 이런 새로운 공동체주의의 덕윤리학이 노골적인 상대주의를 내포한다고 생각하지는 않지만 중요한 개념적 문제들을 야기한다고 생각한다. 핵심적인 문제는 도덕적인 덕을 사회유지를 위한 행위규칙과—그러한 규칙들이 보편적으로 해석되는지 상대적으로 해석되는지는 고려되지 않은 채—동일시하려는 오늘날의 미심쩍은 움직임에서 비롯된 것이 아닌가 생각한다. 그러나 이미 앞서 지적했듯이 도덕적인 덕은 규칙을 강제로 준수하게 하는 것이 아니며, 또한 사회의 이익에만 관계되는 것도 아니다. 나는 예전에 훌륭한 운전과 교통법규 준수 간의 관계를 통해 유덕한 행동과 특정 지역에 통용되는 도덕규범 사이의 관계를 비교한 바 있다(Carr, 1995, 1996). 물론 교통법규는 사회문화적으로 구성된 것이다. 그것들은 지역에 따라 관점의 차이를 보인다. 그래서 서로 일치하지 않는 교통규범들의 다양성을 배제한 훌륭한 운전이라는 개념은 있을 수 없다. 그러나 훌륭한 운전이 교통규범 혹은 다른 규범을 준수하는 문제라고 해도, 그리고 교통규범을 위반하는 것이 훌륭한 운전이 될 수 없다 해도 훌륭한 운전은 분명 특정한 규범을 준수하는 것 그 이상이다. 따라서 훌륭한 운전과 나쁜 운전 사이의 구분은 둘 사이에서보다는 특정한 규범 내에서 보다 명확해진다. 그러므로 비록 좋은 운전으로 간주되는 것이 특정한 교통법규와 관련된다 해도, 그리고 교통법규에 자유로운 운전 같은 것은 없다고 해도 그럼에도 분명히 어떤 특정한 교통법규에 의존하지 않는 좋은 운전하기의 형식적인 특징은 존재한다. 실제로 이 점에 관해 덧붙여 말하자면, 규칙과 관습의 엄격한 준수가 훌륭한 운전을 위해 필요충분하지 않은 상황이 발생할 수 있다. 오히려 운전과 같은 그러한 틀에 박힌 행동의 경우 훌륭한 운전자란 위기상황 발생 시 생명과 신체를 보존하기 위해 교통법규 규정집을 과감히 포기할 수 있는 탁월한 감각을 지닌 사람일 것이다.

덕은 이론적인 제안보다는 실천적 성향 속에서 구체적으로 더 잘 드러난다는 생각은 도덕적 행위와 도덕규범 간의 폭넓은 유사관계를 암시한다. 실제로 행위자를 도덕적으로 평가한다는 것은 사회적인 원리나 또는 다른 원리에 동의한다는 측면보다는 행위자의 인격을 평가하는 것에 보다 집중한다는 것 아닐까? 그러므로 우리는 마을에서 가게를 운영하는 이슬람계 사장을 그가 정직하고 책임감이 있으며 친절하고 예의바르다는 것 등등에 근거해서 도덕적으로 칭찬한다. 이것은 우리가 기본적으로 종교를 통해 영감을 얻은 그의 도덕적 신념들에 동의하지 않더라도 가능한 일이다. 우리는 세르비아 민병대원들이 서구의 기독교적 가치를 공유하거나 지지하더라도 그의 편협함, 잔인성, 비겁함에 근거해 그들을 사악하다고 비난한다. 만약 도덕적인 덕이 사회적으로 승인된 가치 혹은 원리와의 엄격한 일치의 문제라면 우리는 어떻게 이와 같은 판단을 할 수 있겠는가? 용기는 지역에 따라 다양하게 표현될 수는 있다. 하지만 용기의 진실은 고통, 위험 또는 곤경에 직면해서 끈기와 인내를 수반하지 않는 것이 용기로 간주될 수 없다는 것이다. 비록 정의의 개념이 다양할지라도 우리는 타인의 권리를 배려하기 전에 자신의 이익을 먼저 챙기는 것을 공정한 것으로 생각하지는 않을 것이다. 정직이 사회적으로 다른 형태를 띤다 해도 사실을 말해야 한다는 강요가 없을 때 진심을 말하는 것은 정직으로 간주되지 않는다.

이로써 우리의 덕윤리학적인 도덕적 관점은 관습이라는 색안경에 상당히 물들어 있다는 공동체주의의 관점을 뒷받침하지만 억압적이고, 잔인하며, 품위 없고, 잔혹하며, 야만적인 비인간적 특성들에 근거한 사회문화적 관행에 덕윤리학은 이의를 제기하기도 한다. 덕윤리학의 이러한 측면은 틀에 갇혀서 숙고적이지 못한 관습의 결점을 효과적으로 보완하는 방법이 된다. 이런 측면에서 도덕을 지역의 사회적 규범으로 상대화하는 공동체주의자들이 도덕의 정신이 관습의 결함 속에서 그 빛을 발한다는 사실을 모른다는 것은 참으로 놀라운 일이다. 위대한 도덕개혁자들은 자신이 살았던 시공간 속에서 이미 승인된 도덕적 지혜를 거부해 온 사람들이다. 상대주의가 참이었더라면 이것은 거의 상상하기 힘든 일이다. 왜냐하면 우리는 그런 모든 경우들을 도덕적 실수나 일탈의 예로 간주했을 것이기 때문이다. 그러므로 그들이 궁극적으로 인간의 고통스러운 상황을 개선하고 행복을 증진하는 것에 관심을 갖는 것은 덕의 사회문화적 기원 및 특성에 대한 인식과 모순되지 않는다. 문화유산 혹은 사회의 이익에 반하는 고려는 아무런 가치도 갖지 못한다. 이런 관점에서 어떤 사회문화적·종교적·경제적 고려도 살인, 고문, 노예제도를 도덕적으로 정당화할 수는 없다. 그와 같은 관습의 현존은 그것을 인정하는 사회의 정의에 심각한 의문을 제기할 것이 분명하다.

덕교육, 서사와 모범사례

그럼에도 덕윤리학은 공동체주의의 도덕이론과 사회이론의 덕 개념과 잘 조화를 이룬다. 이러한 덕 개념에 따르면 특정한 사회의 전통과 제도 및 관습들은 문화적으로 다양하고 대등한 개념인 정의, 정직, 연민, 신중 등을 소중히 여긴다. 때문에 덕을 교육하고 훈련하는 그 출발점은 학생들이 속해 있는 문화 속에서 도덕적 이상형으로 인정되는 인격이나 행위의 습관으로 입문시키는 것이 될 수밖에 없다. 그리고 이것이 덕윤리학만의 차별화된 실천적 교육성과들을 가져다 준다. 첫째, 도덕교육과 훈련을 자신의 입장을 감춘 채 시민사회의 요구에 응하는 문제로 이해하는 윤리적 관점들과 달리 인격함양에 초점을 맞추는 덕윤리학은 개인적 열망으로서의 도덕적 노력을 함축한다. 유덕한 행위는 외적인 도덕적 의무에 복종하는 것보다는 인간적 완벽함에 대한 열망으로 간주될 것이다. 나약함, 타협과 같은 유혹에 맞닥뜨려서 정직한 사람, 용기 있는 사람, 정의로운 사람, 자비로운 사람이 되는 데 성공하는 것은 다른 개인적 성취보다 더 소중한 것을 지킨다는 측면에서 그러한 유혹을 극복하고 그것에 승리하는 것이다. 더욱이 신화, 전설, 자서전뿐만 아니라 위대한 극작가, 시인, 소설가의 작품 속에 등장하는 고전 이야기들은 악에 승리한 덕을 변함없이 칭송한다. 그것들은 허영심과 어리석음뿐만 아니라 야망, 탐욕, 비겁함, 앙심 등의 불행한 결과들에 대해서도 가르친다. 그것들은 특히 도덕이 땅에 떨어진 세상에서도 부도덕한 인격을 지닌 사람은 우리가 바라고 추구하는 사람이 아님을 보여주려고 노력한다. 이런 측면에서 덕윤리학은 도덕교육과 특정 사회 내에서 전승되어 온 문학, 그리고 문화적 지혜 사이의 관계를 다시 살려낸다. 그러므로 탈맥락적인 가상적 딜레마의 논리적 해결에 초점을 맞춰온 도덕교육이론과 대조를 이루는, 도덕성을 개인적 열망으로 바라보는 덕윤리학은 인간의 고난과 실패 그리고 승리에 관한 훌륭한 이야기들로부터 도덕교육적 영감을 추출해낸다. 그리고 그러한 문화적 이야기들은 지적인 것 못지않게 마음을 움직이는 힘이 있다.

그러므로 도덕교육은 역사, 문학과 같은 문화교육과 다시 연계되어야 한다. 그러나 두 번째 덕윤리학의 중요한 교육적 함의는 도덕발달이 (교사와 부모 같은) 모범사례들과 분명 관계가 있다는 것이다. 이런 측면에서 덕윤리학은 또한 전후 교육철학, 교육이론에서는 거의 주목받지 못해온 교사-학생 간의 도덕교육적 관계에 대해 전통적인 관점과 맥을 같이한다. 물론 여기에도 어려움은 있다. 자유 민주주의 하에서 가치와 도덕에 대한 외적 영향력의 한계는 어디까지인가 하는 문제가 바로 그것이다. 학교를 사회화의 대행자로 보는 전통적인 관점에서 교사가 사회적으로 승인된 가치와 덕의 전수에 책임감을 갖는 것은 온당하다. 실제로 교사는 개인적으로 그런 가치와 덕의 좋은 예가 될 것을 요구받고, 좋은 모델이 되지 못한 교사는 교육에 부적합한 것으로 간주된다. 그러나 가치의 불일치가 심한 사회에서는 어찌 되는가? 종교적·비종교적 가치 다원주의에 발맞춰 전후 자유주의 교육철학의 첫 번째 소임은 가치중립적 관점에서 교사의 직업적 전문성을 개념화하는 것이었다. 이에 따라 교사는 논란의 소지가 있는 도덕적 가치 및 덕의 전수를 삼가야 했다. 최근의 교육철학적 분위기가 그러한 것이 다른 목소리들에 대해 문화제국주의적 소지가 있다고 꾸준히 역설해 왔음에도 불구하고 학교에서는 여전히 도덕적 모범사례가 중요한 역할을 하고 있다. 그리고 학교가 가치중립적 입장에서 교육한다는 생각은 수용할 수 없는 것이라는 인식이 확대되고 있다. 교육이 본질적으로 규범적 실천인 한 학교는 가치중립적일 수 없다. 또한 의사, 변호사 같은 사람의 개인적 가치·태도와 직업전문가로서의 그것 사이에 그을 수 있는 구분선을 교사에게 똑같이 긋는 것은 결코 쉬운 일이 아니다(Carr, 2000, 11장).

지금까지의 논의를 통해 보면 덕윤리학에서 교육은 그들 스스로 진정한 수준 높은 덕과 가치(도덕적으로 사고하고 발언된 것 중 최선으로 대변되는)의 함양에 헌신하는 교사들이 학생들을 구체적인 도덕적 전통에 입문시키는 것이다. 그러나 도덕적 이해와 감수성이 결코 인간의 성찰과 발달이라는 다른 형식들보다 더 안정되고 완전한 것으로 간주될 수 없는 한, 이러한 도덕교육은 학생들을 부득불 논쟁이 불가피한 경쟁하는 전통들에 입문시키는 것이 될 수밖에 없다. 게다가 교사들이 본디 공정하고, 정직하며, 동정적이고, 신중함에 있어서 불완전한 존재임이 분명하므로 덕윤리학에서 교육은 학생들의 그런 전통과 관습에 대한 노예적 복종이 될 수는 없다. 이러한 측면을 우려하는 사람들은 그러한 입문이 틀림없이 교화적이고, 편협하며, 배타적일 것이라고 주장한다. 특히 이들 대부분은 자유주의적 관용과 다른 목소리에 대한 포용을 중요하게 여긴다. 그러나 왜 우리는 이러한 것을 가정해야 하는가? 사실 이는 극단적인 자유주의자들이 마치 한 문화의 언어적 관습보다 다른 것이 더 좋다는 편견을 학생들에게 심어줄 수 있다는 이유에서 언어의 문법·의미론 교육을 회피하는 것과 같다. 어떤 언어를 잘 배운 아이들은 그렇지 못한 아이들보다 다른 언어를 배우는 데 보다 좋은 입장에 서 있다고 추정하는 것이 더 이치에 맞는 것 아닐까? 언어에 입문하지 못한 아이들은 어떠한 언어도 배우지 못할 것이라고 말하는 것이 사리에 맞는 말 아닌가? 게다가 도덕교육의 목적은 우리가 따라야 할 규범들, 모방해야 할 사례들을 찾는 것뿐만 아니라, 유한한 인간이 물려받은 도덕적 시련에 대한 한층 더 깊은 이해를 촉진하는 것이다. 여하튼 언어로의 입문이 인간의 경험과 사고에 문법구조와 의미론적 가치를 부여하는 것이듯 도덕적 대화를 통한 교육적 만남은 객관적인 도덕적 발전에 반드시 필요한 자아와 타자에 대한 적절한 존중의 복잡함을 깊숙이까지 이해하게 해주는 가장 확실한 방법이다. 더욱이 관용적이고 개방적인 분위기 속에서 이러한 교육적 만남을 가지는 것보다 덕을 함양하는 데 더 좋은 방법이 있을까?

참고문헌

Anscombe, G.E.M. (1958). Modern moral philosophy. *Philosophy*, 33. 1–19.

Anscombe, G.E.M. (1959). *Intention*. Oxford, England : Blackwell.

Aquinas, T. (1984). *Treatise on the virtues*. Notre Dame, IN : Notre Dame Press.

Ayer, A. J. (1967). *Language, truth and logic*. London : Gollancz.

Blackburn, S. (1998). *Ruling passions*. Oxford, England : Oxford University Press.

Carr, D. (1991). *Educating the virtues*. London : Routledge.

Carr, D. (1995). The primacy of virtues in ethical theory : Part I. *Cogito*, 9, 238–244.

Carr, D. (1996). After Kohlberg : Some implications of an ethics of virtue for the theory and practice of moral education. *Studies in Philosophy and Education*, 15, 353–370.

Carr, D. (2000). *Professionalism and ethics in teaching*. London : Routledge.

Carr, D. (1991). Character and moral choice in the cultivation of virtue. *Philosophy*, 78, 219–232.

Carr, D., & Steutel, J. (1999). *Virtue ethics and moral education*. London : Routledge.

Dent, N. J. H. (1984). *The moral psychology of the virtues*. Cambridge, England Cambridge University Press.

Foot, P. (1978), *Virtues and vices*. Oxford, England : Blackwell.

Geach, P. T. (1977). *The virtues*. Cambridge, England : Cambridge University Press.

Hamilton, E., & Cairns, H. (Eds.). (1961). *Plato : The collected dialogues*. Princeton : Princeton University Press.

Hume, D. (1969). *A treatise of human nature*. Harmondswoorth, England : Penguin Books.

Hursthouse, R. (1999). *On virtue ethics*. Oxford : Oxford University Press.

Kant, I. (1948). *Groundwork of the metaphysic of morals* (H. J. Paton Trans. as The Moral Law). London : Hutchinson.

Kohlberg, L. (1981). *Essays on moral development* : Vols. I –III. New York : Harper & Row.

MacIntyre, A. C. (1981). *After virtue*. Notre Dame, IN : Notre Dame Press.

MacIntyre, A. C. (1988). *Whose justice, which rationality?* Notre Dame, IN : Notre Dame Press.

MacIntyre, A. C. (1992). *Three rival versions of moral enquiry*. Notre Dame, IN : Notre Dame Press.

MacIntyre, A. C. (1999). *Dependent rational animals : Why human beings need the virtues*. London : Duckworth.

Mackie, J. M. (1977). *Ethics : Inventing right and wrong*. Harmondsworth, England : Penguin Books.

McKeon, R. (1941). *The basic works of Aristotle*. New York : Random House.

Nagel, T. (1986). *The view from nowhere*. Oxford, England : Oxford University Press.

Nussbaum, M. (1995). Aristotle on human nature and the foundations of ethics. In J. E. J. Altham & R. Harrison (Eds.), *World, mind and ethics*. Cambridge, England : Cambridge University Press.

Nussbaum, M. C., & Sen, A. (Eds.). (1993). *The quality of life*. Oxford : Oxford University Press.

Peters, R. S. (1981). *Moral education and moral development*. London : George Allen & Unwin.

Sherman, N. (1989). *The fabric of character : Aristotle's theory of virtue*. Oxford, England : Oxford University Press.

Sherman, N. (1997). *Making a necessity of virtue : Aristotle and Kant on ethics*. Cambridge, England : Cambridge University Press.

Slote, M. (1983). *Goods and virtues*. Oxford, England : Clarendon.

Slote, M. (1992). *From morality to virtue*. New York : Oxford University Press.

Stevenson, C. L. (1963). *Facts and values*. New Haven, CT : Yale University Press.

Swanton, C. (2003). *Virtue ethics : A pluralistic view*. Oxford and New York : Oxford

University Press.

Taylor, C. (1989). *Sources of the self : The making of the modern identity*.
Cambridge, England : Cambridge University Press.

Wallace, J. D. (1978). *Virtues and vices*. Ithaca, NY : Cornell University Press.

Warnock, M. (Ed.). (1970). *Utilitarianism*. London : Collins, The Fontana Library.

〈 **3장** 〉

비판이론과 도덕 : 해방, 복잡성, 그리고 힘

조에 킨첼로 (J. L. Kincheloe, 캐나다 맥길 대학)

비판이론은 인류의 고통을 줄이는 데 뜻을 둔 도덕적인 구조물(moral construct)이다. 비판이론의 맥락에서 보면 복잡한 관계의 그물망 속에서 한 점을 차지하고 있는 모든 개인은 자신이 서 있는 위치와 관계없이 그 존엄성을 부여받는다. 그러므로 인간의 어떤 의도적인 결정 때문에 인류의 고통이 지속된다면 그것은 도덕적으로 용납될 수 없는 행동이다. 우리는 그것을 분석하고 설명해야 하며, 또 변화시켜야 한다. 이 과정에서 의사결정 과정의 유형이 밝혀지고, 그러한 행동을 막을 수 있는 새로운 사고방식 또한 모색된다. 이러한 과정에 참여하면서 비판이론가들은 인류의 고통을 지속시키는 그러한 의사결정 방식에 일조하는 관행들에 대해 말해왔다. 이 장은 도덕적 차원에서 21세기에 재개념화된 비판이론을 살펴볼 것이다. 필자의 비판이론 개념은 1920년대 독일 프랑크푸르트 학파의 그것보다 인종(race), 삶의 복잡성(complexity), 성(gender)과 관련된 지배양식에 훨씬 민감하게 "재개념화된"(reconceptualized) 것이다.

비판이론에 대한 내 입장은 80여 년에 걸쳐 축적된 비판이론의 이론적 발전이 녹아든 이론적 브리콜라주(theoretical bricolage)를 통해 드러난다. 'bricoleur'는 작업을 완수하기 위해 이용 가능한 도구들을 자유자재로 활용할 수 있는 만능 재주꾼을 묘사할 때 사용되는 프랑스 말이다. 이 용어에는 속임수, 교활함이라는 뜻이 내포되어 있다. 그리고 나에게 이 용어는 신들의 메시지를 인간에게 전하는 헤르메스의 모호함 속 교묘한 속임수를 생각나게 한다. 만약 해석학이 텍스트가 갖는 의미의 모호함과 애매함을 내포한다면 브리콜라주는 모든 공식적인 연구결과의 발표가 갖는 가공적이고 상상적인 요소들을 의미한다. 이런 맥락에서 다양한 방법론을 활용한 연구와 그것들을 관통하는 나의 이론적 입장을 나타내기 위해 브리콜라주를 사용한다. 비판이론은 브리콜라주를 통해 새로이 등장하는 이론들과 끊임없이 대면하면서 그것과의 관계 속에서 그 모습을 드러낸다.

이론적 브리콜라주 : 비판이론의 현대적 재개념화

이러한 재개념화 맥락에서 오늘날의 비판이론은 민주주의 사회가 사실은 우리가 믿는 것만큼 그렇게 민주적이지 못하다고 주장한다. 사회 전반적인 기만적 풍토 아래 작동하는 힘들이 시민들을 통제하고 있다. 이런 상황에서 시민 개개인들은 평등과 상호 의존보다는 지배와 복종에 편안함을 느끼도록 적응되고 교육된다. 전자정보가 넘쳐나는 가상현실을 이끈 사회적/기술적 변화는 자기 지도(self-direction)와 도덕적인 사회적 관계에 관심을 갖는 비판이론이 재평가되는 계기를 마련했다. 오늘날 전자매체를 통한 의사소통의 복잡다단함 속에서 비판이론가들이 정치적 사고를 고찰하면서 많은 사람들은 사회적 · 교육적 측면에 관한 비판적 이론가들의 주장과 반데카르주의적인 혹은 포스트모던적인 비평양식들 간의 진지한 대화가 필요함을 인식하게 되었다(Giroux, 1997 ; Kincheloe, 2001a ; Morrow, 1991 ; Young, 1990).

포스트모던적 비판양식들에는 페미니즘, 생태이론, 푸코의 계보학, 포스트-구조주의의 정신분석, 산티아고의 제정주의 인지이론, 복잡성이론, 포스트-식민주의 이론, 담화분석, 기호학, 해석학 등이 포함된다. 이전의 연구에서 나는 브리콜라주를 통해 이런 이론들의 혼합과 비판이론 간의 관계를 살펴본 바 있다(Berry, 2006 ; Kincheloe, 2001b ; Kincheloe & Berry, 2004 ; Steinberg, 2006). 포스트모더니즘 비평이론과 비판이론 간의 교류가 가져오는 시너지 효과는 도덕적 관습의 임계점(criticality)과 반(反)데카르트주의 진영의 복잡성에 대한 시각들 간의 상호작용을 수반한다. 이는 의미의 해방을 추구하는 것이므로 비판이론은 규범의 기초에 대한 포스트모던적 분석양식을 제공한다.

이러한 사전준비가 제대로 되지 않은 많은 포스트모던적 비평들은 '허무주의적이다' 혹은 '아무것도 없다'는 공격을 받기 일쑤였다. 재개념화된 비판이론은 모더니즘의 평등주의적 성향과 연관이 있다. 브리콜라주의 다양한 비판적 지향들은 해방적 민주주의를 정식화하는 가치 있는 도구이다. 이런 신비판주의적(neocritical) 맥락에서 교육자와 사회분석가들은 해방적 민주주의를 지지하는 학교 교육과 그것에 대한 기획을 제공할 수 있다. 브리콜라주에 힘입어 비판이론가들은 힘이 어떻게 작동하고 그 과정에서 인종(race), 계급(class), 성(gender), 성정체성(sexuality), 지리적 위치(geographical place)로 인해 배제되어 왔던 집단을 통합할 방법 등에 대한 새로운 이해를 얻을 수 있다(Aronowitz & Giroux, 1991 ; Kincheloe, 2001a ; Welch, 1991).

현대 권력에 대한 분석에서 어떻게 이러한 재구조화된 비판이론이 작동하는지에 대한 예는 기호학의 활용을 필요로 한다. 기호학은 상징체계와 문화기호에 대한 연구이다. 그것은 가상현실이 우리를 억압하고 미혹하는 방식들에 직면하게 하므로 비판이론이 사용하는 가장 실용적인 분석기술 중 하나이다. 지식기반 사회는 의사소통 과정에서 사용되는 상징과 코드를 분석해내는 연구에 큰 가치를 부여한다. 비판적 기호학은 정치적 선언들과 전자매체의 보편화 속에 숨겨진 신비화, 힘, 억압을 제거하는 데 활용될 수 있다. 비판이론은 가상현실의 감춰진 부분들을 폭로함으로써 개인들로 하여금 새로운 비판의식을 갖게 한다.

비판적 기호학을 통해 개인들은 가상현실의 숨겨진 힘에 대해 배운다. 그리고 그들은 앞으로의 민주주의를 더욱 발전시키기 위해 비판적 형식을 통한 의미 만들기(meaning making)에 참여한다. 이러한 미래상은 언제나 가상현실의 한계를 인식한 저항집단에게 에너지원이 된다 (Kincheloe, 2002 ; Luke, 1991). 예를 들어 내 지도 하에 있는 박사과정 학생들은 비판적 기호학을 사용하는 법에 대해 배운다. 때문에 그들은 가끔 특정 TV 프로그램 속에서 해방에 도움이 되는 의미들을 들춰내곤 한다.

그리고 그러한 것들은 그들에게 자기 교육의 기회가 된다. 즉 그들은 해방을 위한 투쟁에 지적이면서 동시에 즐겁게 참여하고 있는 것이다. 이러한 과정을 거치면서 그들은 학교라는 환경 속에서 전통적으로 무시되거나 혹은 그 지위를 제대로 인정받지 못해온 소외집단들을 자신들과 동일시하는 법을 배우게 된다.

소외집단에 대한 동일시는 고정된 경계 및 구분을 선호하는 데카르트주의적 성향, 그런 경계에 근거해 사람들의 포함/배제 여부를 정하려는 성향에 의구심을 갖게 한다. 그러므로 미디어, 텍스트, 학파, 세계에 대한 기호학적 해독은 불경한 도덕적 독해(irreverent moral reading)이다. 왜냐하면 그것들 내면 깊숙이 자리하고 있는 이데올로기, 지배적인 문화규범들, 사회의 억압적인 고정관념을 탐구하기 때문이다. 이 같은 읽기는 그 기준이 서구 문명의 규범이든 대중문화이든 비판이론가들이 추구하는 우상파괴와 일맥상통한다. 즉 이는 학교를 시장경제 체제 내에서 삶을 영위하는 데 필요한 기본적인 것들을 훈련하는 곳으로 활용하는 지배문화의 의도를 부정하는 재개념화된 비판이론의 실천이다. 지금의 교육적 맥락 속에서 학생들은 도덕적 추론에 참여하지 않는다. 또한 그들은 살아있는 도덕적 문제들과 그것의 복잡성을 분석하지도 않는다. 이미 확립되어 있는 문화적 힘을 분석하고, 그것에 이의를 제기하는 방법보다는 오히려 그것에 자신을 맞추어 가는 법을 배운다. 하지만 재개념화된 비판이론은 주류를 거스른다. 즉 이 시대 도전받지 않는 주류의 해석들로부터 벗어나 있다. 이는 배제되어 온 이들의 삶에 관심을 갖고 또 그것에 개입하기 위해 기호학과 변형적 해석학을 활용하기 때문이다. 이런 맥락에서 재개념화된 비판이론은 21세기 서구문화의 정체된 도덕적 연못에서 우리를 밖으로 끌어내는 데 도움을 된다.

비판의 의미 규정하기 : 비판이론의 기원

재개념화된 임계성 개념을 염두에 두는 것과 더불어 비판이론의 기원을 역사화하는 것 또한 중요한 의미가 있다. 여기에서 사용되는 비판적(critical)이라는 용어는 비판이론에서 온 것으로, 그 용어는 프랑크푸르트 대학 사회조사연구소(Institute of Social Research)와 연관된 프랑크프루트 학파의 사회분석적 전통과 관련이 있다. 그러나 프랑크푸르트 학파의 회원들 중 어느 누구도 문화비판에 대한 통합된 비판이론의 접근법이 있다고 주장하지 않았다. 초기 호르크하이머(Max Horkheimer), 아도르노(Theodor Adorno), 마르쿠제(Herbert Marcuse)는 독일의 철학적·사회적 사유의 전통, 특히 마르크스, 칸트, 헤겔, 베버의 그것을 가지고 담론을 시작했다. 이러한 비판이론가들의 지위가 막강해지면서 사회에 대한 새로운 재해석이 요구되었다. 그들은 부정의 혹은 종속이 생활세계의 주요한 특징이라는 믿음을 한층 강화한 반면 마르크스의 학설에는 공공연히 상반된 입장을 취하기도 했다(Bottomore, 1984 ; Gibson, 1986, Held, 1980 ; Hinchey, 1998 ; Jay, 1973 ; McLaren, 2000). 자본주의의 본질을 바꾸는 데 초점을 맞춘 초기 비판이론가들은 그 변화가 동반하는 지배양식의 변화도 분석하였다.

프랑크푸르트 학파가 형성된 지 불과 10년 만에 나치가 독일을 지배하게 되었다. 나치의 유대인 탄압으로 호르크하이머, 아도르노, 마르쿠제는 독일을 떠나 미국 캘리포니아에 정착했다. 거기에서 그들은 미국 문화에 큰 충격을 받았다. 그들은 인간 행동의 특성은 정확하게 측정할 수 있고 또 설명할 수도 있다는 미국 실증주의와 맞서야 했다. 미국 실증주의에 대해 비판하면서 그들은 과학에서 도덕을 분리한 그들의 입장 또한 비판에 포함시켰다. 그들에 따르면 그러한 분리는 서구적 합리성의 불합리한 측면을 보여주는 전형이다.

평등을 외치는 진보적인 미국인들의 미사여구와 인종차별, 계급차별이라는 미국 사회의 현실 사이의 모순에 분개한 이 세 학자들은 미국에 머무는 동안 자신들의 주요한 저작들을 세상에 내놓았다. 1953년 호르크하이머와 아도르노는 독일로 돌아갔고, 다시 사회조사연구소를 설립했다. 하지만 마르쿠제는 그들이 떠난 후에도 상당 기간 미국에 머물면서 자신과 함께 연구할 새로운 동료들을 찾았다. 마르쿠제는 1960년대 학생운동의 정신적 지주가 되는 철학자로 급부상했다. 비판이론, 특히 정서적 · 성적으로 자유로운 마르쿠제의 저작은 신좌파 진영의 철학적 목소리에 자양분을 제공하는 공급원이었다. 심리적 · 문화적 대변혁과 관련된 신좌파는 정치적 해방에 대한 마르쿠제의 가르침을 역설하고 또 전파하는 데 앞장섰다(Gibson, 1986 ; Hinchey, 1998 ; Kincheloe & Steinberg, 1997 ; Surber, 1998 ; Wexler, 1991, 1996).

1960년대 변화된 정치적 분위기 속에서 성인이 된 대학생들과 연구자들은 비판이론에 많은 관심을 가졌다. 실증주의와 자본주의에 의해 만들어진 후기 계몽주의로부터 형성된 지배양식에 좌절감을 맛본 그들은 비판이론 속에서 일시적인 학문적 자유를 발견했던 것이다. 그들은 경험의 사회적 구조에 대한 비판이론의 접근방식에 강한 인상을 받았다. 그들은 담론과 권력 그리고 그것을 만들어 낸 사회적·역사적 맥락을 자신들의 학문분야로 생각했다. 구성된 사회적 경험의 본질이 함축하는 도덕적 가능성의 담론은 이들에게 사회과학의 재구조화가 좀 더 평등하고 민주적이며 도덕적인 사회질서를 선도할 수 있다는 믿음을 갖게 했다.

도덕분야에서 비판이론가들은 자신들의 인간 개념에 대한 새로운 재구조화와 인간은 부분적으로나마 자신의 존재를 스스로 결정할 수 있다는 전제가 인간해방에 기여하는 사회교육적 연구와 실천에 새로운 희망을 제공할 수 있다고 주장했다. 특히 이는 정통 마르크스주의의 역사관과 자본주의의 죄악, 그리고 사회변혁의 주체인 프롤레타리아와 비교해 볼 때 더욱 분명해진다. 예를 들면 비판이론의 입장을 취하는 교육자들은 학교가 사회적·경제적·문화적·관료적 통제를 위한 자본주의의 대리인이라는 마르크스주의자 보울스(Samuel Bowles)와 긴티스(Herbert Gintis, 1976)의 주장에 비판적이었다. 그들은 학교에 대한 보울스와 긴티스의 결정론적 입장에 대해 학교는 저항과 가능성이라는 희망의 공간이 될 수 있다는 자신들의 생각을 대비시킨다. 따라서 비판이론가들에게 학교는 비판적인 교육체제 속에서 도덕적이고 민주적인 역할을 조장할 수 있는 장소이다. 즉 학교는 지식, 도덕적 비판, 가치 그리고 사회적 분석의 형식들을 가르침으로써 학생들에게 복종이 아닌 비판적 능력을 길러주는 기관이 될 수 있다고 그들은 단언한다.

이런 맥락에서 재개념화된 비판이론에 대한 도덕적 관심과 비판은 세계를 보는 안목과 행동방식의 발달을 수반한다. 예를 들어 교육에서 임계성(criticality)은 우리가 세상을 어떻게 바라보는가를 미리 결정하지 않는다. 또한 그것은 특정한 행동을 위한 청사진을 제공하지도 않는다. 비판이론은 세계를 탐구하기 위한 방법과 질문들을 고안할 수 있도록 우리를 돕는다. 그리고 그러한 탐구를 통해 도출된 도덕적 행동의 본질을 숙고해 볼 수 있게 해준다. 게다가 인간존재는 복잡하고 불확실한 일상적인 삶의 맥락 속에서 도덕적인 결정을 내려야만 한다는 점에서 겸손함은 재개념화된 비판이론의 핵심적인 특징이 된다. 실제 비판이론은 힘(power), 정의(justice)의 문제, 도덕적 행동, 그리고 경제, 인종, 계급, 성(性)과 성별에 대한 관습들을 붙들고 씨름한다. 이데올로기와 담론들, 종교, 교육 그리고 또 다른 다양한 유형의 사회적인 힘들은 우리의 의식을 형성하는 사회적 체계를 구성하기 위해 서로 상호작용한다.

도덕적 우상파괴 : 재개념화된 비판이론의 8가지 특징들

비판적 계몽

비판이론은 사회 내에서 이해관계를 둘러싸고 서로 경쟁하는 힘들을 분석하고, 구체적인 상황 속에서 이익을 보는 자는 누구이고 손해를 입는 자는 누구인지 확인한다. 특혜를 받는 집단들은 자신들의 이익을 지키기 위해 현상유지에 관심을 기울인다고 비판이론가들은 주장한다. 비판주의의 연구는 이런 힘들에 관심의 초점을 맞춘다. 이런 맥락에서 비판적 계몽이 추구하는 것은 특정한 사회제도 내에서 승자와 패자를 밝혀내고 그러한 힘들의 작동과정을 폭로하는 것이다. 우리는 구체적 개인들이 어떤 맥락에서는 사회권력에 접근하는 반면에 또 다른 맥락에서는 동일한 바로 그 개인들이 그렇지 못한(예를 들어 부인들을 지배하는 가난한 남성들) 것을 발견할 수 있다. 이와 같이 도덕적인 속성은 개인이 갖는 하나의 지위에 근거해서 부여되는 것이 아니다(도덕적 자본의 소유 역사는 사람들에게 종속을 부여하는 역사이다). 게다가 이해관계를 둘러싼 힘에 대한 분석은 항상 복잡하고 모순적이다. 또한 이러한 복잡성의 맥락 속에서 비판적 계몽은 우리가 궁극적인 진리를 보았다거나 혹은 진정한 도덕에 접근했다는 것을 의미하지 않는다. 비판적인 분석가들은 그런 오만한 선언을 하기에는 우리의 현실이 너무도 복잡하다는 것을 알고 있다.

비판적 해방과 능력

해방을 추구하는 이들은 정의지향적 공동체(justice-oriented community)와의 연대 속에서 자신의 삶을 통제할 수 있는 힘을 갖기 위해 노력한다. 여기에서 비판이론가들은 개인과 집단이 그들의 삶에 중대한 영향을 미치는 결정을 그들 자신이 내릴 수 없도록 하는 힘들을 폭로하는데 노력을 기울인다. 이를 통해 권력의 통제로부터 훨씬 많은 자유가 쟁취될 수 있고 도덕적 영향력 또한 획득될 수 있다. 21세기의 첫 10년 동안 우리는 해방이라는 용어의 사용에 신중을 기해왔다. 왜냐하면 많은 이들이 어느 누구도 자신을 있게 한 사회정치적 맥락으로부터 완전히 해방될 수 없다고 지적해 왔기 때문이다. 게다가 다른 사람의 해방을 위해 노력한다는 거만함에도 의문을 품었다. 상당수 페미니스트들은 해방이 자율성과 자기 지도(self-direction)의 추구로 개념화되어 온 점에 관심을 갖게 했다. 그러나 이러한 특징들은 새로운 유형의 유대관계를 고려하는 해방적 관점에 의해서 균형이 잡혀져야 한다. 이는 중요한 비판이며, 비판적 분석가들은 이를 신중하게 고려해야 한다. 비판적 교육자로서 우리를 형성하는 은밀한 권력을 추적하고 그 과정 속에서 도달한 그들의 서로 다른 결론을 우리는 존중한다.

경제적 결정론의 거부

비판이론가들은 하부구조가 상부구조를 결정한다는, 즉 경제적 요인이 모든 인간존재의 다른 측면에 (결정적인) 영향을 미친다는 정통 마르크스주의자의 주장을 받아들이지 않는다. 이런 맥락에서 그들은 경제적 관계와 도덕영역의 융합을 거부했다. 그런 환원은 인간 경험의 복잡성을 모욕하는 것이다. 21세기 재개념화 맥락 속에서 비판이론가들은 계급, 인종, 성(性), 성적 불평등을 포함하여 다양한 형태의 권력이 존재함을 익히 알고 있다. 하지만 이러한 것들의 등장 속에서도 비판이론가들은 경제적 요인이 우리의 일상적인 삶을 규정짓는 데 여전히 중요한 것임을 잊지 않는다. 경제적 요인들은 다른 억압의 축들과 분리되지 않는다. 전통적인 마르크스주의자들의 경제학적 사고는 하나의 억압형태에 초점을 맞춘 것일 뿐이다. 그러나 경제적 억압을 다른 형태의 억압보다 우선시함으로써 억압의 다양성에 대한 이해를 놓치고 있다. 그리고 이로 인해 다양한 배경을 갖는 도덕적 딜레마의 특수성에도 둔감해졌다.

도구적·기술적 합리성에 대한 비판

비판이론은 도구적 합리성이 표준화와 고부담평가(high-stakes test-ing, 학생의 순위결정 혹은 합격·불합격 판정에 활용되는 평가)를 통해 은밀하게 21세기 학교 교육을 형성하는 오늘날 실증주의의 핵심적인 면모라고 생각한다. 그리고 그들은 도구적 합리성은 서양의 가장 억압적인 특징 중 하나라고 생각한다. 그런 지나친 형태의 이성은 목적에 우선해 수단에만 집착하는 문제를 낳는다. 도구적 합리성은 행위의 도덕적 차원, 사회적이고 정치적인 목적보다는 그 방법과 효율성에 더 많은 관심을 기울인다. "왜 교육해야 하는지" 대신에 "어떻게 교육할 것인지" 방법적인 문제들로 관심을 제한한다. 교육의 맥락에서 합리주의적 성향의 상당수 학자들은 교육의 도덕적이고 인간주의적인 목적을 망각한 채 기술적이고, 절차적이며, 정확성에만 지나치게 집착하는 경향이 있다. 지난 10년 동안 학교 교육의 표준화를 추구한 기준운동(standards movement)은 이런 도구적 합리성이 반영된 것이다. 그리고 학교에서의 시험점수가 교육에 대한 본질적인 관심들에 앞서는 우선권을 얻게 되었다. 적절한 방법에 대한 집착으로 인해 도구적 합리성은 가치에서 사실을 분리한다. 그러나 이는 도덕적 이해와 가치선택 과정이 항상 사실들과 연관되어 있음을 놓치는 것이다. 비판이론의 이러한 특징적 입장은 그것이 지니는 도덕적 힘의 핵심이다. 왜냐하면 지식에는 종종 도덕적 전제들이 암묵적으로 새겨져 있기 때문이다. 비판적 이론가들의 임무는 그것들이 검토될 수 있도록 수면 위로 이 도덕적 비문들(moral inscriptions)을 끌어올리는 것이다.

욕구의 충돌

비판이론은 후기 구조주의자들의 정신분석을 해방적 도덕교육이라고 높이 평가한다. 후기 구조주의는 포스트모던한 시각이다. 원인의 복잡성을 이해하고 사회적 구조가 단순하게 인간의 의식과 행동을 원인-결과라는 합리주의적 과정 속에서 결정할 수 없다고 주장한다. 즉 후기 구조주의는 인과의 복잡성을 이해한 탈근대적 시각이다. 후기 구조주의를 통해 비판적 연구자들은 인간 정신의 복잡성을 보다 깊숙이 들여다볼 수 있게 되었다. 그들은 후기 구조주의의 정신분석을 통해 도덕적 타락, 자기파괴적 행동 등을 유발하고 발전적 변화에 저항하는 무의식적 과정을 이해할 수 있게 되었다. 개인을 이성적이고 자율적인 존재로 본 전통적인 정신분석에 대한 반성 속에서 등장한 후기 구조주의 정신분석은 비판적 연구자로 하여금 정체성, 리비도, 합리성, 정서와 같은 다양한 힘의 축들이 상호작용하는 것에 대해 다시 생각해 볼 수 있는 새로운 도구를 제공해 준다. 이런 바탕 위에서 정신은 더 이상 사회-정치적인 영역과 분리되지 않는다. 실제로 욕망은 파괴적이고 억압적인 결과를 가져오는 힘을 휘두르는 자들에 의해서 사회적으로 구조화되고 이용될 수도 있다. 비판이론가들은 진보적이고 해방적인 도덕 프로젝트를 위해 인간의 욕구를 동원한다. 선봉에서 페미니즘을 이끄는 비판이론가들은 전통적인 정신분석 내에 존재하는 가부장적 비문들을 간파했다. 그리고 그것의 부르주아적이고 자민족중심적이며 여성폄하적인 관행을 막기 위해 애를 썼다. 이러한 눈가리개로부터 자유로워진 후기 구조주의의 정신분석은 연구자들로 하여금 공상과 상상의 역할, 구조의 사회문화적·심리학적 의미에 민감해질 수 있도록 도와준다.

문화, 권력 그리고 지배 사이의 관계에 초점 맞추기

"아비투스"와 의식의 구조

비판이론에서 문화는 도덕적·정치적 영역과 지배의 문제를 이해하기 위한 노력 속에서 새로운 중요성을 부여받는다. 이러한 생각을 갖고 있는 비판적인 교육자들에게 문화는 지식을 생산하고 전수하기 위한 경쟁과 투쟁의 장으로 인식된다. 지배문화와 하위문화는 각 영역에서 생산된 지식형태에 기초하여 서로 다른 의미체계를 전개해 간다. 문화를 연구하는 학자들에게 대중문화는 하찮은 영역이 아니다. 즉 대중문화는 파생현실(hyperreality)로서 정치의식을 구축하는 첫 번째 장소라는 점을 인정한다. 그리고 그들은 대중문화뿐만 아니라 그 뒤에 숨겨진 규범들까지도 고찰한다. 비판이론가들은 모든 인지활동은 권력관계와 연관된다고 주장한다. 힘에 의해 우리의 모든 사고방식이 형성된다면, 비판적인 교육가들의 핵심 역할 중 하나는 그런 힘이 갖는 효과의 본질을 설명하는 것이다. 프랑스의 사회학자 부르디외(Pierre Bourdieu)는 한 개인이 문화적으로 위치해 있는 상황을 묘사하기 위해서 아비투스(habitus)라는 용어를 사용했다. 아비투스는 비판이론에서 중요한 개념이다. 왜냐하면 그것은 세계에 대한 지식과 학습, 그리고 그것들이 도덕과 어떻게 관계를 맺게 되는지를 규정하는 구체적인 문화를 드러내 주기 때문이다. 예를 들어 학생들은 그들의 아비투스를 구체적으로 표현한다. 즉 학생들은 자신의 삶에 비추어 교육을 개념화한다. 학생들은 학습에 대한 생각과 개념을 가지고 교육과정을 만든다. 민감한 교사는 학교, 학생, 교육에 따라 서로 다른 학생들의 관계맺음이 구체화된 문화적 입장들을 재빨리 감지할 수 있다.

민주주의 강화하기 : 연대공동체 형성하기

비판이론은 민주주의의 본질, 민주주의라는 이름으로 민주주의가 타락되는 방식, 민주주의와 공동체의 관계 등에 대해 지속적으로 관심을 가져왔다. 민주적인 비판적 교육가들에 따르면, 힘의 왜곡과 (인종, 성별, 종교 등의) 다름을 다루는 데 서투른 지배문화의 무능력이 미국 민주주의와 공동체를 타락시켜 왔다. 작동하는 민주주의(working democracy)를 수립하기 위해서 비판이론가들은 전통적으로 배제되어 온 목소리와 관점을 활용한다. 그런 관점들은 사회과 교사들이 문화적·정치적·경제적 가치들을 명료화하는 데 도움을 준다. 이러한 명료화는 권력계층이 지배 이데올로기를 통제의 수단으로 사용하지 못하게 막는 연습이다. 비판적 교육가들은 이런 종속된 관점과 더불어 사회적으로 소외된 인종의 관점, 서부개척 시대 아메리카 원주민의 관점, 여성의 관점 같은 억압된 이야기들에 대해 말한다. 이 이야기들은 페미니스트 신학자 웰츠(Sharon Welch)가 다름의 힘(the power of difference)이라고 언급한 것을 보여준다. 공동체는 동일함과 동질적 가치가 아니라, 다름의 힘을 확인하고 그것들 간의 연대를 위해 사용될 때 엄청난 도덕적 힘을 얻게 된다. 우리가 누구인가 하는 최초의 인식은 타인의 존재방식과는 독립적으로 존재하는 우리에 대한 인식에서 비롯된다. 그러므로 그 의식 그 자체는 다름에 의해서 고무된다.

희망의 교육학 속에 메타적으로 형상화한 회의주의의 정치학

비판이론에 근거한 교육은 정치, 문화, 심리학, 인간의 잠재성, 도덕적 영역에 대한 손쉬운 가정에 도전한다. 학교 교육의 결과는 무엇인가? 미국은 정말로 민주적인 사회인가? 지능은 유전적으로 결정되는가? 비대칭적인 권력관계가 드러나고 그것이 인간에게 해롭다는 것이 드러날 때 어떤 도덕적 행동이 요구되는가? 이는 단지 회의주의적인 비판 정치학에서 제기되는 문제들 중 일부에 불과하다. 이런 정치적 식견을 가진 민주적인 교사들은 사실로서 제공되는 정보와 신성불가침한 것으로 제공되는 도덕적 견해 모두에 대해 학생들이 의문을 품어볼 수 있도록 용기를 북돋아준다. 이런 맥락에서 비판적 이론가들은 정치적·도덕적 상상력을 함양시키기 위해서, 그리고 그들의 삶 속에서 윤리적이고 민주적인 선택을 할 수 있도록 대안적인 관점들을 분석하고 연구하는 일에 몰두한다. 이런 연구들은 우리가 세계로부터 제공받는 정보는 부분적이고, 불완전하며, 사회적·정치적·경제적 이해관계에 의해 만들어진다는 인식에서 출발한다. 그런 힘의 역학관계는 보다 큰 사회의 이익에 대해서 뿐만 아니라 자신의 이익에 관심을 갖고, 그 관계를 설명하고 실현하기 위해 개인적인 능력의 불공정함을 낳게 된다. 비판주의자들은 회의주의적 정치학을 통해 특정한 도덕적 구조와 구체적인 사회적 합의가 어느 누군가의 이익에 봉사하는 것임을 간파했다. 비판이론가들의 이런 지식은 그들에게 이전에는 불가능했던 방법들을 수행할 수 있는 능력을 제공한다.

비판적 도덕교육 구성

비판이론의 이러한 특징에 비추어볼 때 비판적 도덕교육은 문화적인 다름, 일상적인 삶의 복잡성 그리고 민주적인 교육의 요구를 설명하는 이론적인 지향들로 구성될 수 있다. 지역에 기반한 고유한 지식들(Semali & Kincheloe, 1999), 아프리카계 미국인의 인식론(Collins, 1991), 종속된 지식들(Kincheloe & Steinberg, 1997), 해방신학의 도덕적 통찰을 포함하는, 브리콜라주에 기초한 우리의 비판적 도덕교육은 자아와 세계의 관계를 이해하기 위해 좀 더 복잡한 접근방법들을 추구한다. 비판적 도덕교육론자들은 묻는다. 교사와 학생들은 실재에 대한 그들의 관점을 어떻게 구성하게 되는가? 비판적 도덕교육을 추구하는 교육자들은 세계와 자아의 사회적 구조를 이해하게 된다. 이런 맥락에서 그들은 개인의 관점을 형성하는 힘들에 초점을 맞춘다. 왜 어떤 구조는 기꺼이 받아들여지고 지배문화에 의해서 합법화되는 반면에 다른 것은 억압되는가? 종종 학교는 교육받았다는 것을 무의식적으로 백인 중상위 계층 문화를 학습하는 것과 동일시하는 반면 노동자 혹은 유색인종의 문화에서 사용되는 표현들은 교육받지 못하고 열등한 것으로 간주한다는 사실을 비판적 교육자들은 인지했다.

그러므로 비판적인 교사들은 학교문화가 학교의 성공이라는 미명 하에 학생들로 하여금 사회의 소수자 집단 혹은 노동자 계층의 배경과 자신들의 정체성을 분리하도록 강요한다는 것을 안다. 이런 방법을 통해 학교는 특정한 관습과 진리를 인식하는 특정한 방법에 특권을 부여하는 것이다. 진리로 여겨지는 구조는 그것이 공식화되고 실천되는 권력관계와 역사적 맥락 안에서 우연적이다. 이와 같은 맥락에서 푸코(Michel Foucault)는 진리가 상대적인 것이 아닌 관계적인 것이라고 주장했다. 그래서 비판적 도덕교육을 체계화하기 위한 노력들은 다음과 같은 문제의식을 갖고 있다. 만약 우리가 진리라고 지목한 것이 관계적이고 불확실한 것이라면 우리의 미래를 안내할 일련의 가정들은 무엇인가? 이러한 문제의식과 맥락이 프레이리(Paulo Freire, 1970, 1985)의 저작들과 해방이론이 중요하게 다루어지는 이유이다. 빈곤과 식민주의에 맞서 싸워온 라틴 아메리카의 뿌리 깊은 전통과 함께 해방신학은 현대의 교육을 다시 한 번 되돌아보기 위한 도덕적 출발선을 설정하는 데 기여한다.

해방신학은 배제되고 종속된 이들의 관점과 자신들을 동일시하는 것에 어떠한 변명도 늘어놓지 않는다. 소외된 이들과의 연대를 분명히 밝히는 해방신학자들은 소외된 이들의 입장에서 억압적이고 비도덕적인 사회질서를 폭로하기 위해 노력한다. 비판적 도덕교육은 억압받는 자들의 관점에 대한 이와 같은 동일시와 관계가 있다. 따라서 비판적 도덕교육의 주요한 목표 중 하나는 학교 교육과 사회경제적 질서가 종속된 이들의 절망감을 영속화하는 데 어떻게 이바지하는지를 폭로하는 것이다(McLaren, 2000 ; Oldenski, 1997 ; Oldenski & Carlson, 2002 ; Welch, 1991). 이러한 억압된 자들에 대한 앎에 근거해서 그와 같은 억압을 극복하기 위한 경제적·교육적 방법의 토대가 마련될 수 있다.

비판적 도덕교육과 그것을 촉진하는 우리의 사회적 실천은 교육의 정치화, 편향되고 더럽혀진 교육을 향한 비난의 목소리를 폭발시킬 것이다. 비판적 도덕교육은 그런 위선적인 유사 객관성(pseudo-objectivity)의 형식들을 배척해야 한다고 주장한다. 만약 비판적인 교사들이 객관주의에 굴복하게 된다면 교육에서 도덕적 입장을 취하고, 가르치는 것을 기술적인 행동 그 이상의 어떤 것으로 인식할 수 있는 가능성은 사라져 버릴 것이다. 객관주의 비평가들은 비판이론에 근거한 정치가 교육에 간섭하지 못하게 막아야 한다고 주장한다. 그러나 이는 비판적 도덕교육의 기본 교의(敎義)를 잘못 파악하는 데서 오는 생각이다. 그들은 연구활동이 결코 중립적이지 않다는 점을 놓치고 있다. 히틀러 치하에서 독일 교회들이 그랬던 것처럼 연구자들이 중립적 입장을 견지할 때 우리의 태도는 지배적인 권력구조를 지지하는 것과 다름없다. 비판이론가들은 묻는다. 무슨 근거로 현 제도를 지지하는 교육은 객관적이며 도덕적으로도 중립적인 반면 그것에 도전하는 법을 가르치는 것은 편향되었다고 말하는가? 교사가 학생들 앞에서 특정한 입장을 주장하는 것은 학생들에게 그 입장을 강제하는 것과는 엄연히 다르다. 학생들은 비판적 교사의 주장을 거부할 권리를 갖고 있다. 비판적 교사와 교육자들은 이를 아주 잘 알고 있다.

객관적이고 중립적인 교육을 무비판적으로 지지하는 자들은 비판적 도덕교육을 지지하는 이들과 마찬가지로 교육에 가치를 부여한다. 인류의 고통과 착취의 구조적 원천들에 대한 탐색을 거부하는 입장이 가정하는 것은 그것을 떠받치는 억압과 힘의 관계를 지지하는 것이다. 특정한 도덕적 전제에 근거한 교육은 아무 의미도 없는 주관적인 것일 뿐이라는 객관주의 교육론자들의 주장은 신사다운 예의바름을 위배하는 사회적 비판주의에 참여하는 것에 대한 19세기 지배계급의 생각과 닮았다. 명백하게 반대하는 행위를 부정적인 형태로 보는 오늘날의 긍정적 사고하기(positive thinking) 개념과 유사하다. 이는 정치적으로 잘못되었을 뿐만 아니라 혐오스럽기까지 하다. 실제로 비판적 도덕이론에 기초한 교육과 전통적인 객관주의 교육 간의 차이는 비판적 교육자들이 비판이론에 대한 헌신을 드러내고, 비판이론과의 연대와 그것의 가치구조를 인정하려는 자발적 의지에 달려 있다. 그리고 이러한 비판적 교육자들의 지향은 그들이 수행하는 교육에 영향을 미친다.

후기 구조주의적 페미니즘 이론과 비판적 도덕교육

페미니즘 이론은—특히 후기 구조주의의 세례를 받은—비판적 도덕교육의 구성에 중요한 역할을 담당한다. 페미니즘은 일상으로부터 무엇을 배울 수 있는가를 보여주었다. 그리고 이를 통해 학자들과 교사들은 완전히 새로운 도덕적 통찰을 시작했다. 전통적인 학자들이 기존에 존재하던 것들만 살펴보던 그곳에서 그들은 침묵과 결핍의 존재를 폭로해 왔다. 페미니즘 학자들은 그들의 탐구와 관찰들을 자신들의 살아 있는 경험들에 적용함으로써 그러한 결핍들을 폭로할 수 있었다. 많은 데카르트주의적 성향을 지닌 학자들은 자아를 제거해 왔고, 사회적 · 교육적 사건들에 대한 그들의 해석을 거부해 왔다(Brizman, 1991, 2006 ;

Reinharz, 1979, 1982, 1992). 페미니스트 교육가들은 근대 과학이 사회적·도덕적 책임을 면제받고 있다는 사실을 깨달았다. 이런 맥락에서 객관성은 특권화된 사회경제적 지위의 수용과 정치적 수동성의 표식이다. 과학적 객관성은 사고와 정서, 연구와 도덕의 분리를 요구했다. 또한 감정적 확신을 가지고 주장하는 관점은 평가절하되었다. 객관주의 맥락에서 감정은 열등한 것이다. 페미니스트들은 사고-감정의 분류체계는 남성이 여성을 억압하기 위해 역사 속에서 사용한 구조 중 하나임을 지적한다. 논쟁 도중 남성이 자신의 입장을 합리적인 관점으로, 여성의 입장을 감정적인 관점으로 표시할 수 있었다면 남성은 그 논쟁에서 승리했을 것이다(Suleiman, 1992).

페미니즘은 우리로 하여금 개인들 간 관계 맺는 기본적인 방식을 거부하는 비판적 도덕교육을 수립하도록 만든다. 페미니즘의 배려윤리는 거리감과 증명 대신 친밀함과 이해에 더 많은 가치를 부여한다. 남성중심적 지식은 피아제(Piaget & Garcia, 1989)와 콜버그(1981)의 발달적 분류에서 최고 단계에 해당하는 자율성을 추구한다. 해방에 관한 몇몇 개념들조차 자신의 과거 모습과 성격의 영향에 대한 이해를 바탕으로 자율적인 자기 지도 능력에 특권을 부여한다. 후기 구조주의의 영향을 받은 페미니즘의 재개념화된 해방은 연결된 지식에 기반하고 억압적인 특성으로부터 자신을 해방시키는 것을 목적으로 삼지 않는다. 그것은 공동체의 도덕적 미래를 중심으로 타인과의 관계를 촉진하기 위해 자신의 과거를 이해하는 데 활용된다.

복잡성에서 정보를 얻은 비판이론가들은 이제 모든 남성과 여성들이 여성다움과 남성다움으로 언급되어 왔던 것들 속에서 더 이상 움직이지 않는다는 것을 알고 있다. 그러므로 여성스러운 행동의 핵심 개념은 여성의 영역에, 그리고 남성스러운 행동의 핵심 개념은 남성의 영역에 속한다고 생각하는 것은 깨지기 쉬운 이론적 살얼음판을 걷는 것과 같다. 비판적 도덕교육을 구성해 가면서 나는 모호하고 또 본질적이지도 않은 여성스러운 길과 남성스러운 길에 대해 언급할 것이다. 이 두 구조는 인종, 계급, 성 그리고 문화적/역사적 지역성의 차원을 가로지르는 맥락에서 검토되어야 한다. 마음속에 이러한 구조를 갖고 있다면 관계에 근거한 욕구와 책임의 윤리는 여성과, 독립에 근거한 욕구와 권리의 윤리는 남성과 관련된다고 생각할 것이다. 남성우월주의자들은 세계가 개인들에 의해 지배되고, 이성적으로 이해할 수 있고 또 예측 가능한 법칙들에 지배된다고 생각하는 경향이 있다. 이런 남성우월주의의 관점에서 도덕적 행위는 추상적 개인들의 권리 간에 발생하는 분쟁을 중재할 수 있는 규칙제정을 포함한다. 이런 관점에서 정의(justice)는 규칙의 평등한 적용인 반면에 권리(rights)는 개인적이고 절대적이다.

여성의 관점은 관계맺음의 고유성, 그리고 배려윤리와 동일시된다. 그리고 그것은 나름 비판적 도덕교육의 토대를 형성한다. 여성의 세계는 구체적이고 부분적이며, 타인과 물리적 · 사회적으로 연관된 구체적인 것들로 구성된다. 이러한 것들은 바람, 필요와 연관되기 때문에 이성의 지배에 저항하는 경향이 있다. 지식은 개인적인 접촉을 통해 산출된다. 그리고 그 지식은 구체적이고 맥락적이다. 비판이론가들은 비판이론의 범위를 확장하고 비판적 도덕교육을 정교하게 다듬기 위해 이러한 페미니즘의 관계성 개념을 끌어온다. 관계성은 개인 간의 일상적인 관계를 도덕적 차원에서 재개념화하는 것임과 동시에 사회제도를 재창조하는 것이다. 학교와 직장은 지배/종속이라는 기형적 형태의 관료적 계급으로 인해 종종 비난의 대상이 된다. 분류체계에 대한 비판 속에서 페미니즘은 우리의 도덕체계를 권력관계의 다양한 표출을 분석하는 데까지 확대 적용할 수 있게 도와준다.

해석학과 비판적 도덕교육 : 브리콜라주의 힘

비판적 도덕교육은 해석학의 비판 개념과 분리될 수 없다. 이론과 실천의 해석에 오랜 관심을 기울여 온 해석학은 문화적 · 사회적 · 정치적 · 역사적 본질에 관한 연구에 초점을 맞춘 철학적 탐구의 한 형태이다. 이런 맥락에서 해석학은 그가 발 딛고 서 있는 곳 혹은 사회적 실재의 관계망으로부터 단절되어서는 의미를 형성할 수 없다고 주장한다. 그러므로 해석학의 맥락에서 특정한 사건이나 현상은 그 자체로 특정한 해석을 내포하지 않는다는 점에서 본질적이지 않다. 해석은 생각보다 훨씬 더 복잡하다. 그리고 해석은 우리가 인정하는 것보다 훨씬 더 많은 부분이 사회적인 힘들에 의해 만들어진다. 가다머(1989)에 의하면 해석은 항상 도덕적 추론과 도덕적 실천의 핵심 구성요소이다.

그러므로 브리콜라주를 통해 재개념화된 비판이론은 학술적인 연구와 교육, 도덕적 행위에 대한 해석활동에 상당한 주의를 기울인다. 그것은 현상(phenomenon)에 대한 기술(describing)과 그것에 대한 이해 (understanding), 그리고 그와 관련된 실천(acting) 사이에 관계성과 차이를 올바로 이해하는 것이다. 이런 관계 때문에 해석학과 브리콜라주에서 정보를 제공받은 비판이론은 도덕적 행동이 엄밀한 연구방법들의 발전과 분리될 수 없음을 알고 있다. 현상에 대한 좀 더 깊이 있고 탁월한 이해를 갖게 된 우리는 그와 관련된 도덕적 행동에 착수하는 것이다. 따라서 해석학적 개념들은 다음과 같은 의미를 함축한다.

1. 탐구의 목적을 구체적인 다양한 맥락들과 관련짓기
2. 탐구자와 탐구대상 사이의 관계를 올바로 인식하기
3. 인간의 경험과 연계된 의미 만들기(making of meaning)
4. 살아 있는 존재 인간은 자신에 대해, 자신의 주변에 대해 의미를 만들어가는 실체임을 망각하지 않으면서 텍스트의 형태들에 대한 해석 사용하기

객관주의적인 연구방식들에서는 이러한 해석적 이해를 모두 부적절한 것으로 간주한다.

여기에서 도입되는 해석학은 비판적 해석학(critical hermeneutics)이다. 비판적 해석학은 브리콜라주를 통해 비판이론과 융합된다. 그리고 그것은 힘과 정의에 관심을 갖는다는 점에서 비판적이다. 이런 맥락에서 비판적 해석학은 교육과 학술 연구에 대한 해석을 새로운 수준으로 밀고 나간다. 그것은 민족적 경계의 관점을 넘어서 사건들을 움직이고, 일상적인 삶을 규정짓는 숨은 동기들을 들춰내는 방향으로 움직인다. 비판적 해석학은 어디에나 편재해 있는 무반성적인 문화와 힘들의 교차 지점에 주의를 기울인다. 그 과정에서 사회교육적인(socioeducational) 세계에 대한 섬세하면서도 엄밀한 이해가 구체화된다. 비판적 해석학은

역사적 맥락성(historical contextualization) 개념을 새로운 시각에서 이해한다. 새롭게 이해된 그것은 문화적인 의미, 연구자의 의식, 연구과정의 구조 그리고 주관성의 구조를 산출하는 데 기여하는 역사성의 본질을 명료화해 준다. 이런 해석적 맥락에서 실천에 기반한 사회적 변화의 관념에 대한 비판이론적 관심은 좀 더 수월하게 논의된다. 왜냐하면 두꺼운 기술과 사회적·정치적 상황에 대한 엄밀한 이해에 영향을 받는 도덕적 행동이 가능하기 때문이다(Lutz, Jones, & Kendall, 1997 ; Zammito, 1996). 이와 같이 우파 진영에 봉사해 오던 지적 엄밀성은 비판이론가들에 의해서 교정되었고, 이제 더 이상 지적 엄밀성은 배제와 서열화를 위해 우파가 사용하는 도구일 수 없게 되었다. 배제와 서열화에 활용되는 우파의 도구목록에서 지적 엄밀성은 삭제되었다.

실제로 해석학적 지식을 갖춘 브리콜라주를 통해 비판이론가들은 종속되고 사회적으로 소외된 이들의 목소리를 널리 알리고, 그런 연구대상들에 중요성을 부여하는 데 관심을 기울인다. 이는 세계에 존재하는 고통을 더 많이 줄이기 위한 새로운 방법을 구성하는 것이다. 이런 노력들은 도덕적 행동의 실천을 위한 지식생산 방식의 설계로 이어졌고, 그러한 도덕적 실천을 위한 비판적 과정은 많은 쟁점들을 발생시켰다. 예를 들면 단순히 연구대상과 관련된 특정한 이야기들을 눈에 띄게 강조하는 것이 그들에게 힘을 실어주는 것인가? 또 그것이 그들에게 목소리를 부여하는 것인가? 그것이 참여자와 연구자 간의 상호작용에 각별한 의미를 부여하는 것인가? 브리콜라주를 통해 이러한 의미를 잘 살릴 수 있다고 해도 이야기를 강조하고 참여자와의 상호작용에 의미를 부여하는 가운데 비판이론가들은 엄밀한 통찰력을 잃게 될 우려가 있다.

구체적 개별자와 거시적인 사회의 상호작용에서 등장하는 구체적인 해석과정에서 개인에 대한 관심을 뒷전으로 미룰 수는 없다. 개인에 대한 추상적인 심리학적 표상들은 해석학적으로 제공된 브리콜라주의 맥락적 관심사를 뒷전으로 밀어내 버릴 수도 있다. 그럴 경우 복잡성의 엄격함은 구체적 맥락이 결여된 개인의 경험으로 대체되어 버린다. 지식의 생산과 해석과정의 산물인 도덕적 행동의 가능성은 나르시시즘에 의해 완전히 소멸되어 버린다. 일찍이 캐쉬(Johnny Cash)가 표현했던 것처럼 사람들은 "바른 길을 걸어야"(walk the line) 한다. 여기에서 바른 길(the line)은 무분별하고 권위적이며 환원적이기까지 한 데카르트주의자들의 진리 주장으로부터 개별자만의 고유한 특성의 탈맥락화를 구분짓는다. 거시사회와 사적 영역 간의 통합 없이는 비판적인 도덕적 반성과 지식 산출의 요구는 충족될 수 없다.

비판적 해석학의 지평 위에서 움직이는 브리콜뢰르들은 종속된 사람들의 목소리만을 단순히 기록하는 것이 아니다. 그들은 해석의 해석학적 순환을 통해 그것의 의미를 확대하는 작업을 수행한다. 종속된 목소리는 다양한 사회적·문화적·경제적·철학적·역사적·심리학적·교육학적 힘들과의 관계 속에서 연구될 때 한층 잘 이해된다(Dicks & Mason, 1998). 나는 『버거의 상징 : 맥도날드와 문화권력』(Sign of the Burger : McDonald's and the Culture of Power, 2002) 속에서 이 길을 따라 걸어보았다. 이 책은 나의 민족경계적 연구에서 강조되고 있는 목소리와 사회적·정치적 틀 속에 맥락화한 종속된 자들의 관점, 경제적 이해관계, 사회이론에 대한 통찰, 비판적 해석학의 식견 등등을 통해 도덕적 행동을 인도하는 의식구조의 이해를 제공하고자 했던 나의 시도였다. 연구자들에게 브리콜라주를 엄격하게 요구하는 것은 그들로 하여금 이와 같은 것들을 곰곰이 생각해 보게 하고, 그들 책임 하에 있는 프로젝트에 내포되어 있는 그러한 것들에 맞서라는 의미이다.

이런 투쟁 속에 있는 연구자들은 브리콜라주의 다차원적인 관점에서 강력한 힘을 얻는다. 그러한 다차원적 관점주의(multiperspectivalism)는 비판적 해석학과 해석적 대립들을 통해 강화된다. 해석학자들(특히 예술과 과학에서 해석학을 활용하는 학자들)은 종종 이러한 힘을 '지평융합'(fusion of horizons)이라고 부른다. 여기에서 우리는 다양한 생각들과 세상을 보는 방식들을 병렬시키는 것으로부터의 배움, 즉 브리콜라주의 근본으로 다시 돌아온다. 브리콜뢰르의 작업은 재즈 음악가, 퀼트 작품을 만드는 사람, 생생한 몽타주를 그리는 사람의 그것과 비교될 수 있고, 이 외에도 이러한 맥락에의 비유는 많다. 이 모든 과정 속에서 서로 다른 힘들은 서로 상승적인 상호작용을 일으키는 방식으로 접합된다. 전체는 부분의 합보다 훨씬 탁월하다. 해석학적 지평융합은 브리콜뢰르가 실재에 대한 다양한 표상들을 동시에 고려할 수 있도록 도와준다. 이런 맥락에서 동시성이라는 개념은 중요하다. 왜냐하면 그것은 전통적인 연구에서 고려되어 온 계열성과 선형성(linearity)보다 우선하기 때문이다. 해석학적 기초를 갖고 있는 브리콜뢰르들은 이러한 개념적 대립들에 주목하기 때문에 그들은 능숙하게 자유주의적인 절충주의를 피해간다. 해석학적 순환 속에서 그들은 다양한 표상들이 알려주는 것, 그리고 또 다른 것으로 변환되는 과정을 분석하여 그 과정을 차트화한다. 이런 맥락에서 해방의 전통적인 비판적 범주는 훨씬 더 복잡해지고 그 개념 또한 이론적으로 훨씬 정교화된다.

결론

포스트모더니즘의 복잡성, 페미니즘 이론, 해석학 등의 장점을 갖고 있는 재개념화된 비판이론과 브리콜라주는 21세기를 위한 해방의 도덕교육과 연구의 지향점을 제공한다. 다양한 이론들 중에서도 비판이론은 사회이론의 목적을 설정하고, 또 사회를 이론화하는 데 탁월한 관점을 제공한다. 그래서 나는 꾸준히 이 관점을 견지해 오고 있다. 비판이론가들에게 이론의 영역은 단지 강의실에서의 무의미한 공론을 위해, 또는 학술 저널의 출판을 위해 존재하는 것이 아니다. 비판이론은 생활세계에서 고통받는 사람들과의 연대를 요구한다. 그리고 일상생활의 복잡성 속에서 우리가 직면하는 도덕적 딜레마를 해결해 가는 데 발 벗고 나설 것을 요구한다. 비판이론이 이해할 수 없는 학문적 논의의 장으로 전락할 때는 언제나 그것은 길들여지고 생기를 상실해 왔다. 비판이론은 도덕적 행동을 혼란에 빠뜨리고 그것에 도전하기 위해, 그리고 도덕적 행동을 증진시키기 위해 발전해 왔다. 이러한 힘든 과업을 달성하기 위해 비판이론은 끊임없이 새로운 세대에 의해 재발명되고 재공식화되어야 한다.

용어집

■ 복잡성 이론(Complexity theory)

이 이론은 어떠한 부분도 하나의 전체로서 전체 체계를 통제하지 못한다고 가정한다. 복잡성 이론가들은 자기조직성과 창발성으로서 물리적 체계와 사회적 체계들을 설명한다. 그러므로 고립 속에서 부분들에 대한 연구를 강조해 온 전통적인 과학의 경향성은 복잡성 이론가들에 의해 문제의 소지가 있는 것으로 간주된다. 이런 맥락에서 복잡성 이론은 체계의 힘과 거시적으로 서로 연결된 현상들 속 부분들 간의 관계에 초점을 맞춘다.

■ 담화분석(Discourse analysis)

말해질 수 있는 것과 말해질 수 없는 것, 말할 수 있는 사람과 들어야만 하는 사람들을 결정하는 가려진 역사적 규칙들의 집합으로 정의되는 담론들에 관한 연구. 광범위한 관습들은 기술적인 과정, 제도, 행동방식, 그리고 전달과 표현의 형식들 속에 존재한다. 담론들은 우리가 세계 내에서 인간 행위자로서 행동하는 방법을 형성하고, 우리의 의식을 구조화하며, 진리를 결정하는 데 기여한다.

■ 생태이론(Ecological theory)

인간존재들과 그들이 위치한 사회적 맥락들 간의 관계에 초점을 맞춘 이론적 입장.

■ 페미니즘 이론(Feminist theory)

인간이 성별(gender)을 어떻게 다루는가에 대한 분석에 관심을 갖는 다양한 이론적 입장들.

■ 푸코의 계보학(Foucauldian genealogy)

프랑스 사회이론가 미셸 푸코는 배제와 지배의 역사를 폭로하는 방법으로 계보학을 규정했다. 힘의 작용들에 관심을 갖는 계보학은 억압의 역사와 공공의 기준에 의해 결격판정을 받은 종속된 지식들에 초점을 맞춘다.

■ 해석학(Hermeneutics)

해석학은 이해의 예술 그리고/혹은 이해의 과학이다.

■ 탈식민주의(Postcolonialism)

기술적 의미에서 이 용어는 식민지 지배 이후의 시기를 언급하는 것이다. 하지만 이 의미를 넘어서는 다양한 차원의 탈식민주의가 있다. 그중 가장 중요한 것은 정치적·사회적·문화적·경제적인 측면에서의 식민주의 효과, 그리고 지배국가와 피지배국가의 시민 사이에 존재하는 교육적 지위를 정리하고 검토하는 것이다.

■ 후기 구조주의의 정신분석(Poststructualist psychoanalysis)

정신분석은 전통적으로 비합리적인 힘들과 그것들이 행동과 의식을 형성하는 방법들에 대해서 관심을 가져왔다. 후기 구조주의는 유럽의 근대성과 그것을 구성하는 "보편적 구조들"로부터 창발하는 구체적인 문제들을 과학적으로 드러내고자 노력했다. 후기 구조주의의 정신분석은 전통적인 정신분석의 묘사와는 상당히 다른 인간관을 보여준다. 그 과정에서 후기 구조주의는 근대주의자들의 감정과 가치, 배려의 삭제에 도전한다. 그리고 힘과 그 힘의 구조 측면에서 그와 같은 특징들을 다시 생각해 보고자 시도한다. 간단히 말해 후기 구조주의의 정신분석은 대중을 통제하고 규제하기 위한 지배권력의 노력으로부터 정신분석을 제거하기 위한 시도이다.

■ 산티아고의 제정주의적 인지이론(Santiago enactivist cognitive theory)

바렐라, 마투라나 그리고 제정주의자들에 따르면 인간의 자아는 인간과 사회적 유기체 내부의 다양한 단순한 체계들의 관계들로부터 창발하고 발전한다. 이 단순한 특성들은 인간들이 의식으로 인지하는 것과 자아를 발생시키는 방법 속에서 서로 만난다. 그러므로 의식은 "중심적인 통제"가 요구됨 없이 이러한 일련의 관계들로부터 창발한다. 우리는 결코 전체를 통제하는 마음의 역할로서 의식의 자리를 발견하지 못할 것이라는 의미이다. 그러므로 자아는 특정한 환경 속에서 다양한 관계의 본질에 의존하는 "가상의" 개념이다. 그러므로 개인이 작동하는 맥락은 인지이론가들이 전통적으로 가정해 왔던 것보다 훨씬 더 중요한 것이 된다.

■ 기호학(Semiotics)

기호학은 기호, 상징, 기표의 본질을 분석하고 인간사에서 그것의 사회문화적 · 정치적 · 심리학적 역할을 분석하는 연구분야이다.

참고문헌

Aronowitz, S., & Giroux, H. (1991). *Post-modern education : Politics, culture, and social criticism*. Minneapolis : University of Minnesota Press.

Berry, K. (2004). *Rigour and complexity in educational research*. London : Open University Press.

Bottomore, T. (1984). *The Frankfurt School*. London : Tavistock.

Bowles, S., & Gintis, H. (1976). *Schooling in capitalist America : Educational reform and the contradictions of economic life*. New York : Basic Books.

Britzman, D. (1991). *Practice makes practice : A critical study of learning to teach*. Albany : State University of New York Press.

Britzman, D. (2006). *Novel educatioon : Psychoanalytic studies of learning and not learning*. New York : Peter Lang.

Collins, P. (1990). *Black feminist thought : Knowledge, consciousness, and the politics of empowerment*. New York : Routledge.

Denzin, N., & Lincoln, Y. (Eds.). (2005). *Handbook of qualitative research*. Thousand Oaks, CA : Sage.

Dicks, B., & Mason, B. (1998). Hypermedia and ethnography : Reflections on the construction of a research approach. *Sociological Research Online*, 3, 3.

Freire, P. (1970). *Pedagogy of the oppressed*. New York : Herder & Herder.

Freire, P. (1985). *The politics of education : Culture, power, and liberation*. South Hadley, MA : Bergin & Garvey.

Gadamer, H. (1989). *Truth and method* (J. Weinsheimer & D. Marshall, Trans.) New York : Crossroads.

Gibson, R. (1986). *Critical theory and education*. London : Hodder & Stoughton.

Giroux, H. (1997). *Pedagogy and the politics of hope : Theory, culture, and schooling*. Boulder, CO : Westview.

Held, D. (1980). *Introduction to critical theory : Horkheimer to Habermas*. London : Hutchinson.

Hinchey, P. (1998). *Finding freedom in the classroom : A practical introduction to critical theory*. New York : Peter Lang.

Jay, M. (1973). *The dialectical imagination : A history of the Frankfurt School and the Institute of Social Research, 1923-1950*. Boston : Little, Brown.

Kellner, D. (1995). *Media culture : Cultural studies, identity and politics between the modern and the poostmodern*. New York : Routledge.

Kincheloe, J. (2001a). *Getting beyond the facts : Teaching social studies/social science in the twenty-first century*. New York : Peter Lang.

Kincheloe, J. (2001b). Describing the bricolage : Conceptualizing a new rigor in qualitative research. *Qualitative Inquiry*, 7(6), 679-692.

Kincheloe, J. (2002). *The sign of the burger. McDonald's and the culture of power*. Philadelphia : Temple University Press.

Kincheloe, J., & Steinberg, S. (1997). *Changing multiculturalism*. London : Open University Press.

Kohlberg, L. (1981). *The meaning and measurement of moral development*. Worcester, MA : Clark University Press.

Luke, T. (1991). Touring hyperreality : Critical theory confronts informational society. In P. Wexler (Ed.), *Critical theory now* (pp. 1-26). New York : Falmer.

Lutz, K., Jones, K., & Kendall, J. (1997). Expanding the praxis debate : Contribution to clinical inquiry. *Advances in Nursing Science*, 20(2) 23-31.

McLaren, P. (2000), *Che Guevara, Paulo Freire, and the pedagogy of revolution*. Lanham, MD : Rowman & Littlefield.

Morroow, R. (1991). Critical theory, Gramsci and cultural studies : From structuralism to post-structuralism. In P. Wexler (Ed.), *Critical theory now* (pp. 27-69). New York : Falmer.

Oldenski, T. (1997). *Liberation theology and critical pedagogy in today's Catholic schools : Social justice in action*. New York : Garland.

Oldenski, T., & Carlson, D. (Eds.) (2002). *Educational yearning : The journey of the spirit and democractic education*. New York : Peter Lang.

Paulson, R. (1995). Mapping knowledge perspectives in studies of educational change. In P. Cookson, Jr. & B. Schneider (Eds.), *Transforming schools* (pop. 137-179). New York : Garland.

Piaget, J., & Garcia, R. (1989). *Psychogenesis and the history of science* I.(H. Feider, Trans.). New York : Columbia University Press.

Pryse, M. (1998). Critical interdisciplinarity, women's studies, and cross-cultural insight. *NWSA Journal*, 10(1), 1-11.

Reinharz, S. (1979). *On becoming a social scientist*. San Francisco : Jossey-Bass.

Reinharz, S. (1982). Experiential analysis : A contribution to feminist research. In G. Bowles & R. Klein (Eds.), *Theories of women's studies* (pp. 162-191). Boston : Routledge & Kegan Paul.

Reinharz, S. (1992). *Feminist methods in social research*. New York : Oxford University Press.

Semali, L., & Kincheloe, J. (1999). *What is indigenous knowledge? Voices from the academy*. New York : Falmer.

Steinberg, S. (2006). Critical cultural studies research : Bricolage in action. In K. Tobin & J. Kincheloe (Eds.), *Doing educational research : A handbook*. Rotterdam : SENSE publishers.

Suleiman, S. (1992). Feminism and postmodernism : A question of politics. In C. Jencks (Ed.), *The postmodern reader* (pp. 76-98). New York : St. Martin's Pre - ss.

Surber, J. (1998). *Culture and critique : An introduction to the critical discourses of cultural studies*. Boulder, CO : Westview.

Tobin, K., & Kincheloe, J. (2006). *Doing educational research : A handbook*. Rotterdam : SENSE Publishers.

Welch, S. (1991). An ethic of solidarity and difference. In H. Giroux (Ed.), *Postmodernism, feminism, and cultural politics : Redrawing educational boundaries* (pp. 83-99). Albany : State University of New York Press.

Wexler, P. (1991). Preface. In P. Wexler (Ed.), *Critical theory now* (pp. iv-xii). New York : Falmer.

Young, R. (1990). *A critical theory of education : Habermas and our children's fut-*

ure. New York : Teachers College Press.

Zammito, J. (1993). Are we being theoretical yet? The new historicism, the new philosophy of history, and "practicing historians." *Journal of Modern History*, 65, 783–814.

⟨4장⟩

배려적 추론

바바라 테이어-베이컨(B. J. Thayer-Bacon, 미국 테네시 대학)

머리말

도덕이론과 도덕교육에 관한 페미니스트들의 글에는 도덕적 지향 (orientation)의 하나인 배려(caring)에 관한 논의가 많다는 점을 알 수 있 다. 분명 철학에서 배려는 그리 새로운 개념이 아니다. 예를 들어 아 리스토텔레스는 우정과 사랑을 배려라고 생각했고, 부버(Martin Buber, 1923/1958)는 나-너의 관계를 통해 배려를 묘사했으며, 듀이(John Dewey, 1960)는 동정적 이해(sympathetic understanding)로서 배려를 논하였다. 메 이어로프(Milton Mayeroff)의 『배려에 관하여』(On Caring, 1971)는 길리간 (Carol Gilligan)의 『다른 목소리로』(A Different Voice, 1982)와 나딩스(Nel

Noddings)의 『배려하기』(Caring, 1984)보다 10여 년 먼저 출판되었고, 오늘날 페미니스트들 사이에서 배려윤리의 고전으로 대접받고 있다. 따라서 페미니스트들이 하나의 윤리적 접근방법으로서 배려에 대한 현대적 관심을 불러일으킨 개척자라고 주장하는 것에는 이의를 제기할 수 없다. 그러나 메이어로프가 언급하거나 다른 철학자가 이름붙이지는 않았지만 페미니스트들은 배려의 젠더화된 영역의 탐구에 이의를 제기할 수도 있다.

페미니즘은 성차에 대한 관점과 성역할의 제한된 특성, 제도와 사회적 관계로 부당하게 억압받아 온 여성의 역사를 탐구하는 데 헌신한다. 페미니즘은 권력의 형태와 기능, 그리고 그 권력이 여성에 반하여 어떻게 행사되어 왔는지에 관한 것이다. 미니크(Elizabeth Minnich, 1983)는 페미니즘을 "사고방식, 정신과 마음의 움직임, 즉 타인을 위해 그리고 타인과 더불어 존재하고 행동하는 성향, 이러한 성향은 근본적으로 마음은 우정을 향해 움직인다는 것에 대한 비평이다"(p. 317). 좀 더 상세히 말하면 "페미니스트들은 시대를 넘어 고정되거나 주어지는 것은 아무것도 없다고 생각한다. 계시된 진리는 없다는 것을 받아들이고 타고난 것이 무엇인가에 대해 직접적으로 반성하는 어떤 사람도 없다는 것을 의문의 여지가 없게 고수한다"(p. 318).

나는 배려에 관심 있는 페미니스트이다. 그래서 우정만큼이나 우리가 비판적 시각을 습득할 수 있게 도와주는 배려의 역할을 탐구할 것이다. 배려가 연구 가치가 있는 개념으로 유행하게 된 이래 그것은 주로 도덕영역에서 주목받아 왔으며, 종종 도덕적 이상(ideal), 가치, 덕목으로 묘사되기도 했다. 사실 이 책에서 내게 할당된 임무는 도덕교육에 대한 페미니스트의 접근방법, 즉 덕으로서의 배려에 논의의 초점을 맞추는 것이다. 나는 배려가 한 존재를 단지 배려윤리의 대상으로만 취급하는 것 같아 대단히 걱정스럽다.[1] 배려에 대한 나의 관심은 도덕적인 것이라기보다는 인식론적인 것이다(Thayer-Bacon, 2003). 따라서 나는 도덕과 인식론 사이의 날카로운 구분을 유연하게 하기 위해 관련된 내용을 추가했다.

나는 본 장에서 도덕적 지향 형태로서의 배려에 대한 존재론적 가정과 인식론적 가정을 검토할 것이다. 이를 통해 배려가 도덕이론뿐만 아니라 인식론에 있어서도 필수적이라고 주장할 것이다. 배려는 단지 윤리에만 영향을 미치는 것이 아니라 추론에도 영향을 미친다. 나는 배려적 추론(caring reasoning)이 배려를 너무 협소하게 정의하는 위험을 피하는 동시에 우리가 각기 다른 사람들이 갖는 다른 관점들을 공정하고 관대하게 이해하는 데 도움이 된다는 것을 논의할 것이다. 배려적 추론은 페미니스트들이 도덕적 지향으로서의 배려에 대해 표현해 온 관심 즉, 정당성을 제공하고 그것의 역사적 맥락과 사회시스템을 그려보고자 하는 관심에 답을 찾는데 도움을 줄 수 있다. 그리고 나는 배려에 대한 이론적 논의를 억압적이지도, 편향적이지도 않은 방법으로 배려를 위한 교육에 적용할 것이다. 이와 동시에 배려교육에 대한 거시적·미시적 수준에서의 비판도 마련할 것이다. 그러면 도덕교육에 대한 나의 기여가 조금이나마 더 분명해지리라.

독자들은 두려워하지 말기 바란다. 내가 이 모든 용어들을 통해 설

---

1) 나는 '배려의 힘'이라는 내 논문을 배려윤리에 관한 것으로 묘사한 편집자에게 오히려 그것의 초점은 인식론에 맞춰져 있음을 강조하기 위해 사용했다.

명하고자 하는 것, 그리고 내가 언급한 것들 간의 관계를 한층 더 명확히 하는 것이 나의 본분이다. 나는 독자들이 철학, 도덕이론 혹은 도덕교육에 대한 든든한 배경지식을 갖고 있다고 가정하지 않는다. 또한 독자들이 페미니즘 혹은 배려 개념의 발달과정에 대한 탄탄한 배경지식을 갖고 있다고도 전제하지 않는다. 나는 본 글을 배려에 대한 정의에서 시작할 것이다. 그리고 여기에서 배려는 도덕적 지향의 한 형태로 사용한다.

배려란 무엇인가?[2]

메이어오프(1971)는 배려를 개인적 성숙과 자기 실현의 수단 중 하나로 묘사함으로써 많은 사람들이 배려에 대한 지금과 같은 관심을 갖게 하는 데 선구적인 역할을 했다. 글의 서문에서 그는 배려를 바람이나 좋아함, 편안함, 또는 관심을 갖는 것 등과 구별하는 데 마음을 쓴다. 배려는 하나의 과정이고 발달에 관여하는 방식의 하나라는 것이다. 배려는 다른 사람에 대한 정당한 평가와 존경을 포함하는 것이지 다른 사람에게 부담을 주는 어떤 것이 아니다. 다른 사람에 대한 헌신이 배려의 핵심 요소이다. 메이어오프에 따르면, 배려는 단지 어떤 사람이나 생물체만을 그 대상으로 하는 것이 아니지만 그 대상은 항상 특정한 누구 또는 어떤 것에 대한 헌신으로 나타난다. 다른 누군가를 배려하기 위해서는

---

2) 이 장에서 사용하고 있는 배려에 관한 정의는 『비판적 사고의 변형』(Thayer-Bacon, 2000)의 4장뿐만 아니라 '배려의 힘'이라는 나의 논문에서 가져온 것이다.

그 대상을 직·간접적으로, 그리고 명시적·암묵적으로 알고 있어야 하지 단지 습관적으로 배려를 할 수는 없다. 배려는 인내와 정직, 신뢰, 용기, 연민, 희망 등의 덕목과 가치를 요구한다. 나는 다른 사람과 함께할 수 있어야 하고 다른 사람을 위해서 존재할 수 있어야 한다. 그 과정이 우선적이지 결과가 우선은 아니다. 메어어오프에 따르면 배려를 지향하는 나의 삶에 의해서 세상 속에서의 나의 위치를 발견한다. 다시 말해서 다른 사람을 배려하는 가운데 나 자신을 발견하고 또 창조한다. 배려를 지향하는 삶을 사는 일은 내 삶의 의미를 살려내는 일이라는 것이다.

비록 메어어오프가 개인에 초점을 맞추고 있기는 하지만 배려가 특별한 타자와 관계 맺기로 묘사된다는 사실에 주목할 필요가 있다. 그의 초점은 다른 사람과 함께 하면서 그 사람을 위하는 것에 맞춰져 있는 것이다. 배려가 정직한 사람인지 아니면 신뢰할 만하거나 용기있는 사람인지와 같이 한 개인의 속성이나 품성이 아닌 것으로 묘사하고 있는 점에 주목할 필요가 있다. 배려는 반드시 다른 사람, 즉 타자를 포함해야만 한다. 나딩스(1984)는 배려적 관계 속에 배려하는 사람과 배려받는 사람이라는 두 요소를 포함시킴으로써 배려에 관한 이러한 관계적 정의를 심화시키는데 기여했다. 나딩스에 따르면, 내가 어떤 사람과 배려적 관계를 설정해서 그 사람이 나의 배려를 받아들여야만 자신을 배려자로 묘사할 수 있다. 이 배려적 관계 설정은 배려를 받는 사람이 그 배려를 인정하는 것과 호혜성에 의지한다. 나딩스에게 배려는 수용적인 합리성을 가진 다른 사람과 '함께 느끼는 것'을 의미하고 관대한 태도와 사고를 바탕으로 다른 사람을 기꺼이 받아들이거나 '친숙하게 되는 것'이며, 배려적 관계의 지속을 위해 다른 사람에게 자신을 온전히 드러내는 것이기도 하다.

배려에 관한 메이어오프의 묘사에서는 이러한 개인적이고 관계적인 도덕적 지향을 좀 더 일반화된 원칙론적 윤리학과 대비시키지는 않는다. 그의 초점은 배려가 어떻게 개인적 차원에서 자아실현에 도움을 줄 수 있는가에 맞춰져 있는데, 이 개념은 매슬로우(Abraham Maslow)에 의해 학문적으로 정착된 자아실현이라는 개념과 가깝다. 개인발달에 초점을 맞추는 것은 계몽주의 시대의 공통된 특징이기도 하다. 길리간(1982)과 나딩스(1984) 모두 배려를 개인적이고 관계적인 관점에서 묘사했을 뿐만 아니라 배려윤리학을 정의의 윤리학과 분명하게 대비시키고자 했다. 배려와 정의 사이의 대비라는 그들의 묘사는 길리간에게는 여성과 소녀의 도덕발달이라는, 나딩스에게는 윤리학과 도덕교육에 대한 여성주의적 접근이라는 젠더적 맥락 안에 위치하고 있다.

길리간과 나딩스는 도덕교육의 영역 안에서 함께 작업하고 있지만, 길리간이 심리학자로서 도덕발달에 초점을 맞추고 있는 반면에 나딩스는 교육철학자로서 도덕적 지향에 초점을 맞추고 있다는 점에서 차별화된다. 심리학 안에서 여성의 도덕발달에 관한 기초 작업을 통해서 길리간은 여성이 남성과 동일하다는 잘못된 가정에서 출발한 도덕발달에 관한 과거의 판단을 뒤집고 새로운 대안을 제시했다. 이러한 잘못된 가정은 모든 남성 또는 모든 여성이 비슷하거나 같다는 두 가지 잘못된 전제에서 비롯된 것이다. 그런데 이러한 오류는 여성 고유의 범주를 보편적인 '사람'의 범주로 밀어넣는 결과를 가져온다. 그리고, 그러한 범주는 남성들이 계획하고 계발한 것으로 남성을 연구 주제로 설정하고 있는 오류를 안고 있다.

길리간은 윤리학의 관점에서 자신이 연구한 여성들의 도덕성 발달이 남성들의 권리와 규칙이라는 원칙이 아니라 책임과 배려라는 원칙에 따라 조직된다는 사실을 발견했다. 그녀는 그 결과를 토대로 삼아 도덕성에 관한 서로 다른 두 가지 관점이 있다고 주장했는데, 이 두 관점은 어떤 계열성을 가지거나 상반되는 것은 아니라고 덧붙였다. 그녀는 정의와 배려 모두가 필요하다는 사실을 인정하면서 도덕추론과 도덕 판단에 대한 좀 더 통합적인 접근을 하고자 노력했다.

> 권리의 도덕성은 평등(equality)에 입각하고 공정(fairness)에 대한 이해를 그 중심에 둔다. 반면 책임의 윤리는 필요(need)의 차이에 대한 인식 하에 공평(equity) 개념에 의지한다. 권리의 도덕은 나와 타인의 주장에 대한 동등한 균형 잡힌 존중의 태도를 표명하고, 책임의 윤리는 동정과 배려를 낳는 이해(understanding)에 의지한다. 그러므로 아동기와 성년기 사이에 나타나는 정체감과 친밀감의 대조는 상호 보완 관계를 맺는 두 도덕성을 통해 명확히 표현된다(1982, p. 165).

도덕적 추론과 판단에 대해 길리간은 상호보완적이고 통합적인 태도를 취했다. 하지만 이와는 대조적으로 나딩스(1984)는 원리화된 윤리가 적절하지 못하다고 주장한다. "… 모호하고 불안정하다. 원리가 있는 곳 어디에나 너무 자주 그것의 예외가 암시되고, 우리를 서로에게서 분리시키는 그런 원리에 근거한"(p. 5) 접근방법을 그녀는 거부한다. 그리고 원리화된 윤리를 아빠의 목소리로, 배려윤리는 엄마의 목소리로 묘사한다. 나딩스는 원리화된 윤리의 대안으로 배려윤리이론을 제안하는 것이다.

길리간과 나딩스의 입장은 큰 충격을 가져왔을 뿐만 아니라 다른 연구에도 많은 영감을 주었다. 그에 따라 그들의 연구성과는 많은 이들의 입에 오르내리며 토론과 비판의 대상이 되어왔다. 두 사람은 모두 잠재적 위험이 내포된 "여성" 혹은 "여성스러움"의 범주에서 핵심적 주장을 이끌었다는 비판을 받아왔다. 실재로 여성들 사이에서는 아무런 의견의 합의도, 우선하는 윤리적 관점도, 여성 특유의 것이라고 간주할 수 있는 도덕적 문제도 없다(Grimshaw, 1986, p. 224). 그림쇼(Jean Grimshaw, 1986)는 길리간에 동의한다. "남성보다 여성이 배려를 삶의 중심에 두고 타인과 '배려적' 관계를 맺는 것으로 보이는 것은 사실이다"(p. 178). 그러나 남성들에 비해 여성들이 타인의 감정을 더 잘 이해한다는 사실이 여성은 본질적으로 남성과는 다른 도덕적 접근방법을 갖는다고 추정할 근거로 보이지는 않는다. 오히려 여성들은 이러한 능력의 발달에 필요한 기회와 요구가 더 많기 때문에, 그리고 이러한 능력의 발달을 위해 배우고 그것에 대한 보상을 받기 때문에 타인을 더 잘 이해하는 것이다. 대부분의 그와 같은 "필요와 이유"는 힘의 관계에서 나타난다. 즉 여성(그리고 다른 소수자들)은 처벌과 고통을 피하기 위해 힘을 가진 자의 감정을 읽어내는 능력을 발달시켜 온 것이다.

그림쇼(1986)는 배려와 같은 여성과 특별히 관련된 개념들은 과거에 그랬던 것처럼 여성을 억압하는 데 사용될 수 있다고 경고한다. 따라서 "그것들이 사회정책에 대한 어떠한 재평가를 이끌어내기 전에 그 개념이 변형될 필요가 있다는 것을 인식하는 것"이 매우 중요하다(p. 224). 또 다른 비판들은 "배려하는 사람이 심하게 혹사되는 것과 같은 관계를 정착시킬 수 있는 위험"(Card, 1990, p. 10), "배려하는 사람에 대한 일방향적 분석은 억압적인 제도를 강화한다"(Hoagland, 1990, p. 109). "배려하는 사람은 자신의 도덕적 가치를 다른 사람을 위한 배려능력에 전적으로 의지하거나 혹은 관계 속에서 부수적으로 일어나는 것으로 자신의 도덕적 가치를 인식한다면 그녀는 자기 스스로를 해로운 관계 속에 두는 것"(Houston, 1990, p. 117)이라는 생각들 속에 나타난다. 일반적으로 그들은 "배려는 혼자서 할 수 있는 것이 아니다. 또 세계의 정치적인 현실이나 물리적인 조건들, 그리고 사회적 구조를 무시할 수도 없다"고 경고한다(Houston, 1990, p. 118). 나딩스는 그림쇼의 비판적 충고를 진심으로 수용하고 "역사적인 맥락과 사회적 전통에 훨씬 더 많은 관심을 쏟아야 할 것"이라는 데에도 동의하며(p. 126) 모든 도덕이론을 배려로 환원시키고자 하는 것은 아니라 주장한다. 그러나 그녀의 논의 속에는 정의와 배려가 어떻게 결합하게 될 것인가 하는 부분이 적절히 마련되어 있지 않다. 재거(Alison Jaggar, 1995)에 따르면 배려윤리의 대다수 지지자들은 정의와 배려의 통합가능성에 관해 너무 쉽게 논의한다. 재거는 길리간과 루딕(Ruddick)이 최근의 저작에서 서로 융합할 수 없는 도덕성으로서 배려를 정의와 더욱 분명하게 구별하고 있음을 지적하면서 자신의 입장은 그들보다는 나딩스의 입장에 좀 더 가깝다고 언급한 바 있다.

다른 이들은 배려를 어떻게 정의하는가? 그린(Maxine Greene, 1990)에 의하면 배려는 우리가 일하는 사람 혹은 우리와 함께 일하는 사람들에 대한 애착의 형식을 수반한다. 그러나 애착은 배려가 아닌 방식으로도 가능하다. 마틴(Jane Roland Martin, 1992)은 가정에 주목한다. 가정에서 가족구성원을 돕기 위해 부모의 역할을 수행하는 것이 배려라고 정의한다. 루딕(Sara Ruddick, 1989)은 『모성적 사고』(*Maternal Thinking*)에서 배려를 "어머니처럼 자상하게 돌봐주기"(mothering)라는 말로 정의한다. 그러나 배려를 가정이라는 울타리 안에 가두는 것, 더 나아가 가정의 영역 안에서 재구성하는 것은 그릇된 공·사의 이분법을 사람들에게 다시 새겨넣을 위험이 있다. 이 같은 배려는 공적인 시야 뒤로 숨겨지고, 사적이고 개인적인 것으로 평가절하된 채 남아 있는 것만 허락된다(Thayer-Bacon, 1998). 길리간(1982)처럼 벨렌키(Belenky), 클린치(Clinchy), 골드버그(Goldberger), 그리고 타룰레(Tarule, 1986)에 따르면 배려는 타인과의 관계성과 연계성에 근거한 자아 개념에 기초해서 구성된다. 즉 그들은 배려를 소녀와 여성에 의해 표현되는 관계적인 윤리적 성향으로 묘사한다. 또한 배려에 대한 이러한 정의들은 자칫 여성만이 배려할 수 있다는 잘못된 결론을 도출해내기도 한다.

트론토(Joan Tronto, 1989, 1993) 역시 배려에 관한 글을 써왔다. 트론토는 배려가 살아있는 존재들과 함께 생겨날 뿐만 아니라 추상적인 관념과 더불어서도 일어난다는 나딩스와 메이어로프의 의견에 이의를 제기한다. 트론토는 배려라는 말의 어원이 짐(burden)이었다는 사실을 지적한다. 따라서 배려는 지속적인 책임과 헌신을 암시한다. "배려가 헌신을 암시한다면 그 대상이 있어야 한다. 그러므로 배려는 필연적으로 관계적일 수밖에 없다"(p. 173). 여기까지는 나딩스와 메이어로프도 트론토의 의견에 동의할 것이다. 그러나 트론토의 논의는 '~에 대한 배려'(caring about)와 '~를 위한 배려'(caring for) 사이의 차이를 구분하는 것으로까지 나아간다. 그녀의 이러한 구분은 배려 대상에 근거한 것이다. '~에 대한 배려'는 생각이나 직업들과 같은 좀 더 추상적인 대상들과 관련되는 반면에 '~를 위한 배려'는 "배려가 초점을 맞추고 있는 구체적인 대상… '~을 위한 배려'는 특정한 타인의 구체적이며, 물질적이고, 정신적이며, 지적이고, 심리적이고 감정적인 요구에 응답하는 것과 관련이 있다"고 주장한다(p. 174). 그녀는 "우리 사회의 전통적인 성 역할에서 남성은 '~에 대해' 배려하는 반면에 여성은 '~를 위한' 배려를 하는" 사례를 보여준다(p. 174).

이렇게 '~에 대한 배려'와 '~를 위한 배려'를 구분하는 이유는 무엇일까? 트론토가 이러한 구분을 하는 이유는 타인을 위한 배려를 도덕적 행동의 범주에 포함시키기 위함이다. 이런 이유로 "만약 타인을 위한 배려가 모든 사람들의 일상적인 삶에서 지금보다 더 중심적인 위치를 차지하게 된다면, "남을 배려하는 것이 의미하는 것은 그것이 도덕적 논점을 제기하는 점과 사회·정치적 제도의 폭넓은 개혁을 요구한다는 점에서"(p. 184) 우리의 이해를 확대하려는 노력과 관심은 가치 있는 것이다. 그녀는 이러한 구분을 만듦으로써 배려와 성차에 대한 전통적인 가정들을 폭로할 수 있다고 확신했다. 가정생활에 초점을 맞추는 마틴처럼 트론토는 배려와 관련된 정치적 문제들을 지적한다.

나딩스(1984) 역시 '~에 대한 배려'와 '~를 위한 배려'를 구분한다. 그러나 그것은 우리의 관심을 성 역할에 관한 사회규범이 아닌 배려자의 헌신 정도로 이끈다. '~에 대한 배려'는 "불쌍한 6촌 사촌(second-cousin)을 배려하는 것"인데, 왜냐하면 그것은 보다 쉽고 또 "선의의 무시"(benign neglect)를 포함하기 때문이다(p. 112). 그것은 헌신 같은 것들을 요구하지 않는다. 또한 타인을 위한 배려처럼 그것은 헌신이나 서로에 대한 특별함을 인지하는 상호적 관계인 동기의 치환 같은 것들이 필요하지 않다.

　내가 예전에 주장했던 것처럼 누군가를 사랑하거나 좋아하는 것이 곧 타인을 위한 배려를 의미하는 것은 아니다. 분명 한 사람이 누군가에게 애착이나 애정을 느낀다면 역시 그 혹은 그녀는 특별한 누군가를 배려할 것이다. 하지만 우리는 배려를 위해 서로를 사랑하거나 좋아해야 하는 것은 아니다. 사람들은 기꺼이 그들에게 관심을 가지고 그들의 잠재력을 고려하고 그들의 말을 경청하기 위해 수용하는 능력을 계발하고 다른 사람과 그들의 생각에 개방적이고자 한다. 배려는 서로에 대한 동의를 수반하지 않는다. 배려는 다른 사람의 목소리를 좀 더 완벽하게 그리고 공정하게 들을 수 있는 길도 열어둔다. 다른 사람에 대한 배려는 배려할 만한 사람(생각, 삶의 형식들 등등)에 대한 존중을 요구한다. 이는 그 사람이 진지한 혹은 친밀한 방식으로 관심을 기울일 가치가 있다는 것을 나타냄으로써 타인에게 가치를 부여하는 태도이다. 수용성, 신뢰, 포용성, 개방성과 같은 태도는 배려적 관계에서 중요하다(Thayer-Bacon, 1993, p. 325). 그러므로 우리는 우정의 감정적 차원인 배려가 페미니즘의 상징이라는 점을 쉽게 알 수 있다.

　배려에 관한 페미니스트들의 연구는 이미 도덕이론에 의미 있는 공헌을 해왔다(Jaggar, 1995). 그것은 사적인 영역, 즉 가정, 개인적인 삶, 부모와 배우자, 형제자매들과의 관계를 포괄함으로써 도덕의 실천영역을 확장시켰다. 여성은 역사적으로 가정이라는 사적 공간 내에서 중요한 행위자였다. 따라서 배려에 초점을 맞추는 것은 도덕이론에 부정적 영향을 미치는 성적 편견을 폭로하는 데 도움이 된다. 배려를 지지하는 이들은 배려에서 비롯되는 행동이 보다 강력하다는 이유에 근거해 배려가 더 우월하고 또 좋은 것이라고 주장한다. 배려는 구체적인 상황에 대한 직접적 지각에 근거하기 때문이다. 그것은 멀리 있는 추상적인 윤리 형식이 아니라 개인 바로 가까이에, 개인 바로 앞에 있다. 더욱이 배려는 옳은 행동을 동기화하는 데 더 의지할 만한 것이다. 왜냐하면 배려는 자신의 이익과 타인의 그것이 분리된다고 생각하지 않기 때문이다. 우리가 메이어로프(1971)와 함께 알아본 것처럼 타인을 위한 배려는 자기 희생의 대가로 얻어지는 것이 아니다. 배려는 자기 삶의 질을 높이는 것이다. 또한 그것은 도덕적 민감성을 고양시키므로 도덕적으로도 훨씬 월등하다.

그러나 배려가 페미니즘의 정신을 대표할 수 있는가? 사회구조를 중요하게 다루는데 있어 무능하고 정당화에 대한 이론적 관심이 부족하다는 비판자들의 "치명적 한계" 논의에 어떻게 대응할 수 있을 것인가?(Jaggar, 1995, p. 198) 나는 배려적 추론의 형식이 지지자들뿐만 아니라 비판자들의 입장에도 도움이 될 수 있다고 생각한다. 사실 배려에 관한 연구는 이미 정서의 인식론적 기능들을 인지하지 못하는 실천적 추론의 한계를 보여주었다. 나는 다음 절에서 이 주제로 돌아갈 것이다. 먼저 나는 도덕적 지향의 한 유형인 배려가 그 밑바탕에 깔고 있는 존재론적·인식론적 가정들을 독자들이 인지할 수 있도록 도울 것이다. 배려적 추론은 이러한 전제들 중 몇몇은 받아들이고 또 몇몇은 대체한다.

배려의 인식론적 · 존재론적 전제 탐구

우리는 지금 배려에 대한 일반적 정의에 도달했고, 나는 배려에 대한 다양한 관점들이 뿌리내리고 있는 인식론적 · 존재론적 가정들에 대해 생각해 보고자 한다. 나는 인식론적 전제를 우리가 알고 있는 것에 대한 확실한 믿음으로 이해한다(예를 들면 우리는 기준과 범주를 가지고 무엇을 지식이라고 판단하는가? 억압적이고 자기파괴적인 것에 대비시켜 배려를 어떻게 정당화되는가?). 존재론적인 가정들은 그 자체로 존재하는 것이 무엇인가, 사물의 본질은 무엇인가 혹은 경험으로 서술되는 것은 무엇인가와 같은 우리가 존재를 서술하는 방식과 관련된다. 예를 들어 우리는 이미 앞에서 배려를 존재론적 관점에 기초하여 개인의 성장과 발달로 묘사하는 메이어로프(1971)를 살펴보았다. 메이어로프에 따르면 자아실현은 타인과 배려적 관계를 맺을 수 있는 존재자의 능력에 기초한다. 그는 개별성에 초점을 맞춘 계몽(Enlightenment)을 강조한다. "자아실현"(self-actualization) 같은 전문용어는 그가 이론적 바탕으로 깔고 있는 기본적인 전제들을 잘 표현해 준다. 그러나 그는 한 개인의 자아실현에 타인에 대한 공감을 포함시키기 위해 계몽에 대한 자신의 관점을 보다 확대한다. 메이어로프는 개인주의적 특성인 독립성과 자율성에 의거해 자아를 엄격하게 정의하지는 않는다.

길리간은 독립성과 자율성이라는 용어로 스스로를 정의하는 사람들은 권리지향적인 도덕을 택하는 경향(규칙지배적 접근)이 있다고 지적한다. 그녀의 연구에서 여성들이 채택하는 책임지향적 도덕은 타인과의 관계맺음, 연대감에 근거한 자아 개념을 더 중심에 둔다. 길리간은 여성의 경험을 발달적 관점에서 논의한다. "정체성은 상호 교류의 경험 속에서 확대된다. 도덕적 영역도 이와 유사하게 관계 속 책임과 배려를 포괄함으로써 확대된다"(p. 173).

길리간은 도덕발달 연구에 성(gender)이라는 존재론적 범주를 추가했다. 또한 그녀는 관계에 기초한 존재론적 모델을 강조했다. 그러나 다른 연구자가 그것의 의미를 충분히 이해하기는 쉽지 않다. 골드버그(Nancy Goldberger, 1996)는 길리간의 연구에서 영감을 얻어 여성이 지식을 습득하는 방법을 연구한 것으로 잘 알려져 있다. 그녀는 초창기 자신과 연구를 함께했던 네 명의 여성 연구자 모두가 무의식 중에 개인중심적 접근방법을 채택했다는 점과 그리고 어떻게 그럴 수 있었는가에 대해 이야기한다. 그들은 개체론적 존재론을 전제로 삼은 당시 유행했던 연구방법을 배운 심리학자들이었다. 그러므로 벨렌키(Belenky, 1986) 등은 지식의 유형이나 습득방법보다는 오히려 사람에 대해 설명하고 개인에 초점을 맞췄다. 그들은 기본적인 존재론적 범주로서 성(gender)을 포함시켰으나 계급이나 인종은 그 범주에서 배제했다.

길리간은 서유럽의 개인적이고 분리된 자아 개념의 보완을 위해 관계적 자아 개념을 발달시킨 반면에 나딩스(1984)는 모든 사람에게 보편적인 자아에 대한 관계적 관점을 주장했다. 나딩스의 배려윤리가 기초하고 있는 보편성은 배려적 태도(caring attitude)이다. 그것은 "배려를 받았던 유년기의 기억들, 성장과정에서 우리가 배려하고 배려받았던 기억들의 축적에서 배어나오는 태도"를 말한다(p. 5). 이러한 배려적 태도는 여성에게만 있는 것이 아니라 모든 사람의 삶과 그들의 자아 개념에 핵심적인 것이다. "모든 사람은 배려하는 것을 배워야 한다. 그리고 배려윤리는 우리가 서로의 도덕발달에 책임이 있음을 상기시켜 준다"(Noddings, 1990, p. 123).

나딩스는 자아를 다음과 같이 묘사한다.

나는 본래 타고나기를 혼자가 아니다. 오늘의 내가 있게 된 것은 양육과 지도 때문이라는 사실로부터 본래 나는 관계 속에 존재한다. 나 스스로 분리를 원했건, 아니면 주변 환경이 마음대로 나를 고립시켰건 나는 혼자가 되었을 때 가장 먼저 관계성을 회복하고 그것을 재건하기 위한 방법을 찾는다. 나의 개성은 일련의 관계들 속에서 규정된다(p. 51).

관계적 존재론은 "관계에 근본적이고 창조적인 역할을 부여하는 것"이다(p. 124).

관계를 통해 인간을 규정할 때 우리는 모나드가 아니다. 우리는 단순히 전체의 부분을 이루는 구성요소가 아니다. "우리"는 관계의 산물이기 때문에 다른 사람을 위한 것은 최소한 일정 부분은 우리 스스로를 위한 것이기도 하다. … 배려하기는 존재론적 타자 개념을 거부한다. 그것은 우리에게 새로운 관계적 "자아들"의 창조에 참여할 것을 요구한다(p. 124).

나딩스의 관계성에 대한 가정은 인간을 사회적 존재로 보는 시각, 즉 인간은 사회의 구성원으로 삶을 시작한다는 관점이 뒷받침한다. 이는 나와도 일치하는 관점이다(Thayer-Bacon, 1998, 1장과 2장). 나는 관계적 존재론을 기꺼이 받아들인다. 하지만 이 존재론이 개인의 수준을 넘어서 좀 더 사회적이고 거시적인 수준으로까지 확대되길 바란다. 그렇게 될 때 우리는 미시적 수준과 거시적 수준에서 사회-정치적 관심들을 더 잘 검토할 수 있는 방법을 알 수 있게 될 것이다.

우리는 공동체의 구성원으로 삶을 시작한다. 첫 번째 공동체는 가정이다(Thayer-Bacon with Bacon, 1998). 우리가 맨 먼저 관계를 맺는 대상은 생물학적 어머니이다(비록 그 관계가 단지 우리가 태어날 때까지만 유지된다 해도). 어머니와의 관계가 출생과 함께 끝나도 관계적인 존재로서의 우리의 삶이 끝나는 것은 아니다. 우리는 살아남기 위해 부양해 주고, 옷을 입혀주며, 안식처를 제공해 주고, 그리고 모종의 신체적 접촉을 함께할 뜻이 있는 다른 누군가와 관계를 형성해야 한다. 배려해 주는 사람이 아주 극소수일지라도, 다른 사람들과 배려적 관계를 형성할 수 있기 때문에 신체적으로는 아이들이 비록 무력할지 모르지만 사회적으로는 매우 강하다(Dewey, 1916/1966). 우리가 형성한 관계는 반드시 일방향적인 것만은 아니다. 즉 우리는 주변의 사회적 환경에 의해 결정되지 않는다. 듀이가 "교류적"이라고 불렀던 것처럼 우리가 경험하는 사회적 관계는 쌍방향적이고 상호관계적이다. 공동체가 개인들에게 영향을 주는 것처럼 개인들도 그들이 속한 공동체에 영향을 미친다. 개인과 공동체 둘 다 서로를 통해 변해간다. 자식을 낳은 이후 삶에 변화가 있었는지 없었는지 그 부모들에게 물어보라!(우리는 이와 같은 것들이 학급공동체의 교사와 학생들에게도 마찬가지라는 사실을 뒤에 오는 '배려와 도덕교육'의 절에서 알게 될 것이다.)

개인과 타자 사이의 관계가 교류적인 것은 관계적 존재론에서 매우 중요한 부분이다. 왜냐하면 그것은 공동체의 힘이 개인을 넘어설 수 있을 뿐만 아니라, 개인의 힘 또한 공동체를 향해 있음을 인정하는 것이기 때문이다. 관계적 존재론에는 공동체를 비판하기 위한 개인의 공간이 존재하며, 또한 개인을 비판하기 위한 공동체의 공간도 존재한다. 앞에서 논의된 관계의 특성에 대한 우려, 그리고 착취적이고 자기파괴적인 관계에 의해 개인이 규정되는 것, 이 모두를 피할 수 있는 길은 개인이 사회적으로 무력하지만은 않다는 사실을 강조하는 것이다. 개인들은 사회 환경으로부터 강한 영향을 받는다. 하지만 그것에 의해 전적으로 결정되는 것은 아니다. 개인은 조정할 수 있고, 그들은 관계의 적응과 변화를 만들어낼 수도 있다. 개인들은 타자와의 관계를 통해 자신의 상황에 대한 제3자적 관점을 취할 수 있다. 나는 다음에 올 배려적 추론이라는 절에서 이 점을 다시 논의할 것이다.

이제 인식론적 전제들로 자리를 옮겨보자. 거기에는 도덕적 지향의 한 부류인 배려하기 뿐만 아니라, 도덕성에 대한 모든 일반적인 논의에 영향을 주는 지식에 대한 기본적인 두 가지 전제가 존재한다. 첫 번째 전제는 인식론과 존재론을 구별할 때 만들어진 양자의 분리와 관련된다. 고대 그리스 이래 철학자들은 철학에서 인식론과 존재론을 구분해 왔다. 이러한 구분으로 철학자들은 존재(being)가 앎(knowing)으로부터 분리될 수 있다고 가정해 왔다. 이러한 범주적 구분과 양자의 분리는 지식/이데아로부터 지자(knowers)를 분리시켰고, 더 나아가 지식은 그 자체로 생명력을 지닌다는 생각에 이르게 했다. 플렉스(Jane Flax, 1983)가 말한 것처럼 "철학에서 존재(존재론)는 지식(인식론)과 이혼했다. 그리고 이

둘은 윤리학 또는 정치학으로부터도 분리되었다"(p. 248). 그러나 지식은 자신의 삶을 갖지 않는다. 지식은 인간존재의 산물(product)이다. 인간존재의 산물로서 지식은 그것을 생산한 인간존재에 영향을 받는다. 그리고 이 인간은 타자와의 분리를 전제하는 자율성에 토대를 두고 있지 않을 뿐만 아니라, 인간이 습득하는 지식 또한 인간의 손길이 닿지 않은 그런 지식이 아니다. "사고(thinking)는 생각하는 인간의 구체적인 활동은 물론 인간의 다른 여타의 활동들로부터도 분리되어 다루어질 수 없는 인간의 행위양식이다. 결과적으로 철학은 불가피하게 그것과 그것을 만든 사람이 뿌리박고 있는 사회적 관계의 흔적을 보여준다"(Flax, 1983, p. 248).

자연주의자 베이트슨(Gregory Bateson, 1972)은 이 문제를 다음과 같이 설명한다.

> 살아있는 인간존재의 자연사 속에서 존재론과 인식론은 분리될 수 없다. "세계란 도대체 무엇인가"에 대한 인간의 믿음은 그 인간이 세계를 바라보는 방식과 세계 속에서의 행동양식을 결정할 것이다. 그리고 인간이 지각하고 행동하는 방식은 그 세계에 대한 인간의 믿음을 결정할 것이다. 따라서 살아있는 인간은 궁극적인 참, 거짓과 관계없이 스스로에게 일정 부분 정당화되는 인식론적 · 존재론적 전제의 그 물망 속에 존재한다(p. 314)

존재론적 믿음이 어떻게 인식론적 가정에 영향을 미치는가에 대한 예는 배려에 대한 트론토(1989)의 정의에서 발견할 수 있다. 트론토는 생각과 사람을 분리한 '~에 대한 배려'와 '~를 위한 배려'를 제안했다. 우리는 생각에 대해 배려하고 사람을 위해 배려한다. 그러나 한 명의 타자로서 당신을 배려할 수 있는 내가 되기 위해 나는 당신에 대한 배려에서부터 출발한다. 그리고 억압 같은 관념에 관심을 갖는 것은 배려하고 싶은 삶과 추상적인 그 개념을 연관지어 이해하기 때문이다. 억압적인 현실을 바꾸고 그러기 위한 탐구를 증진하는 데 필수 구성요소는 '~를 위한 배려'와 '~에 대한 배려'의 방법을 배우는 것이다. 이러한 배려는 일상적인 사람들의 경험에 의미를 부여하는 관념, 그리고 그러한 추상적 관념과 관련된 이슈와 문제들에 가치를 부여하고 그것에 주의를 기울이는 것이다. 이렇게 사람과 관념 사이를 구분함으로써 트론토는 결국 인식론과 존재론 사이의 전통적인 철학적 분열을 또 다시 반복하고 있다.

일단 우리가 사람으로부터 관념을, 지식으로부터 그것을 인식하는 사람을 분리시켜 온 철학사를 이해한다면 우리는 이전 절에서 제기되었던 배려에 대한 근심과 우려를 더 잘 이해할 수 있게 될 것이다. 철학에서 인식론과 형이상학이라는 분과는 전통적으로 추상적인 차원의 논의를 펼쳐왔다. 반면 윤리학과 정치학은 일상을 살아가는 사람들과 관련된 것이어서 좀 더 실천적인 학문분과였다. 배려윤리적 접근은 사람들을 매우 개인적이고 특수한 방식을 통해 전경(foreground)으로 끌어낸다. 그것은 권리 혹은 규칙지향적 도덕보다 훨씬 더 구체적이고 실천적이다. 배려윤리적 지향에 기여하는 페미니스트들은 사람과 생각, 지식과 지자들(knowers) 사이의 이러한 인위적인 분리와 싸우기보다는 오히려 이런 구분을 자신들의 전제로 받아들이고 있는 듯 보인다. 사실 그들은 정의로부터 배려를 구분짓는 것이 정의는 관념에 초점을 맞추는 반면에 배려는 사람에 초점을 맞춘다고 주장함으로써 이러한 분열을 더욱 확대하는 데 기여해 왔다. 게다가 사람에 초점을 맞춘 '~을 위한 배려'와 생각에 초점을 맞춘 '~에 대한 배려'가 존재한다는 주장이 더해져 그 분열은 더욱 가속화되었다(Thayer-Bacon, 1999).

인식론과 관련된 중요한 두 번째 전제는 인식론이 절대주의를 전제한다는 것이다. 인식론적 정당화는 제기된 문제에 대해 올바른 답을 구하는 것이 목적이다. 그것은 진리 발견, 즉 시간과 공간을 초월한 절대적 진리를 추구한다. 지식에 대한 철학적 기준에 따르면 내가 믿고 또 믿을 만한 좋은 이유들을 갖는 것을 지식으로 간주할 수 있고, 또 그것이 나에게 있어 진리이다. 절대적 진리에 대한 이러한 가정 때문에 배려이론가들은 배려에 대한 인식론적 정당화 문제를 피할 방안을 모색한다. 또한 이것이 배려이론가들이 요점만 간추린 배려 개념을 회피하려는 근본적인 이유이기도 하다.

절대주의는 배려이론가들로 하여금 그들의 도덕적 지향을 하나의 '윤리'로 묘사하는 것에 소극적 태도를 취하게 한 원인으로 작용한다. 전통적인 윤리학은 일반적으로 옳음이란 무엇인가, 무엇이 선한 행동인가에 대한 판단을 추구한다. 그래서 그것은 절대론을 가정한다. 나는 이 논문에서 배려와 관련해 "윤리학"(ethics)이라는 용어의 직접적인 사용을 거의 자제하는 대신 도덕적 지향으로서 배려를 말해왔다. 왜냐하면 나는 윤리영역 안에 보편화 가능성(univeralizing)이라는 전제를 포함시키기 때문이다. 배려는 개별적이고 맥락적인 관점갖기를 추구하는 도덕적 지향이고, 그래서 보편화되지 않는다. 길리간과 나딩스는 보편성에 기초한 원리화된 접근에 배려적 접근을 대비시켰다. 왜냐하면 배려하기는 보편성을 추구하지 않기 때문이다(나딩스의 배려하는 태도의 측면은 예외). 대부분의 배려이론가들은 그들의 작업이 "윤리학"(ethics)으로 명명되지 않도록 하기 위해 조심한다. 왜냐하면 자신들의 이론이 이분법적이라는 비판들에 취약하기 때문이다.[3] 비록 특정한 관점을 취하는 것이 배려의 보편화를 회피하는 데 도움이 되지만, 동시에 배려는 거시적인 사회적 상황을 적절히 다룰 수 없고 개체적 관점을 견지하려는 그들의 시도는 구체적인 사회적 맥락을 흐리게 한다는 비판에 취약할 수밖에 없음을 보여준다.

이제 왜 미시적인 차원에서의 억압적인 관계 혹은 거시적인 차원의 억압적인 사회제도를 정치적 사안으로 다룰 수 없다는 배려에 대한 비판들을 알아보았는지 한층 더 분명해졌다. 배려이론가들은 잘못된 형태의 배려와 진실한 배려를 구분함으로써 배려에 대한 인식론적 정당화를 반대해 왔다. 인식론적 정당화를 제공하려는 시도는 배려에 절대적인 지위를 부여하는 것만큼이나 배려를 너무 협소하게 규정할 위험이 있다. 재거(Jaggar, 1995)는 만약 내가 다른 사람의 상황을 정확하게 평가할 수 있고, 배려를 받은 사람이 나의 배려를 인지하며, 그것에 반응하고, 내 배려의 결과로 자신의 자아를 입증한다면 나는 타인을 위한 배려에 성공한 것이라고 지적했다. 이와 같은 맥락에서 배려는 "성공"으로 표현될 수 있다. 그러면 배려가 가부장적이고 권위주의적이며 독단주의적이

---

3) 벤하비브(S. Benhabib, 1992)는 도덕이론에 대한 나딩스의 관점이 너무 이원론적이고 불충분하다고 비판하고 있다. (벤하비브, 1992, 180쪽, 1995, 각주 8 참조)

되는 것을 피하는 방법은 무엇인가(Pagano, 1999)?

배려이론가들은 정당화에 대한 인식론적 관심과 윤리적 관심을 분리하는 결코 바람직하지 않은 관점을 유지한다. 왜냐하면 절대론자들처럼 그들은 인식론에 대한 전통적인 선험적 정의를 전제하기 때문이다. 배려하는 사람과 배려받는 사람 모두가 진정한 배려라고 인정하면 배려는 그 자체로 정당화된다고 그들은 생각한다. 그러나 이는 정당화되지 않은 가정이다. 배려라는 이름으로 행해졌던 해악과 그것이 남용된 사례는 너무도 많다. 심지어 후세에 도덕적 잘못으로 판명되는 것들을 당시 사회에서는 피배려자가 기꺼이 받아들이기도 했다(음핵제거수술, 근친상간, 학대, 무시, 지나친 관대함 등등). 배려가 제한되고 요점만 남게 될 것에 대한 두려움 때문에 배려에 대한 인식론적 정당화를 회피하는 것은 매우 위험천만한 일이다. 정당화가 없다면 우리에게 남은 것이라고는 무슨 일이든 허용되는 천박한 상대주의뿐일 것이다.

인간은 자신의 고유한 개별적 경험들에 기초해 있는 극히 제한된 관점에 사로잡혀 있는 존재이므로 오류에 빠지기 쉬운 존재이다. 동시에 우리는 나와 타인과의 지속적인 상호작용을 통해 우리의 관점을 지속적으로 확대해 나감으로써 관점의 절대화를 피할 수도 있다. 페미니스트들은 자신들의 입장과 갈등하는 인식론에 머물러 있지 말고 인식론에 대한 전통적인 정의에 문제를 제기해야 한다. 그들은 자신들과 갈등을 빚고 있는 정당화 문제에 계속 머물러 있으면서 절대/상대라는 이분법적 사고 속에서 상대주의 진영에 가담한다. 그들은 이분법적인 적절치 못한 윤리를 제안하고 있는 자신을 돌아보아야 한다. "인식론"은 절대론을 가정하지 않으면서 우리 일상의 맥락 속에서 자연적인 방식으로 재정의될 필요가 있다. 이것이 내가 수행해 온 가장 큰 프로젝트이다. 나는 내 나름대로의 인식론을 관계적 "인식론들"[Relational "(e)pistemologies"]이라 부른다(Thayer-Bacon, 2003).[4] 관계적 인식론에서 지지는 언제나 오류에 빠질 수 있다. 그래서 우리의 범주는 교정 가능하다. 그리고 그 기준들은 사회적으로 구성된다. 그러므로 지속적인 비판과 재구조화는 필수적이다. 배려는 "상호주관적(intersubjective)인 타당성의 순환체계를 확장해 나감으로써" 선험적인 바탕보다는 사회적으로 구성된 배경들을 통해 정당화될 수 있다(Jaggar, 1995, p. 193).

우리는 이 절에서 존재론적·인식론적 전제들에 대한 핵심적인 몇 가지 가정들을 탐구해 보았다. 나는 관계적 존재론을 좀 더 향상시키는 데 도움이 될 교류적 관점을 제시했다. 그리고 배려를 정당화할 방법으로 관계적 인식론을 부각시켰다. 지면관계상 이에 대한 논의는 여기까지만 한다. 우리는 이 절에서 관계적 존재론과 관계적 인식론이 서로 손을 잡고 나아가고, 그것들이 배려의 개념을 포착하는 우리의 그물망임을 알게 되었다. 우리는 앞절에서 배려가 우정으로서 도덕발달이론과 페미니즘에 어떻게 의미 있는 기여를 하는지 확인했다. 그러나 우리는 페미니스트의 비평에 공헌하는 배려의 능력에 대한 심각한 의구심을 안

---

4) 관계론적 "인식론"(Thayer-Bacon, 2003)에서 나는 독자들에게 인식론이라는 개념을 " " 속에 넣은 이유를 절대주의를 주장하는 인식론 개념과 구별하기 위해서, 또 전통적인 의미에서의 인식론과도 구별하기 위한 상징적인 차원에서 사용하고 있음을 말한 바 있다. " "라는 부호를 단지 상징적인 차원에서만 사용하는 것이기 때문에 e에 괄호를 쳐서 (e)pistemology라고 쓰는 포스트모던한 기법을 사용하면서 그것이 절대론적 의미에서 사용되는 것이 아님을 상기시키고자 했다. 여기서는 " "를 붙인 인식론은 일반적이고 절대론적 의미를 지니는 Epistemology와 달리 비절대론적 개념으로 사용하고자 한다. 진리(Truth)와 선(Goodness)도 같은 방법으로 사용하는 것이다.

다. 따라서 다음 절에서는 배려가 어떻게 배려적 추론을 통해 비판적 능력을 발휘할 수 있는지에 대해 논의해 볼 것이다.

배려적 추론

배려적 추론에 대한 정의부터 시작해 보자. 그리고 나서 배려적 추론이 비판에 어떻게 기여하는지 살펴보자. 배려적 추론은 듀이(1960)의 "동정적 이해"와 유사하다. 타인을 이해하는 첫 단계는 그를 알아보는 것이다. 그러기 위해서는 먼저 타인에게 관심을 기울여야 한다. 내가 타인에게 관심을 기울이고 있다는 사실을 스스로 인식할 만큼 타인을 소중히 여겨야 한다. 그리고 타인을 이해하기 위해 노력할 것을 스스로 다짐해야 한다. 우리는 타인에게 관심을 가져야 하며, 타인을 인지해야 한다. 타인에게 관심을 보이거나 타인을 인지하는 행동은 배려하는 행동이다. 왜냐하면 모든 관심은 선택적 관심이기 때문이다. 나는 이것에 관심이 있고 저것에는 관심이 없다. 나는 동시에 모든 것에 관심을 둘 수는 없다. 내가 어떤 것에 주의를 기울이고자 할 때 그와 동시에 나는 무의식중에 그 밖의 것들을 거부한다. "모든 사고행위 속에는 배려와 관심이 함축되어 있다"(Dewey, 1960, p. 101). 모든 탐구는 필요를 느끼는 것에서 시작하고, 모든 관심은 그 느껴지는 욕구의 표현이라고 듀이(1938)는 말한다. 이성이 감정의 반대라는 말이 아니다. 이성과 감정은 매우 밀접하게 서로 뒤엉켜 있기 때문에 이성에 대한 그와 같은 시각은 매력을 잃게 된다. 감정은 우리를 자극하고, 행동으로 이끈다. 예를 들어 감정은 의심과 관심, 사랑, 증오, 두려움, 놀라움의 표현들이다. 배려적 추론은 우리가 이러한 질적 경험에 관심을 갖고 그것들을 인지하고 선택하는데 사용한다(Thayer-Bacon, 2000, 8장).

우리의 주의를 끄는 특별한 경험을 선택하고 인식한다는 것은 우리가 대화를 원하는 누군가가 거기에 있음을 의미한다. 우리는 그 타인을 이해하기 위해 배려적 추론을 다시 활용해야 한다. 이해하기 위해 타인에게 주목하는 이 행동은 배려하는 행동이다. 그러나 다른 사람에게 주의를 기울이는 방식 또한 매우 중요하다. 피상적으로 힐끗 쳐다보는 것은 배려가 아니다. 배려적 추론은 관대함 속에서 다른 사람에게 관심을 갖게 한다. 우리는 정확히 들었다는 확신이 설 때까지 타인의 말에 충분히 귀를 기울여야 한다. 그리고 듣는 과정에서 우리는 공정하면서도 동정적인 자세를 취해야 한다. 아직 상대의 말에 비판적 태도를 보여서는 안 되며, 타인을 열린 자세로 대해야 한다.

엘보(Peter Elbow, 1986)는 이러한 배려적 추론을 "의심 게임"(the doubting game)과 비교하면서 "믿음 게임"(the believing game)이라고 불렀다. 그는 역할놀이를 하는 학생들에게 그것을 통해 개인에게 일어나는 변화를 일깨우기 위해 게임을 활용한다. 그는 학생들이 서로를 오로지 의심하기만을 바라지 않는다. 또한 서로를 전적으로 신뢰하기만을 원하지도 않는다. 그는 학생들이 가능한 완벽하게 타인을 이해했다는 확신을 갖게 하기 위해 우선 학생들은 타인을 믿으려고 노력해야 한다는 것을 요구한다. 학생들은 다른 사람의 입장을 자기가 대신 설명하기보다는 타인 앞에서 자신에 대해 말해야 한다. 필요하다면 다른 학생을 이해했다는 확신이 설 때까지, 그리고 다른 학생이 그 이해를 확인할 수 있을 때까지 의문점을 보다 분명히 하는 질문을 충분히 할 수 있도록 조장한다. 그리고 그는 다른 학생들에게 질문하도록, 그리고 자신의 믿음을 의심해 보도록 격려했다. 학생들 자신의 생각과 관점을 표현하도록 하는 이러한 일련의 과정 속에서 학생들의 가치가 드러나길 희망한 것이다. 그리고 다른 학생에 대한 모든 학생들의 이해가 증진되기를 원했고, 동시에 이러한 훈련을 통해 다른 사람으로 인해 쉽게 상처받지 않는 학생들이 되기를 바랐다.

벤하비브(Seyla Benhabib, 1992)는 "일반화된 타자와 구체적인 타자"라는 두 개념에 기초한 확장된 사고(enlarged thinking)이론을 통해 배려적 추론에 관한 몇 가지 통찰을 제안한다. 확장된 사고 혹은 표상적 사고는 개인 혼자서 할 수 있는 것이 아니다. 즉 그것은 고립 속에서 작동할 수 없다. 그것은 타자의 관점에서 생각하려는 의지와 타인의 목소리에 귀를 기울이는 민감성을 수반한다. 타인은 자기 관점에서 우리에게 이야기하기 때문에 한 개인은 홀로 확장된 사고를 할 수 없다. 확장된 사고란 관점들 간의 가역성이다. 벤하비브는 확장된 사고는 "결국에 가서 모종의 합의에 도달해야 한다는 것을 알고 있는 내가 타인과 의사소통하는 것"(p. 9)이라고 규정한다. 그녀에게 합의는 만장일치나 이미 예정되어 있는 동의를 의미하지 않는다. 동의는 서로에 대한 이해를 분명히 한다는 견지에서 이해되어야 한다.

"구체적 타자" 개념은 우리의 관심을 모든 개별자들이 어떻게 서로 다른 별개의 유일한 존재인가에 집중시킨다. 각 개인들은 "욕구와 한계를 가짐과 동시에 재능과 성향, 그리고 삶의 역사를 갖는 유일무이한 개체"이다(p. 10). 우리는 우리 자신의 관점에서 타인을 안다고 가정할 수 없다. 우리는 수용적인 태도를 가지고 타자가 말하는 것을 경청함으로써 그를 알 수 있다.

> "구체적 타자"의 구체성뿐만 아니라 타자성도 그의 목소리가 부재한 상황 속에서는 알려질 수 없다. 구체적 타자의 관점은 유일한 타자의 존재만큼이나 자기 규정의 결과로 생겨난다. 그것이 우리로 하여금 타자의 구체성과 타자성 모두를 인식하게 하는 타자이다(p. 168).

벤하비브는 우리 각자를 "구체적 타자"로 묘사한 것에 덧붙여 우리가 어떻게 "일반화된 타자"가 되는지에 대해서도 말하고 있다. "구체적 타자"는 개별자가 어떻게 질적으로 유일한 존재가 되는지, 우리들 사이의 차이를 두드러지게 하는 것이 무엇인지를 의미한다. 반면 "일반화된 타자" 개념은 공통성들을 강조한다. 따라서 이 개념은 우리가 공통점을 훨씬 더 많이 갖고 있다는 사실을 일깨워 준다.

　　루고네스(Maria Lugones, 1987) 역시 "세계"(world) 여행이라는 논변 속에서 놀이 개념을 통해 배려적 추론을 이야기한다. 한 세계 여행자는 지배적인 문화의 외부인이다. 그는 지배적 문화와 자신의 세계 사이를 여행한다. 여행하는 "세계"는 사회만큼 클 필요는 없다. 그것은 공유된 역사와 합의된 규범 하에서 인간적인 관계로 연결된 소수의 구성원들만으로 구성될 수도 있다. 우리는 모든 제3세계 여성들처럼 하나 이상의 세계에 속할 수 있다. 사람은 자신이 속한 세계의 규칙들을 잘 이해할 때 언어의 세계에서 유창하게 말할 수 있다. "한 존재에서 다른 존재로, 한 사람에서 다른 사람으로 이동하는 것이 내가 말하는 '여행'(travel)

이다"(p. 11). 그 이동은 의식적으로도, 무의식적으로도 이루어질 수 있다. 그러나 그것은 행동이 아니다. 루고네스는 세계 여행이 가치 있는 것이라며 우리에게 적극 권장한다. 서로의 세계를 여행하면서 우리는 사랑하는 법을 배우기 때문이다(p. 4). 루고네스에 의해 "놀이"라고 명명된 "세계들"을 가로지르는 여행을 할 때 우리는 사랑하는 태도를 가져야 한다. 그녀의 여행은 경쟁이 아니다. 경쟁의 장에서는 능력이 최고 대우를 받는다. 그녀는 이러한 경쟁을 유희에 대한 회의주의적 관점이라고 부른다(p. 15). 회의론적인 여행자들은 동질화를 추구하는 정복자이며 제국주의자이다. 그러므로 그들은 타자의 세계를 지워버린다. 그러나 사랑을 가지고 누군가의 세계로 여행을 떠나는 것은 놀라움을 그대로 받아들이려는 의지, 기꺼이 바보가 되려는 열린 자세, 자아의 구조화/재구조화(self-re/construction)에 대한 열린 자세를 요구한다. 놀이를 즐기는 "세계" 여행자들은 "그들의 시선 안에서 그들이 되게 하는 것은 무엇인가와 우리 자신이 되게 하는 것은 무엇인가"를 통해 다른 사람을 이해하는 법에 대해 배운다(p. 17, 저자 강조).

듀이의 동정적 이해와 탐구과정, 엘보우의 믿음 게임, 벤하비브의 확장된 사고, 그리고 루고네스의 즐거운 세계 여행하기, 이 모두가 배려적 추론을 통해 내가 의미하고자 하는 바의 예를 제공해 준다. 타자와의 상호작용 속에서 우리의 관점을 확대해 감으로써 결정론과 상대주의의 비판에서 배려를 지켜낼 수 있다는 것은 이미 살펴보았다. 타인은 우리가 처한 상황에 대해 좀 더 나은 관점을 가질 수 있도록 도와주고, 그리하여 미시적인 개인적 상황을 비판적 관점에서 바라볼 수 있게 해준다. 거시적인 사회집단으로서 타자는 사회제도를 비판적으로 바라보는 데 도움을 준다. 타자는 내 경험을 초월한 상상을 가능하게 한다. 그리고 우리 의식의 밑바탕에 무엇이 있으며, 그동안 당연하게 받아들이고 가정해 온 그 실재(reality)는 도대체 무엇인가를 인식하는 데 기여한다. 미시적·거시적 수준 모두에서 타자를 이해하기 위해 우리는 배려적 추론을 사용한다.

이러한 과정에서 배려적 추론이 발휘하는 비판적 기능을 한 번 살펴보자. 휴스톤(Barbara Houston, 1990)은 물리적·성적 학대에 대한 여성의 무력함에 관심을 가졌다. 그리고 학대하고 착취하며 위해를 가하는 이들이 여성들에게 도덕적인 여신이라는 잘못된 책임감을 부여해서 여성들로 하여금 그러한 것들에 저항하지 못하도록 무기력하게 만든다고 걱정한다(p. 116). 착취당하는 여성들은 다른 사람들과 자신의 상황을 비교하는 능력이 부족한가? 여성들에게 그런 비교가 주어질 때, 그리고 자신들의 경험 속에서 훨씬 좋은 맥락적 관점을 가질 수 있을 때 착취에 대한 그들의 보고(report)는 극적으로 증가한다는 분명한 사례가 있다. O. J. 심슨 재판이 가져온 의미 있는 결과들 중 하나는 배우자 학대를 신고하는 여성의 수가 급격히 증가했다는 것이다. 니콜 심슨의 사건을 들었던 것이 많은 여성들로 하여금 자신의 상황을 인식하게 했으며, 그리고 그러한 일이 그녀에게 일어난다면 그것은 또한 누구에게나 일어날 수 있다는 확신을 갖게 했다.

우리는 지원 그룹(support groups) 속에서 배려적 추론의 비판적 기능을 발견할 수 있다. 미국에는 알코올 중독자와 그들의 가족, 암 환자, 에이즈 환자, 근친상간 피해자들을 위한 지원 그룹이 존재한다. 지원 그룹은 근친상간 피해자에게 그녀의 이야기를 배려하는 자세로 들어줄 안전한 곳으로 가보라고 권한다. 지원 그룹의 역할은 피해자가 자신에 대해 말할 수 있도록 허용하는 것이다. 그리고 피해자가 그 이야기를 자신들이 충분히 이해하고 있다는 확신을 가질 수 있도록 주의깊게 경청하는 것이다. 지원 그룹에 참여하는 이들은 다른 사람들이 자신의 목소리를 관대한 마음으로 듣고 있다, 즉 자신에게 주목하고, 자신을 존중하며, 피해자에게 공감하고 있다는 사실을 아는 것에서 엄청난 위안과 지지를 발견한다. 그들은 또한 자신의 이야기를 타인과 공유함으로써 자신의 상황에 대한 제3자적 관점을 취할 수 있게 된다. 개인들의 참여는 구체적 타자로 인지되지만, 또한 그들은 타자(일반화된 타자)와 자신이 서로 얼마나 많은 공통점을 공유하고 있는지를 발견하고 깜짝 놀란다. 배려적 추론은 우리의 관점 확대를 위해 매우 중요하다. 또한 보다 폭넓은 맥락 속에 자신을 위치시킴으로써 그것을 비교하고 비판해 볼 수 있는 방법들을 제공해 준다.

카드(Claudia Card, 1990)는 개인에 초점을 맞추어 배려윤리가 인종차별 같은 외부인에게 자행되는 악행들을 어떻게 막아내는지에 관심을 기울였다. 그녀의 고민은 "배려를 어렵게 하는 요인으로 사회집단들 혹은 그 집단구성원 사이에 존재하는 구조적 반목"을 다루는 것이 아니라 개인들 사이의 관계적 특성만을 강조하고 있다는 배려에 대한 재거의 고민과 아주 닮아 있다(pp. 196-197). 예를 들어 배려적 추론이 노동자 착취를 다루는 데 어떤 기여를 하는가? 배려적 추론은 미시적 수준의 작동방식을 거시적 수준에서도 동일하게 적용한다. 배려적 추론은 우리에게 행동을 인지할 수 있는 방법을 제공함으로써 외부에 해를 끼치는 것에 악(evil)이라는 딱지를 붙이게 한다. 그런 다음 우리가 그것을 이해하는 데 도움이 되는 방법들을 통해 그것을 성찰한다. 그 결과 우리는 그것을 비판할 수 있고 또 그것에 저항할 수 있게 된다. 예를 들면 로사 팍(Rosa Parks)가 버스에서 자신의 자리를 포기하지 않으며 자리에서 일어날 것을 거부했을 때 그녀는 우리로 하여금 인종차별을 인지하게 했다. 왜냐하면 그녀는 보통 사람들이 얼마든지 자신과 동일시할 수 있는 그런 사람이었기 때문에 그녀의 상황에 관심을 기울이는 것은 그리 어려운 일이 아니었다. 결국 많은 사람들은 대중교통 정책에 내재되어 있는 인종차별 정책을 비판하는 쪽으로 움직였다.

마르크스(Karl Marx, 1848/1964)는 자본주의와 산업혁명에 의해 착취당하는 노동자를 이해하는 데 배려적 추론을 활용했다. 그는 노동자의 열악한 상황을 인식하기 위해 배려윤리를 활용해야 했으며, 노동자들의 요구에 주의를 기울이기 위해 선택이 필요했다. 그는 그들의 다양한 목소리를 경청하는 가운데 수용적이고 관대한 사람처럼 노동자들과 대화하려고 노력했고, 그들의 이야기를 자신의 것과 비교했다. 마르크스는 오늘의 노동착취와 이전 시대 노동조건들의 비교결과를 노동자들에게 제공하기 위해 역사에 몰두했다. 이 역사적 비교는 노동자들에게 이 시대를 비판할 수 있는 훌륭한 확장된 관점을 제공했다. 그리고 그는 노동자들에게 비교방법을 알려주기 위해 지역 노동자들과 많은 생각을 공유했다. 만약 마르크스가 노동자들의 경험에 동정적 이해를 보여주지 못했다면 그들은 그의 말에 귀 기울이지 않았을 것이다. 마르크스는 구체적인 노동상황 속에서 개인으로서의 노동자들을 인지할 수 있어야 했다. 그런 연후에 그는 노동자들에게 그들의 일반성과 공통점을 인지할 수 있는 방법을 제공해 줄 수 있었다.

도덕발달에 관한 길리간(1982)의 연구는 심리학에 구조적 충격을 가했다. 그녀의 배려적 추론의 결과로 심리학에서는 일대 변화가 일어났다. 그녀는 콜버그의 발달이론에서 여성이 일관되게 남성보다 열등한 도덕판단을 내리는 존재로 묘사되었다는 사실을 알아차렸다. 그녀는 여성이 관용적인 태도로 말하고 또 경청한다는 연구기록으로 다시 돌아갔다. 그녀는 그 여성들의 도덕판단을 분석하기에 앞서 그녀들을 믿었다. 그 결과 여성에게도 하나의 도덕판단 양식이 있다는 것을 인지하기 시작했다. 그녀는 자신이 알게 된 것과 다른 여성들이 말하는 것을 비교하기 위해 다양한 배경을 가진 다른 여성들과 인터뷰를 시도했다. 그녀가 알아낸 양식은 확인되었고, 그 연구결과는 발표되었다. 그리고 길리간의 이러한 연구성과로 우리의 비교는 보다 확대되었고, 비판능력 또한 강화되었다. 이와 같은 변화는 다른 페미니스트들의 사례를 통해서도 이야기될 수 있다. 나딩스의 『배려하기』는 우리가 원리화된 윤리를 어떻게 보아야 하는가에 변화를 가져왔다. 켈러(Keller), 롱기노(Longino), 하딩(Harding), 그리고 넬슨(Nelson)과 같은 과학분야에 종사하는 페미니스트들의 연구 역시 과학적 연구를 바라보는 우리의 시각에 변화를 가져왔다. 루고네스(Lugones), 안잘두아(Anzaldua), 콜린스(Collins), 그리고 리치(Rich)는 라틴계, 흑인, 노동계층의 여성들과 여성 동성애자들의 목소리에 귀 기울이고, 이를 페미니즘에 포함시키는 변화를 가져왔다. 누군가 한 번만 우리의 관심을 성(gender), 인종, 계급 혹은 성적 기호와 관련된 편견으로 이끌어주면, 즉 우리가 그러한 것들을 좀 더 잘 이해할 수 있게 관심을 갖게만 해준다면 사회구조 내에 존재해 온 이러한 편견들을 비판하는 능력은 엄청나게 신장될 것이다. 배려는 페미니즘의 심장으로 우정을 제공하지만 또한 우리의 마음속에 그것의 비판적인 의미들을 제공해 주기도 한다. 배려적 추론은 개인적인 수준뿐 아니라 사회제도적인 수준에서도 우리 주변 환경의 맥락을 보다 의미 있는 것으로 인식하는 방법을 알려준다. 또한 상황들이 어떻게 다를 수 있는지 상상해 볼 수 있게 도와줄. 뿐만 아니라 우리의 현재 상황을 비판적으로 인지할 수 있는 방법 또한 제공해 준다. 역설적이게도 "배려"를 더 잘 이해하는 데 도움이 되므로 "배려"를 정당화하는 방법을 찾기 위해 우리는 배려적 추론을 사용해야 한다.

배려와 도덕교육

지금까지의 논의가 도덕교육과 어떻게 관계를 맺는지 독자들에게 보여주는 것으로 결론을 대신할까 한다. 나딩스의 『배려하기』도 배려의 교육적 의미를 논의하는 글로 마무리되고 있다. 그녀는 이 주제만을 다룬 책을 이미 집필한 바 있다(Noddings, 1992). 마틴의 『가정 같은 학교』(*The Schoolhome*, 1994)는 역시 이 주제를 다루고 있다. 베이컨과 테이어-베이컨(1998)은 내가 이 글에서 바라는 것보다 훨씬 더 방대한 내용을 『교육에 적용된 철학 : 교실에서 민주적 공동체 육성하기』(*Philosophy Applied to Education : Nurturing a Democratic Community in the Classroom*)에서 다루고 있다. 내가 할 수 있는 것은 배려"윤리", 좀 더 구체적으로 배려적 추론이 함축하는 교육적 의미의 핵심을 강조하는 것이다.

교육에서 배려"윤리"가 함축하고 있는 바는 첫째, 배려를 지속하고 또 그것을 확대해 가는 것이다(Noddings, 1984). 배려자로서 교사는 학생들을 배려받는 객체(objects)가 아니라 배려를 위한 주체(subjects)로 대우해야 한다. 학생들을 교과보다 훨씬 더 중요하게 생각해야 하며, 그들을 수용적이고 포용적인 시각으로 바라보고, 그들과 협력적인 태도를 지녀야 한다. 그리고 그들을 대화에 끌어들이기 위해 노력해야 하며, 학생들의 관점을 이해하려고 노력해야 하고, 교사의 이러한 노력 속에는 관대함이 배어 있어야 한다. 대화와 실천 그리고 인정을 통해 학생과 교사는 배려적 관계를 유지하고 확대해 갈 수 있다. 나딩스(1992)는 학교에서 배려를 증진하기 위한 방법으로 좀 더 작은 규모의 학급, 3년 동안 한 교사가 한 학급의 담임을 지속적으로 맡는 학교 운영을 제안한다. 그리고 지역사회에서처럼 학교도 정기적인 봉사활동에 참가할 것을 권한다. 그녀는 교육이 비전문화되어야 한다고 제안한다. 그것은 교육의 질에 대한 강조를 약화시킬 의도에서 하는 말이 아니다. 오히려 공동체 내 교사들을 다른 교육 전문가나 학자들로부터 분리시키는 특화된 언어를 제거하기 위한 것이다. 또한 교과의 협소한 전문화를 축소해서 학생들이 서로 교류할 수 있는 시간을 확대하기 위한 것이며, 교사와 관리자 간 관계 상실을 가져온 학교의 위계적 행정체계를 제거하려는 것이다.

『가정 같은 학교』(Martin, 1994)는 몬테소리 어린이 집에 그 뿌리를 두고 있다. 몬테소리 어린이 집은 아이들이 존중받고, 안전함을 느끼며, 배려를 받으며 양육되는 그런 장소이다. 마틴은 "도덕적으로 가정과 동등한"(p. 24) 학교 개념에 다시 불을 붙임으로써 이 정신을 다시 부활시켰다. "어린이 집에서 볼 수 있는 배려(care), 관심(concern), 접촉(connection)이라는 3C"(p. 34)와 마찬가지로 마틴은 학교 교육과정에 가정적 애착

(domesticity)을 포함시키는 것이 중요하다는 것을 몬테소리 어린이 집의 사례로부터 도출해냈다. 또한 모든 가정이 좋은 역할 모델은 아니라는 것, 좋은 역할 모델은 가정마다 매우 다양하다는 것을 그녀는 잘 알고 있다. 그녀에 따르면 좋은 가정의 모델은 "따뜻하고 서로 사랑하며 물리적으로나 심리적으로 학대가 없는 가정, 그리고 성적 평등을 추구하고 서로를 신뢰하는 가족들"(p. 46)이다.

마틴(1994)은 학생들이 교육과정 속에서 자신을 발견할 필요가 있다고 충고한다. 교육과정을 설계할 때 학생들을 포함시키기 위한 노력과 배려가 필요하다. 하나 된 미국, 평등이라는 슬로건을 내걸고 모든 학생들에게 동일한 교육과정을 부과하려는 시도는 학교의 가정화에 침묵하는 교육과정을 등장시킬 것이라고 지적한다. 그녀는 학생들을 방관자로 만드는 교육과정이 아니라 머리(사고), 가슴(감정), 손(실천)이 하나가 되는 살아있는 교육과정을 어떻게 만들 수 있을 것인가에 대해 논의한다. 마틴은 교육과정의 중심에 연극, 신문 만들기와 같은 과외활동들을 포함시키라고 제안한다. "그것은 학교에서 몸과 마음, 사고와 활동, 이성과 감정을 통합하기 위한 한 가지 방법이다. 그것은 성인처럼 타인과 구별되는 완전한 한 인격체로서 다른 아이들과 상호작용할 수 있는 아이들을 기르기 위한 또 다른 방법이기도 하다. 그녀는 삶을 위한 교육은 그 이상도 그 이하도 아니"(p. 104)라고 충고한다. 학교에서는 실험적인 태도를 가져야 하고, 교사들에게 "아이들을 교육한다는 것은 단지 살기 위한 것이 아니라 더불어 살기 위함"이라는 소중한 목표를 계속 간직하게 하는 것임을 일깨워 준다. 마틴은 미국 헌법의 "가정의 평온 보장"(insure domestic tranquility) 조항에서 국가를 마치 가정처럼 간주하고 국가구성원을 친척처럼 생각하듯 모든 사람들이 국가를 배려할 수 있도록 하기 위해서는 가정의 중요성에 우리의 관심을 다시 집중시킬 필요가 있다고 제안한다(p. 164). "국가의 시민인 학생들에게 국가는 그 자체로 가정과 도덕적으로 동등한 것임"(p. 168)을 가르쳐야 한다고 제안하고 있는 것이다.

배려하기를 교육목적으로 설정한 마틴과 나딩스는 우리에게 학교가 공동체라는 점, 공동체 경험의 가장 밑바닥에는 가족이 있다는 사실을 일깨워 준다. 교실에서 아이들은 학급공동체에 영향을 미친다. 마치 학급공동체가 그들에게 영향을 미치듯이. 다시 우리는 개인과 집단 사이에 교류적 관계가 존재함을 발견한다(관계적 존재론). 배려는 학생들이 교실에서 배려, 수용, 관심, 확인을 경험할 수 있게 해주는 양육공동체의 중요성을 깨닫게 해준다. 교실공동체는 구체적 타자인 학생들이 스스로 말하고 타자로 하여금 자신의 말을 듣게 할 기회가 보장되는 곳이다. 또한 학생들이 서로 다정하고 즐겁게 놀이할 수 있도록, 서로의 세계를 여행할 수 있도록, 그리고 타자의 유일무이한 경험에 대해 존중하는 법을 배울 수 있도록 용기를 북돋아주는 곳이다.

배려는 관계적 존재론과 함께 우리가 서로에게 얼마나 많은 영향을 주는지 강조한다. 뿐만 아니라 관계적 인식론과 더불어 배려적 추론에서의 배려 역시 우리가 서로에게 얼마나 많은 것을 배우는지 알게 해준다. 교사인 우리는 학생들을 돕기 위한 수많은 기회들을 갖는다. 또한 우리 스스로 배려적 추론능력들을 고양시키며, 우리는 스스로에 대해서 꾸준히 반성한다. 이와 더불어 우리는 교실 속 학생들에게 관심의 초점을 맞추어야 한다. 우리는 모든 학생들에게 배움을 가져다 주는 맥락에 지속적으로 관심을 가질 필요가 있다. 교사와 학생은 다른 학생에 대해 말하기 위해 추정할 필요가 없다. 그들은 그들 스스로를 위해 말하는 그러한 타자가 필요하고, 그래서 교사와 다른 학생들은 타자의 관점과 경험을 배울 수 있게 된다. 배려적 추론을 위해서는 교사와 학생 간 공통 언어가 마련되어야 한다. 그리고 학생들에게는 의사소통과 대인관계 기능들을 고양시켜 줄 대화의 시간이 많이 필요하다.

교사와 학생 사이의 관계증진은 매우 중요하다. 교실은 학생들이 부담 없이 말하고 또 지지받을 수 있는 안전한 곳이 되어야 한다. 이는 자신의 목소리를 스스로 계발할 수 있는 기회를 보장해 주기 위함이다. 교실공동체가 공유하는 언어로 의사소통할 때는 서로 즐겁고 수용적인 분위기 속에서 대화해야 한다. 타자의 말에 주목할 뜻이 있고, 수용적 자세를 견지할 의지가 있으며, 타자의 생각에 관대함을 실천한 생각이 있음을 보여줄 필요가 있다. 학생들이 교실에서 서로의 맥락을 이해하려고 노력할 때 그들은 배려적 추론를 사용하게 된다. 우리는 타인의 이야기를 들을 기회와 타인의 관점으로부터 배울 기회가 필요하고, 우리는 타문화와 다양성에 노출되고 그것들을 읽어볼 기회가 필요하며, 친구관계의 확장이 유익한 것임을 단언하기 위한 기회가 필요하다. 이렇게 함으로써 학생들의 배려능력이 고양될 뿐만 아니라 모든 사람들의 가치도 인정된다. 친구관계의 확장으로 우리는 보다 훌륭한 비교대상을 얻게 될 것이다. 이리하여 다른 사람뿐만 아니라 우리 자신의 상황을 더 잘 비판할 수 있게 될 것이다. 배려는 존재론과 인식론, 윤리학과 정치학에서 핵심적인 역할을 담당한다. 배려는 지지자와 비판자의 역할을 동시에 수행하며 페미니즘에 기여할 수 있다.

참고문헌

Bateson , G. (1972). *Steps to an ecology of mind*. New York : Ballantine.

Belenky, M. F., Clinchy B. M., Goldberger, N. R., & Tarule, J. M. (1986). *Women's ways of knowing*. New York : Basic Books.

Benhabib, S.(1992). *Situating the self : Gender, community, and postmodernism*. New York : Routledge.

Buber, M. (1923/1958). *I and Thou* (2nd ed.(Ronald G. Smith, Trans.). New York : Charles Scribner's Sons.

Card, C. (Spring 1990). Caring and evil. Review Symposium of *Caring. Hypatia*, 5(1), 101–108.

Dewey, J. (1916/1966). *Democracy and education* (2nd ed.). New York : Free Press.

Dewey, J. (1938). *Logic : The theory of inquiry*. New York : Henry Holt.

Dewey, J. (1960). *On experience, nature, and freedom*. Indianapolis, IN : Bobbs–Merril.

Elbow, P. (1986). *Embracing contraries : Explorations in learning and teaching*. New York : Oxford University Press.

Flax, J. (1983). Political philosophy and the patriarchal unconscious : A psycholanalytic perspective on epistemology and metaphysics. In S. Harding & M. B. Hintikka (Eds.), *Discovering reality* (pp. 245–281). Dordrecht : Reidel.

Gilligan, C. (1982). *In a different voice*. Cambridge : Harvard University Press.

Goldberger, N., Tarule, J., Clinchy, B., & Belenky, M. (1996). *Knowledge, difference, and power : Essays inspired by Women's Ways of Knowing*. New York : Basic Books.

Greene, M. (1990). The tensions and passions of caring. In M. Leininger & J.

Watson (Eds.), *The caring imperative in education* (pp. 29–44). New York : National League for Nursing.

Grimshaw, J. (1986). *Philosophy and feminist thinking.* Minneapolis : University of Minnesota Press.

Hoagland, S. L. (Spring, 1990). Some concerns about Nel Noddings' *Caring.* Review Symposium of *Caring. Hypatia,* 5(1), 109–114.

Houston, B. (Spring, 1990). Caring and exploitation. Review Symposium of *Caring. Hypatia,* 5(1), 115–119.

Jaggar, A. (1995). Caring as a feminist practice of moral reason. In V. Held (Ed.), *Justice and care : Essential readings in feminist ethics* (pp. 179–202). Boulder, CO : Westview.

Lugones, M. (Summer, 1987). Playfulness, 'world' traveling, and loving perceptioon. *Hypatia* 2, 3–19.

Martin, J. R. (1992). *The schoolhome.* Cambridge, MA : Harvard University Press.

Marx, K., & Engels, F. (1848/1964). *Communist Manifesto.* New York : Pocket Books.

Mayeroff, M. (1971). *On caring.* New York : Harper & Row.

Minnich, E. K. (1983). Friends and critics : The feminist academy. In C. Bunch & S. Pollack (Eds.), *Learning our way : Essays in feminist education* (pp. 317–329). Trumasburg, NY : The Crossing Press.

Noddings, N. (1984). *Caring.* Berkeley : University of California Press.

Noddings, N. (Spring, 1990). A response. Review Symposium of *Caring. Hypatia,* 5(1), 120–126.

Noddings, N. (1992). *The challenge to care in schools : An alternative approach to education.* New York : Teachers College Press.

Pagano, J. (1999). Taking our places. *Educational Studies,* 30(3/4) : 251–261.

Ruddick, S. (1989). *Maternal thinking : Toward a politics of peace.* Boston : Beacon.

Thayer–Bacon, B. (1993). Caring and its relationship to critical thinking. *Educational Theory,* 43(3), 323–340.

Thayer–Bacon, B. (1997). The power of caring. *Philosophical Studies in Education,* 1–32.

Thayer–Bacon, B. (1998). Exploring caring and the public/private split. *Journal of*

Thought, 33(4), 27-40.

Thayer-Bacon, B. (1999). Closing the split between practical and theoretical reasoning : Knowers and the known. Special Issue on Practical Judgment. *Educational Philosophy and Theory*, 31(3), 341-358.

Thayer-Bacon, B. (2000). *Transforming critical thinking : Thinking constructively*. New York : Teachers College Press.

Thayer-Bacon, B. (2003). *Relational "(e)pistemologies"*. New York : Peter Lang.

Thayer-Bacon, B., with Bacon, C. (1998). *Philosophy applied to education : Nurturing a democratic community in the classroom*. Upper Saddle River, NJ : Prentice Hall.

Tronto, J. C. (1989). Women and caring : What can feminists learn about morality from caring? In A. Jagger & S. Bordo (Eds.), *Gender/body/knowledge* (pp. 172-187). new Brunswick, NJ : Rutgers University Press.

Tronto, J. C. (1993). *Moral boundaries : A political argument for an ethic of care*. New York : Routledge.

Contemporary Philosophical and Psychological Perspectives
on Moral Development and Education

2부
도덕성 발달과 도덕교육에 관한 심리학적 관점들

다니엘 패스코 주니어 Daniel Fasko, Jr.

공동 편집자인 윌리스(Wayne Willis)가 앞서 논의했던 것처럼 학자들 사이에서는 미래 세대의 도덕성 발달을 위해 학교가(특히 공립학교들) 어떤 역할을 해야 하는지 합의된 의견은 거의 없다. 게다가 젊은 세대들에게 어떤 가치를 전해야 하며 어떻게 가르쳐야 할 것인가에 대한 문제들 또한 여전히 상존하고 있다. 단적인 예로 학교에서의 인격교육에 관한 논의들이 이러한 문제들을 잘 보여준다. 그러므로 도덕발달과 도덕교육에 대한 심리학적 관점은 그것들의 토대에 관한 철학적 관점과 더불어 우리가 도덕발달과 도덕교육에 대한 한층 깊이 있는 이해를 얻는 데 기여한다.

제5장 "도덕교육의 다양한 접근과 심리학적 기초"에서 솔로몬(Dan Solomon)과 왓슨(Marilyn Watson)은 도덕적/윤리적으로 이상적인 사람의 개념, 그리고 학생들이 그러한 이상적인 인간상에 도달하는 데 교육은

어떤 도움을 줄 수 있는가에 대해 논의한다. 두 저자는 인지적인 측면(대인관계 이해하기), 동기부여/정서적 측면(공감), 성격적 측면(자기효능감), 행동적 요소들(의사소통 기술들) 등과 같은 다양한 측면들이 도덕적으로 이상적인 사람의 모습을 결정하는 데 기여한다는 연구를 보고하고 있다. 또한 이러한 각각의 요소들은 도덕적인 인간으로 성장해 가는 데 구체적인 역할을 할 뿐만 아니라 다른 접근방법들이 말하고 있는 정직, 책임, 친절, 근면, 용기와 같은 구체적인 가치/덕목들을 통해 제시되는 "이상적" 인간상에 대해서도 소개한다.

또한 솔로몬과 왓슨은 앞에 제시된 요소들에 비해 평가를 시도하는 교육 프로그램이 거의 없다는 사실을 지적한다. 이는 교육 프로그램 개발이 어렵고 복잡한 작업이기 때문이다. 즉 어떤 하나의 핵심 요소(도덕적 추론능력)가 변하면 나머지 다른 요소들도 연쇄적으로 변할 것이라고 믿기 때문에 평가를 목적으로 하는 교육 프로그램 개발은 그리 만만한 작업이 아니다(p. 114). 이어서 솔로몬과 왓슨은 "직접적" 또는 "전통적"(인격교육) 도덕교육과 "간접적인" 또는 "발달적"(도덕적 추론) 도덕교육이라는 두 접근방법을 보다 구체적으로 기술한다. 그러나 실제 존재하는 여러 교육 프로그램들은 이 두 접근방법들의 특징과 목표를 함께 공유한다고 그들은 지적한다.

이 장에서는 종합적인 교육 프로그램들 중 몇 가지가 소개되는데, 이들은 이 교육 프로그램들이 도덕성 발달이라는 학교 교육의 궁극적 목표를 달성하는 데 상당히 유익하다고 주장한다(p. 134). 그러나 안타깝게도 현재의 학교환경은 도덕성 발달을 위해 부족함이 많다고 지적한다. 학교환경이 고쳐지고 보완되어야 할 점이 많다는 것이다. 또 온전한 도덕적인 인간을 형성하는 데 기여할 수 있는 요인들에 대한 연구 또한 부족한 실정이라고 꼬집는다. 두 저자는 도덕성을 증진시킬 수 있는 효과적인 도덕교육 프로그램을 제안하면서 글을 마무리한다.

파스코(Daniel Fasko), 오스본(Jeanne Osborne), 그리고 아벨(Deborah Abell)이 공동으로 집필한 제6장의 제목은 "가치교유과 청소년 문제의 재검토"이다. 이들은 교육자와 청소년들이 공유하는 가치들을 찾아내 그리고 교육자들이 청소년들의 가치라고 예상하는 것과 그 가치들을 비교한다. 이 장에서 설명하는 조사연구는 파이 델타 카파(PDK : Phi Delta Kappa)에 의해 수행된 "핵심 가치"에 대한 연구에 기초하고 있다. 실질적으로 이 연구 프로젝트는 미국인들이 동의하는 정직, 공손함, 평등, 자유, 책임감과 같은 공통의 가치가 존재하는지 여부를 알아보기 위해 수행된 것이다. 이 장에서 설명하고 있는 연구에는 사우스이스턴 주(州)의 시골지역 고등학생, 교사, 교육행정 관료들이 참여했다. 그들은 PDK가 제공한 각각의 질문지들에 자신들의 생각을 기록했다. 청소년들에게 주어진 질문지는 "당신이 진심으로 믿는 것은 무엇인가?"였고, 교육자들에게는 "십대들이 어떻게 반응하겠는가?"와 "당신이 진심으로 믿는 것은 무엇인가?"의 수정본이 주어졌다.

파스코 등은 일반적으로 정직, 공손함, 평등, 학습, 자유, 책임감과 같은 민주주의의 가치가 중요하다는 데 동의하고 있음을 발견했다. 그러나 여러 가치들에 동의함에도 불구하고 여전히 우리 사회는 범죄, 약물남용, 십대의 임신, 폭언, 폭력과 같은 가치지향적인 문제들에 직면해 있다고 말한다. 파스코 등은 이러한 여러 가치들이 중요하고, 학교는 어린이들과 청소년들에게 민주적 가치를 심어줄 수 있는 대표기관이므로 학생들이 이러한 가치를 계발할 수 있는 적절한 방법을 구성하는 것이 맞다고 제안한다. 이는 학교가 사회적인 기능을 훈련시키는 것과 같은 이치이다. 이 장에서 찾을 수 있는 또 다른 중요한 의미 중 하나는 학생들에게 "관점채택"(조망수용, perspective taking) 훈련 기회를 제공하여 그들이 스스로 자신들의 가치들을 발달시킬 수 있도록 해야 한다는 것이다. 흥미롭게도 파스코 등은 교사들은 우리 사회의 잘못된 것들을 통해 학생들에게 옳은 것이 무엇인지 숙고해 보도록 상당한 시간을 할애하고 있음에도 그들은 그 사실을 믿지 않는다고 말한다. 이것은 부모와 종교 지도자를 제외하면 교사들이 가치교육의 최후의 보루(堡壘)라는 것을 고려할 때 문제가 아닐 수 없다. 저자들은 계속되는 연구와 실천의 함축적 의미를 논의하는 것으로 글의 결말을 대신한다.

깁스(John Gibbs)의 제7장 "구조행위에 대한 반성적 고찰 : 도덕적 동기의 근본원리는 무엇인가?"는 콜스(Robert Coles)의 『아이들의 도덕적 삶』(*The Moral Life of Children*, 1986)에서 친사회적 행동을 나타내는 예상치 못한 구조 행위의 한 사례를 제시한다. 이 구조 사건은 도덕적 본성, 도덕적 발달, 친사회적 행동, 특히 "도덕적 동기화"의 근원에 관한 논의를 위해 활용된다.

깁스는 논의를 보다 진전시켜 정서적인 힘(예를 들어 공감), 인지의 제1원리(예를 들어 정의), 도덕적 동기화의 근원으로서 도덕적 자아관련성(moral self-relevance, 즉 도덕적 정체성)에 대해서 기술하고 있다. 그는 "구조자는 (인지적 과정에 의해서 구성되고 인도되는) 공감적 고통이라는 정서적 힘에 의해 행동한 것인가?"에 답한다(p. 180). 깁스는 이 경우 구조자 내부에서 어떤 것이 변하기 시작했는지 깊이 생각한다. 그리고 그는 그 변한 어떤 것이 "선과 옳음을 향한 자아의 변화를 수반한다고 제안한다. 깁스는 정서적·인지적 및 그리고 자아관련성이라는 요소들이 구조자를 동기화했다고 결론내린다.

린드(George Lind)가 쓴 제8장의 제목은 "도덕판단 역량의 의미와 측정 : 양면 모델을 중심으로"이다. 이 장에서는 도덕발달과 "도덕적 역량"을 측정하는 도덕판단검사(MJT)에 대해 상세하게 기술하고 있다. 도덕적 행동 및 발달에 관한 현대 심리학 이론에는 이론적으로 타당한 새로운 측정방법이 요구되고 있다는 점을 지적한다. 더 나아가 린드는 도덕적 행동과 발달에 관한 새롭고 발전된 심리학 이론들은 "보다 향상된 연구도구의 구성에 의지하고 그 역도 참이라고" 진술한다(p. 186). 이러한 생각은 도덕발달에 양면이론을 적용하고 MJT를 구성하는 데 자극제가 되었다.

제8장 서두에서 린드는 도덕성의 세 가지 의미를 규칙에의 일치(rule conformity), 선한 의도(good intentions), 역량(competence)으로 정의하고 있다. 그런 다음 그는 MJT의 발달과 MJT 측정법의 운용에 대해 설명한다. 그리고 MJT의 타당성을 상세하게 설명하기 위해 간문화적 데이터를 포함한 경험연구를 글에 포함시켰다. 어떤 사람이 보이는 반응의 일관성과 비일관성은 측정도구의 오류나 그것의 신뢰도가 낮다는 것을 나타내는 것이 아니라, 그것은 응답자의 도덕적 인지구조가 지니고 있는 특징으로 해석될 수 있다고 린드는 설명한다.

끝으로 린드는 컴퓨터로 채점이 가능한, 그래서 상대적으로 간결한 MJT와 다른 측정도구[콜버그(Kohlberg)의 도덕판단 인터뷰(MJI, 1958), 레스트(Rest)의 도덕판단력 검사(DIT, 1979)], 그리고 깁스의 사회도덕적 반성능력 척도(SRM, 1995)들과 비교한다. 이러한 측정도구들에 비해 MJT는 10세 이상의 아이들부터 활용할 수 있다.

린드는 이 장에서 MJT가 도덕판단 역량과 도덕적 태도를 측정할 수 있는 타당한 도구임을 주장한다. 그러나 그는 독자들에게 MJT가 연구와 평가를 위해 구성된 것이지 개인을 진단하거나 선발을 목적으로 한 것이 아님을 주의하라고 당부한다. 게다가 "검사는 모든 사람들에게서 도덕판단 역량, 즉 설사 자신들이 가지고 있는 도덕적 원리들과 반대되는 감정을 가지고 있다 해도 자신의 도덕원리에 따라서 판단하고, 이러한 원리들과 일관된 행동을 하는 능력으로써 도덕판단 역량을 기대해야 한다는 믿음에 토대하고 있다"고 강조한다(p. 213). 린드는 도덕적 행동과 발달의 특성, 조건, 효과에 대한 앞으로의 연구과제들을 제시하고, MJT가 그러한 연구과제에 기여할 수 있는 방법이라고 주장하면서 글을 맺고 있다.

요컨대 지금까지 살펴본 심리학적 관점들은 공통적으로 발달론적 특징을 보이고 있다. 즉 이 관점들은 정서적·인지적·행동적 요소라는 도덕성의 세 구성요소를 표상하고 있다. 이 장들에서 공통적으로 논의되는 또 다른 주제는 교육과 평가가 밀접하게 연관되어 있다는 것이다. 다시 말해 개인의 도덕적 추론을 평가하거나 진단하는 것, 도덕적 가치나 태도는 결국 각자의 도덕적 동기화와 도덕적 행동 또는 친사회적 행동에 영향을 미친다는 것이다. 종합하자면 이러한 도덕적 추론능력, 도덕적 태도의 계발, 그리고 친사회적 행동 등은 교육에 큰 영향을 받는다.

이 책은 오저(Fritz Oser)의 "에필로그 : 일방적 접근방법의 두 측면들"로 마무리된다. 그는 에필로그에서 도덕발달과 도덕교육에 대한 자신의 연구를 소개하고, 그것이 이전에 있었던 것과 어떻게 관계를 맺고 있는지에 대해 논의한다.

〈5장〉

도덕교육의 다양한 접근과 심리학적 기초

다니엘 솔로몬(Daniel Solomon, 미국 DSC)
마릴린 왓슨(Marlyn S.Watson, 미국 DSC)

도덕교육의 다양한 접근들은 도덕적/윤리적인 인간상과 교육을 통해 이상적인 인간상을 구체화시키는 방법에 따라 차이를 보인다. 가장 일반적이고 이상적인 도덕적 인간에 대한 평가 또는 알맞은 도덕적 행동을 결정짓는 요소들은 개념적·동기적·정서적 요소들이 결합된다. 예를 들면 레스트(Rest, 1983)는 도덕적 감수성(다른 사람에 대한 자신의 행동의 잠재적 영향에 대한 인식), 도덕적 판단(잠재적 행동에 대한 도덕적 정당화 판단), 도덕적 동기화(도덕적 가치들과 결부된 중요한 요소), 도덕적 인격(도덕적 행동으로 형성된 결단력과 역량)을 반드시 진지하게 고려해야 할 네 가지 심리적 과정이라고 간주한다. 또 버코위츠(Berkowitz, 1997)는 "완벽한 도덕적 사람"은 도덕적 행위, 도덕적 가치, 도덕적 성격, 도덕적 감정, 도덕적 추론, 도덕적 정체성으로 구성된다고 설명한다.

그 밖의 접근들은 바람직한 대인관계 (또는 "친사회적") 행동(예컨대 다른 사람을 돕거나 나누는 행동)에 초점을 맞추거나 바람직한 행동에 영향을 준다고 생각되는 요소들에 초점을 맞춘다(Eisenberg, 1986 ; Solomon et al., 1985 ; Staub, 1978). 이러한 요소들은 대인 이해역량과 같은 인식(인지적) 변수, 다른 사람들에 대한 관심 및 공감과 같은 정서적/동기화 변수, 의사소통 능력과 같은 행동적 능력, 적극성 및 자신감과 같은 성격적 요소들이 포함된다. 이러한 가정은 이것들의 학문적 범위가 자율적인 도덕성과 친사회적 행동을 일으키기 위해서는 특별한 방법이 수반되어야 한다는 것이다. 따라서 사회적 이해는 사회적 행동 또는 반사회적 행동(교묘한 방법을 사용하는 사기꾼들은 사회적 이해를 사용한다)의 기초가 된다. 사회적인 행동을 일으키는 데는 다른 사람들에 대한 관심과 같은 동기화 변수들이 필수적이다. 또한 행동을 실천하기 위한 행위능력과도 필연적으로 결합되며, 적극성과 자신감 같은 성격적 요소는 자신의 행위가 좋은 결과를 만들어낼 것이라는 확신을 심어주어 사람들을 긍정적인 길로 갈 수 있도록 도와준다. 각 영역들은 이와 같이 하나의 고유 함수로서 바람직한 행동조건을 충족시킨다 : 인지적 변수는 자각과 이해를, 정서적/동기화 변수는 경향성 또는 욕구를, 행동적 능력의 변수는 사회적 또는 반사회적 기술들을, 그리고 성격적 변수는 확신과 지속성을 제공해 준다.

또 다른 접근들은(예를 들면 Wynne & Ryan, 1993) 다양한 심리학적 교점(交點)에 관해 상대적으로 관심을 덜 보이기도 한다. 그러나 그러한 접근방법도 분명한 일련의 가치 또는 덕목을 염두에 두고 있으며, 그러한 가치에 따라서 일관되게 행동하는 도덕적인 인간의 이상적인 모습에 대해서도 분명히 언급하고 있다.

　이러한 다양한 접근들 속에서 주요한 가치목록들이 다소 변화했다 하더라도 전체적으로는 정직과 책임감, 친절, 근면, 용기와 같은 특징들을 포함하고 있다.

도덕교육의 일반적인 접근들

　앞서 대략적으로 살펴본 것과 같이 비록 이상적인 도덕적/윤리적/친사회적 인간은 여러 요소들의 결합과 관련된다는 것에 대한 합의가 폭넓게 확산되고 있지만 직접적이고 효과적인 교육 프로그램은 거의 존재하지 않으며, 이를 평가(assess)할 만한 교육 프로그램들 또한 존재하지 않는다. 그것은 교육 프로그램을 개발하는 작업이 복잡하고 어렵기 때문일 것이며, 도덕적 추론능력과 이해 및 특정한 도덕적 가치 수용 등의 뚜렷한 요소들이 변화함에 따라 나머지 영역도 변화한다는 생각 때문일 것이다.

　도덕교육에 대한 접근방법은 일반적으로 "직접적"(또는 "전통적") 또는 "간접적"(또는 "발달론적")방법으로 분류해 왔다(예컨대 Benninga, 1991a ; Solomon, Watson, & Battistich, 2001). 직접적인 접근방법들은 우선 미리 설정된 일련의 가치 또는 덕목["선이란 무엇인가 알기"(Knowing the good)]을 전수할 것과 그러한 가치들을 채택하는 것(adoption of those virtues), "선을 사랑하는 것"(loving the good), 그리고 그러한 가치들에 순응하며 행동하는 것 ["선을 실천하기"(doing the good)]을 목표로 삼는다(Ryan & Bohlin, 1995,

p. 5). 한편 간접적인 접근방법들은 설정된 환경(the setting), 사람들과의 관계성 및 도덕적 원리에 따라 논리적으로 생각하고(reason about), 이해하며(understand), 관심을 갖고(care about), 행동하는 것(act)들을 각 개인들이 알도록 도와주는 자세를 취하는 것에 보다 초점을 맞춘다.

이 두 가지 일반적 인식은 각각 모두 동시대에 널리 알려진 하트숀과 메이의 행동주의적 접근이론(Hartshorne & May, 1928 ; Hartshorne, May, & Maller, 1929 ; Hartshorne, May, & Shuttleworth, 1930)과 피아제(1932/1965)의 인지발달적 접근이론과 결합되어 있다. 하트숀과 메이는 우선 도덕적 지식과 행동에 관심을 가진 반면에 피아제는 도덕적 사고에 관심을 가졌다(Burton, 1984). 이러한 전통을 따르는 각각의 연구는 계속해서 이어지고 있으며, 급격히 증가하고 있다. 또한 이들 각각은 특정한 교육적 적용으로 이어지고 있다.

직접적 접근방법과 간접적 접근방법의 강조점과 목표

의도적이든 아니든 간에 구조적 준비과정과 역할관계는 도덕적 메시지와 학교 수업에 시사하는 바가 크다. 또한 역할관계는 일반적인 접근방법들의 목표와 가설들을 일관된 방법으로 설계한다. 따라서 직접적인 접근방법을 택하는 학교들은 보다 위계적 권위구조와 엄격한 훈육규범을 가지며, 학생들이 학교의 결정이나 계획들에 대해서 영향력을 행사하거나 참여하는 기회들이 상대적으로 적을 것이다. 반면에 간접적인 접근방법을 택하는 학교들은 권력분배와 상담, 융통성 있는 훈육규범을 가지며, 학생들의 참여와 영향력을 행사하는 기회가 더 많을 것이다. 그러나 일반적으로 학교와 교실환경의 장은 분명히 간접적인 접근방법보다는 직접적인 접근방법을 지향하려고 한다. 전자는 직접적으로 교사가 학생들에게 가치들을 전달하고, 또한 (아마 더 좋다면) 교실에서 일대일 수업이 이루어지도록 할 것이다. 후자는 학생들에게 역할관계와 학교의 권위적 구조 속에서 교사와 다른 학생들과의 상호작용, 협력, 논의과정과 학생 자신들의 지각과 경험을 통해서 보다 많은 도덕적 원리들과 도덕적 행동을 배운다고 가정한다.

두 접근방법에 있어서 교사 및 어른들과의 친밀한 관계는 중요한 역할을 한다. 하지만 두 접근방법은 서로 다른 기능을 수행한다. 직접적인 접근방법의 기능은 학생들이 보다 교사의 권위에 대해 수용적 자세를 촉진하며, 그것에 의해 학생들은 교사들이 지지하는 가치 또는 덕목들을 쉽게 받아들이고 순응하는 것으로 보인다. 간접적인 접근방법의 기능은 학생들이 수용할 수 있는 것과 귀중한 것들을 느끼게 도와주는 것 같다. 따라서 보다 활발한 도덕적/윤리적 추론과 이해, 다른 사람들에 대한 관심의 전개를 이끌어낼 수 있는 충분한 토론이나 협상 및 협동에 참여할 수 있도록 한다.

아마도 두 접근방법의 가장 극명한 차이는 학습의 본질과 발달의 역할에 대한 신념에서 발견될 수 있을 것이다. 직접적인 접근방법은 다른 사람들에게 전수되는 지식 습득으로서의 관점을 갖고 있으며, 또한 아동들의 학습과 성인들의 학습과정에는 거의 차이가 없는 것으로 이해한다. 따라서 일반적으로 직접적인 접근방법은 명확한 일련의 문화적 가치 또는 "덕목들"(Bennett, 1991, 1993)과 이러한 덕목들을 뚜렷하게, 때로는 교훈적으로 가르칠 수 있는 일련의 교과를 정선(精選)하는 것으로부터 출발한다. 한편 간접적인 접근방법은 학습을 다른 사람들과의 관계 속에서 보다 쉽게 형성되는 이해력의 구성으로 보고 있다. 그렇지만 이것은 선천적인 인식의 과정과 자연적·인간적 환경의 상호작용의 결과이다. 게다가 이러한 인지적 과정들은 아동이 성숙함에 따라 발달하거나 변화한다. 간접저 접근방법은 아동의 도덕적 원리들 또는 가치들에 대한 이해는 그들의 심리적 과정이 아직 충분히 발달하지 못했기 때문에 성인들과는 다르다고 생각한다. 따라서 간접적인 접근방법은 경험과 토론, 가끔은 교사의 안내와 도움을 통해서 중요한 가치들에 대한 아동의 이해가 발달될 수 있도록 노력한다.

두 접근방법의 목표는 병렬적 차이를 드러낸다. 직접적인 접근방법의 목표는 학생들에게 정선된 규칙이나 가치들을 배우게 하고, 그러한 규칙이나 가치들을 따르게 하는 데 있다. 간접적인 접근방법의 목표는 학생들 스스로 자신만의 중요한 도덕적/윤리적 가치들 또는 원리들에 대한 이해를 구성하고 내면화하는 것이다. 또한 아이들 스스로 선택한 가치와 원리에 따라 일관되게 행동하며, 다른 사람에 대해서 공감하고 관심을 갖도록 하는 것이다.

직접적인 접근방법을 지지하는 사람들은 교육을 사회적 합의를 이룬 것, 문화적인 특성, 일련의 덕목을 가르치는 것이라 주장한다. 하지만 간접적인 접근방법을 지지하는 사람들은 교육을 아이들이 스스로 보편화되었다고 믿는 도덕적 원리들에 대한 이해를 촉진하는 것이라고 주장한다. 콜버그는 초기 도덕성 발달단계에서 인간의 존엄성이 궁극적인 도덕적 원리가 되기 위해서는 정의와 존경이 전제되어야 한다고 말한다. 길리간(1982)과 다른 학자들은 콜버그의 주장은 배려가 없는 정의라는 점에 비판의 초점을 맞추고 있다. 따라서 콜버그의 이론은 여성의 도덕성보다는 남성의 도덕성에 유리한 접근방법이라고 비판한다. 정의의 도덕과 배려의 도덕의 대결적 기원이 성차와 어느 정도 관련되어 있다는 많은 논쟁이 있어 왔고, 일부 접근방법은 간접적으로 먼저 정의를 강조하고 또 일부의 접근방법은 배려를 강조하고 있다. 하지만 나중에 다시 설명하겠지만 다른 접근방법들은 배려와 정의 모두를 강조한다. 최근 들어 콜버그는 전적으로 합리적인 원칙과 의식적인 추론에 기초한 도덕성 때문에 비판받아 왔다(Haidt, 2001 ; Lapsley, 2002 ; Noddings, 2002).

두 가지 일반적인 접근방법들의 목표와 강조점은 [표 5.1]에서 보는 것과 같다.

[표 5.1] 직접적 접근방법과 간접적 접근방법의 강조점과 목표

	직접적인 접근방법	간접적인 접근방법
주요 강조점		
이미 결정된 가치들에 대한 학습	X	
순종	X	
아동의 자율성		X
사적인 관계	X	X
아동들의 상호작용, 협력		X
어른들의 안내	X	X
사회적 환경의 영향		X
주요 목표		
사회적 규칙, 의무에 대한 학습	X	
사회적 규칙, 의무의 준수	X	
권위의 존중에 대한 학습	X	
도덕적/윤리적 행동에 대한 학습	X	X
중요한 가치와 규칙에 대한 자신의 이해 및 함축의 구성		X

가치/규칙의 내면화 학습	X	x
내면화된 가치/규칙과 일관된 행동 학습	X	x
개인의 책임감, 신뢰도의 발달	X	x
사회적 유대 및 다른 사람에 대한 관심과 공감의 발달	x	X
X = 1차적 목표, x = 2차적 목표		

직접적 접근방법과 간접적 접근방법의 전제

또한 두 접근방법은 목표에 도달하기 위한 과정의 전제에서도 일관된 차이를 보인다. 직접적인 접근방법은 뚜렷한 가치와 덕목들을 학습하기 위한 방법, 가치전달을 위한 학습관, 직접적인 교수법으로서의 결정요인과 기제들을 강조하고 있다. 또한 강한 호소, 정적·부적 강화(일반적으로 권력행사 형태의 훈육), 효율적인 보상체계, 아이들이 모방할 수 있는 성공적인 모범 제시 등을 강조한다(Aronfreed, 1969 ; Bandura, 1969 ; Burton, 1984 ; Grusec, 1979 ; Grucec, Kuczynski ; Rushton & Simutis, 1979 ; Rushton, 1982). 이 접근방법의 지지자들은 "욕구에 쉽게 반응하는 아이들을 지키는 최고의 방법은 명확한 반응과 일관성 있는 모델을 제시하며 확실한 강화를 해주는 것이다"라고 생각한다(Liebert, 1984, p. 188). 버튼(Burton, 1984)의 관점에서 특히 사회화의 초기 단계에서 벌의 역할은 결정적이다. 벌은 발달의 초기 단계에서 부적절하거나 또는 위험한 행위들과 연관되어 있으며, 그리고 이후에는 그 행위들의 개념적 표현[즉 "거짓말"과 "도둑질"과 같은 라벨들(Labels)은 나쁜 것으로 이해하게 한다]과 연관되어 있어 결국에는 아이들을 명확한 외부적 지시 없이 그러한 행동들을 회피할 수 있도록 이끈다. 상벌의 적용을 통하여 아이들은 선에 대한 기쁨과 나쁜 것에 대한 고통을 연상하게 된다. 그리하여 아이들은 선을 사랑하게 된다. 이러한 관점에서 라벨(Labels)과 개념적 표현들은 결국 유사한 상황 속에서 일반화될 것이다. 즉 무의식적으로 아이들은 실제 구체적 상황 속에서 행동을 유발하는 심리적 자극을 불러일으켜 행동할 수 있는 존재가 된다고 주장한다. 보호자들은 아이들을 발달의 초기 단계에는 명확한 상벌로서 다루어야 하고, 이후의 단계에서는 보다 상징적이고 개념적인 방법으로 양육해야 한다. 이와 같이 강화는 발달단계에 따라서 다르게 적용되어야 하며, 단기적으로는 행동의 변화(순종)와 장기적으로는 따라야 할 가치들의 내면화를 형성하게 된다. 전통에 기초한 접근방법들은 아이들에게 반사회적인 행동은 고통 또는 불쾌를 야기하고 친사회적 행동은 즐거움을 야기한다는 것을 가르쳐 주고, 다양한 개념들을 학습시켜 준다. 또한 사전에 특정 상황과 잠재적 행동들이 어느 한 방향으로 드러날 수 있도록 돕는 라벨화에 초점을 맞춘다. 전통적 접근방법의 우선적 관심은 아이들이 다양한 상황을 분석하는 능력을 변화시키고, 도덕적 추론을 발달시키며, 그 추론에 따른 결과에 따라 일관되게 행동하는 것보다는 아이들이 다양한 상황과 행동들을 미리 정해진 범주에서 살펴볼 수 있도록 아이들의 능력을 변화시키는 것이며, 적절하고 일관되게 행동하게 하는 것이다.

정의를 중심으로 한 도덕판단의 동기 요인과 친사회적 행동의 필수불가결한 요인으로서 다른 사람에 대한 공감을 중추적 역할로 삼는 간접적인 접근방법들은(Eisenberg & Miller, 1987 ; Hoffman, 2000) "유도적"(inductive) 형식의 훈육, 애정어린 돌봄(양육), 친사회적 모델링과 역할 채택 등 심리학적 연구 속에서 발견된 다양한 요소들을 강조하고 아이들의 공감능력 발달을 촉진시키고자 한다. 호프만(Hoffman, 1984)에 의하면 유아 및 어린아이들은 곤란한 상황에서 다른 사람들을 보게 될 때 공감하는 것이 쉽지 않다. 아이들이 발달하면 다양한 상황에서 비롯되는 공간을 자극하는 인지적 표현들이 만들어지게 되고, 점점 일반화되어 간다. 또한 아이들은 다양한 행동이 다른 사람들의 고통을 덜어줄 수 있다는 것을 배우게 된다. 특히 아이들은 자신이 다른 사람들의 고통의 원인이 될 때 더 많은 것을 배우게 된다. 이러한 관점에서 공감은 죄책감을 덜거나 피하는 주요 동기화 요소인 인지적이고 정서적인 요소 모두를 지닌다. 공감능력을 최상으로 발달시키기 위해서 호프만은 권력행사법 또는 애정철회기법의 훈육형태를 제한할 것을 주장한다(가끔 어느 정도 아이들에게 주의를 줄 때 필요하겠지만 너무 과도하거나 또는 자주 사용하는 것은 부적절한 행동에 오히려 더 주의하지 못하게 한다. 단지 처벌 자체에 대한 공포와 불안, 분노를 만들어낸다). 호프만에 의하면 핵심은 다른 사람에 대한 아이들의 행동결과를 설명하고 어려움에 빠진 사람에게 아이들이 공감하도록 돕는 것이다. 즉 자기 탓(self-blame)이라고 생각하는 공감적 고통(empathic distress)을 유발시키고 죄책감을 이끌어내는 것이다. 결국 일반화된 도덕적 동기를 부여하는 것이다. 또한 유도기법은 "다른 사람을 고려하고, 다른 사람에게 해를 끼치는 것을 금지하며, 어떤 행동들이 왜 옳고 그른지 그 이유에 대하여 부모들과 의사소통하게 한다. 아이들이 성장했을 때 이러한 것들을 기억하며, 점차적으로 조직화한다. 결과의 구조는 아마도 아동의 새로운 도덕규범의 구성요소를 형성할 것이다. 그리고 훈육과 접촉하는 안에서 죄책감은 초기 정보의 처리를 동반하므로 이 도덕적 인지구조는 죄책감의 동기화 특성을 획득할 수 있다"(Hoffman, 1984, p. 291).

뱃슨(Batson, 1989)은 친사회적 행동의 동기부여 형태를 세 가지로 구분한다. 즉 보상을 받거나 벌을 피하기 위한 것, 자기 자신의 근심을 줄이는 것, 다른 사람의 걱정이나 어려움을 줄이는 것으로 구분하고 있다. 첫 번째와 두 번째 동기는 "이기적인 것"이고 세 번째 동기는 "이타적인 것"이다. 그는 세 가지 모두의 생활방식에 대한 증거를 제시하지만 그러한 행동들의 발달과 전제에 대해서는 논의하지 않는다. 그러나 호프만 (1984)에게 최적의 사회화란 아동을 이기주의적 동기로부터 이타적인 동기화 방향으로 돕는 것이다. 따라서 호프만의 접근은 일반적으로 직접 접근하는 방식처럼 도덕성을 초기의 이기주의적 동기들로부터 벗어날 수 있도록 발달시키는 것을 전제한다.

깁스(Gibbs, 1987)는 유도기법 또는 부드러운 형태의 훈육방법을 견지한다. 이러한 방법들의 특징은 아이들에게 다른 사람의 고통에 주의를 기울이게 하고, 다른 사람의 고통에 대해 아이들 자신의 책임을 생각할 수 있게 한다. 반면 보다 엄하고 극단적인 훈육방법은 아이들이 어떻게 하면 벌을 피할 수 있을까, 그리고 행동에 대한 개인적 책임을 덜 가질 수 있을까에 관심을 갖게 만든다. 다른 사람의 고통에 관심을 갖는 유도기법은 공감능력을 환기시키는 반면에 전제적이고 엄격한 벌은 다른 사람의 고통에 근거하기보다는 벌에 더욱 관심을 갖는 외부적 영향에 민감하도록 이끌어 간다. 아이들은 친사회적이고 관계지향적인 또래들로부터 부탁에 응하는 상황에 직면할 수도 있고, 또 보다 권위적이고 순종지향적인 어른들로부터의 부탁에 응하는 상황에 맞닥드릴 수도 있다.

아이젠버그(Eisenberg, 1987)는 이러한 차별적인 자기 귀인 형태에 대해 연구했다.

대부분의 간접적인 접근방법들에 따르면 이기적인 동기들이란 도덕적 동기가 포함되어 있지 않거나 또는 이기적 동기의 역할이 발달의 초기 단계에서 제한된다. 도덕적 가치와 원리의 개인적 구성을 강조하는 접근방법들은 아동을 지식 또는 정보의 적극적인 탐구자로 보고 있으며, 또한 아동은 일상의 다양한 사건들에서 도덕적인 행위자가 되기 쉽다고 생각한다. 이러한 관점에서 사회화는 근본적으로 다른 사람들과의 상호작용과 같은 아동의 인식능력의 발달을 통해 형성된 자발적인 단계적 과정이다. 결국 아동은 상호의존과 다른 사람을 공정하고 공평하게 대하는 것의 중요성을 인식하게 될 것이다. 이러한 관점에서 도덕교육의 궁극적인 목적은 공평함, 정의의 보편적 원리, 그리고 정의롭고 공평한 방법으로 행동하는 것의 중요성을 이해시키는 것이다. 이와 같은 태도는 피아제로부터 확장된 인지발달이론과 콜버그(1969, 1976)의 연구를 통해서 처음 시작되었다. 콜버그는 제한된 자기중심적(이기주의적) 관점에서 더욱 확대된 관심과 원리들의 보편화 과정으로서 도덕적 추론 단계의 발달적 계열성을 가정했다. 이러한 관점에서 발달을 위한 가장 직접적인 프로그램은 다른 사람들과 상호작용하도록 하는 것이며, 보다 높은 도덕추론 단계들에 노출하여 아이들이 능동적으로 사고하게 하는 것이다. 이러한 방법을 통해 아이들이 보다 높은 단계를 "성취"하도록 유도하는 것이다(Blatt & Kohlberg, 1975 ; Piaget, 1932/1965 ; Turiel, 1973).

몇몇 간접적인 접근방법들은 사회화 또는 도덕발달 과정에서의 관계의 역할을 강조한다(예컨대 Noddings, 1992, 2002 ; Watson, 2003). 이와 같은 접근방법들은 가족 안에서의 아동에 대한 애정과 도덕적 사회화에 관한 연구를 통해 지지된다. 아이들에 대한 부모의 따뜻함, 애정어린 양육, 개방적이고 신뢰적인 관계가 아동의 도덕적 및 친사회적 지향의 발달에 중요하다는 것은 수많은 사회화 연구를 통해 확인되고 있다(Baldwin 1955 ; Baumrind, 1989 ; Peck & Havighurst, 1960 ; Pitkanen-Pulkkinen, 1980 ; Stayton, Hogan, & Ainsworth, 1971). 이와 같은 부모의 양육방식은 대인관계에서의 관심과 배려의 모델을 제공해 주고, 또한 아동의 자율적인 사고, 자기 규제(부모의 안내를 통한), 그리고 책임감의 발달을 촉진해 주는 환경을 창조할 수 있다고 판단된다. 이러한 사회화 형태를 지지하는 사람들은 아이들이 지도와 안내 아래에서 실제로 연습해 볼 기회를 통해 책임감, 신뢰감, 자율성이 발달해 간다고 가정한다. 특히 아동과 성인의 애착관계에 초점을 둔 일부 발달심리학자들은 하나의 과정으로서의 사회화에 대하여 논의한다. 아이들이 사회의 규범과 가치를 인정할 때까지 어른들이 그들의 이기적인 동기들을 길들이고, 조작하며, 방향을 재설정하는 사회화과정은 잘못된 것이다. 오히려 사회화라는 것이 애정어린 보살핌과 협동적인 과정이라면, 아이들을 배려와 따뜻한 돌봄 속에서 협동적이고 친사회적인 기술과 이해를 발달시킬 수 있도록 도와준다면 아이들이 그런 방향으로 발달할 것이라고 주장한다(Berkowitz & Bier, 2005 ; Bowlby, 1969 ; Howes & Ritchie, 2002 ; Stayton, Hogan & Ainworth, 1971). 아이들의 도덕발달에서 아동과 성인의 애착관계의 역할에 대한 자세한 논의는 왓슨(Watson, 2003)을 참조하길 바란다.

다른 간접적인 접근방법들은 도덕적 가치들만큼이나 다양한 대인관계 기술을 획득하기 위한 사회적 환경의 영향을 강조한다. 피아제

(1932/1965)와 설리반(1953)의 이론들을 통합한 유니스(Youniss)는 아이들에게 '다른 사람의 관점을 수용하는 능력을 발달시키고, 적응하는 것을 익히며, 자신의 필요와 다른 사람들의 욕구를 조절하기 위해서는 또래 집단에서의 대인관계적 마주침과 협상이 필수적이라는 것을 확신한다. 집단의 분위기를 강조하는 접근방법은 배려하는 분위기와 결집력 있는 집단의 멤버십을 경험한 사람들은 좀 더 그들의 집단을 인정하려 하고, 그리하여 집단의 가치와 규범을 받아들이려는 동기를 가지며, 집단 내에서 경험한 바에 의해 행동방법을 배우게 된다고 생각한다. 일반적으로 듀이(1916/1966)는 민주주의를 위한 교육에서 경험의 중요성을 강조한다. 특히 듀이는 이러한 접근방법의 중요한 선구자이다. 여기서 강조하는 것은 상대적으로 작은 집단이지만, 집단의 규범과 가치를 습득하는 것의 핵심은 도덕교육을 자신이 속한 사회의 가치와 규범을 전수하는 것으로 본 뒤르껭의 관점, 개인의 행동을 안내하는 내면화된 준거집단 혹은 "일반화된 타자" 개념과 모종의 관계가 있다는 것이다.

비록 도덕교육에 있어서 대부분의 간접적인 접근방법들이 도덕적·친사회적 행위 동기의 기원에 있어서 직접적인 접근방법들과 근본적이 차이점이 있더라도, 일반적인 수준에 있어서 두 접근방법들은 아이들이 내적으로 신념과 규범을 갖고 있기 때문에 그들이 도덕적으로 행동하도록 돕는 것을 목표로 공유한다. 결국 직접적인 접근방법에서 내면화는 반복되는 훈계, 노출, 강화의 사용에 의한 결과라고 생각하는 데 반해 간접적인 접근방법은 한 사람의 도덕적 신념 또는 규범들은 대인관계 속에서의 상호작용과 토론으로부터 개인적으로 구성된다고 생각한다. 이 두 접근방법에서 내재적 규범의 근원과 아이가 규범을 유지하게 되는 과정, 이러한 규범을 갖는 데 걸리는 시간의 양은 서로 다르다. 직접적인 접근방법들은 규범의 근원이 외재적이며, 과정이 강제적이고, 학습 또는 습득하는 시간은 상대적으로 빠른 편이다. 간접적인 접근방법들은 규범의 근원이 내재적이며, 과정은 개인적이거나 협동적이고, 학습 또는 이해하는 시간은 상대적으로 느린 편이며, 인지적이고 정서적인 발달에 의해 좌우된다. 또한 간접적인 접근방법은 지속적이고 정제된 인지과정의 특징을 보인다.

몇몇 시도들은 지금까지 논의된 것, 즉 직접적인 접근방법과 간접적인 접근방법의 관점을 통합하고자 했다. 피터스(Peters, 1981)는 권위주의적이고 외재적인 근원을 둔 접근방법들은 어린아이들에게 적당하고, 평등주의적이며 협동적인 접근방법들은 보다 나이 많이 아이들에게 적합하다고 주장한다. 닛산(Nisan, 1984)은 각 접근방법은 중요하며, 전자는 강화와 모델링에 의해, 후자는 사회적 경험을 이해하는 시도를 통해 각기 다른 방법으로 얻어진다는 점을 전제하고, 직접적인 접근방법들이 집중하고 있는 내용(예컨대 문화에 따른 가치들과 행동의 기준들)과 간접적인 접근방법이 집중하고 있는 구조(일반적인 도덕원리들과 소재 인식)를 결합하고자 한다. 교실수업에 적용한 비슷한 제안들은 슬라빈(Slavin, 1987)과 베닝가(Benninga, 1991b)에 의해 만들어졌다.

버코위츠(Berkowitz, 1998)는 "도덕적으로 완전한 사람"은 도덕적 정서(죄책감과 동정심 등), 도덕적 추론(주어진 상황에서 무엇이 도덕적으로 옳은 행동인가 아닌가를 이해할 수 있는 능력), 도덕적 정체성(도덕적으로 알맞은 사람으로서의 자아의식) 외에도 다양한 가치("정서적으로 충만한 신념들")와 인격적 특성("특정한 방법으로 일관되게 행동하려는 성향")이 요구된다고 제안하면서 내

용으로서의 도덕교육과 구조로서의 도덕교육의 대립 문제를 해결하고
자 했다. 그는 도덕적인 사람은 무엇인가에 대해 다른 요소들과 함께 내
용(구체적 가치들)과 구조(추론능력)를 폭넓게 논의하고, 그러므로 도덕교육
프로그램은 두 가지 모두를 포함해야 한다고 주장한다.

라이언(Ryan)과 보린(Bohlin, 1999)은 또한 그들의 책『학교에서 인격
형성하기』(Building Character in Schools)에서 많은 접근방법의 결합이 중요
하다는 것을 강조하고 있다. "공동체의 덕목"이라는 개념을 사용하면서
그들은 일반적인 직접적 접근방법(예를 들어 모델링, 훈계, 핵심 덕목에 대한 집
중적 관심)들과 간접적인 접근방법(예를 들면 친밀한 관계 형성하기, 도덕적 토론
의 유발, 학생들에게 상호작용의 기회 제공)들을 통합한다.

이것들과 유사한 통합 또는 결합의 시도는 많은 도덕교육 프로그램
의 흐름 속에서 발견할 수 있다. 그러므로 앞서 말한 구별들은 직접적인
접근방법들과 간접적인 접근방법들의 이상적인 도덕교육의 형태로 보
고, 실제 구체적인 도덕교육의 프로그램에서는 상당한 변화가 있다. 많
은 도덕교육 프로그램들은 직접적인 접근방법과 간접적인 접근방법들의
요소들을 포함한다. 반면 일반적으로 직접적 또는 간접적인 방향 속에서
학습하는 동안 상당부분 추가적인 특징과 가정을 갖게 된다. 다음 절에
서는 구체적인 프로그램들을 기술하도록 하겠다.

도덕교육의 구체적 프로그램

보다 차별화된 도덕교육의 지향들

"직접적 접근방법"과 "간접적 접근방법"은 일반적인 도덕교육의 경향을 표시하는 것으로, 총체적인 범주를 나타나기에 적합하지만 구체적인 도덕교육의 프로그램을 구분하는 특징을 기술하기에는 부족하다. [표 5.2]는 도덕교육의 방향을 보다 자세하게 특징지을 수 있도록 작성했다. 다양한 방향들은 (a) 가치의 전달, (b) 자유주의적 합리주의, (c) 공동체주의, (d) 배려, (e) 배려공동체 안에서의 안내된 자율성으로 구성되었다. 분명하게 첫 번째 방향은 직접적인 프로그램에서 배타적으로 적용되는 반면, 나머지 네 방향은 특히 간접적인 접근방법의 사례를 구분하는 데 주로 사용된다. 이것은 간접적인 측면보다는 직접적인 측면이 더욱 공통되고 일관된다는 것을 시사한다. 우리는 이러한 각각의 도덕교육의 방향들과 그것들이 관계하고 있는 목표, 그리고 그것을 달성하기 위한 방법을 설명하도록 하겠다. 그러면 먼저 몇 개의 구체적 프로그램과 각각의 효과에 대해 유용한 연구 근거를 간략하게 제시하도록 하겠다.

[표 5.2] 도덕교육의 구체적 프로그램의 정향과 가정

정향	목표	주요방법	구체적 프로그램	연구근거
보편적 가치의 전달	구체적 가치들의 획득, 행동적 순응	직접강화와 대리강화, 도덕적 모델, 도덕적 훈계에 노출	인격교육 Heartwood Stars	일화적 증거 일부의 긍정적 평가 증거

자유주의적 합리주의 (Haste의 설명에 근거)	개인의 자유와 자율성, 높은 단계의 합리적 도덕적 사고의 달성	다양한 토론에서 높은 단계의 도덕적 사고에 노출	도덕 딜레마 토론 정의공동체	일부의 긍정적 경험 증거 일부의 긍정적 경험 증거 및 일화적 증거
공동체주의 (Haste의 설명에 근거)	공동체의식의 발달, 집단에 대한 책임감, 대인관계의 가치들의 유발, 공유된 도덕적 가치들의 획득	공동체와의 계약, 공동체의 이슈에 관한 적극적인 토론과 일반적인 규범들의 발달, 공동체와 문화에 대한 내러티브에 노출	정의공동체 아동발달 프로젝트(CDP)	몇몇 긍정적 경험 증거 및 일화적 증거
배려	대인관계 에서의 관심, 배려, 책임감 발달	배려하는 환경과의 연대, 의미있는 대화에의 참여, 안정감, 수용, 존중감	구성주의/도덕적 교실 아동발달 프로젝트 반응하는 교실	행동방식에 대한 즉각적인 효과들의 근거 풍부한 긍정적 경험 근거 부분적 긍정적 경험 근거
배려공동체 안에서의 안내된 자율성	공동체에 대한 의무와 친밀감, 대인관계의 습득과 개인적 가치들과 관련된 행동적 성향	공동체의식의 발달, 공동체의 규범과 가치에 대해 따르는 열망의 창조, 도덕적 이슈에 대한 토론, 도덕적 모범에의 노출, 안내된 상호작용과 또래집단과의 협동	아동발달 프로젝트 구성주의/도덕적 교실	풍부한 긍정적 경험 근거 행동 방식에 대한 즉각적인 대한 즉각적인 효과들의 근거

자유주의적 합리주의. 헤이스트(Haste, 1996)는 목표와 전제의 차이에 따른 도덕교육의 주요한 두 가지 접근으로서 자유주의적 합리주의와 공동체주의를 제시한다. 그녀는 자유주의적 합리주의의 목표를 자유와 자치의 가치를 바탕으로 지지하며, 자유와 권리, 다른 사람의 자치권을 존중하는 것으로 "편견이 없고 자율적인 판단을 하는 과정에서 충분한 판단력을 키우는 것"으로 설명한다. 이러한 목표들을 이루기 위한 주요한 방법은 앞서 살펴본 도덕적 딜레마 토론이다.

공동체주의. 헤이스트의 관점에서 공동체주의(1994, Etzioni와 다른 학자들에 의해 본격화됨)는 도덕성을 형성하는 데 있어서 인간의 상호작용과 사회적 맥락, 공동체의 사회적 기능을 강조한다. 이것들은 공동체에 대한 의무감과 책임감 발달의 중요성, 대인관계와 관련된 가치들의 중요성, 개인의 자율성에 대한 불신(이것이 진정으로 성취되려면 집단으로부터 단절된 개인이 되는 노력이 있어야 되기 때문이다)을 목표로 삼는 탐구, 그리고 그와 관련된 신념들과 연결되어 있다. 흥미로운 것은 비록 헤이스트가 콜버그를 딱 잘라서 "자유주의적 합리주의"의 범주에 넣음에도 불구하고 (앞서 기술한 것처럼) "후기 콜버그는 정의공동체"는 자유주의적 합리주의만큼 강한 공동체주의적 요소를 포함하고 있다.

배려. 나딩스(1992, 2002), 길리간(1982), 왓슨(2003)과 그 외 학자들에 의해 본격화된 배려의 도덕교육은 어른들과 또래집단 간의 친밀하고 상호호혜적인 배려관계의 경험을 중요하게 생각한다. 이러한 관계는 학생과 학생, 학생과 교사 간 의미 있는 대화와 감성적이고 신뢰감 있는 교사의 안내, 따뜻하고 배려해 주는 공동체를 통해서 형성된다. 이 모든 것은 학생들이 교실 안에서 편안함과 존중받고 있다는 느낌을 갖도록 도우며, 타인에 대한 배려의 중요성을 배우고, 공감을 바탕으로 한 배려를 발달시킬 수 있다. 이 접근방법에서 공감의 발달은 부정적 스트레스의 경험과 관련이 없는 것으로 마치 호프만의 이론과 유사한 것으로 판단된다(비록 부정적 스트레스의 기능에 대한 호프만의 논의가 초기 발달단계에 나타난다는 것을 염두에 두어야 하겠지만).

이론과 경험적 사례에 기초한 호프만의 교사를 위한 권고는 배려적 접근방법과 상당부분 일치된 형태를 띠는 것으로 보인다. 즉 "상황에 따라 유도기법과 권력행사법의 사용, 따뜻한 화법, 친사회적 모델 되기 등의 조화"(Hoffman, 2000, p. 289)에서 그와 같은 것을 찾아볼 수 있다. 그러나 다소 좁게 느껴지는 것은 교사의 훈련 정도와 교사와 학생의 상호작용이 제한되기 때문이다.

배려공동체 안에서의 안내된 자율성. 이 도덕교육의 지향은 앞서 열거한 여러 요소들을 포함하여 추가적인 몇몇 특징들을 담고 있다. 그 것은 나중에 설명하겠지만 아동발달 프로젝트와 밀접하게 연관되어 있다(Battistich, Watson, Solomon, Schaps, & Solomon, 1991 ; Solomon, Battistich, Watson, Schaps, & Lewis, 2000 ; Watson, Solomon, Battistich, Schaps, & Solomon, 1989). 이 접근방법은 학생들이 학교와 교실에서 학생들의 공동체의식 계발의 중요성을 강조한다. 그렇게 하여 공동체의식은 학교에 소속감을 느끼게 하며, 학교의 규범과 가치들을 적용 · 준수하도록 동기화한다고 가정한다. 성인들은 핵심 가치를 강조하고 학생들에게 그러한 가치에 관한 토론의 장을 만들어 주며, 추론능력을 발달시켜 주는 역할을 담당해야 한다. 교사들이 설정한 가치체제는 학생들에게 자율성을 측정하는 기준을 제공한다. 학생들의 공동체 경험은 자율성/영향력, 소속감, 집단의 목표 및 활동과 관련해 집단을 구성하는 역량 등을 통해 그들에게 기본적으로 요구되는 것들을 충족시키는 데 도움이 된다고 가정한다(Solomon, Battistich, Kim, & Watson, 1997을 참조할 것). 이것은 배려와 정의 양자를 모두 강조한다. 즉, 두 가지 지향은 서로 모순되지 않을 뿐만 아니라 타자에 대한 공감은 정의를 향한 열망의 정서적 기초가 될 수 있다고 가정한다(이와 비슷한 논의는 Hoffman(2000)에 의해서 이뤄지고 있다).

구체적인 프로그램들

인격교육 프로그램. 윈(Wynne, 1991)이 기술하는 바와 같이, "인격을 위한 인증 프로그램"의 중심 주제는 다음과 같다. 좋은 도덕적 행위의 모델로서 어른, 봉사활동 참여 장려(때로로 필수적), 훈육의 강조(잘 알려진 규칙, 엄격하고 공정한 집행), 공동의 목표의식, 학업에 대한 엄격한 강조(예를 들어 엄격한 시험, 우등생명부, 성적표, 의미 있는 과제의 양), 유익하고 재미있는 오락행사, 학교의 가치를 명시적으로 강조하는 의식(예를 들어 시상식, 국기에 대한 경례, 학교의 자부심에 대한 강조), 학교 정책을 분명하고 설득력 있게 설명하는 학교 자료, 방문객에 대한 개방성 그리고 부모의 협조, 지지, 조언의 유도. 이 프로그램은 명확히 직접적인 접근방법의 전통을 따르고 있으며, 학생들에게 중요한 가치들을 분명하게 구체화하여 전달하고자 한다. 그러나 또한 학생들이 학교가 강조하고 있는 가치를 따르도록 동기화하기 위해 집단의 환경설정과 집단 애착의 학교 분위기와 정신을 함께 강조한다. 프로그램의 뒷부분에서는 공동체주의적 접근방법의 일반적인 가정들이 나타난다. 우리가 아는 바로는 학생의 도덕발달을 위한 이 프로그램의 효과에 대해서는 아직 조사된 바 없다.

Heartwood. 하트우드 인격교육 프로젝트는 초등학생들에게 7가지 미리 선정된 윤리적 가치들(용기, 성실, 정의, 존경, 희망, 정직, 사랑)을 다문화적 문학작품을 활용하여 가르친다. 각각의 가치를 주제로 한 두 개의 집중화된 수업은 학생들의 가치에 대한 이해와 책임감 발달을 목표로 삼는다. 펜실베니아와 일리노이 교육청 각 1곳, 한 해 동안 2개의 교육청에 소속된 4개의 학교에서 수행된 평가에서 혼재된 결과를 얻었다(Leming, 2000 ; Leming, Henricks-Smith, & Antis, 1997). 프로그램에 참여한 학생들이 비교 집단 학생들보다 개념을 이해하는 데 있어 향상되었음을 발견할 수 있었지만 윤리적인 감수성에서는 그렇지 못했다. 교사들은 1-3학년에서는 비교집단 학생들의 행동을, 4-6학년에서는 프로그램에 참여한 학생들의 행동을 더 좋게 평가했다. 이 프로젝트 역시 미리 설정된 특정 가치들에 대한 반복학습을 시도하는 직접적인 방법의 프로젝트이다.

STAR 프로그램. 이 프로그램은 학생들을 보다 예의바르고 책임감 있게 성장할 수 있도록 구성되어 있다(McQuaide, Fienberg, & Leinhardt, 1994). 이 프로그램은 매달 다양한 주제, 특별 강의, 구체적인 인격교육 메시지를 집중적으로 다룬다. 학교는 매달 주제에 맞는 포스터와 표제들이 포함된 자료집들을 제공받는다. (예를 들어 어떻게 하면 나는 다른 사람에게 봉사할 수 있을까? 어떻게 하면 나는 책임감 있는 행동에 대해서 보상받을 수 있을까?) 단계별 시행지침을 담은 중요 교본에는 아침 조회 메시지와 학교 회의 안건 목록, 가정통신문의 모형 등등이 담겨 있다. 교사 안내서는 매달 주제에 맞는 수업 제안과 계획을 제공한다. 이 프로그램은 좋은 행동을 할 때 "착한 사람 되기"(Caught-Being-Good) 증명서로 보상을 한다. 많은 증명서를 획득한 학생들은 이름과 사진이 게시판에 게시되는 "STAR 학생"이 된다. 가끔은 실질적인 보상이 주어지기도 한다.

3개의 초등학교에서 프로그램에 참여한 5학년 학생을 대상으로 한 평가결과 모범적인 실천이 이루어졌다고 판단되었다. 프로그램 실천에 따른 학교의 수준은 교장, 교사, 학생의 프로그램 이해에 따라 결정된다. 그 결과 대부분의 학생들은 STAR의 약자(略字)[Stop(시간 갖기), Think(생각 하기), Act(실천하기), Review(반성하기)]의 의미를 알게 되었으며, 비형식적 교실 관찰과 자기보고에 따르면 학생들의 행동은 좀 더 긍정적이 되었다.

로스엔젤리스 학군 안에 25개 학교의 관리자들은 이 프로그램이 규칙위반 문제와 위탁생들을 감소시켰으며, 일과시간 외의 학교생활 참여를 증가시켰다고 생각했다. 또한 학생들은 책임감과 예의를 갖추게 되었으며, 학교의 도덕적 분위기가 개선되었고, 학부모의 참여를 증대시킨다고 보았다(Satnick, 1991). 직접적인 접근방법의 순수한 목표와 관련하여 평가는 긍정적인 행동과 슬로건을 기억하는 것에 집중했으며, 기본적인 개념(예의와 책임감)에 대한 이해에는 초점을 맞추지 않았다.

도덕적 딜레마 토론. 도덕적 딜레마 토론은 인지능력이 성장하게 되면 갈등을 조정하고 다른 사람의 관점에서 생각하려는 마음이 발생된다는 가정을 한다. 초기의 과제들은 아이들의 현재의 도덕단계보다 한 단계 또는 그 이상의 높은 단계의 도덕적 딜레마 토론에 참여시키는 것이었다(예를 들어 Blatt & Kohlberg, 1975). 높은 단계의 토론은 교사 또는 실험자에 의해서 제시되기도 하고, 보다 큰 집단 토론과정에서 나타나기도 하며, 양자 대화의 형태를 통해서 나타나기도 한다. 딜레마 토론은 낮은 추론단계에 있는 사람을 높은 추론단계에 있는 사람과 접하게 한다. 또 상대적으로 긴 시간을 두고 좀 더 높은 단계의 도덕원리를 형성시키려고 한다(토론의 중재는 32주 정도까지 지속된다). 버코위츠(1981), 록우드

(1978), 레밍(1981, 1983), 셰플리, 레스트, 토마스(1985), 튜리엘(1973)의 연구에 의하면 딜레마 토론의 긍정적인 효과는 중학생부터 대학생과 성인들에게까지 나타나고 있으며, 다양한 배경에서 나타나고 있다. 이 효과는 중산층 학생, 인종차별 철폐를 주장하는 학생, 비행청소년, 사회적·경제적으로 혜택을 받지 못하는 청소년, 재소자, 교육이 가능한 정신지체 학생에서도 나타난다.

버코위츠(1996)에 따르면, 도덕적 딜레마 토론은 토론 시 다양한 도덕추론 수준이 포함된 그룹이 참여하고, 교사에 의해서 명료하게 구성되며, 합의를 이끌어낼 수 있을 때 가장 효과적이다. 또한 그는 선호되는 해결방법에 대한 다양한 의견의 수용, 비교적 긴 시간에 걸친 진행(3-12주), 인지적인 변화를 위해 준비된 학생들(즉 논리적이고 다른 사람의 관점 채택을 잘 하는 학생들)의 참여, 인지적 갈등 등이 필요하다고 말한다.

Adalbjanardottir(1992, 1993)이 발전시킨 프로그램에서도 딜레마 토론이 사용되지만 그 목표는 다르다. 이 딜레마는 도덕적 딜레마라기보다는 대인관계에서의 갈등적 성격이 강했으며, 초등학교 학생들의 사회적 인지능력과 기술을 촉진시키기 위해 구상되었다. 딜레마는 가상적인 것과 실제적인 사건 모두가 포함되었으며, 학생들의 자유로운 토론을 촉진시키고 "개인 간의 갈등을 해결하는 과정에서 직면한 관점의 차이"를 도와줄 수 있는 편안한 분위기에서 진행되었다. 교사의 집중된 질문으로 구체화된 토론 이외에 학생들은 소설이나 시를 쓰고, 그림을 그리고 색칠을 하며, 역할연기를 한다. 학생들은 학년 초와 말에 인터뷰를 하고 관찰된다. 인터뷰는 학생들의 대인관계에 있어서 대화전략의 기술로 사용되기 위하여 점수가 매겨진다(Selman, 1980). 반면 학생들의 행동은 동등한 관점에서 병렬적 발달수준을 기준으로 점수가 매겨진다(충동적임, 일방적임, 상호적 또는 협동적임). 이 프로그램은 학생들의 사고수준과 또래들과의 상호작용의 증진을 만들어낸다. 프로그램에 참여했던 아이들은 호혜주의에서 큰 향상을 보였다. 남학생과 여학생의 사고수준에서 프로그램의 효과가 나타나지만 상호작용에서 얻는 것은 여학생보다는 남학생이 훨씬 더 많았다.

이 프로그램은 친사회적 봉사활동과 대인관계의 관심에 관한 개인간의 토론으로 이용되며, 또한 사회적 환경을 안전하게 지키기 위하여 시도되었다. 그러나 사고력과 대인관계의 수준을 향상시킬 것이라고 기대되는 주요한 방법은 토론 상대가 표현한 다양한 입장들에 따라 알려진다. 그러므로 정의지향적인 딜레마 토론이 그러한 것처럼 협동적인 토론은 주요한 구성요소이다.

또 다른 변형된 딜레마 토론은 레밍(Leming, 2001)의 프로젝트에 의한 것으로 공동체 봉사활동을 적용하는 것이다. 이 프로젝트는 학생들에게 윤리적 딜레마 상황을 분석하고, 결정을 내리는 원리를 제공하기 위한 윤리적 반성 프로그램으로 구조화되었다(결정의 원리는 결과중심적 사고, 규칙중심적 사고, 배려중심적 사고이다)(Born & Mirk, 1997). 학생들은 윤리적 이슈가 매우 잘 드러나 있는 토론 및 봉사활동에 참여하게 된다. 이.프로젝트는 학생들이 봉사활동에 담긴 윤리적인 함축적 의미에 관해 제시된 반성의 과정에 참여하면 윤리적 감수성뿐만 아니라 개인적 · 도덕적 · 사회적 발달도 촉진된다는 것을 가정한다. 윤리적 반성 그룹에 참여한 학생들은 봉사활동에 참여한 다른 그룹의 학생들과 비교 되었다. 윤리적 반성 그룹에 참여한 학생들은 윤리적 이슈에 보다 민감하게 반응했고, 윤리적인 책임감을 더 갖게 되었으며, 윤리적 이슈에 대해서도 보다 체계적으로 추론할 수 있게 되었다. 그러나 비록 이 접근방법이 반성적인 토론을 포함한다고 하지만 이와 관련된 과정은 다른 관점을 접하게 하여 이해를 구조화한다는 목표를 갖는 것 같지는 않다. 그보다는 다른 사람에게 봉사할 수 있는 경험의 현실적인 기초의 틀과 함께 구조화된 교육과정에서 습득한 원리들을 적용할 수 있는 경험의 제공을 목표로 삼는 것 같다. 즉 다른 봉사교육 프로그램처럼 경험의 역할이 중심적이다.

정의공동체. 정의공동체 프로그램은 콜버그와 그의 동료들이 변화하는 공동체 규범들과 학교의 도덕적 분위기("학교 안에 또 다른 학교") 속에서 학생들의 도덕발달에 영향을 주려는 목적으로 시작되었다(Higgins, Power, & Kohlberg, 1984 ; Kohlberg, 1975, 1985 ; Kohlberg & Higgins, 1987 ; Kohlberg, Lieberman, Power, Higgis, & Codding, 1981 ; Power, 1988 ; Power, Higgins, & Kohlberg, 1989 ; Power & Makogon, 1996). 앞서 설명한 것처럼 이 프로그램들은 초기에는 가상적인 도덕 딜레마 토론을 활용하였고, 이후 크게 확장되었다. 도덕적 이슈에 관련된 토론은 일반적으로 두 가지 접근상의 특징이 있으나 정의공동체 프로그램은—사실 이것들에 집중한다—참여와 학교에서의 공동체적인 도덕적 분위기를 중요하게 여긴다. 학생과 교직원 등 모든 공동체의 구성원들은 자주 공동체의 규범과 발달에 초점을 맞춘 공동체 회의에 참여한다. 정의공동체는 "집단적 연대"를 필요로 하고(Kohlberg & Higgins, 1987), 그것은 학생들이 공동체와 자신이 그 공동체의 구성원임을 가치 있게 여기는 것을 의미한다. 또한 모든 공동체 구성원들의 적극적인 참여를 필요로 하고, 그렇기 때문에 비교적 작은 학교가 요구된다. 이것은 학교 안에 새로운 학교를 만들거나 학교를 60-100명 정도의 학생들과 4-5명의 교사들로 나누게 함으로써 성공할 수 있다. 대체로 모든 공동체 구성원이 참여하는 회의가 매주 열린다. 이 회의에서는 규칙에 대해 토론하고 결정한다. 그리고 정책을 세울 때 또는 공동체의 복지와 공정성에 관한 이슈들과 관련된 계획을 세울 때 회의를 한다. "이 활동의 핵심은 참여 민주주의 사상이다. 즉 학생이건 교사이건 한 사람으로서 하나의 투표권을 가져야만 하는 것이다."

학생들은 자신만의 관점을 발달시키며 표현할 것으로 기대되지만 또한 공동체 다수의 의견을 의무감을 갖고 수용하며, 교사는 협력자, 촉진자, 안내자의 기능을 한다. 교사는 다른 사람의 입장을 채택하는 학생들에게 용기를 심어주고, 공정함과 도덕성에 관한 논쟁점을 지적해 주며, 보다 높은 단계의 추론을 표현하고, "그것이 집단의 정의라는 목표와 공동체를 발달시키는 것"임을 지지해 준다(Kohlberg & Higgins, 1987, p. 122). 규칙들은 민주적으로 만들어진다. 그렇기 때문에 "자기 선택을 통한 경험, 자신으로부터 발생한 자기만의 것, 그리고 따라서 … 더욱 더 내면화된다"(Kohlberg & Higgins, 1987, p. 117). 공동체의 구성원들은 또한 매주 소집단 속에서 학생과 교사/조언자들과 만나며, 보다 큰 회의에 대한 계획을 세운다. 의제를 세우기 위한 자문기구도 이에 포함된다. 그리고 공동체의 규칙위반에 대한 결과를 포함해서 정의와 공정성에 관한 쟁점들을 결정한다.

정의공동체 학교에 관한 연구(Higgins, 1980 ; Higgins, Power, & Kohlberg, 1984 ; Kohlberg et al., 1981 ; Reimer & Power, 1980)는 학생들의 도덕추론 능력, 즉 "학교의 가치들"(공동체, 민주주의, 공정성, 규칙)의 채용, 학교규범들의 발달, 책임감 있는 판단, 학교 분위기에 대한 수용에서 긍정적인 결과를 보여준다. 또한 정의공동체 학교의 학생들은 친사회적인 선택을 할 때 그들 스스로 교우들을 보다 잘 이해하고, 공동체로서 학교를 소중히 여기며, 전체가 공유하는 공동체의 규범을 보다 잘 이해한다.

정의공동체 접근방법은 이 점에 관심을 갖는다. 비록 기본적으로 도덕발달의 인지적 이론이 정의와 합리성의 논쟁에 중심적인 역할을 하여 도덕성의 발달을 이끌어낸다 하더라도 그것은 집단규범에 대한 관심과 공동체의 영향력, 개인 – 공동체 간 유대감의 중요성, 배려의 중요성, 대인관계에 대한 관심, 도덕적 모범과 안내자 및 지지자로서의 교사의 역할이 밀접하게 통합된다.

아동발달 프로젝트. 아동발달 프로젝트(CDP)는 아이들의 사회적·윤리적·지적 발달에 영향력을 줄 수 있도록 구상된 종합적인 초등학교 프로그램이다. 이 프로그램은 간접적인 방법과 직접적인 방법의 특징 모두를 포함하고 있다. 학생들은 사회적/윤리적인 영역과 지적인 영역에서 그들 자신의 의미를 만들 필요가 있다고 가정한다. 하지만 교사의 경험과 축적된 지식은 이러한 탐구에서 중요하고 필수적인 안내자 역할을 한다(Watson et al 참조, 1989). 또한 그것은 일련의 구체적인 가치들에 초점을 맞추지만, 학생들이 그것들을 이해하고 문학적 토론과 학급회의, 협동활동, 부각되는 문제에 대한 토의를 통해서 그것을 적용할 수 있도록 도와주려고 한다. 공동체의 역할은 이 프로젝트에서 중심적이며 필수적인 것으로 이해된다. 공동체의식은 모든 구성원이 서로에게 관심을 기울이고, 또 모든 사람이 집단의 계획과 활동에 의미 있는 기여를 할 수 있는 기회를 가지고 있다는 인식을 포함하는 것으로 정의된다. 이러한 공동체의식은 학생들의 자율성/영향력, 소속감, 그리고 역량의 필요성을 충족시키는 데 도움이 되는 것으로 여겨지는데, 이는 학교에 대한 애정과 관심을 증대시키고 학교의 규범과 가치관을 수용하고 따르는 데에 동기부여를 한다.

첫 번째 실행단계에서 이 프로그램은 귀납적 훈육을 담고 있다. 학생들의 자율성과 자기 지도(self-direction), 학생들의 상호작용, 토론, 참여, 협동, 협상, 적극적인(친사회적인) 활동의 참여, 명확한 어른의 지시와 안내, 그리고 따뜻하고 협조적인 교실과 학교환경. 이 프로그램은 총체적인 교실분위기(적극적인 대인관계적 가치와 태도를 중요하게 강조하는 것과 학생들의 자율성, 자기 지도, 학급 의사결정에 참여를 강조될 수 있는 학급관리)와 구체적인 교실활동들(협동학습 활동, 봉사활동, 사회이해 활동)의 영향력을 보여주기 위해 시도되었다(Battistich et al., 1991 ; Solomon et all., 1985). 또한 이 프로젝트는 학교의 폭넓은 지지와 가족과 함께하는 활동들이 포함되었다.

초기의 CDP 프로젝트에 대한 평가는 이 프로그램이 잘 실천된다고 보았다. 프로그램에 참여한 3개 학교의 학생들은 3개의 유사 비교군 학교에 비해서 적극적인 대인관계적 행동(Solomon, Watson, Delucchi, Schaps, & Battistich, 1988), 사회적 문제 해결과 갈등 해결 능력(Battistich, Solomon, Watson, Solomon, & Schaps, 1989), 민주주의적 가치와 대인관계 이해 능력(Solomon, Watson, Schaps, Battistich, & Solomon, 1990), 사회적 조정능력(Battistich, Solomon, & Delucchi, 1990), 학교에서의 외로움과 사회적 불안(

둘 다 감소), 고도의 독서능력(Solomon, Watson, Battistich, Schaps, & Delucchi, 1992) 등의 측정에서 더 잘 수행하고 있는 것으로 나타났다.

또한 프로그램에 참가한 학생들은 자신들의 교실을 하나의 공동체로 보다 더 이해하려 하였다. 이러한 공동체의식은 학생들 사이에 다른 긍정적 특징과 폭넓게 관련을 가졌다(예를 들어 자존감, 사회적 능력, 공감, 성취동기, 독해력 ; Solomon et al., 1992). 또한 공동체의식은 학생들이 교실에서 가장 중요한 가치를 고수하게 하는 증거였다. 그러므로 학생들의 자율성과 학급 의사결정에의 참여, 대인관계적 관심을 강조하는 프로그램에 참여한 학생들은 가상의 친사회적 딜레마에서 자발적이고 타인지향적인 추론으로 반응하는 반면 교사에 의해 통제되고 학생들은 순종적인 비교군 학급에서는 타율적이고, 보상과 처벌의 추론에 반응을 나타냈다 (Solomon, Watson, Battistich, Schaps, & Delucchi, 1996).

6개 학군에서 운영되는 이 프로젝트의 다음 단계에서는 많은 동일한 요소들이 포함되었다. 그러나 좀 더 사회적이고 학생과 교사들 간 공동체의식을 형성하며 학생들의 본질적인 동기를 증진시키는 반면에 외적 형태의 통제력(보상과 처벌)은 줄여나갔다. 또 구체적인 상황과 관련된 이슈 탐구를 위하여 교과 적용에 있어 좀 더 초점을 명확히 하였다.

프로젝트의 이러한 양상에 대한 평가는 프로그램에 참여한 학교의 절반 가량이 프로그램을 실행하게 되면서 중요한 변화가 있었음을 보여준다(교사들에게 제공되는 훈련과 지원의 양이 프로젝트의 처음 단계보다 강도가 낮았다). 실천을 통해 성과를 얻은 학교의 학생들은 친사회적이고 폭넓은 가치체제(본질적인 사회적 동기, 다른 사람에 대한 관심, 친사회적 갈등 해결 기술, 민주적 가치, 이타적인 행동)에 있어서 긍정적인 결과를 보였다. 뿐만 아니라 약물남용과 직무불이행 분야에서도 긍정적인 효과가 나타났다(Battistich et al., 2000 ; Solomon et al., 2000). 또한 공동체의식의 역할은 이 연구에서 확실해 드러났다. 이것은 대부분의 학생들의 결과를 평가하는 데 의미 있는 중재 변수로 기능하였다.

구성주의/도덕적 교실. 드브리스(DeVries)와 동료들은 구성주의적인 보육원과 그와 대조적인 보육원 환경 속에서 아이들의 "규칙화된" 대인관계적 이해 정도를 검사했다. 구성주의적 교실(DeVries, Haney, & Zan, 1991 ; DeVries & Zan, 1994)에서 학생들은 자발적인 흥미, 실험, 자동조절, 적극적인 추론, 학급 의사결정의 참여와 협동적인 활동을 나타냈다. 교사는 "따뜻하고 협조적인 협력자로서 역할을 한다. 그렇지만 무조건 묵인하는 존재는 아니다. 즉 권위적인 어른으로서 행동하는 것을 최소화하는 동료 안내자"인 것이다. 그리고 "공정한 정신과 공동의 관심, 우정, 그리고 긍정적인 경험을 나누는 방식으로 공동체에 대한 감정이 표현되도록" 하는 역할을 담당한다(DeVres & Zan, 1994, p. 452). 따라서 이 프로그램은 초기에 언급된 몇 가지 간접적인 특징, 즉 배려의 강조, 협동과 협상의 이용, 안내자로서의 교사의 역할, 배려적 공동체의 확립 등이 포함되어 있다.

초기 연구에서 드브리스와 곤추(Goncu, 1987)는 구성적의적인 보육원 교실의 학생들이 몬테소리 보육원의 아이들보다 대인관계적 갈등이 비교적 적은 편이며, 또 상당수가 갈등을 잘 해결하고, 다른 사람들의 부탁이나 요청에 반성적 사고에 의한 협상 전략을 더 많이 사용한다는 것을 발견했다. 두 번째 연구(DeVries, ReeseLearned, & Morgan, 1991)에서는 구성주의적인 프로그램에 참여한 학생들이 직접적인 학습(DISTAR) 또는 "절충적인" 학습 프로그램에 참여한 학생보다 다른 사람의 부탁에 주의를 기울이는 데 훨씬 다양한 협상전략과 "공유된 경험"을 사용한다는 것이 나타났다.

반응하는 교실. 반응하는 교실(Wood, 1994)은 사회적 관계 기술과 행동―협동, 주장, 책임감, 공감, 자기 통제―에 영향을 주기 위해 만들어진 초등학교 프로그램이다. 배려하는 교실공동체라는 맥락 속에서 교실은 이러한 목표들을 성취하기 위해 모델링, 역할놀이, 교사의 강화, 조언, 방향 재설정을 포함하여 일련의 구조화된 기술들을 활용한다. 그러므로 여기에는 직접적인 접근방법과 간접적인 접근방법의 교수법 모두가 결합되며, 또한 배려공동체, 공감의 강조와 같은 다른 간접적인 특징이 포함된다. 그리고 목표가 강조되면서 긍정적이고 배려적인 환경은 학생들의 동기화를 지속적으로 강화한다고 가정한다. 이 프로그램은 학생들을 위하여 구조적인 기술뿐만 아니라 적극적으로 학생들이 흥미롭게 생각하는 분야를 다음과 같이 포함하고 있다. 학생들의 작품 전시하기, 개인·그룹·전체 학급과의 어울림, 인사와 함께하는 아침 회의, 대화, 나눔, 문제 해결하기, 학급규칙의 진전과 "논리적인 결과들"에 관한 학생들의 참여, 하루 동안의 자유로운 선택, "안내된 발견학습"의 강조, 평가의 진행, 그리고 부모에게 보고하기. 처음 이 프로젝트의 평가(Elliott, 1992)에서 이 프로그램은 학생들의 사회적 기술과 학업능력 습득과 아이들의 문제행동 감소를 보여주었다. 두 번째 평가에서도 유사한 결과와 더불어 학생들이 협동적이면서도 자신감 있게 행동한다는 분명한 결과를 얻었다(Elliott, 1995).

결론

　버코위츠(1988) 등의 학자들은 내용에 주목하는 인격교육(즉 구체적인 가치들이 지켜져야 한다는 주장)과 정형화된 틀로서 초기 콜버그 이론과 그 이후의 인지 구조(도덕적 추론 원리들)의 발달을 주장하는 접근방법 사이의 갈등에 대해 토론 했다. 앞서 기술한 것처럼 이러한 논의들은 직접적인 접근방법과 간접적인 접근방법 간의 근본적인 차이 중 하나이다. 그러나 실제적으로 온전한 방법으로 이러한 도덕교육의 지향들을 조화시키는 프로그램은 거의 존재하지 않는다. 구체적인 가치교육 프로그램들은 일반적으로 아이들에게 가치를 가르쳐야 한다고 주장한다. 즉 다양한 가치에 대해서 이해하고 배워야 하며, 그에 따라서 행동하게 해야 한다는 것이다. 그러한 것들은 적어도 새로운 상황 속에서 그 가치들에 따라 일관되게 행동할 수 있는 내적 경향성을 수반하게 된다. 또 어떤 도덕적 수준에서는 새로운 상황 속에서 다양한 가치들을 적절하고 타당하게 추론할 수 있게 하는 것으로 궁극적인 도덕적 인격을 발달시킨다. 학교 교육의 맥락에서 아이들의 도덕적 이해의 단계를 향상시키려는 프로그램들이 발견된다. 그리고 그 프로그램은 구체적이고 명료한 가치들이 이해를 발달시키기 위해 명확한 초점 혹은 기준을 제공하고, 이해의 발달을 위해 과정을 안내할 필요가 있음을 알게 되었다.

　비록 구체적인 전제를 가진 방법과 프로그램의 깊이에 있어 폭넓은 변화가 있었음에도 불구하고 현재 존재하는 여러 프로그램들을 검토해

봄으로써 함께 공유할 수 있는 특징이나 목표가 충분하다는 것이 분명해졌다. 만일 그 목표가 최초에 기술한 바와 같이 일관되게 인지, 정서, 동기, 행동적 특성을 갖는 도덕적인 사람을 발달시키는 것이라면 그것은 매우 폭넓은 기반 하에 종합적으로 채택되어야 할 것이다. 또한 지속적인 프로그램은 폭넓은 인격형성에 영향을 미치는 데 희망을 주기 위해 채택되어야 할 것이다. 특정한 한 사람이나 소수의 개성, 특성에 초점을 맞추는 프로그램, 그렇기 때문에 단기간에 끝날 수밖에 없는 프로그램으로는 전인교육에 효과가 있는 프로그램을 만들 수 없을 것이다. 서두에 언급했던 많은 원칙과 방법들을 하나로 종합하는 프로그램들, 즉서로 조화를 이룰 수 있는 방법으로 구성된 프로그램은 적어도 고등학교 과정을 통해서 도덕적 성장을 극대화하는 특징을 담은 전체 학교 교육을 제공한다는 궁극적인 목표를 이끌어낼 수 있어 보인다. 따라서 우리는 모든 학교 환경의 형태가 도덕적 성장을 이끌어낼 수 있다는 생각을 해 볼 수 있다. 그러나 그에 대한 증거는 매우 부족한 실정이다.

초기 단계에서 기술한 바와 같이 비교적 작은 연구를 통해서 완벽한 도덕적인 사람을 만드는 데 도움을 줄 수 있는 요소들을 조사했다. 즉 대부분의 연구는 특정한 한 사람 또는 몇몇 사람의 특별한 변화나 일련의 변화에 집중되어 있다. 초기 단계에서 가족 내의 사회화에 대한 몇 가지 연구는 일반적으로 가정환경의 특성이나 개성이 아이를 성장시키는 효과에 더욱 초점이 맞추어졌다(도덕적 인격에 대해 조사한 가장 중요한 사례 중 하나는 1960년대 Peck & Havighurst에 연구된 대조사이다). 최근의 논문을 통해서(Solomon, Watson, & Battistich, 2001) 다양한 교차연구들에 근거하여 가족 사회화의 특징은 교육적인 환경과 관련된다는 것을 확인할 수 있었다.

이 연구에서 가장 도덕적으로 성숙한 어린이가 속한 가정은 다음과 같은 특징을 갖고 있다.

- 아이들이 효과적인 영향력을 발휘할 수 있는 민주적인 환경
- 부모와 아이들 사이의 관계가 친밀하고, 따뜻하며, 반응적이며, 안정되고, 신뢰적임
- 도덕적인 대화나 의견교환을 위한 기회가 많음
- 아이들 스스로 자신을 표현할 수 있는 기회가 많음
- 아이들이 책임감을 가질 수 있는 기회가 많음
- 확고하고 분명하며 일관된 부모의 인도

이러한 특징들은 일반적으로 간접적인 접근방법과 좀 더 일치하는 하는 것으로 보인다. 그럼에도 불구하고 부모의 인도에 대한 강조는 특별한 도덕적 가치의 옹호 또는 직접적인 접근방법의 주요한 요소들을 함축한다. 이것은 자동적인 순종과 복종을 추구하는 직접적인 접근방법의 측면과 일관성이 있어 보이지는 않는다. 그러나 특별히 단정적이며 순종을 강요하기 위해 보상과 처벌을 사용하는 것은 어른들의 권위를 강조하며, 학생의 이해력과 목표에 대한 자기 지도의 발전을 무시하거나 약화시키는 것이다.

초기에 기술한 몇몇 일부 프로그램들은 가족 사회화 문헌, 특히 "정의공동체와 아동발달 프로젝트"로부터 발췌한 많은 특징들을 포함한다. 그러나 이 프로그램에서 놓친 한 가지 특징은 안정성이다. 즉 수년간 이어온 원칙의 지침이 되었으며, 일련의 기대나 확고한 관계를 유지하는

안정성 말이다. 이러한 안정성은 대부분의 가정에서 자연적으로 발생한다. 그러나 안정성은 학교에서는 일반적이지 않다. 학교에서의 안정성은 일관된 프로그램을 유지하여 달성할 수 있을 것이다. 그래서 아이의 경험은 일반적으로 2년 또는 그 이상의 시간 동안 교사와 학급을 하나의 고리로 묶어줌으로써 학년별로 유사성을 갖게 된다(이것을 달성하기 위해 아동발달 프로젝트는 시도되었으나 이것의 실행은 처음부터 끝까지 교사에 의해서 좌우된다). 비록 성취의 측면 혹은 학교에 대한 애착이라는 긍정적인 효과에 관한 일부 증거가 있지만, 이 둘을 하나의 고리로 묶는 것은 비교적 최근의 현상이며(원룸 교원주택을 계산에 넣지 않는다면), 또 그것은 도덕적 발달과 전혀 관계없이 연구되어 왔다(Burke, 1997).

그렇다면 우리는 다음과 같은 결론에 도달할 수 있을 것이다. 도덕교육의 일반적 접근으로서 효과적인 학교 프로그램에 대해 말할 때 앞에서 언급한 바와 같이 개인적 관계의 발전을 진전시키며, 수년 동안 학생들이 교사와 함께 머물 수 있는 기회가 많은 비교적 작은 학교 환경에서의 학교 이력을 통한 일관된 특징을 담고 있어야 한다. 다시 말해 이 프로그램의 성공과 실패는 교사들이 아이들로 하여금 학생 자신의 생각과 의견을 표현하도록 합리적인 기회를 부여하는가, 책임감을 갖도록 하는가, 학교나 교실의 의사결정 과정 및 계획에 참여할 기회를 제공하는가, 교사와 학생 사이가 따뜻하고 안정된 관계를 갖고 있는가, 도덕적인 대화가 자주 이루어지는가, 교사가 학생들에게 자율권을 부여하는가, 이성적인 추론을 강조하는 분명하며 일관된 인도를 제공하는가 여부에 달려 있는 것이다.

우리가 확인한 대부분의 심리학적 원리와 전제들은 도덕교육 프로그램에 일정 정도 포함된다. 그러나 그것들의 역할과 중요성은 아이들의 본성과 도덕적 동기의 발달에 관한 프로그램의 핵심 가정에 달려 있다. 만일 프로그램이 아이들을 본래 이기적이라고 본다면 사회화는 사회적 선과 조화를 이루며 존재하기 위한 아이들의 의지굽히기 과정으로 간주될 것이다. 이 관점에서 사회화는 보상과 벌의 사용이 필요한 강제적인 과정이다. 그리고 아이들이 사회의 규범과 조화를 이루는 행동을 습득하는 것은 장기적으로 그들 자신의 이익을 만족시키는 최선의 방법이 될 것이다. 이러한 관점을 가진 프로그램은 사회의 가치를 아이들에게 가르치기 위한 활동으로 매우 강한 통제와 많은 보상과 처벌을 사용하는 특징이 있다.

반면에 프로그램이 아이들은 선천적으로 의미를 구성하고 공동체의 일원이 되기 위해 동기화되어 있다고 본다면 사회화는 공동체의 유지를 위해서 아이들이 공동체의 규범과 가치, 그리고 그들의 역할을 이해할 수 있도록 돕는 협력적인 과정으로 본다. 만약 프로그램이 아동의 도덕적이고자 하는 동기가 배려의 관계와 환경에 대한 아동의 경험에서 비롯된 것이라고 본다면, 보상과 처벌과 같은 강제적인 접근을 줄이거나 피할 것이다. 대신 프로그램은 관계 그리고 공동체에 초점을 맞출 것이다. 이 프로그램은 관계와 환경을 강조하므로 특정한 학과 또는 토론 모임보다는 전체적인 학교 경험에 초점을 둔다. 그러므로 아동발달 프로젝트와 정의공동체, 드브리스(DeVries)와 잔(Zan)의 구성주의적 교실과 같은 프로그램은 교사와 학생 사이에서 결합력 있고 협력적인 역할관계를 만드는 전반적인 도덕적 분위기에 관심을 갖는다. 그리고 아이들 스스로 표현하고 그들의 환경에 효과적인 영향을 주며 동정과 배려하는 행동을 입증하고 이끌어내며, 교사가 주장한 가치에 대해서 배우고 토론하며 신뢰 관계를 경험하도록 학생들에게 기회를 제공하는 데 초점이 맞추어져 있다. 그러므로 이 프로그램은 학습과 발달을 촉진하는 감정적으로 안정된 분위기 속에서 광범위하고 반복된 경험을 통한 학습과 관찰된 사례를 통한 학습을 결합한 것이다.

참고문헌

Adalbjanardottir, S. (1992). Fostering children's social conflict resolutions in the classroom : A developmental approach. In F. K. Oser, A. Dick, & J.-L. Patry(Eds.), Effective and responsible teaching : The new synthesis (pp. 397 -412). San Francisco : Jossey-Bass.

Adalbjanardottir, S. (1993). Promoting children's social growth in the schools : An intervention study. Journal of Applied Developmental Psychology, 14, 461-484.

Aronfreed, J. (1969). The concept of internalization. In D. Goslin (Ed.), Handbook of socialization theory and research (pp. 263-323). Chicago : Rand McNally.

Baldwin, A. L. (1955). Behavior and development in childhood. New York : Dryden.

Bandura, A. (1969). Social learning theory of identificatory process. In D. Goslin (Ed.), Handbook of socialization theory and research (pp. 213-262). Chicago : Rand McNally.

Batson, C. D. (1989). Personal value, moral principle, and a three-path model of prosocial motivation. In N. Eisenberg, J. Reykowski, & E. Staub (Eds.), Social and moral values : Individual and societal perspectives (pp. 213-228). Hillsdale, NJ : Lawrence Erlbaum.

Battistich, V., Schaps, E., Watson, M., Solomon, D., & Lewis, C. (2000). Effectss of the Child Development Project on students' drug use and other problem behaviors. Journal of Primary Prevention, 21(1), 75-99.

Battistich, V., Solomon, D., & Delucchi, K. (1990, Agust). Effects of a program to enhance prosocial development on adjustment. Boston : American Psychological Association.

Battistich, V., Solomon, D., Watson, M., Solomon, J., & Schaps, E. (1989). Effects of an elementary school program to enhance prosocial behavior on children' s social problem-solving skills and strategies. Journal of Applied Developmental Psychology, 10,147-169.

Battistich, V., Watson, M., Solomon, D., Schaps, E., & Solomon, J. (1991). The Child Development Project : A comprehensive program for the development of prosocial character. In W. M. Kurtines & J. L. Gewirtz (Eds.), Handbook of moral behavior and development. Vol. 3. Application (pp. 1-34). Hilllsdale, NJ : Erlbaum

Baumrind, D. (1989). Rearing competent children. In W. Damon (Ed.), Child development today and tomorrow (pp. 349-378). San Francisco : Jossey— Bass.

Bennett, W. J. (1991). Moral literacy and the formation of character. In J. S. Benninga (Ed.), Moral character and civic education in the elementary school (pp. 131-138). New York : Teachers College Press

Bennett, W. J. (1993). The book of virtues : A treasury of great moral stories. New York : Simon & Shuster.

Benninga, J. S. (1991a). Moral and character education in the elementary school : An introduction. In J. S. Benninga (Ed.), Moral, character and civic education in the elementary school (pp. 3-20). New York : Teacher College Press

Benninga, J. S. (1991b). Synthesis and evaluation in moral and character education. In J. S. Benninga (Ed.), Moral, character, and civic education in the elementary school (pp. 261-276). New York : Teachers College Press.

Berkowitz, M. (1997). The complete moral person : Anatomy and formation. In J. M. Dubois (Ed.), Moral issues in psychology : Personalist contributions to selected problems (pp. 11-42). Lanham, MD : University Press of America.

Berkowitz, M.W. (1981). A critical appraisal of the educational and psychological perspectives on moral discussion. Journal of Educational Thought, 15, 20-33.

Berkowitz, M.W. (1998). Finding common ground to study and implement character education : Integrating structure and content in moral education Journal of Research in Education, 8(1), 3-8

Berkowitz, M.W. (1996, November). The "plus one "convention revisited… and beyond. Ottawa : Association for Moral Education

Berkowitz, M.W., & Bier, M. (2005). The interpersonal roots of character education. In D.K. Lapsley & F.C. Power (Eds.), Character psychology and character education. South Bend, IN : University of Notre Dame Press.

Blatt, M., & Kohlberg, L. (1975). The effects of classroom discussion upon children's level of moral judgment. Journal of Moral Education, 4, 129-161.

Born, P., & Mirk, P. (1997). Building decisiion skills (2nd ed.). Camden, ME : Institute for Global Ethics.

Bowlby, J. (1969). Attachmnet and loss (Vol. I). Attachment. New York : Basic Books.

Burke, D. L. (1997). Looping : Adding time, strengthening relationships. Eric Digest : ED414098.

Burton, R. V. (1984). A paradox in theories and research in moral development. In W. M. Kurtines & J. L. Gewirtz (Eds.), Morality, moral behavior, and moral development (pp. 193-207). New York : Wiley.

DeVries R., & Goncu, A. (1987). Interpersonal relations between four-year-olds in dyads from constructivist and Montessori classrooms. Applied Developmnetal Psychology, 8, 481-501.

DeVries, R., Haney, J. P., & Zan, B. (1991). Sociomoral atmosphere in direct-instruction, eclectic, and constructivist kindergartens : A study of teachers' enacted interpersonal understanding. Early Childhood Research Quarterly, 6, 449-471

DeVries, R., Reese-Learned, H., & Morgan, P. (1991). Sociomoral development in direct-instruction, eclectic, and constructivist kindergartens : A study of children' s enacted interpersonal understandin. Early Childhood Research Quarterly, 6, 473-517.

DeVries, R., & Zan, B. (1994). Moral classrooms, moral children : Creating constructivist atmosphere in early education. New York : Teachers College Press.

Dewey, J. (1916/1966). Democracy and education. New York : The Free Press.

Durkheim, E. (1925/1961). Moral education : A study in the theory and application of the sociology of education. New York : Free Press.

Eisenberg, n. (1986). Altruistic emotion, cognition and behavior. Hillsdale, NJ : Erlbaum.

Eisenberg, n. (1987). Self-attributions, social interaction, and moral development. In W. M. Kurtines & J. L. Gewirtz (Eds.), Moral development through social interaction (pp. 20-40). New York : Wiley

Eisenberg, N., & Miller, P. (1987). The relation of empathy to prosocial and related behaviors. Psychological Bulletin, 101. 91-119.

Elliott, S. N. (1992). Caring to learn : A report on the positive impact of a social curriculum. Greenfield, MA : Northeast Foundation for children.

Elliott, S. N. (1995). The Responsive Classroom approach : Its effectiveness and acceptability. Final evaluation report. Washington, DC : Center for Systemic Educational Change, District of Columbia Public Schools.

Etzioni, A. (1994). The spirit of community : The reinvention of American society. New York : Touchstone.

Gibbs, J. C. (1987). Social processes in delinquency : The need to facilitate empathy as well as sociomoral resoning. In W.M. Kurtines & J. L. Gewirtz (Eds.), Moral development through social interaction (pp. 301-321). New York : Wiley.

Gilligan, C. (1982). In a different voice. Cambridge, MA : Harvard University Press.

Grusec, J. E. (1979). The role of example and moral exhortation in the training of altruism. Child Developmnet, 49, 920-923.

Grusec, J. E., Kuczynski, L., Rushton J. P., & Simutis, Z. M. (1979). Modeling, direct instruction, and attributions : Effects on altruism. Developmental Psychology, 14, 51-57.

Haidt, J. (2001). The emotional dog and its rational tail : A social intuitionist approach to moral judgement. Psychological Review, 108, 814-834.

Hartshorne, H., & May, M. A. (1928). Studies in the nature of character. I Studies in deceit. Book one : General methods and results. Book two : Statistical methods and results. (Vol.1). New York : Macmillan.

Hartshorne, H., May, M. A., & Maller, J. B. (1929). Studies in the nature of character. II. Studies in service and self-control. Book One : Studies in service. Book Two : Studies in self-control. (Vol.2). New York : Macmillan.

Hartshorne, H., May, M. A., & Shuttleworth, F. K. (1930). Studies in the nature of character. III. Studies in the organization of character. (Vol.3). New York : Macmillan.

Haste, H. (1996). Communitarianism and the social construction of morality. Journal of Moral Education, 25, 47–55.

Higgins, A. (1980). Research and measurement issues in moral education interventions. In R. L. Mosher (Ed.), Moral education : A first generation of research and development (pp.92–107).New York : Praeger.

Higgins, A., Power, C., & Kohlberg, L. (1984). The relationship of moral atmosphere to judgments of responsibility. In W. M. Kurtines & J. L. Gewirtz (Eds.), Morality, moral behavior, and moral development (pp. 74–106). New York : Wiley.

Hoffman, M. L. (1984). Empathy, its limitations, and its role in a comprehensive moral theory. In W. M. Kurtines & J. L. Gewirtz (Eds.), Morality, moral behavior, and moral development (pp.74–106). New York : Wiley.

Hoffman, M. L. (2000). Empathy and moral development. Cambridge, UK : Cambridge University Press.

Howes, C., & Ritchie, S. (2002). A matter of trust : Connecting teachers and learners in the early childhood classroom. New York : Teachers College Press.

Kohlberg, L. (1969). Stage and sequence : The cognitive-developmental approach to socialization. In D. Goslin (Ed.), Handbook of socialization theory and research (pp. 347–480). Chicago : Rand McNally.

Kohlberg, L. (1971). From is to ought : How to commit the naturalistic fallacy and get away with it in the study of moral development. In T. Mischel (Ed.), Cognitive development and epistemology (pp.151–231). New York : Academic Press.

Kohlberg, L. (1975). The Just Community School : The theory and the Cambridge Cluster School experiment, Collected papers from the Center for Moral Education (Chapter 29, pp. 21–77). ERIC Document Reproduction Service No. ED 223 511.

Kohlberg, L. (1976). Moral stages and moralization. In T. Lickona (Ed.), Moral development and behavior. New York : Holt, Rinehart & Winston.

Kohlberg, L. (1985). The Just Community approach to moral education in theory and practice. In M. Berkowitz & F. Oser (Eds.), Moral education (pp. 27-87). Hilsdale, NJ : Erlbaum.

Kohlberg, L., & Higgins, A. (1987). School democracy and social interaction. In W. Kurtines & J. Gewirtz (Eds.), Moral development through social interaction (pp.102-128). New York : Wiley.

Kohlberg, L., Lieberman, M., Power, C., Higgins, A., & Codding, J. (1981). Evaluating Scarsdale's "Just Community School" and its curriculum : Implications for the future. Moral Education Forum, 6(4), 31-42.

Lapsley, D. K. (2002, November). A social cognitive approach to the moral personality. Paper presented at the 28th Annual Meeting of the Association for Moral Education, Chicago, IL.

Leming, J. S. (1981). Curricular effectiveness in moral/values education. Journal of Moral Education, 10, 147-164

Leming, J. S. (1993). In search of effective character education. Educational Leadership, 51(3), 63-71.

Leming, J. S. (2000). Tell me a story : an evaluation of a literature-based character education programme. Journal of Moral Education, 29, 413-427

Leming, J. S. (2001). Intergrating a structured ethical reflection curriculum into a high school community service program : Impact on students' sociomoral development. Adolescense, 36, 33-45

Leming, J. s., Henricks-Smith, a., & Antis, J. (1997, March). An evaluation of the Heartwood Institute's "An Ethics Curriculum for Children." Paper presented at the annual meeting of the American Education Research Association, Chicago, IL.

Liebert, R. M. (1984). What develops in moral development? In W. M. Kurtines & J. L. Gewirtz (Eds.), Morality, moral behavior, and moral development (pp. 177-192). New York : Wiley.

Lockwood, A. L. (1978). The effects of values clarification and moral development curricula on school-age subjects : A critical review of recent research. Review of Educational Research, 48, 325-364.

McDougal, W. (1908). Social psychology. London : Methuen.

McQuaide, J., Fienberg, J., & Leinhardt, G. (1994). The Value of character : Final report on a study of the STAR program. Pittsburgh, PA : Learning Research and Development Center.

Mead, G. W. (1934). Mind, self, and society. Chicago : University of Chicago Press.

Nisan, M. (1984). Content and structure in moral judgement : An integrative view. In W. M. Kurtines & J. L. Gewirtz (Eds,), Morality, moral behavior and moral development. New York : Wiley.

Noddings, N. (1992). The challenge to care in schools : An alternative approach to education. New York : Teachers College Press.

Noddings, N. (2002). Educating moral people : A caring alternative to character development. New York : Teachers College Press.

Peck, R. F., & Havighurst, R. J. (1960). The psychology of character development. New York : Wiley.

Peters, R. S. (1981). Moral development and moral education. London : Allen & Unwin.

Piaget, J. (1932/1965). The moral judgment of the child. New York : Free Press.

Pitkanen-Pulkkinen, L. (1980). The child in the family. Nordisk Psykologi, 32(2), 147-157.

Power, C. (1988). The Just Community approach to moral education. Journal of Moral Education, 17, 195-208.

Power, F. C., Higgins, A., & Kohlberg, L.(1989). Lawrence Kohlberg's approach to care. Journal for a Just and Caring Education, 2(1), 9-24.

Reimer, J., & Power, C. (1980). Educating for democratic community : Some unresolved dilemmas. In R. J. Mosher (Ed.), Moral education : A first generation of research and development (pp. 303-320). New York : Praeger.

Rest, J. R. (1983). Morality. In J. Flavell & E. Markman (Eds.), Handbook of child psychology : Cognitive deveolpment (Vol. 3, pp. 556-629). New York : Wiley

Rosenhan, D. L. (1970). The natural socialization of altruistic autonomy. In J. Macauley & L. Berkowitz (Eds.), Alturism and helping behavior (pp. 251-268). Bew York : Academic Press.

Rushton, J. P. (1982). Social learning theory and the deveolpment of prosocial behavior. in N. Eisenberg (Ed.), The development of prosocial behavior (pp. 77-105). New York : Academic Press.

Ryan, K., & Bohlin, K. E. (1999). Building character in schools. San Francisco : Jossey-Bass.

Satnick, R. D. (1991). The Thomas Jefferson Center Values Education Project : A survey of administrators in the Los Angeles Unitied School District. Van Nuys, CA : California Survey Research.

Schaefli, A., Rest, J. R., & Thoma, S. J. (1985). Does moral education improve moral judgment? A meta-analysis of intervention studies using the defining issues test. Review of Educational Research, 55, 319-352.

Selman, R. L. (1980). The growth of interpersonal understanding : Developmental and clinical analyses. New York : Academic Press.

Slavin, R. E. (1987)/ Developmental and motivational perspectives on cooperative lerningL A reconcialiation. Child Development, 58, 1161-1167.

Solomon, D., Battistich, V., Kim, D., & Watson, M. (1997). Teacher practices associated with students' sense of the classroom as a community. Social Psychologt of Education, 1, 235-267.

Solomon, D., Battistich, V., Watson, M., Schaps, E., & Lewis, C. (2000). A six-district study of educational change : Direct and mediated effects of the Child Development Project. Social Psychology of Education, 4, 3-51.

Solomon, D., Watson, M., & Battistich, V. (2001). Effects of teaching and schooling on moral/prosocial development. In V. Richardson (Ed.), Handbook of research on teaching (4th ed.). Washington, DC : Ameriacan Educational Research Association.

Soloman, D., Watson, M., Battistich, V., Schaps, E., & Delucchi, K. (1992). Creating a caring community : Educational practices that promote children's prosocial developmnet. In F. K. Oser, A. Dick, & J. L. Patry (Eds.), Effective and responsible teachhing : The new synthesis (pp. 383-396). San Francisco : Jossey-Bass.

Solomon, D., Watson, M., Battistich, V., Scchaps, E., & Delucchi, K. (1996). Creating classrooms that students experience as communities. American Journal of

Community Psychology, 24, 719-748.

Solomon, D., Watson, M., Battistich, V., Chaps, E., Tuck, P., Sollomon, J., Cooper, C., & Ritchey, W. (1985). A program to promote interpersonal consideration and cooperation in children. In R. Slavin, S. Sharan, S. Kagan, R. Hertz Lazarowitz, C. Webb, & R. Schmuck (Eds.), Learning to cooperate, cooperating to learn (pp. 371-401). New York : Plenum.

Solomon, D., Watson, M., Schaps, E., Battistich, V., & Solomon, J. (1990). Cooperative learning as part of a comprehensive program designed to promote prosocial development. In S. Sharan (Ed.), Cooperative Learning : Theory and research (pp. 231-260). New York : Praeger.

Staub, E. (1978). Positive social behavior and morality : Social and personal influences. (Vol. 1). New York : Academic Press.

Stayton, D. J., Hogan, R. & Ainsworth, M.D.S. (1971). Infant obedience and maternal behavior : The origins of socialization reconsidered. Child Developmnet, 42, 1057-1069.

Sullivan, H. S. (1953). The interpersonal theory of psychiatry. New York : Norton.

Turiel, E. (1973). Stage transition in moral development. In R. M. W. Travers (Ed.), Second handbook of research on teaching (pp. 732-758). Chicago : Rand McNally.

Watson, M. (2003). Learning to trust : Transforming difficult elementary classrooms through developmental discipline. San Francisco : Jossey-Bass.

Watson, M., Solomon, D., Battistich, V., Schaps, E., & Solomon, J. (1989). The Child Developmnet Project : Combining traditiional and developmental approaches to values education. In L. Nucci (Ed.), Moral development and character education : A dialogue (pp. 51-92). Berkeley, CA : McCutchen.

Wood, C. (1994). Responsive teaching : Creating Partnerships for systemic change. Young Children, 50(1), 21-28.

Wynne, E. A. (1991). Character and academics in the elementary school. In J. S. Benninga (Ed.), Moral character and civic education in the elementary school (pp. 139-155). New York : Teachers College Press.

Wynne, E. A., & Ryan, K. (1993). Reclaiming our schools : A handbook on teaching character, academics, and discipline. New Yokr : Merrill.

6장

가치교육과 청소년 문제의 재검토

다니엘 패스코 주니어(D. Fasko, Jr., 미국 볼링그린 주립대)
제인느 오스본(J. Osborne, 미국 모어헤드 주립대)
드보라 에이블(D. Abell, 미국 모어헤드 주립대)

머리말

가치는 "옳음과 그름, 좋음과 나쁨, 적절한 행동과 부적절한 행동에 대한 기본적인 신념으로 일반적으로 표현되는 행동의 원칙 또는 기준"이라고 정의내릴 수 있다(Frymier et. al., 1996, p. 8). 심지어 프라이미어(Frymier, 1974)는 "가치란 자아 중심에 매우 가까이 자리한다"라고 생각했다(p. 9). 가치와 도덕은 자주 같은 현상으로 인식된다. 도덕적 개념은 정의(Justice), 옳음(rights)과 선의지(good will)를 포함하고 있다(Nucci & Weber, 2002). 누치와 웨버는 도덕과 관습을 구분한다. 그들은 "도덕은 사람들 사이의 관계에 내재한 쟁점들을 다룬다. 성 역할, 생활방식 등과 같은 사회적 관습들은 임의적이며, 또한 그것들을 이루고 있는 사회적 구조에 의해 결정된 사회적 행동 안에서의 합의된 일정기간의 불변한 틀이다"(p. 1)라고 정의한다. 블라지는 "(1) 만약 그것이 의도적인 반응이며, (2) 그 반응은 일종의 의무감에 의한 것이고, (3) 의무감이 하나의 이상을 지향한다면 도덕적인 행동이다"라고 제안했다(Blasi, 1987, p. 86). 윈(Wynn)과 라이언(Ryan, 1996)은 학교에서의 도덕을 인성교육, 학문교육과 훈육으로 언급하고 있다. 사실 그들은 존경, 책임감, 정직과 같은 전통적 가치들의 교수(teaching)를 강조했다. 로키치(Rokeach, 1973)는 가치란 "특정 행동양식이나 존재목적이 반대되는 행동양식 또는 존재목적이나 양식을 갖는 것보다 개인적 또는 사회적으로 더 바람직하다고 믿는 지속적인 믿음"이라고 정의했다(p. 5). 또 그는 가치를 "인식의 표현과 욕구의 변형"이라고 정의한다(p. 20).

바라쉬(Barash, 2003)는 "대부분의 윤리학적 체계들은 무차별적인 이타주의를 지지한다"고 말한다(p. B9). 한편 니체는 "덕(근면, 복종, 순결, 동정, 공정 등과 같은 것)은 덕을 소유한 사람들에게 가장 해로운 것들이다. 즉 만약 덕을 소유하고 있다면 덕의 피해자인 것이다!"라고 말한다(Barash 인용, 2003, p. B9).

가족과 가치

종종 대부분의 아이들은 자신들의 가족과 동일한 가치 관점을 보인다. 가족의 특별한 특징은 아이가 또래집단에 얼마나 많은 영향을 받을

지에 힘을 미친다. 예를 들어 한부모 가정에서 성장할 경우 어른에게 허락받는 행동을 하기보다는 또래집단의 압력에 더 많은 영향을 받는다는 특징을 보인다(Barber & Eccles, 1992). 누치와 웨버(2002)는 아이들이 성장해 가면서 박애, 평등, 호혜성과 같은 개념들의 이해가 증가된다고 보고한 바 있다. 뿐만 아니라 케이서, 코스트너, 레크스(2002)는 욕구가 가치에 영향을 미친다고 말하고 있다. 실제로 케이서와 라이언(1996)은 민주적인 양육방식들이 아이들이 욕구를 만족하게 하는 데 도움을 준다는 것과 아이들의 본질적인 가치들을 강화시킨다는 것을 알아낸 바 있다. 또한 권위적인 양육방식은 도덕발달을 향상시켰다(Baumrind, Damon, 1999, 인용).

청소년기 초기 이러한 가치 또는 사회적 규범은 또래집단의 영향을 받기 시작한다. 어른들이 승인한 행동과 또래가 승인한 행동 중 반드시 하나를 선택해야만 하는 도덕적 딜레마 테스트(MDT ; Bronfenbrenner, Devereux, Suci, & Rodgers, 1965)를 이용한 연구결과를 살펴보면, 아이들이 청소년기에 접어들게 되면 어떤 것을 결정할 때 또래 친구들에게 더 큰 영향을 받는다는 것을 알 수 있다. 사실 청소년 시기에 또래집단과의 관계에서 의사결정은 남자 아이들보다 여자 아이들에게서 더 크게 작용한다(Florez-Ortiz, 1994).

케이서(Kasser), 코스트너(Koestner), 리크스(Lekes, 2002)는 사회경제적인 지위(SES)가 아이들의 가치에 영향을 미친다고 주장한다. 이 주장을 뒷받침하기 위해서 그들은 케이서, 라이언, 젝스, 새머로프(1995)의 연구결과를 인용하고 있다. 즉 낮은 사회경제적인 지위를 배경으로 하는 아이들은 대부분 자율성, 관계성, 성장 동기와 같은 가치들에 주의를 기울이지 않는 특징을 보인다는 것이다. 그들은 나아가 낮은 사회경제적 지위(SES)에 처한 아이들이 물질적인 가치에 보다 많은 관심을 갖으려 한다는 것에 주목했다. 흥미롭게도 그들은 양육방식이 아이들의 가치에 영향을 끼친다는 것을 발견했다. 결과적으로 아이들의 가치는 어른들이 갖고 있는 가치인 것이다. 예컨대 어머니의 제한적 양육방식은 순종적 가치의 발달과 관련성이 있었다. 또한 아이들은 부모들이 보다 냉담한 경우에는 자신들이 성인이 되었을 때 안정감에 가치를 두려고 한다.

데베뢰(Devereux, 1972)는 가치발달은 부모들의 권위가 갖고 있는 성향에 영향을 받는다고 주장한다. 만약 부모의 양육방식이 독재적이며 권위주의적이라면 아이들은 사회적 규범의 내면화에 어려움을 겪는다. 그렇지만 부모의 양육방식이 권위적이면 어른들에 의해서 지지되는 습관의 내면화는 보다 용이하게 발생할 것이다. 사회적 규범의 내면화가 덜 된 경우 그 아이는 아마도 어른들의 권위가 부재할 경우 유혹에 넘어갈 가능성은 보다 크게 나타날 것이다.

민족적 그리고/또는 문화적 양육 전통은 종종 미성숙한 행동을 보이는 청소년들의 결정에 직접적인 관련성을 갖는다(Devereux, 1972). 예를 들면 젊은 히스패닉계 미국인 소녀들은 가족이나 친척을 가장 중요한 가치로 배운다.

청소년과 가치

자기 평가목록을 작성한 청소년들의 연구를 살펴보면 어른들의 가치와 연관된 것들은 또래에 의해 수용된 것들과 부적 상관관계를 보였다(Allen, Weissberg, & Hawkins, 1989). 그러므로 청소년기에 접어든 아이들은 독자적인 가치탐색을 하는 단계로서 부모들의 가치에 대해 거부 반응을 보이게 된다(Fasick, 1984). 그러나 아이들은 결국 부모의 기본적 가치들을 드러내게 되며, 성장하는 동안 이러한 가치들의 정당성을 충실히 지킨다(Roscoe & Peterson, 1989).

또 청소년들은 아동기와는 다른 차이를 보인다. 즉 공정에 대한 관심과 함께 평등에 대한 관심을 통합하려는 문제에 도덕적 이해를 적용하려고 하며, 또한 청소년들은 자신들의 도덕공동체로 확장된 감정과 도덕적 이해를 연결시키려 한다(Nucci & Weber, 2002, p. 3). 데이먼(1999)은 아동기의 아이들은 공정성이라는 것을 믿으며 그렇게 행동하지만 청소년들은 자신들이 정직하고 배려하는 사람이라고 믿는다고 업급했다.

학교와 가치

가족과 문화적 차이의 영향과 더불어 학교는 가치를 준수하고 가르치며 배우는 작은 공동체이다. 교사들의 의도와는 상관없이 그들의 신념과 가치는 학생들에게 모델링 되어 배움의 기회를 제공한다. 사실 교육 현장의 대부분은 교사의 역할을 단지 전문적인 정보를 제공하는 기계적 존재 또는 적당한 학문적 배움의 경험을 제공하는 사람으로서의 역할로만 생각하지 않는다. 교사는 전문적이고 윤리적으로 행동하기 위해 노력한다. 그리고 그들은 아이들을 배려하면서 긍정적인 가치들을 발달시키는 변화의 기폭제로 기여하는 도덕적 모범자로 여겨진다(Beyer, 1997 ; Campbell, 1997 ; Goodlad, Soder, & Sirotnik, 1990 ; Luckowski, 1997). 또 아론과 로렌스(1980)는 "학교 교육은 … 필연적으로 … 가치의 주입자 이다"라고 이해한다(p. 309). 흥미롭게도 인격교육을 지지하는 사람들은 핵심 가치를 학교의 모든 국면에 반영되어야 한다고 믿는다(Martin, 1996). 실제로 1994년의 공공의제 조사(public agenda survey)에서 마틴 (1996)은 미국인의 71%가 학문적 성격의 과목을 가르치는 것보다는 가치의 교육을 더욱 중요하게 생각한다는 것을 조사했었다. 리코나(1991)는 그의 인격교육론에서 교육자는 학술적 교육과정을 통해서 가치를 가르쳐야 한다고 제안한다.

크노프(2003)는 현재 활용할 수 있는 인격교육 프로그램과 교육과정들이 예상되는 행동들과 기술을 만들어내지 못할 수 있다고 진술한 바 있다(p. 39). 안타깝게도 대부분의 인격교육 프로그램들은 근본적이면서도 분명한 목표, 결과적 행동에 대해서 가르치지 않는다(Knoff, 2003). 또한 크노프는 현재의 인격교육(CE) 프로그램이 단지 "정직, 협동, 공감, 공정, 평등"의 구성적 논의만을 하고 있다고 지적한다(p. 39). 특히 데이먼(1999)의 연구는 이것이 공감과 관련되어 있다는 것에 의견을 같이하고 있다. 그는 아이들의 공감능력이 초기부터 나타난다는 주장을 수용했지만, 아이들의 공감하려는 성향과 이타적이 되려는 성향은 반드시 그 아이의 사회적 경험을 통해서 가르쳐져야 한다고 주장했다. 그러나 크노프에 따르면 이러한 프로그램들이 성공하려면 학생들에게 앞서 언급한 구성요소들을 행동적 측면에서 가르쳐야 한다. 그는 이러한 프로그램들의 근거가 충분치 못하다고 비판했다. 즉 그들은

"의미 있는 시간 동안 다양한 학생집단의 행동적 결과"를 증명하지 못했다는 것이다(p. 39).

발로그(2003)는 대학에 들어갈 때 청소년들은 이미 폭넓은 일련의 가치를 갖고 있다고 언급했다. 이러한 가치 중 일부는 학업에서의 부정행위와 같은 친사회적인 아닌 가치들도 있다. 사실 헤이스, 디코프, 라베프, 클락(1986)은 학업에서의 부정행위는 고등학교와 대학에서 매우 일반적이라고 보고한 바 있다. 젠센, 아넷, 펠드먼, 코프만(2002)은 학업에서의 부정행위는 "학생들이 다른 학생의 과제물을 마치 자신의 것인 양 제출하려는 시도"라고 정의내렸다(p. 210). 부정행위의 형태가 꼭 이런 것들에만 국한되는 것은 아니지만 시험문제 몰래 보기, 다른 학생 과제물 베끼기, 그리고 표절이 부정행위로 포함된다. 재미있는 것은 젠센 등이 고등학생들이 대학생들보다 부정행위를 더 많이 한다고 보고하고 있는 것이다(예를 들면 Davis, Grover, Becker, & McGregor, 1992 ; Davis & Ludvigson, 1995). 게다가 일반적으로 부정행위를 하는 고등학생들은 시골지역에 거주하는 것으로 나타났다(Cochran, Wood, Sellers, Wilkerson, & Chamlin, 1995). 이러한 결과는 우리에게 특별한 홍밋거리이며, 후속 연구에서 고려사항을 제공해 준다.

흥미롭게도 젠센 등(2002)은 청소년들이 그들이 도덕적 평가를 할 때 동기를 고려한다고 보고했다. 젠센 등(2002)은 다양한 방법을 통해서 부정행위와 관련하여 학생들이 19가지 동기들을 고려하고 있음을 알아냈다(p. 215, Jensen의 부정행위에 있어서의 동기 목록 연구, 참조). 가장 수용적인 네 가지 동기는 "낙제를 받게 될 수 있다"였으며, 가장 적게 받아들여진 동기 네 가지는 부정행위에 대해서 "별 것 아니야"와 같은 진술들이다(p.

217, Jensen의 동기들의 완결 리스트에 관한 연구 참조).

또 젠센 등(2002)은 여학생들이 학업에서의 부정행위가, 특히 커닝에 있어서 19개의 동기 중에서 16개를 수용 가능하다고 말하는 것을 발견했다. 남학생들은 "다른 사람의 숙제를 베끼는 것"과 같은 학업에서의 부정행위인 6개의 행동 중에서 4개가 여성들보다 높게 나타났다.

게다가 19개의 동기 중에서 16개는 고등학생들이 대학생들보다 부정행위에 관해 관대하게 나타났다(p. 221, Jensen의 행동 목록 참조). 성차와 부정행위에 관한 결과가 모두 흥미롭기는 하지만 특히 고등학생과 대학생의 차이에 관한 결과는 우리에게 특별한 관심을 주고 있다. 구체적으로 말하자면 고등학생들의 응답에서 그러한 점이 발견된다. 이러한 이슈에 대해서는 이 장 뒷부분에서 좀 더 논의하도록 하겠다.

또한 에반스와 크레이그(1990)는 7학년에서 대학생까지의 학생들을 연구하였고, 고등학교 기간 동안 학업에서의 부정행위가 가장 높은 단계에 이른다는 것을 발견했다. 이 결과는 청소년기 중기에 도둑질과 거짓말과 같은 행동들이 가장 높게 나타난다는 것을 연구한 켈티칸가스-샤르비넨과 린드만(1997)의 예를 통해서 확인할 수 있다. 젠센 등은 보다 자기 절제력이 있는 청소년들이 학업에서의 부정행위에 덜 관대하고 덜 수용적이라는 것을 발견했다. 그러므로 충동적인 남고생들은 좀 더 자율적 행동을 하는 여학생들보다 학업 중 부정행위에 대해 더 관대하며 허용적이었다.

파이 델타 카파 연구

초기 파이 델타 카파(Phi Delta Kappa)의 핵심 가치 연구(SCV)가 보여주려 한 질문 중의 하나는 "우리가 동의할 수 있는 어떤 가치가 있을까?"였다(Frymier, Cunningham, Duckett, Gansneder, Link, Rimmer, & Scholz, 1995, p. 1). 프라이미어 등의 연구결과 중 두 가지는 이 장에서 주목해 볼 만하다. 즉 (1) "교육자들은 학교에서 아이들이 배우는 중요한 가치로서 민주적 가치들을 수용한다"는 것과 (2) "우리 사회가 동의하는 많은 가치들이 존재한다"는 것이다(p. 3). 이러한 가치들은 정직, 정중함, 평등, 학습, 자유, 책임감, 정의, 배려, 관용(Frymier 등, 1995 ; Lickona, 1993 ; Traiger, 1995)과 공감, 협동, 이타심(Lapsley, 1996)을 포함하고 있다. 그러므로 이러한 가치들은 폭넓은 사회적 동의를 형성하는 것으로 나타난다.

교육자들과 고등학생의 가치인식과 관련하여 헤거(Heger, 1995)는 파이 델타 카파의 핵심 가치 연구에서 교사들이 학생들의 가치를 과소평가하고 있다는 것을 발견했다. 사실 그는 부정행위에서 하나의 예외를 발견했는데, 학생들의 가치는 예상했던 것보다 더 인습적이며 호의적인 태도를 보였다. 또한 프라이미어 등(1996)은 3개 도시의 9개 고등학교를 연구한 결과 실제로 학생들이 응답한 것과 비교해 보았을 때 교사들은 일부의 학생들의 가치 진술에 대해 비교적 정확하게 예상하고 있었다고 밝히고 있다. 또한 "교사들은 대부분 실제보다 더 여러 상황에서 학생들을 부정적으로 평가하고 있다"는 것도 밝혀냈다(p. 3). 그들은 설문에 참여한 학생들과 교사들이 같은 학교가 아니라는 것을 경고했다. 그들의 설문조사에서 상당 부분 모순점을 발견했기 때문에 프라이미어 등(1996)은 교육자들이 자신들이 느끼는 것처럼 학교가 가치를 가르치고 있지 않다고 주장한다. 왜냐하면 많은 교육자들(예를 들어 Soder, Bushweller 인용, 1995)은 학교의 주요한 목적 중 하나는 학생들에게 "민주적 삶 속에서 도덕적이고 윤리적인 책임감"을 가르쳐야 한다고 주장하기 때문이다(p. 27). 폭력문제와 같은 사회문제들을 고려해 볼 때 트레이거(Traiger, 1995) 또한 학교가 가치 있고 윤리적인 쟁점에 대해서 고심해야 하는 것은 중요한 일이라고 언급한다.

예전의 조사에서 패스코(Fasko), 오스본(Osborne), 그룹(Grubb), 오크스(Oakes, 1995)는 동부 켄터키 지방의 학교 교육자와 관리자들을 대상으로 표본조사를 하였다. 그 결과 교육자와 관리자들은 자신들이 속해 있는 학교의 십대들은 권위주의를 극복하고 민주주의의 이상에 동의하며, 학생들은 미국의 일반적인 십대들처럼 또래의 압력에 민감하고 부모들의 이해를 간절하게 생각할 것이라 믿고 있다는 것을 발견했다. 또한 십대들은 자신의 세대가 "참 어렵고 힘들다"는 것을 느끼며, (1) 그들의 부모가 간직하고 있는 가치가 무엇인가, 또는 (2) 실제 생활 속에서 정직의 역할이 어떻게 작용해야 하는지 불확실해 한다는 것을 보여준다. 그러나 이러한 표본과 파이 델타 카파의 SCV의 전국적인 교육적 표본 모두 "근본적으로 민주주의는 사람들이 정직에 의해 좌우된다"는 십대들의 예상된 답변에 대해 합의에 이르지 못하고 있음을 말하고 있다. 동부 켄터키의 교육자들의 7%는 십대들이 "아니다"와 같은 부정적 진술을 할 것이라고 평가한 반면 미국의 전체적인 교육자의 62%는 십대들이 "예"라고 답할 것이라고 예상했다.

청소년의 가치와 신념들에 관한 후속 연구(Fasko, Osborne, & Grubb, 1997)에서는 십대들의 신념에 대한 교육자/관리자들의 예상과 실제 십대들이 그들과 다른 사람들에 대해 자기 보고한 신념에 대한 연구에서의 차이점과 공통점을 강조하고 있다. 일반적으로 설문에 참여한 어른들은 실제로 십대들이 진술한 것보다 그들이 더 가치 없거나 부정적인 가치 진술을 할 것이라고 예상했다. 청소년들은 "나를 아는 사람들이 나를 정직하고 올곧은 사람이라고 생각하는 것은 중요하다"와 같은 진술을 하며, 긍정적인 핵심 가치로 짐작되는 10가지 진술에 합의하고 있었다. 그들은 또한 "우리 세대는 부모 세대보다 거짓말을 하거나 속임수를 쓰는 경향이 있다"와 같은 진술을 하며 긍정적 핵심 가치가 결여된 것으로 지적된 9개의 진술에 대해서도 결정을 내렸다. 교육자들은 학생들이 많은 긍정적인 가치와 신념을 갖고 있다고 예상했다. 하지만 동시에 교사들은 학생들이 스스로 답변한 것보다 두 배나 많게 학생들이 가치가 없어 보이는(긍정적 핵심 가치가 결여된 것으로 지목된) 신념을 갖을 것으로 예상했다. 연구 내내 드러난 일관된 흐름은 어른들과 청소년들 모두 각자 다른 사람들의 가치와 신념들에 대해서는 의심을 갖고 냉소적인 태도를 갖고 있으면서도 자신들이 갖고 있는 긍정적인 핵심 가치 신념에 대해서는 일관된 주장을 하고 있다는 것이다.

사전에 십대들이 가치 진술에 어떻게 응답할 것인가를 예상하도록 교사에게 물어보고 십대들에게 실제 그들의 생각을 물어보았다. 이를 통해서 우리는 교육자들이 어떤 식으로 생각을 진술하는지 확인하고 싶었다(Grubb, Osborne, & Fasko, 1997). 교사들은 43개의 가치 진술 중 38개에서 일치된 응답을 보였다. 일반적으로 교사들은 십대들이 힘든 세상 속에서 살아가고 있다는 생각을 했다. 그러나 십대들의 행동은 가치의 관점에서 살펴보았을 때 다음과 같은 많은 부정적 사례들이 존재한다고 진술하고 있다. "학교에서 대부분의 학생들은 그들의 속임수에 대해서 진심어린 관심을 갖고 있지 않다"(예를 들어 71%), "만약 들키지 않는다는 확신이 든다면 십대들은 자신들이 정말로 원하는 일을 얻기 위해 필요하다면 거짓말을 할 것이다"(예를 들어 67%), 그리고 "십대들은 친구들이 부추겼을 때 가끔 약물을 이용한다"(예를 들어 92%). 반면 개인적 성격이 강한 가치가 반영된 생각에서는 상당히 일치된 응답을 보였다. "이론적으로는 정직한 것이 좋은 생각이지만 모든 사람은 살다보면 때로는 속임수를 쓰기도 한다"(아니다, 67%), "오늘날 우리 사회에서 사람들은 최소한의 경우에 있어 성공을 위해서라면 거짓말이나 속임수를 써야 한다"(아니다, 90%), 그리고 "근본적으로 민주주의는 사람들의 정직에 의해 좌우된다"(예를 들어 87%).

이 장에서 우리는 북동 켄터키 지방의 고등학교에게 물었던 질문인 "당신이 진심으로 믿는 것은 무엇인가"에 대한 청소년들의 설문 조사 결과를 종합할 것이다. 이 질문은 파이 델타 카파에서 최초로 만든 설문 도구이며, 최근 많은 사람들이 동의하고 있는 잠재적 핵심 가치 세트를 발견하는데 기여한 현재의 저자들에 의해서 수정되었다.

연구방법

참가자

표본은 동부 켄터키 3개 지역의 고등학교 교사들과 관리자, 학생들로 구성했다.

자료

파이 델타 카파(1996)에 의해 개발된 두 개의 설문조사는 교사, 행정직 관리자, 학생들로부터 데이터를 모으는 데 사용되었다. 최초의 설문조사는 '십대들은 어떻게 응답할 것인가?'이며, 43개의 항목으로 구성되었다. 이것은 관리자와 교사들이 십대들은 어떻게 그들의 가치 진술 목록에 응답할 것으로 예상하는지 알아보기 위해 활용되었다. 그리고 '당신이 진심으로 믿는 것은 무엇인가?' 는 43개의 항목으로 구성되었는데, 앞선 설문조사와 일치한 것으로 십대들이 실제로 믿는 가치 진술이 무엇인가를 도출하기 위한 것이다. 또 '당신이 정말로 믿는 것은 무엇인가?' 는 교사들의 설문 진술에서 교사들만의 가치가 반영되었는가에 대하여 동의하는지 동의하지 않는지를 묻기 위해 조절되었다[Fasko, Osborne, & Grubb(1997), 연구에 사용된 설문조사 참조].

절차

1994년 가을, '십대들은 어떻게 응답할 것인가?'에 대한 조사는 동부 켄터키 3개 지역의 중학교와 고등학교 교사, 교장, 관리자를 대상으로 실시되었다. 응답자는 교장 2명, 교육장 1명, 교사 31명이었다. 데이터 결과는 행정 관리자들의 응답이 낮은 빈도를 나타냈기 때문에 함께 취합했다. 연구의 목적과 설명을 포함한 설문조사지는 지역 및 학교 관리자에게 연구에 대한 설명을 한 후 학교에 배포했다. 설문조사에 응하는 총시간은 대략 30분 정도 소요되었다. 우편료는 조사자들이 선불로 지불했고, 응답자들은 설문지를 이미 주소가 적혀진 봉투에 동봉해서 우편으로 돌려주었다. 응답자들은 파이 델타 카파가 제공한 광학 스캔 설문형식으로 응답했다. 파이 델타 카파는 데이터를 회수했으며, 데이터는 프라이미어 등(1995)의 파이 델타 카파의 가치 연구에도 활용되었다.

1997년 이른 봄, 앞선 3개 표본 학교의 십대들은 '당신이 진심으로 믿는 것은 무엇인가?'에 대한 질문지를 가지고 설문조사에 참여했다. 다시 연구자들은 설문연구의 일부를 설명하고 학생들을 대상으로 설문조사가 이뤄질 수 있도록 허가를 얻기 위해 학교 관리자들을 만났다. 십대 표본은 동부 켄터키 지역의 고등학생 555명으로 구성되었다. 이 학생들은 각각 4개 학년(신입생부터 졸업생)을 대표하도록 여러 홈룸[5](또는 동등한 그룹)에서 선택되었다. 각 고등학교는 각 학년별 그룹에 한 개의 교실을

---

5) 홈룸(homeroom) 학생들이 출석 점호 등을 위해 등교하면 모이는 교실

제공했다. 홈룸에 참여하게 된 모든 학생들은 설문조사에 참여하였다. 교사들은 연구자들이 설문지를 취합할 수 있도록 학교 관리자에게 보내주었다. 학생들이 응답한 설문지는 스캔이 가능한 형태의 설문지였다.

1997년 늦은 봄, '당신이 진심으로 믿는 것은 무엇인가?'의 수정된 버전의 설문조사가 동부 켄터키 지역의 3개의 동일 표본 고등학교 교사들에게 실시되었다. 학교와 지역 관리자들에게 협조를 얻은 후 각 학교의 모든 교사들에게 연구에 관한 소개와 방향에 관한 편지가 동봉된 설문지를 배부했다. 연구자는 설문지를 학교 관리자에게 전달하였고 2주 후 취합했다. 이 설문지의 응답은 스캔 가능한 형태로 다시 기록되었다.

결과의 요약

우리 연구의 초점은 십대들이 가지고 있는 신념과 십대들에 대한 교사들의 투사, 교육자들이 가지고 있는 신념을 조사하는 것이었다[항목과 항목 간의 완벽한 비교는 Fasko, Osborne, Grubb(1997)의 연구 표 1A-7A에 게재되어 있다]. 설문조사의 항목들은 대부분 다음의 범주, 즉 정직, 책임감, 민주주의/자유, 종교, 도덕적 행동, 윤리로 나누어졌다.

정직. 우선적으로 정직에 관한 이슈들은 10개의 항목으로 범주화되었다(항목 1, 4, 5, 6, 7, 8, 9, 10, 11, 43). 교사와 학생 대부분은 정직을 가장 중요한 것이라고 답했으며, 또 그들은 정직한 행동에 관심을 가졌다. 그러나 그들은 다른 사람들은 '덜 정직한 행동을 할 것'이라는 의견을 투사했다. 특히 교사들은 십대들이 십대 스스로 바라보고 판단하는 것보다 덜 정직할 것이라고 예측했다([도표 6.1, 6.2, 6.7] 참조).

책임감. 개인적인 책임감을 반영한 항목은 3개가 있었다(항목 2, 3, 41). 교육자와 교사 모두 오늘날 세계는 살아가기가 이전보다 더 험해졌다고 느꼈다. 또한 두 집단 모두는 오늘날의 십대들은 이전 세대들보다 이기적이라는 부정적인 의견을 표명했으며, 사람들이 잘못을 바로잡으려는 의지가 없다고 응답했다([도표 6.1, 6.7] 참조).

민주주의/자유. 민주주의적 가치와 자유에 관한 이슈들은 8개의 항목에 반영되었다(항목 12, 13, 14, 15, 16, 17, 18, 19). 흥미롭게도 이 항목에서는 분명한 응답 패턴이 나타나지 않았다. 예를 들면 14번 항목에 반영된 언론의 자유는 강하게 지지되었지만 13번 항목에 반영된 출판의 자유는 그렇지 않았다. 교사들은 민주적 신념에 대해서 확고하면서도 학생들에 대해서는 이 문제에 대해서 그렇지 않을 것이라고 예상했다. 그러나 십대들의 실제 신념은 대부분 교사들의 신념들과 동일한 경향성을 나타내고 있었다([도표 6.2-6.4] 참조).

종교. 종교적 신념을 반영한 항목은 4개가 있었다(항목 20, 21, 22, 23). 교사와 십대 모두 좋은 사람이 되기 위해 신이 필요하다는 신념에 대해서는 거부했으며, 대부분의 교사와 십대들은 미래의 운명은 어떻게 삶을 살아가느냐에 달려 있다고 생각했다. 흥미로운 것은 분명한 결정을 내리지 못한 학생들은 신앙심이 삶의 문제를 푸는 데 있어 이성보다 더 중요하다고 생각하는 경향이 있었다. 반면에 교사들은 그 반대였다. 십대들은 신이 모든 것을 통제한다는 것에 대해 분명한 결정을 내리지 못했으며, 교사들의 예상도 그러했고, 그들은 개인적 신념에 따라 진술을 거부했다([도표 6.4] 참조).

도덕적 행동. 음주, 약물복용, 성(性) 등의 영역에서 학생들의 행동들을 다룬 항목은 3개이다(항목 27, 28, 29). 교사들은 압도적으로 십대들은 술을 마시며, 약물을 복용하고, 성과 관련된 행위를 한다고 믿었으며, 학생들 역시 그들 스스로 그렇게 믿을 것으로 예상했다. 학생들은 그들 자신들의 모습에 대해서 좀 더 보수적인 모습을 보였고, 약물복용에 대해서는 강한 거부감을 나타냈다. 그러나 그들은 음주나 성과 관련된 문제에서는 다소 판단을 주저하는 모습을 보였다.

윤리의식. 잘못된 것으로부터 옳은 것을 바로 아는 것에 관한 이슈를 반영한 진술은 9개로 구성되었다(항목 25, 31, 32, 33, 34, 36, 37, 38, 40). 교사와 십대들은 윤리의식이 그들의 성장과정과 일치한다는 데 같은 생각을 보였다. 교사들은 또래들이 십대들의 옳고 그름의 신념에 있어서 매우 큰 영향력을 행사한다고 생각했으며, 십대들은 이러한 진술을 철저히 거부했다. 십대들은 옳고 그름에 대한 배움을 부모로부터 영향받는다고 생각했으나 교사들은 십대들의 윤리의식에 대해서 부모들의 영향력에 대해서 분명하게 답하지 않았다([도표 6.5-6.7] 참조).

[도표 6.1] "당신이 진심으로 믿는 것은 무엇인가?"에 대한 응답

섹션 1 : 1-7번 설문항목에 대한 가치 진술
[켄터키 북동부 지역 고등학교 학생 555명 대상/1997년 봄]

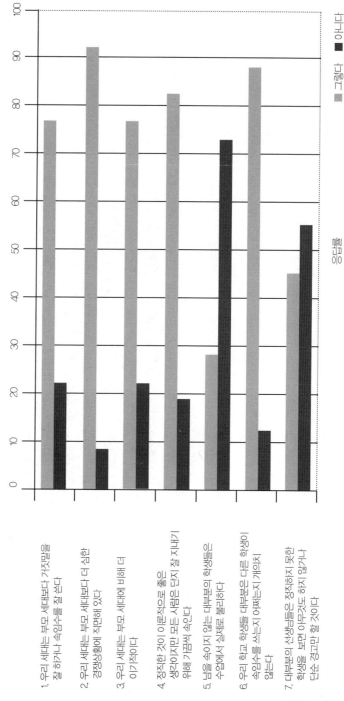

1. 우리 세대는 부모 세대보다 거짓말을 잘 하거나 속임수를 잘 쓴다

2. 우리 세대는 부모 세대보다 더 심한 경쟁상황에 직면해 있다

3. 우리 세대는 부모 세대에 비해 더 이기적이다

4. 정직한 것이 이론적으로 좋은 생각이지만 모든 사람은 단지 잘 지내기 위해 가끔씩 속인다

5. 남들 속이지 않는 대부분의 학생들은 수업에서 실제로 불리하다

6. 우리 학교 학생들 대부분은 다른 학생이 속임수를 쓰는지 아쩨는지 개의치 않는다

7. 대부분의 선생님들은 정직하지 못한 학생을 보면 아무것도 하지 않거나 단순 경고만 할 것이다

응답률

그렇다 ■ 아니다

[도표 6.2] "당신이 진실으로 믿는 것은 무엇인가?"에 대한 응답

섹션 2 : 8-12번 설문 항목에 대한 가치 진술
[켄터키 북동부 지역 고등학교 학생 555명 대상/1997년 봄]

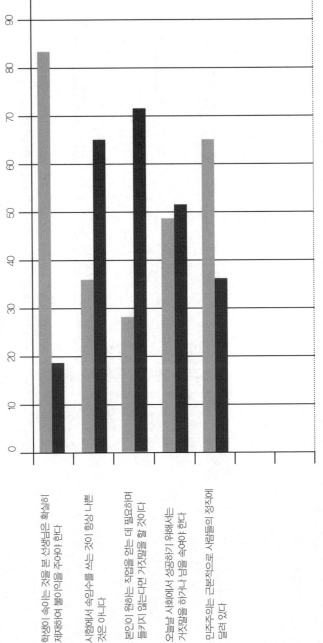

동의함 ■   그렇지 않음 ▨

응답률

8. 학생이 속이는 것을 본 선생님은 확실히
   재제하여 불이익을 주어야 한다

9. 시험에서 속임수를 쓰는 것이 항상 나쁜
   것은 아니다

10. 본인이 원하는 지얼을 얻는 데 필요하며
    들키지 않는다면 거짓말을 할 것이다

11. 오늘날 사회에서 성공하기 위해서는
    거짓말을 하거나 남을 속여야 한다

12. 민주주의는 근본적으로 사람들의 정직에
    달려 있다

[도표 6.3] "당신이 진심으로 믿는 것은 무엇인가?"에 대한 응답

섹션 3 : 13-17번 설문항목에 대한 가치 진술
[켄터키 북동부 지역 고등학교 학생 555명 대상/1997년 봄]

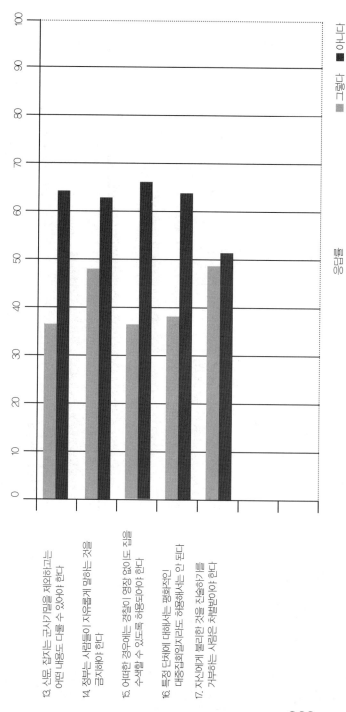

[도표 6.4] "당신이 진심으로 믿는 것은 무엇인가?"에 대한 응답

세션 4 : 18~24번 설문항목에 대한 가치 진술
[켄터키 북동부 지역 고등학교 학생 555명 대상/1997년 봄]

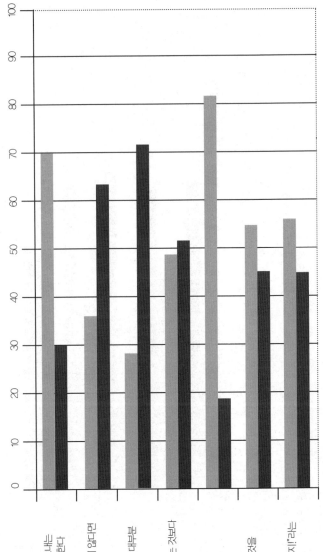

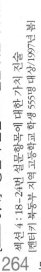

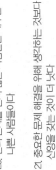

[도표 6.5] "당신이 진심으로 믿는 것은 무엇인가?"에 대한 응답

섹션 5 : 25-31번 설문항목에 대한 가치 진술
[켄터키 북동부 지역 고등학교 학생 555명 대상/1997년 봄]

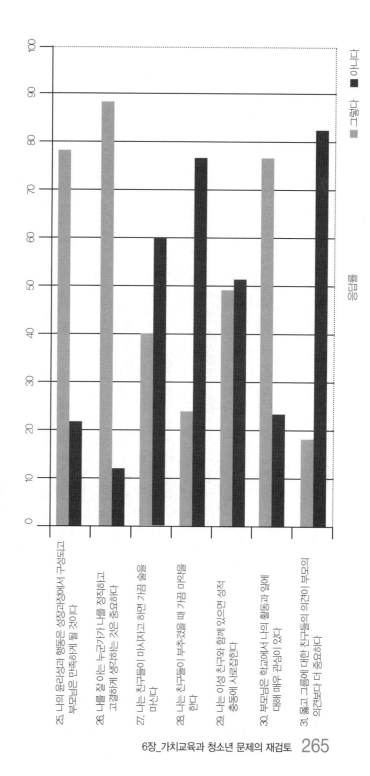

섹션 6 : 32-37번 설문항목에 대한 가치 진술
[켄터키 북동부 지역 고등학교 학생 555명 대상/1997년 봄]

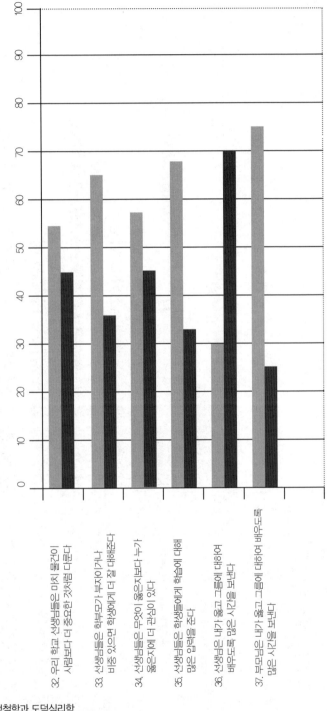

응답률

32. 우리 학교 선생님들이 마치 물건이 사람보다 더 중요한 것처럼 다룬다

33. 선생님들은 힘부모가 부자이거나 비중 있으면 학생에게 더 잘 대해준다

34. 선생님들은 무엇이 옳은지보다 누가 옳은지에 더 관심이 있다

35. 선생님들은 학생들에게 학습에 대해 많은 압박을 준다

36. 선생님은 내가 옳고 그름에 대하여 배우도록 많은 시간을 보낸다

37. 부모님은 내가 옳고 그름에 대하여 배우도록 많은 시간을 보낸다

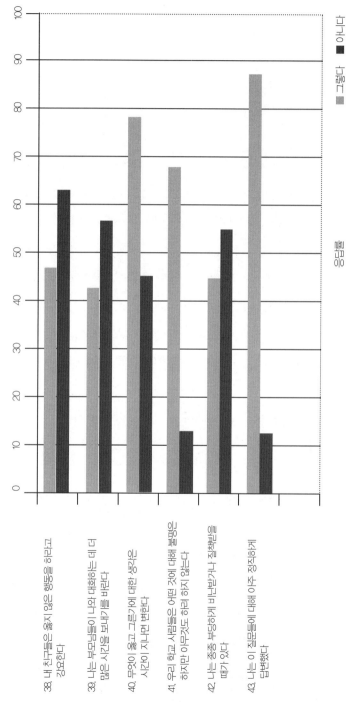

[도표 6. 7] "당신이 진심으로 믿는 것은 무엇인가?"에 대한 응답

섹션 7 : 38~43번 설문항목에 대한 가치 진술
[켄터키 북동부 지역 고등학교 학생 555명 대상/1997년 봄]

38. 내 친구들은 옳지 않은 행동을 하려고 강요한다

39. 나는 부모님들이 나와 대화하는 데 더 많은 시간을 보내기를 바란다

40. 무엇이 옳고 그른가에 대한 생각은 시간이 지나면 변한다

41. 우리 학교 사람들은 어떤 것에 대해 불평은 하지만 아무것도 하려 하지 않는다

42. 나는 종종 부당하게 비난받거나 질책받을 때가 있다

43. 나는 이 질문들에 대해 아주 정직하게 답변했다

그렇다 ■ 아니다

응답률

결론

연구적 함의

민주적 가치와 권위주의적 가치의 대결에서 가치가 중요하다는 것에 우리가 동의한다 하더라도 우리 사회는 범죄, 약물남용, 십대들의 임신, 증오의 말, 폭력과 같은 가치와 관련된 수많은 문제들에 직면해 있다(Frymier 등, 1995). 이는 앞으로 정직, 예의, 평등, 학습, 자유, 책임감(Frymier 등, 1995)과 앞서 언급된 가치와 관련된 문제 사이의 관계를 밝혀내기 위한 연구가 수행되어야 함을 보여준다. 또한 현재 연구결과를 기초해 보면 당면한 연구 관심 영역은 부모들이 생각하는 십대 자녀들의 가치 진술과 실제 십대 청소년들이 대답한 가치 진술을 비교해 보는 것이다. 또한 그 다음 비교연구는 십대들의 응답에 대한 교사와 부모들의 투사된 모습과 부모, 교사, 청소년들이 중요시하는 신념에 대한 비교가 이뤄져야 할 것이다.

실제적 함의

여러 가치들이 중요하다는 것에 우리가 동의하고 있으며, 학교가 어린아이들과 청소년들에게 민주적 가치들을 심어주는 중요한 행위주체라는 것에도 동의한다. 그러므로 학교는 학생들에게 이러한 가치들을 발달시킬 수 있는 적절한 방법을 구성해야만 한다. 우리들의 연구 데이터를 기초해 생각해 본다면 교사들은 일반적으로 지역적·종교적 성격이 반영된 가치에 대해서 보수적인 신념을 갖고 있었다. 또한 그들은 설문조사에 명시된 민주적 가치를 강하게 지지했다. 그러나 프라이미어 등(1996)의 도시 학교에서의 교사들에 관한 연구결과에서 확인할 수 있는 것처럼 교사들은 대체로 자신들의 학생들과 그 행동에 대해서는 비관적인 판단을 하고 있었다. 사실 교사들은 도덕적 행동에 있어서 부모들의 영향력보다 또래들의 영향력이 더 크다고 생각했다. 또한 교사들은 이러한 또래들의 영향력이 상당 부분 부정적이라고 여기고 있었다. 보다 긍정적인 측면에서 살펴본다면 교사들은 윤리적이었으며, 정직하고 강직한 시민으로서 생각하려고 했다. 비록 우리들에게 부모와 교사의 영향력에 관한 비교 자료는 없지만, 이번 연구 표본에 나타난 교사들은 부모들이 잘못된 길에서 바른 길로 이끄는 데 많은 시간을 투자하지 않는다고 말하고 있다. 부모들이 자녀들과 가치에 대해서 보다 많은 시간동안 이야기해야 한다는 것은 사회적 합의가 형성되었다. 분명히 정직, 예의, 평등, 학습, 자유, 책임감과 같은 가치들은 모두 부모들과 교육자들이 어린아이와 청소년들에게 가르치기 원하는 행동들이다. 아마도 학교는 이러한 능력들을 보다 확실하게 획득시켜 주는 곳으로 그 중심에 있어야 할 것이다.

앞에서 말한 능력들을 재검토해 보았을 때 이러한 많은 가치들이 개인의 사회적 기술과 관련되는 것으로 나타났다. 만약 우리가 사회적 기술의 훈련을 중요하게 생각한다면 교육과정도 그에 따라 개발해야 한다.

크노프(Knoff, 2003) 또한 인격교육 프로그램은 사회적 기술의 훈련과정을 통해서 보다 효과적으로 나타날 수 있다고 말한다. 크노프에 의하면 "사회적 기술을 훈련하는 궁극적 목표는 학생들을 그들의 다양한 성숙도와 발달단계에 맞추어 가르치는 것이며, 그들의 행동을 관리하는 것이다…"(p. 40). (Knoff, 2003, p. 40, 프로그램을 위한 효과적인 사회적 기술 12가지 특성표와 평가기준 참고).

덧붙여 가치교육과 관련하여 많은 접근방법들이 있다. 도덕성 발달과 추론, 가치명료화, 가치전승, 가치지향, 가치 자극, 인격형성/교육들이 이에 포함된다(Hermans, 1996).

콜버그의 도덕성 발달과 추론의 접근은 한 사람의 도덕적 추론단계를 알아보기 위하여 도덕적 딜레마를 사용한다. 결국 이것은 개인의 가치판단을 도우려는 것이다(1969). 린드(Lind, 1997)는 이러한 기술이 학생들의 도덕적 행동의 질을 향상시키는 데 효과적이라고 제안했다. 폭넓은 도덕교육 문헌의 메타 분석 속에서 슐래플리(Schlaefli), 레스트(Rest), 톰마(Thoma, 1985)는 도덕적 토론기법이 인격발달 프로그램에서, 딜레마 토론기법을 통해 좀 더 적절한 효과가 산출됨을 발견했다. 특히 소유권, 공공 복지, 삶과 죽음에 초점을 맞춘 딜레마에 있어서 그러하다. 또한 이러한 딜레마들은 지나치게 추상적이며 개인들의 평범한 일상적인 경험을 다루지 않고 있다는 비판받아 왔다(Straughan, 1975). 사춘기 이전의 학생들이 직면한 도덕적 딜레마들이 무엇인가를 결정하기 위해 틸리(Tirri, 1996)는 도덕적 문제를 담고 있는 이야기를 만들어 보라고 학생들에게 요구했다. 틸리는 학생들이 만든 딜레마의 많은 것들이 개인 간, 교우관계 간 문제와 관련된다는 것을 발견했다. 따라서 교육자들은 진지하게 학생들의 관점에 대해 숙고해야 할 것이다(Lind, 1997). 그러나 리코나(1993)는 도덕적 추론능력만으로 훌륭한 인격이라고 말하기에는 충분하지 않다고 주장했다.

도덕적 딜레마 접근과 가치교육의 대비 속에서 가치명료화는 1960년대부터 1980년대 초반까지 인기를 얻었다. 그것이 교화적이지도 않고 활동과제를 즐길 수 있어 학생들의 호응이 뜨거웠기 때문이다(Leming, 1981). 교사들은 행동의 변화를 기대했지 가치의 변화를 기대하지 않았다(Raths, Harmin, Simon, 1978). 그리고 학생들은 자신만의 태도와 가치, 다른 사람들의 태도와 가치를 이해하는 데 도움을 얻었다. 가치명료화는 느낌, 민감성, 인식의 공유를 강조했다(Noll, 1995). 그러나 리코나(1993)는 가치명료화 프로그램은 개인적 선호와 도덕적 가치를 구분을 하는 데 성공적이지 못한 것이라고 주장했다. 반면 록우드(Lockwood, 1995)는 가치명료화는 콜버그(1969)의 도덕성 발달 접근만큼 "도덕성과 다른 가치 문제들을 진지하게 숙고"하도록 학생들을 유도한다고 주장한다(p. 60). 안타깝게도 이 접근이 지니는 교육과정에서의 효율성은 뒷받침되지 못했다(Leming, 1981). 이 접근방법을 사용하는 전문적인 교사들은 매우 적었다(Wynne, Ryan, 1996). 레밍(1981)은 미래의 가치명료화 연구는 이 교육과정의 효율성을 보다 공정하게 평가할 수 있도록 최상의 활동을 쓰는 것과 더불어 신뢰할 수 있고 타당한 평가도구를 만드는 데 초점을 맞추어야 한다고 언급했다.

또 다른 접근의 인격교육이 있는데, 인격교육은 실제로는 가치교육에 있어 오래된 접근방법이다. 그러나 이 접근은 최근 수정되었으며, 미국 교육계에서 새롭게 부활되었다. 이 접근의 중요한 명제는 학교 안에서 "훌륭한 인격"을 발달시키는 것이다(Lickona, 1993). 리코나(1993)에 따르면 최근 가족의 붕괴로 인해 학교는 가정에서 가치에 대해서 배울 수 없는 아이들을 위하여 가치를 가르쳐야 하고 도덕공동체를 제공해 주어야만 한다. 이러한 가치들은 존경, 책임감, 신뢰, 공정성, 배려, 시민의 미덕 등을 포함하고 있다. 가치교육의 목표를 달성하기 위해 리코나는 인격교육이 도덕성의 인지적·정의적·행동적 측면을 포함해야 하고, 교육자들은 학생들에게 "옳음과 그름, 좋음과 나쁨"에 관한 문제를 생각할 수 있도록 가르쳐야 한다고 주장한다(Wynne, Ryan, 1997, p. 154). 안타깝게도 교사들은 일반적으로 학생들의 도덕적 기술을 발달시키는 방법에 대해 배우지 못했다(Lickona, 1993). 그러므로 우리가 가지고 있는 자료에 근거해 볼 때, 교사들이 학생들에게 옳음을 가르치기 위해 많은 시간을 보낸다고 그들은 생각하지 않는 것이 풀어야 할 문제로 남아 있다.

최근 인격교육은 학생들을 힘들게 학습시키고 알려준 대로만 행동하게 하는 교화라는 비판을 받고 있다(Kohn, 1996). 콘(Kohn)은 인격교육의 지지자들은 단지 특정 행동을 반복시키고 있으며, 또 학생들은 그러한 행동과 가치들에 대한 어떤 비판적 이해도 연계하고 있지 않다고 주장한다. 실제로 록우드(1995)는 연구를 통해서 가치와 행동 간의 연결고리는 거의 없다고 밝히고 있다. 또한 이러한 가치들은 학생들에게 강요된 것이라는 비판도 있다(Simpson, 1992). 실제로 스트라이크(Strike), 홀러(Haller), 솔티스(Soltis, 1988)는 학생들에게 가치를 강요하는 것은 비윤리적인 행위라는 주장을 해왔다. 또한 린드(1997)는 가치의 교화는 청소년기에 있는 학생들의 도덕성 발달에 효과가 없다는 것을 밝힌 바 있다. 이와 관련하여 심슨(Simpson, 1992)은 "어떤 형태의 가치가 부과될 것인가를 결정하는 문제가 중요하다"라고 제안했다(p. 114). 더 나아가 그는 교육자들은 "윤리적 민감성을 갖고 인식론적으로 지지될 수 있으며 교육적으로도 건전한 방법" 안에서 가치를 가르쳐야 한다고 주장한다(p. 120). 콘(1996)은 이러한 프로그램들 속에서 교육된 많은 가치들은 지극히 보수적이며, 따라서 이러한 것들은 잠재적 논란거리로 여전히 남는다고 말한다. 또한 콘은 인격교육은 세 가지 이데올로기, 즉 행동주의, 보수주의, 종교에 의지하고 있다고 주장한다. 분명한 것은 종교적인 문제는 공립학교에서의 가치교육 프로그램을 더욱 논란거리로 만든다는 것이다. 그러나 도일(Doyle, 1996)은 비록 일부 인격교육 프로그램이 "형편없는 계획과 취약한 실행"의 문제를 안고 있더라도 이러한 프로그램들을 무조건적으로 비난해서는 안 될 것이라고 주장한다(p. 144).

그러면 우리는 이 지점에서 어디로 가야 할 것인가? 콘(1996)은 교사들은 그들의 생각이 반영될 수 있는 활동과 정책결정을 공유할 수 있는 학급회의를 개최해야 한다고 주장한다. 추가로 학생들에게 "관점채택"를 실천할 수 있는 기회가 주어져야 한다고 주장한다. 흥미롭게도 이것은 가치교육에 도덕성 발달 접근법이 반영된 것이다. 또한 콘(1996)은 교육자들은 "지적인 성장을 이루는 동안에 동시에 보다 윤리적이고 세심한 배려가 동반될 수 있도록" 학생들을 도울 필요가 있다고 강하게 주장했다(p. 436). 콘에 따르면 이렇게 하는 것이 학교를 배려공동체로 재건하는 하나의 방법이다.

만약 핵심 가치들에 대해서 오늘날 우리가 사회적 합의를 이룬다면 학교가 이러한 가치들을 다음 세대에게 전달하도록 부모와 일반 대중을 돕는 것은 적절한 것으로 보인다. 그렇게 하는 것은 단지 미래의 공공선을 조성하는 것만이 아니다. 그것은 학생들에게 활발하게 민주적 가치들을 활성화시켜 줌으로써 학교는 최근 가치와 관련된 범죄, 약물남용,

십대 임신, 증오의 말, 폭력의 문제들을 한결 쉽게 해결할 수 있을 것이다. 결국 부모들은 그들의 어린아이와 청소년들을 학교와 교직원들에게 맡기므로 학교와 교직원들이 이러한 문제들을 예방하고 감소시키는 것으로 부모들을 돕는 것이 타당할 것이다.

참고문헌

Allen, J. P., Weissberg, R.P., & Hawkins, J. A. (1989). The relation between values and social competence in ealy adolescence. Developmental Psychology, 25, 458-464.

Arons, S., & Lawrence, C. (1980). The manipulation of consciousness : A first amendmnet critique of schooling. Harvard Civil Rights-Civil Liberties Law Review, 15, 309-361.

Balogh, D. W (2003). Teaching ethics across the pwychology curriculum. Retrieved December 25, 2003, from http ://www.pwychologicalscience.org/teaching/tips/tips_0902.html.

Barash, D. P. (2003). The conflicting pressures of selfishness and altr

ism. The Chronicle of Higher Education, 40(45), B7-B10.

Barber, B. L., & Eccles, J. S. (1992). Long-term influence of divorce and single parenting on adloescent family and work-related values, behaviors, and aspirations. Psychological Bulletin, 111, 108-126.

Beyer, L. E. (1997). The moral contours of teaching education. Journal of Teacher Education, 48, 245-254.uerto Rico.

Bushweller, K. (1995). Ed schoo stomp. American School Board Journal, 182(9), 22-27.

Campbell, E. (1997). Connecting the ethics of teaching and moral education. Journal of Teacher Education, 48, 255-263.

Cochran, J. K., Wood, P.B., Seller, C. S., Wilkerson, W., & Chamlin, M. B. (1998). Academic dishonesty and low self-control : An empirical test of a general theory of crime. Deviant Behavior : An Interdisciplinary Journal, 19, 227-255.

Damon, W. (1999). The moral development of children. Scientific American, 281(2), 72-78.

Davis, S. F., Grover, C. A., Becker, A. H., & McGregor, L. N. (1992). Academic dishonesty : Prevalence, determinants, techniques, and punishments. Teaching of Psychology, 19, 16-20.

Davis, S. F., & Lundvigson, H. W. (1995). Additional data on academic dishonesty and a proposal for remediation. Teaching of Psychology, 22, 119-121.

Devereux, E. C. (1972). Authority and moral development among German and American children : A cross-national pilot experiment. Journal of Comparative Family Studies, 3(1), 99-124.

Doyle, D. P.(1996). Education and character : A conservative view. Phi Delta Kappan, 78, 440-443.

Evans, E. D., & Craig, D. (1990). Adolescent cognitions for academic cheating as a function of grade level and achievement status. Journal of Adolescent Research, 5, 325-345.

Fasick, F. A. (1984). Parents, peers, youth, culture and autonomy in adolescence. Adolescence, 19, 143-157.

Fasco, D., Osborne, J., & Grubb, D. (1997, March). Adolescents' and educators' perceptions of values : Implications for the teaching and acquisition of moral resoning. Paper presented at the annual meeting of the American Educational Research Association, Chicago, IL.

Fasko, D., Osborne, J., Grubb, D., Oakes, P. (1996, November). How would teenagers respond? Rural educator estimates on selected core value statements. Paper presented at the annual meeting of the Mid-South Educational Research Association, Tuscaloosa, AL.

Florez-Ortiz, Y. G. (1994). The role of cultural and gender values in alcohol use patterns among Chicano/Latino high school and university students : Implications for AIDS prevention. International Journal of the Addictions, 29, 1149-1171.

Frymier, J. (1974). Motivaion and learning in school. Bollmington, IN : Phi Delta Kappa Educational Foundation.

Frymier, J., Cunningham, L., Duckett, W., Gansneder, B., Link, F., Rimmer, J., &

Scholz, J. (1995). Values on which we agree. Bloomington, IN : Phi Delta Kappa International.

Frymeir, J., Cunningham, L., Duckett, W., Gansneder, B., Link, F., Rimmer, J., & Scholz, J. (1996). A study of core values and the school. Bloomington, IN : Phi Delta Kappa.

Frymeir, J., Cunningham, L., Duckett, W., Gansneder, B., Link, F., Rimmer, J., & Scholz, J. (1996, September). Values and the schools : Sixty years ago and now. Research Bulletin, No. 17. Bloomington, IN : Phi Delta Kappa.

Goodlad, J. I., Soder, R., & Sirotnik, K. A. (Eds,). (1990). The moral dimension of teaching. San Francisco : Jossey-Bass.

Grubb, D., Osborne, J., & Fasco, D. (1997, November). Adolescents' and educators' perceptions of values : Implications for public education. Paper presented at the annual meeting of the Mid-South Educational Research Association, Memphis, TN.

Haines, V. J., Diekhoff, G. M., LaBeff, E. E., & Clark, R. E. (1986). College cheating : Immaturity, lack of commitment, and the neutralizing attitude. Research in Higher Education, 25, 342-354.

Heger, H. K. (1995). Chapter core values study report, Part 1. EL Paso : University of Texas at EL Paso. Unpublished paper.

Hermans, C. A. M. (1996, April). Goals of value education : Behavioral intentions of teachers in schools of secondary education. Paper presented at the annual meeting of the American Educational Research Association. New York, NY.

Jensen, L. A., Arnett, J. J., Feldman, S. S., & Cauffman, E. (2002). It's worng, but everybody does it : Academic dishonesty among high school and college students. Contemporary Educational Psychology, 27, 209-228.

Kasser, T., Koestner, R., & Lekes, N. (2002). Early family experiences and adult values : A 26-year prospective longitudinal study. Personality and Social Psychology Bullentin, 28, 826-835.

Kasser, T., & Ryan, R. M. (1996). Further examining the American dream : Differential correlates of intrinsic and extrinsic goals. Personality and Social Psychology Bulletin, 22, 80-87.

Kasser, T., Ryan, R. M., Zax, M., & Sameroff, A. J. (1995). The relations of maternal and social environments to late adolecents' materialistic and prosocial values. Developmental Psychology, 31, 907-914.

Keltikangas-Jarvinen, L., & Lindeman, M. (1997). Evaluation of theft, lying, and fighting in adolescence. Journal of Youth and Adolescence, 26 467-483.

Knoff, H. M. (2003). Character education vs. social skills training : Comparing constructs vs. behavior. Communique, 32(3), 39-40.

Kohlberg, L. (1969). Stage and sequence : The cognitive-developmental approach to socialization. In D. A. Goslin (Ed.) Handbook of socialization theory and research. Chicago : Rand McNally.

Kohn, A. (1996). How not to teach values : A critical look at character education. Phi Delta Kappan, 78, 429-439.

Lapsley, D. K. (1996). Moral psychology. Boulder, CO : Westview.

Leming, J. S. (1981). Curricular effectiveness in moral/values education : A revieew of reseach. Journal of Moral Education. 10, 147-164

Lickona, T. (1991). Education for character : How our schools can teach respect and responsibility. New York : Bantam Books.

Lickona, T. (1993). The return of character education. Education Leadership, 51(3), 6-11.

Lind, G. (1997, March). How moral is helping behavior? Paper presented at the annual meeting of the American Educational Research Association, Chicago, IL

Lockwood, A. L. (1995). A letter to character educators. In J.W. Noll (Ed.), Taking sides : Clashing views on controversial educational issues(8th ed.). Guilford, CT : Dushkin.

Luckowski, J. A. (1997). A virtue-centered approach to ethices education. journal of Teacher Education, 48, 264-270

Martin, J. (1996, Summer). From the executive director. CEP Character Educator, p. 2.

Noll, J. W. (Ed.). (1995). Taking sides : Clashing views on controversial educational issues (8th ed.). Guilford, CT : Dushkin.

Nucci, L., & Weber, E. K. (2002). The domain approach to vales education : Examples of classroom practice. Retrieved January 18, 2002, from http ://trigger. uic. ecu/~lnucci/MoralEd/practices/practice44.html.

Raths, L. E., Harmin, M., & Simon, S. (1978). values and teaching (2nd ed.) Columbus, OH : Merrill.

Rokeach, M. (1973). the nature of human values. New York : Free Press.

Roscoe, B., & Peterson, K.L. (1989). Age-appropriate behavior : A comparison of three generations of female. Adolescence, 24, 167-178.

Schlaefli, A., Rest, J. R., & Thoma, S. J. (1985). Does moral education improve moral judgement? A meta-analysis of intervention studies using the Defining Issues Test. Review of Educational Research, 55, 319-352.

Simpson, D. J. (1992). The imposition of values : Reflections on a contemporary educational problem. Journal of Humanistic Education and Development, 30 111-120

Straughan, R. (1975). Hypotheical moral situations. Journal of Moral Education, 4, 183-189

Strike, K., Haller, E. & Soltis, J. (1988). The ethics of school administration. New York : Teachers College Press.

Tirri, K. (1996, April). The themes of moral dilemmas formulated by preadolescents. Paper presented at the annual meeting of the American Educational Research Association. New York.

Traiger, J. (1995). the time is now : Reflections on moral education. Education, 115, 432-434.

Wynne, E.A., & Ryan, K. (1996). Reclaiming our schools : Teaching character, academics. and discipline (2nd ed.). Upper Saddle River, NJ : Prentice Hall

∧

⟨ 7장 ⟩

∨

구조행위에 대한 반성적 고찰 :
도덕적 동기의 근본원리는 무엇인가?

데이빗 카(D. Carr, 스코틀랜드 에딘버러 대학)

콜스(Robert Coles, 1986)는 그의 책『아이들의 도덕적 삶』을 통해 주목할만
한 친사회적 행동에 대해 기술하였다. 그건 정말 갑자기 발생한 구조행
위에 대한 이야기이다. 이 장에서는 구조행위와 관련된 사건을 통해서
도덕적 본성, 도덕성의 발달, 친사회적 행동에 대한 반성적 고찰을 시도
할 것이다. 특히 도덕적 동기의 주요 근원에 대해 고찰해 볼 것이다. 구
조자는 백인 청소년이며, 구조받는 사람은 아프리카계 미국인이다. 둘
은 모두 1970년대의 인종차별 폐지운동 시기를 겪은 아틀랜타의 조지아
고등학교 학생들이다. 백인 학생들이 아프리카계 미국 학생을 폭행하
기 몇 주 전까지만 해도 이 14살짜리 백인 인종차별주의자(Coles는 구체적
인 이름은 언급하지 않았다)는 흑인소년에게 "꺼져, 깜둥이, 꺼지라고!" 이

런 식으로 놀리고 조롱하며 소리 지르는 행동에 함께 동참했다. 그렇지만 또 다른 중요한 사건 역시 진행되고 있었다. 자신이 모멸적 행위를 하고 있음에도 불구하고 백인 청소년은 무엇인가를 목격하게 된다. 모욕을 당하는 대상학생이 "거친 조롱을 당하면서도 미소짓는 법을 아는 듯 보였고, 또 바르게 걸어가며 정중하게 사람을 대하는 방법도 아는" 사람처럼 보였다. 이것의 목격은 구조자가 되도록 영향을 미쳤고, 심지어 그는 부모에게 이렇게 말하게 된다. "모든 연방법원 판사들에 의해서 그와 같은 누군가가 분쟁에 대해 배상을 해주어야만 하는 것은 진짜 부끄러운 일이야." 또한 동시에 "더 이상 깜둥이가 아닌 한 아이로 보기 시작"하게 되었다.

그때 그 소년이 회상하는 것처럼 "그것은 우연히 발생한 일이었다"(p. 27).

나는 그에게 욕을 하는 몇 명을 보았다. "더러운 깜둥이", 그들은 그를 계속 그렇게 불렀고, 금세 구석에 그를 밀어넣었으며, 상황은 아주 안 좋아졌다. 나는 달려들어 이 상황을 중단시키며 "야, 그만둬"라고 말했다. 그들은 나를 미쳤다고 생각하며 쳐다보았다 … 그러나 내 친구들은 그만두었으며 … 그(더러운 깜둥이)가 떠나기 전에 나는 그에게 말했다. 정말로 그렇게 말하려던 것은 아니었다! 그냥 단지 내 입 밖으로 나온 것뿐이었다. 나는 내가 한 말에 나 스스로도 깜짝 놀랐다. "미안해."
그가 가버리고 나자 내 친구들은 "'미안해'라니, 도대체 무슨 뜻이야!" 하고 물었고, 나는 뭐라고 말해야 할지 알지 못했다.

그 백인 소년은 그가 갑작스럽게 끼어들어 사과한 행동을 "내 인생에서 가장 생소했던 순간"이라고 묘사했다(p. 28). 이 사건은 드라마틱한 전환점으로 기억된다. 친구들의 괴롭힘이 계속되었음에도 불구하고 백인 소년은 그 후에 흑인 소년의 친구가 되었다. 처음에 구조자는 여전히 차별철폐를 통한 인종통합을 주장하는 사람을 매도했었다. 그러나 우정이 커져갈수록 그는 "'인종차별주의와 관련된 모든 혐오스러운 일의 종말'을 위한 일에 헌신하기" 시작했다(Coles, 1986, p. 28).

자신들의 친구들로부터 모욕을 당할 때, 보다 정확히 말하자면 자신의 친구들이 피해자를 먼저 모욕했을 때 이 백인 청소년이 끼어들어 사과를 하게 된 행동의 동기는 무엇일까? 동기는 그처럼 갑작스럽게, 어떤 징조나 의식적인 계획이 없이 발견될 수 있을까? 구조자의 입술에서 갑자기 튀어나온 사과의 말에 백인 친구들은 충격을 받았고 당황했다. 하지만 그러한 행동은 구조자에게도 놀랍고, 설명할 수 없는 것이었으며, 전혀 의도한 바가 아니었다.

이 구조자는 스스로 도덕적 동기에 대한 질문에 답해보기 시작했다. 비록 친사회적인 순간이 낯설어 보일지라도 이런 것들은 학교에서 몇 주 전에 배웠다는 것을 인식하게 되었다.

> 돌이켜 보면 나는 그해 그 학교와 그 아이, 즉 자신을 바라보며 자기 스스로 행동하며, 우리가 어떻게 그를 부르든지 상관없이 심한 모욕을 당하는, 참으로 지독한 모욕을 당한 그 아이가 없었더라면 나는 그대로였을 것이다. 나는 내 안에 있는 무엇인가를 거부하고 있었고, 또 나는 변하기 시작했다고 생각한다(Coles, 1986, p. 28).

그때 이 백인 청소년은 이미 변하기 시작했다. "매우 곤란한" 상황에 처해 있는 흑인 청소년과 우연히 마주쳤을 때 그를 모욕하고 불공평하게 대했던 착한 아이가 예전의 "깜둥이"를 한 인간으로 존중하기 시작했다. 이 백인 청소년은 흑인 청소년에게 단지 모욕을 주는 것이 아니라 적극적으로 밀치고, 구석으로 몰아넣는 행동을 하며, 분명히 물리적 폭행으로 치닫는 그 상황을 목격했을 때 자신의 마음속에서 왜 그것을 거부했는가를 생각하기 시작했다. 그 도덕적 태도는 혼란스러웠고, 너무 답답했다. 자신의 백인 친구들과 함께 행동해야 한다는 암묵적인 압박에도 불구하고 그는 더 이상 그렇게 행동할 수 없었다. 갑작스러운 그 순간 그는 끼어들게 되었고, 사과하게 되었다.

이러한 구조행위에 대한 반성적 고찰을 통해서 이 장에서 다음과 같은 것들을 알아보려고 한다. 근본적인 의미에서 도덕성은 무엇인가? 친사회적 행위 동기와 또 다른 도덕적 행동의 동기가 주로 공감을 자극하는 정서적인 문제인가? 아니면 도덕적 동기에는 복합적인 근본적인 원리들이 존재하는가? 정의감 또는 공정성을 발달시키고 도덕적 자아 연관성(moral self-relevance)을 가진 한 개인으로 변화시키는 역할을 하는 것은 무엇일까? 우리는 호프만(Martin Hoffman, 2000)의 공감과 도덕성 발달 이론에 기초하여 이 사건에 대해 정서적 근원의 분석을 맨 먼저 시작한다.

도덕적 동기화에 있어서 정서적 우선 원리

이 사례에 대한 호프만의 정교한 정서적 우선 원리 분석은 공감과 정의 모두를 이해할 수 있게 해준다. 그러나 도덕적 동기화에 있어서 공감의 문제에 대한 판단은 유보적이다. 간략히 말하자면 호프만(2000)에 의하면 공감은 생물학적인 것이고, 정서에 근거를 두며, 인지를 통해 조정되고, 또한 다른 사람들과 감정적으로 연결된 사회화의 경향성을 갖는다(Gibbs, 2003 참조). 최종 분석에서 정서(affect)는 수많은 상황적 행동의 동기 중 "최우선 고려사항"이다. 또 인지(cognition)는 초기의 정서적 충동을 조정(변형, 조절, 지향 등)한다. 호프만의 이론과 일치하여 드 발(de Waal, 1996)은 사회적 관점 채택 능력과 다른 인지적 능력의 진보는 사람들을 미세하게 조정하고, 보다 적절하고 효율적으로 공감적 경향성을 갖도록 이끌며, 또는 다른 협력자들과 다른 사람을 도우려는 마음의 공유를 지향하게 한다고 말한다.

인지적 차원은 공감의 정확한 전달과 관련이 있다 … 따라서 친구를 돕는 상황에서 나는 협력자들의 도우려는 마음과 내 친구들의 감정과 필요들의 전형적이며 인간적인 감상력과 결합된다. 나를 행동으로 이끄는 힘은 동일하다. 그렇지만 나는 눈 먼 로켓처럼 행동하기보다는 똑똑하게 임무를 수행한다. 인지적 공감은 [자신과 다른 사람의 거리를 놓치지 않으며, 다른 사람의 신발을 신어볼 수 있는 능력(다른 사람의 입장에서 생각해 보는 능력)처럼] 목표지향적이다. 그것이 나를 내 친구의 구체적인 요구들에 알맞게 나의 도움을 미세 조정할 수 있도록 하는 것이다(pp. 69, 80).

드 발과 호프만(1986, 2000 ; cf. Eisenberg, Fabes & Spinrad, 2006)은 정서적인 힘―공감적 경향성의 각성양식―이 행동(정서적 우선 원리)을 이끌어낸다고 주장한다. 그러나 정서적인 힘은 인지능력에 따라서 더 많은 관심을 갖게 하기도 잃게 하기도 할 것이며, 방향을 적절하게 구체화할 수도 있다. 비록 호프만(1986)이 도덕적 동기화에서 공감적 정서의 배타적인 우선권을 인정했다고 하더라도 그는 정서적 과정과 인지적 과정의 상호작용을 강조했다.[1]

인지 능력의 진보는 안내하거나 적절하게 지시할 뿐 아니라 공감적 반응(필수적인 재빠른 반응을 희생하지 않고)의 깊이 혹은 원숙한 양식을 전해 준다. 흉내 또는 특정한 훈련과 같은 발달 초기의 기제에 의해 유발된 공감은 상대적으로 피상적이다. 어린아이의 도덕성은 "인지 과정의 가장 낮은 단계"를 요구하는 "표면적 단서의 유인"에 취약할 수 있다(Hoffman, 2000, p. 48). 배려의 깊이는 사회적 관점 채택처럼 보다 성숙한 공감능력을 가능케 하는 사회적 상호관계와 인지능력의 발달에서 비롯된다. 비록 성숙한 태도가 보다 "자발적인 통제의 문제"와 노력의 문제일지라도 아이들은 피해자의 상황을 보게 될 때 자신도 모르게 매우 신속하게 행동할 수 있고 즉각적으로 반응할 수 있다(p. 61). 또한 배려의

---

1) 정의적 영역의 우선성을 강조하는 좀 더 극단적인 입장인 자이언스(Zajonc, 1984)는 정의적 특성을 때로 인지적 과정과 독립적으로 기능하는 합리성 이전의 체계로 개념화하고 있다.

깊이를 결정하는 것은 또 다른 인지적 발달인데, 즉 자신과 다른 사람 사이의 차이를 인식하는 유아기에 출현(emergence)한다. 자신과 다른 사람의 차이의 인식은 공감적 고통을 부분적으로 동정심으로 변화시킨다[이렇게 공감하는 사람들은 "피해자들에게 미안하다는 마음을 갖게 되므로 도와주기를 바라게 되며", 그 도움의 손길은 단지 자신만의 고통에 의한 것은 아니다[(p. 88), cf. de Wall의 "인지적 공감"].

동정심은 또 다른 인지적 발달과 함께 발전한다. 즉 탈중심화(de-centration)이다. 아이들이 성장하게 되면 구체적인 상황에서 부분적인 정보들의 다양한 특징들을 정신적으로 조합하는 능력이 향상되며, 그로 인하여 지금 이곳(here-and-now)의 편견(중심화)으로부터 "탈중심화"가 향상되게 된다. 특히 지금 이곳의 편견들 중에서도 가장 두드러지는 것이 자기중심적(egocentric) 편견이다. 사회적 탈중심화는 아이들이 "이기적 유인(誘引)을 뛰어넘게 하고, 자신이 갖고 있는 관점의 틀로부터 아이들 자신을 자유롭게 만들어 주며, 다른 사람의 관점도 고려하는 것"(p. 160)을 의미한다. 비록 자기중심적이고 공감적인 편견들이 성인기에도 일정 부분 지속될지라도 말이다.

결국 학동기(學童期)가 시작되면 배려 또는 정의의 도덕원리 혹은 도덕적 호혜성은 유대감을 형성할 수 있게 하며, 공감능력을 조절할 수 있게 한다. 결과적으로 안정되고 지속적인 친사회적 행동능력이 형성되는 것이다. 비록 호프만은 도덕적 호혜성에 대해서 보편적 "선호"를 인정하지만(p. 228) 그가 도덕적 호혜성을 도덕적 사회화 과정을 통해 교육될 수 있고 내면화될 수 있는 규범으로서 간주한다는 것은 시사하는 바가 매우 크다.

사회의 탈중심화, 자신과 다른 사람의 차이의 구별, 도덕적 원리들, 도덕적 호혜성 외에도 다른 인지적 발달과 그 과정 역시 성숙한 형태의 각성반응을 가능케 하며, 그로 인하여 친사회적 행동을 촉진시킨다. 예 컨대 귀인(歸因)과 추론(推論) 또한 공감을 동정심과 친사회적 행동으로 변형시키는 데 있어서 결정적인 역할을 한다. 공감이 동정심으로 변하 는 것은 타인이 겪는 고통의 원인이 그의 통제능력 밖에 있다는 인지를 전제한다(자연적 원인, 사고, 질병, 실연, 피할 수 없는 피해 등). 일반적으로 인과 적 귀인(casual attributions)과 다른 인지는 공감적 경향성을 구체적인 "공 감적 정서들"로 변형시킬 수 있다(Hoffman, 2000, p. 93). 인간은 자연스럽 게 원인을 사건들로 돌리는 경향이 있다(Weiner, 1985). 그래서 주어진 삶 의 상황 속에서 공감적 고통과 인과적 귀인의 융합은 그렇게 놀라운 일이 아니다. 다른 사람의 고통의 원인을 제3자의 공격에 귀인(歸因)하는 것은 공감적 고통을 공감적 분노로 변형시킨 것이다. 다른 사람의 곤경의 원 인을 누군가의 무책임으로 귀인하려는 것은 공감에 근거한 죄책감이나 도덕적 죄책감을 초래하게 한다.

공감적 감정으로서의 불공정

호프만(2000)은 인과적 귀인뿐만 아니라 공감으로 안내하고 변형할 수 있는 인지 가운데 "피해자가 어려움을 당할만 한가에 대한 추론"(p. 107)에 대해서도 논의했다. 만약 피해자가 "기본적으로 선하게 여겨진다 면 목격자들은 피해자들의 상황이 부당하고 공정하지 못하다고 결론내 릴 것이다"(p. 107). 이렇게 지각된 불공정한 상황은 필연적으로 사람들이 가지고 있는 정의 또는 도덕적 호혜성(선함, 친절함 등은 호혜적이어야만 한다) 침해와 세계는 정의로워야 한다는 신념을 수반한다(Lerner, 1980). 나쁜 일은 나쁜—선량하지 않은—사람들에게만 일어나야 한다. 요약하자면 도덕적 호혜성 침해행위를 목격하는 것은 "공감적 고통을 하나의 부정의에 대한 공감적 감정으로 변형시키는" 것이다(Hoffman, 2000, p. 107).

호프만은 자신의 이론을 설명한 후 바로 콜스의 구조행위에 대해 분석한다. 호프만은 귀인과 추론에 의한 부분적 감정 변형이 동정심, 죄책감, 부당함에 대한 감정을 지향한다고 강조하였다. 구조자는 피해자에게 이러한 것들을 느꼈을 것이다. 즉 피해자의 "힘든 상황"은 무엇이었고, 피해자가 "참으로 치욕적인 모욕"을 어떻게 당했으며, 폭행 직전의 상황이 얼마나 "곤란하게 보였는지" 느꼈을 것이다. 구조자는 또한 도덕적 죄책감을 느꼈고, 그 상황을 뜯어 말리고 "미안해"라고 불쑥 자기도 모르게 말해버렸다. 그러나 호프만은 분석의 대부분을 구조자 스스로가 무엇을 결정적 선행경험으로 여기고 있는지에 대해 할애한다. 즉 아프리카계 미국 청소년이 미소를 지으며 정중한 태도를 갖는 것을 목격하고, "우리가 그를 어떻게 부르든지 상관없이" 모욕적인 말들이 오고가는 상황 속에서도 여전히 웃으며 예의를 지켰던 것을 목격한 것이다. 이러한 "흑인 청소년의 훌륭한 행동과 그가 받았던 대우의 대비"는 "그가 더 좋은 대우를 받아야 하는 훌륭한 사람"이라고 추론하게 했다. 그래서 몇 주간 살펴본 결과 "인격과 그로부터 산출된 결과 사이의 호혜성 결여"가 존재한다는 것이다(p. 108). 호프만(2000)의 분석에 의하면 이기적 추론이 "소년의 공감적/동정적 고통이 부당함에 대한 공감적 느낌으로 변형"된 것이다(p. 108). 부당함에 대한 공감적 감정은 이후 그 청소년에게 "평등의 도덕적 원리"를 활성화시켰으며(p. 244), 특히 두 청소년이 성장하는 데 있어서 우정과 공감대를 활성화하고 준비하게 만들었다(또는 공감적 정서를 가득 차게 하였다).

공감적 정서가 도덕적 동기화에서 배타의 우선 원리인가?

호프만의 생각대로 부당함(injustice)은 가장 먼저 우선하는 감정으로서 개념화되어야 하는 것일까? 그렇지 않다면 부당함은 그 자체의 정당함(right)에 근거하여 근본적인 도덕적 동기화로 표현되어야 하는 것일까? 철학적인 용어들을 살펴보면(Wren, 1991 참조) 이러한 논쟁은 도덕적 의무에 대한 용어의 문제로 분류된다. 도덕적 의무를 이끄는 추진력은 어떤 외부적 근원에 기인하는 것일까, 또는 본래부터 타고난 도덕적 의무가 행동을 동기화하는 것일까? 전자의 경우는 호프만의 정서 우선 분석을 통해 옹호된다 : 규범적인 도덕관습은 생득적 공감기질로부터 정의적인 투입이 부재하며 활성화되지 못한다. 공감적 정서는 도덕적 동기화에서 배타적인 근본원리로 작동하게 된다. 후자의 경우는 도덕성은 마치 논리적 사고처럼 인간이 타고난 감정으로 발생되는 것이기 때문에 부분적으로 동기화할 수 있다는 인지발달적 접근방법(Kohlberg, 1984 ; Gibbs, 2003)에 의해 옹호된다(Piaget, 1967/1971). 장 피아제(1932/1965)는 "모든 사람들은 도덕성과 논리적 사고가 혈연적 유사관계에 있음을 알고 있다. 논리적 사고는 사고의 도덕성이며, 이는 마치 도덕성이 행동의 논리인 것과 같다"(p. 398)라고 기술했다. 즉 논리적 사고와 도덕성은 직적접인 상호 관계성을 갖고 있는 것이다 : 도덕적 호혜성은 합리적이며, 이는 합리성이 규범적인 것과 같다는 의미이다. 이와 같은 관점과 관련하여 콜버그(1964)는 "논리적 사고의 위반과 정의의 위반 모두 강한 정서적 심리상태를 각성시킬 수 있다"(p. 63)고 주장했다. 논리적 사고와 관련된 정의의 힘(Power of Justice)으로서의 공감적 정서는 도덕적 동기의 배타적인 근본원리는 아니다.

탈중심화와 구성

호프만은 특정 인지발달 개념을 이용하는데, 탈중심화(decentration)는 그 좋은 예이다. 피아제나 콜버그처럼 호프만에게 있어서 탈중심화는 정신적 조정과 균형 잡힌 관점 채택 능력과 관련이 있다. 다시 말하면 탈중심화는 복합적인 상황 특성 또는 그것들이 변화할 때 그 특성의 지속적인 정신적 조정에 보다 폭넓게 주의를 기울이게 하는 것이다. 탈중심화뿐만 아니라 구성(construction) 또한 정신적 조정과 관련이 있다. 탈중심화가 편협하고, 비균형적이며, 편향된 행동들(중심화, 자기중심성을 포함)로부터의 인지적 조화에 의한 해방을 강조한다면 구성은 지식을 만들어가는 과정과 같은 정신적 조정을 강조한다. 호프만의 용법에서 구성은 내면화[때때로 '점유'(appropriation)라고 한다]의 적극적인 형태로 영향을 주는 것에 주목한다. 예를 들면 이른바 사회라는 외재적인 근원으로부터 친사회적 규범을 획득하는 것을 들 수 있다.

그러나 인지발달적 접근에서 구성은 도덕적 호혜성(moral reciprocity)을 형성해 가는 것과 같은 내면화로부터 의견이 완전히 나뉘어진다. 앞서 언급했듯이 호프만은 도덕적 호혜성을 아이들이 내면화되도록 교육 받은 친사회적 규범의 하나로서 여기고 있는데(cf. Gouldner, 1961), 실제로 그렇기도 하다. 그러나 도덕적 호혜성은 또한 사회화된 규범 그 이상이다. 인지발달론자들이 아이들의 도덕적 호혜성 또는 논리적 상호관계의 구성에 주목할 때 그들은 전형적으로 그 과정은 규범들의 내면화로 환원 불가능하다고 말하고 있다. 피아제와 콜버그 같은 의미의 구성은 위반상황에 직면했을 때 잘못을 바로잡도록 하는 욕망을 발생시키도록 동기화된 인지구조를 이끌어낸다. 피아제주의적 의미[이른바 Piaget(1967/1971)가 논리수학적 지식이라고 부른 것]에서 근본적이고 뚜렷하게 구성되어진 지식의 특성은 피아제의 잘 알려진 연구에서 잘 나타나고 있다. 이 연구는 피아제의 유명한 "보존 개념 실험(conservation tasks)"(겉모습에 나타난 물의 양의 변화에도 불구하고 물의 양은 보존되고 있다고 말하기 때문에 이렇게 불려진다)에서의 짝지어진 아이들의 판단으로 중심화에 대항하는 것을 포함하고 있다.[2] 예를 들면 키가 큰(다른 컵보다 입구가 좁음) 컵에 물을 붓게 되면 물의 양이 더 많다고 판단하는 보존개념 이전의 아이는 (입구가 넓은 컵) 물의 양이 더 적다고 판단 내린 또 다른 보존 개념 이전의 아이와 짝지어졌다. 이 한 쌍은 그들의 차이점들을 설명하도록 교육받을 것이다. 실험자는 두 아이 모두에게 정답을 주지 않았다. 그럼에도 불구

---

2) 이 조건이 내면화로부터 비롯되는 구성에 관한 설명으로서는 매력적이지만, 논쟁 속에서 제시되는 한 가지 관점이라는 실험 조건이 논리적 발달과 도덕적 발달을 좀 더 적극적으로 자극하는 진보된 차원이라고 볼 수 있다.(Berkowitz & Gibbs, 1985 ; Kuhn, 1972 ; Ames & Murray, 1982 ; L. J. Waker, 1983) 비고츠키의 개념(1930-1935/1978)에서는 긍정적인 성숙은 아동의 근접발달지대(zone of proxmal development)에서 이루어진다.

하고 보존 개념을 획득하거나 내면화하기 위한 외재적 근원 없이 보전 개념 이전의 많은 아이들은 사후 실험에서 보존 개념을 만들었다.

이와 같이 쌍을 이용한 전형적인 연구는 암스(Ames)와 머레이(Mu - rray, 1982 ; cf. Doise & Mugny, 1984 ; Glachan & Light, 1982)의 연구로서 "두 명이 틀릴 때 옳은 것을 만든다"라고 이름 붙여졌다. 각 쌍에서 양쪽의 아이들의 판단은 잘못된 것이었다. 그러나 그 잘못은 성숙한 자기 발견 학습법이었다. 차이를 해결하기 위해 노력하는 아이는 다른 아이가 도외시하고 있는 문제의 특징을 중요하게 생각했다. 6-7세의 아이들이 전형적인 특징을 보이는 아이들인데, 기억능력이 충분히 발달된 아이들은 (예를 들어 Case, 1998 ; Chapman & Lindenburger, 1989 ; Dempster 1981) 최소한 다른 사람들의 도전으로부터 당황스럽게 되는 경험을 필요로 한다. "여기 좀 봐, 이 컵은 점점 얇아져 … 물이 덜 들어가", "아니야, 이걸 봐, 컵이 키가 크잖아 … 물이 더 많이 들어가." 옳음 또는 보다 심오한 판단 역시(이 사례는 양의 보존인데 암스와 머레이는 실제로 깊이의 보존을 사용했다) 주위 환경으로부터 직접적으로 어떤 내면화된 것으로부터 도출되지 못했을 것이다. 실험자와 짝 모두 보전에 관한 정보를 제공하지 않았다. 보존 개념 판단은 각 아이들의 정신적 조정과 탈중심화 또는 상대방 아이의 도전에 자극받은 구성(construction)을 반영했다는 것이 매우 타당해 보인다. 이와 같은 연구들은 내면화로 환원될 수 없다고 보는 사회적 구성주의 과정을 통해 보존 개념과 같은 지식을 성취한다는 주장을 부분적이고 간접적으로 주장하는 데 인용되었다.

사회적 구성주의는 참가자들이 다른 참가자들의 탈중심화시키고 지식의 개념을 구성시키는 것을 돕는 것과 같은 관점 전환과 정신적 조정에 주목한다. 피아제(1932/1965)는 도덕적 호혜성을 다음과 언급하였다.

삶의 독자적인 결과는 공통의 삶 속에서 형성된다. 개인들 간의 작용과 반작용은 의식의 필수적 평형화에 의해 생긴 것이 틀림없다. 평화는 "절친한 관계"(alter)와 "자아"(ego)를 묶어주고 한정짓게 한다. 그리고 모든 다툼과 화해의 장에서 어렴풋하게 느껴지는 이 (도덕적 호혜성의) 이상적인 평형은 서로에 의한 아이들의 긴 상호호혜적 교육을 자연스럽게 전제한다(p. 318).

구성, 깊이, 그리고 필연

보존과 같은 방식으로 구성된 지식은 좀 더 깊은 이해로 나타난다. 이와 같은 판단은 "근본적인 실재에 대한 추론"을 포함하고 있는데, 예를 들면 컵 모양의 변형에 따라서 물의 모양이 변화함에도 불구하고 "실제 물의 양은 동일함"을 이해하는 것이다(Flavell, Miller & Miller 2002, p141). 이러한 근원적인 실재에 대한 추론은 질적으로 새롭고 보다 적절한 이해를 나타낸다. 그리고 우리가 앞으로 살펴볼 도덕적인 옳고 그름과 관련하여 해야 할 것들의 지식을 나타내고 있다. 브라운(Brown, 1965)은 좀더 나이가 많은 아이와 적은 아이 사이의 보존 개념 과제에 대한 응답의 "중대한 차이"를 다음과 같이 설명했다.

물을 부은 후 실험자들은 [좀 더 나이가 많은 소년]에게 익숙한 질문을 던졌다 : "이 물의 양은 같니? 아니면 많아? 적어?" [좀 더 나이가 많은 소년은 바로 "같아요"라고 대답한다. 억양은 매우 자연스러웠다. 만약 우리가 다른 크기의 용기로 실험을 계속했더라도 소년은 곧바로 "같아요, 항상 같아요"라고 대답했을 것이다.

좀 더 나이가 많은 소년의 행동을 주의 깊게 살펴보는 것은 중요하다. 여기서 각 문제에 대한 좀 더 나이가 많은 소년들과 어린 소년들의 반응 사이에는 중대한 차이가 있다. 나이 어린 소년들은 중대한 질문을 받을 때 골똘히 자기 앞에 있는 물건을 살펴본다. 나이 많은 소년들은 그것들을 거의 살펴보지 않는다. 나이 많은 소년들에게 이것들은 인지적 판단의 문제로 여겨지지 않았다. 정확한 답은 경험적 근거를 요구하는 문제영역으로부터 벗어나 필연성을 갖는 것처럼 보인다(p. 201).

브라운이 주목했던 경험적 근거를 요구하는 문제영역으로부터 보존 지식을 구제한 질적인 변화의 중대한 차이를 만드는 것은 논리이다. 브라운이 지적했듯이(p. 201) 좀 더 나이가 많은 아이의 보존에 관한 대답은 "(논리적) 필연성을 지닌 것처럼 보인다." 맞다. 그러나 보존판단은 순수한 논리적인 문제는 아니다. 슐츠(Shultz), 도버(Dover), 에임젤(Amsel, 1979)이 언급했듯이 "보존판단은 전적으로 논리적이지도, 경험적이지도 않다." 오히려 "논리적이고 경험적인 지식의 결합에서 얻어진다"(p. 117). 그러나 논리가 포함된 만큼 그러한 보존, 전이관계(transitive relaion), 포섭(class inclusion)과 같은 판단들은 "확실한 진실이다"라는 필연성에 의해 경험되어지는 것으로 단순히 "세계는 진실하지만 차이가 나타날 수도 있다는 사실"과 같은 불확정성에 의한 것으로 경험되어지는 것은 아니다(Miller, Custer & Nassau, 2000, p 384 ; cf. Piaget, 1967/1971).

논리적 필연에 대한 감각은 근원적인 실재(현재 상황에서의 보존 개념)에 대한 구성적이고 질적으로 새로운 이해가 행동을 동기화시킬 수 있는 감정의 유발을 의미한다. 무게의 보존 개념 과제를 이용한 슈메즈룬트(Smedslund, 1961)에 의해 1960년에 시작한 이른바 "역암시"(countersuggestion) 또는 "반대의 피드백"(contrary feedback)이라고 부르는 연구에서 아이들의 전형적인 반응을 생각해 보길 바란다. 보존 개념 판단(또는 다른 논리와 관련된 판단)을 내리고 시간적 또는 공간적인 호혜적 설명("어떤 것도 더하거나 빼지 않는다", "옛 모습을 돌이키며, 그것이 변하지 않는다고 이해한다", "좀 더 길지만 또한 더 날씬해" 등)을 하는 사람들은 누가 봐도 명백한 잘못된 추론이나 "필연적" 실재의 위반에 직면하게 되면(몰래 어떤 물건을 제거하는 속임수를 통해) 당황하게 된다. 그들은 논리적인 방법 또는 불균형을 해결할 설명을 찾는다. 무게의 보존 개념 위반문제에 직면한 성숙한 보존 개념을 가진 사람들은 다음과 같이 설명할 것이다. "분명히 마룻바닥에 점토를 조금 떨어뜨렸을 거야" 또는 "저울이 잘못된 것이 분명해." 일반적으로 필연성의 숙달이 "점진적이고 다방면"(Miller et al., 2000, p. 400)에서 이루어진다 해도 성숙한 판단은 비논리적 불균형 혹은 호혜성과 평등의 위배가 아닌 것처럼 행동한다. 그들 앞에 놓인 비보존성은 논리적 의미를 만들어내지 못한다. 그들은 "필연적" 호혜성과 평등함을 회복(잃어버린 물건을 찾기 위한 논리적인 설명 또는 행동을 통해서)하도록 동기화된다.

논리적 필연성의 동기적 힘에 대응하는 것으로 도덕적 필연성의 동기적 힘이 있다. 논리의 위반처럼 호혜적 관계의 위반이나 정의의 위반이 있어서는 안 된다. 불공정한 추론은 필연적 호혜성이나 평등성을 회복시키려는 동기를 유발한다(cf. Hammock, Rosen, Richardson & Bernstein, 1989). 이와 관련하여 버크(Laura Berk, 개인적 의사소통, 2002년 4월 1일)는 논리와 정의 모두가 표면적으로는 위반된 사건(비록 논리가 실제로는 위반되지 않았고, 정당한 이유리 헤도 공정성과 존중이 침해되었다)에 대해 말한 바 있다. 몇 년 전 방법론 과정을 밟을 때 일이었다.

> 한 학생은 무게의 보존 개념 과제에서 변화를 형성하는 동안 놀이용
> 반죽 한 조각을 몰래 제거하는 슈메즈룬트(Smedslund, 1961)의 연구
> 를 반복했다. 일례로 8살짜리 소녀는 그녀가 익히 아는 보존 논리를
> 확고하게 터득하고 있어서 자신이 속임수에 빠져 있다는 것을 깨닫게
> 되었다. 소녀는 감성적인 반응이 강했다 : 그녀가 대학생에게 다음과
> 같이 말했다. 왜 어른들은 그런 방식으로 아이들을 속이는지 (그리고
> 당황하게 하고) 모르겠어요. 이 경우에 보존과 … 도덕적 상호관계의
> 위반은 동시에 일어났으며, 실제로 "강한 감정을 불러일으킨다."

인지적 우선 원리와 공동의 원리

사회적 맥락에서 호혜적 관계 위반을 바로 잡거나 설명하기 위한 동기는 비사회적 맥락 또는 물리적 맥락에 대응하는 동기보다 인지적 기반이 부족한 것은 아니다. 어떤 맥락에서든지 정서는 인지를 따라간다. 실제로 논리적 정서 또는 도덕적 필연성의 정서는 논리 또는 정의(justice)

에 대한 인지구조에 그 존재의 상당 부분을 의지하고 있다. "필연적" 논리 또는 정의의 위반은 단지 감정만을 일깨우는 것이 아니다. 우선적으로 위반된 것을 교정하고 잘못을 바로잡으려는 욕구를 발생시킨다. 인지와 관련된 호혜성은 그 자체로도 최우선적 요인이 될 수 있다. 따라서 인지발달 접근은 도덕적 동기화에 있어 인지적 우선 원리를 명제적으로 상정한다. 분명히 어떤 배타적 사고를 가진 사람은 정서적(공감적) 우선 원리 대신 인지적(정의, justice) 우선 원리가 지적인 출발점이 아니라는 것에 대하여 주장하려 할 것이다. 이에 대해 인지발달론자들은 간단히 말하자면 도덕적 동기화에 있어서 어떤 이론상의 분야는 정서적 원리와 동시에 함께하는 인지적 원리로서의 협동원리를 가질 수 있다고 주장한다.

그렇지만 근본적으로 부당함은 엄밀히 말해 감정이나 정서가 아니다. 그것은 내재되어 있는 감정을 일깨우는 호혜적 관계의 위반행위이다. 구조행위를 참고하여 생각해 본다면 백인 청소년의 비호혜적 상관관계의 추론, 동기화를 발생시킨 부당함의 지각은 보존 개념 과제에서 나온 (비논리적인) 비호혜적 관계에 직면한 아이들의 보존 개념 판단과 유사하다. 구조자의 행동에 자극을 준 우선적 원리는 단지 동정심과 죄책감(호프만의 정서적 우선 원리 분석은 이러한 측면에서 정확하다)만이 아니었으며, 도덕적 호혜성의 위반행위 역시 작동하고 있었던 것이다("우리가 그를 어떻게 부르든지 상관없었던 그의 행동을 바라보자"). 특히 구조자는 이상적인 도덕적 호혜관계를 위반하는 것에 스트레스를 받았다.[3] 그는

---

3) 피아제(1932/1965)는 실용적인 호혜성과 이상적인 호혜성을 구별하고자 했다(Gibbs, 2003 참조 ; Gibbs, Basinger, Grime & Snarey).

"우리가 그를 어떻게 부르든지 상관없었던" 흑인 청소년의 존엄성을 느꼈던 것으로 판단된다. 분명히 성숙하지 않고 양식이 없는[4] 청소년들(구조자의 또래들과 같은?)은 미동도 하지 않고 흑인 청소년이 바보라고 생각했을 것이며, 상호간에 발생한 모든 모욕적인 행위에 똑같이 응징할 수는 없다고 생각했을 것이다(실용적 호혜관계 혹은 콜버그의 2단계). 그러나 구조자는 좀 더 성숙하고 좀 더 호혜적인 상호 관계에 대한 이해를 구성할 수 있었을 것이다. 그만큼 더 그는 모욕을 주고받는 단계를 넘어서 도덕적으로 진정성 있고 기품 있는 성격의 좋은 사람으로 행동한 것이다.

정서적인 측면과 대응하는 것처럼 공동의 원리(co-primacy)의 인지적인 측면은 빠르게 활성화된다. 앞서 살펴본 것처럼 구조자의 정서적·인지적 반응의 갑작스러움은 복합적 요소들과 과정들이 작동하는 것을 불가능하게 하지 못한다. 크릭(Crick)과 닷지(Dodge, 1994)는 상황에 따른 반응은 단지 한 순간 한 순간에만 작동하는 것이 아니라, 사건에 의해 불러일으켜지고 활성화되는 스키마들("잠재적인 지식 구조")로서의 기능이라고 주장한다. 이 스키마들은 복잡하고 천천히 발달할 것이며, 이 발달은 의식적인 숙고의 과정도 수반한다. 그러나 스키마가 발달되고 잘 실행되어 우세해지면 내재적 활동이 굉장히 빨라질 수 있다(이 현상은 "의

---

4) 나(Gibbs, 2003)는 지속적인 연구(예를 들어 Gibbs 외, 1986)를 토대로 청소년들이 자신들의 친구들과 어떤 부분에서 자신을 차별화하는지를 밝혀보고자 했다. 특히 그들은 사회적 맥락이나 사회집단의 영역에서 자신들의 영향력이 축소되거나 약화되는 데도 결정적인 부정의를 인식하기 때문에 기꺼이 친사회적 행동을 하는 것을 좋아하는 것과 같은 영역 독립적인 사회인식 유형을 발견했다. 그 왜곡된 영역은 자신의 동료들로부터 가해지는 즉각적인 순응의 압력이나 좀 더 범위를 넓혀서 분리나 집단으로부터의 추방 같은 이데올로기적 규범이 여전히 작동하는 생태적 맥락이라는 왜곡된 영역을 포함한다.

식 이후의 자동성"이라고 불린다. Bargh, 1996).

　도덕적 원리들뿐만 아니라 비사회적인 인식의 조건(예를 들면 보존지식) 속에서도 만들어진다는 것이 핵심이다. 보존반응을 보여주고 재빨리 다양한 시도를 통해 정당화하는 나이 많은 아이를 생각해 보자. 아동의 스키마들, 그리고 필연적·호혜적 관계의 결과로서의 감각은 발달하는 데 일정 시간이 소요되지만 그것들이 우세해지면 그것들은 바로 활성화되게 된다. 모스코위츠(Moskowitz), 갈비처(Gollwitzer), 와젤(Wasel), 샬(Schaal, 1999)은 양성평등의 도덕적 원리를 높게 평가하고 받아들이는 남자 대학생들이 (낮은 실행 통제능력을 가진 대학생들과 대비해서) 언어과제(여성의 발음적 특성과 관련)에서 편견적 자극들(부정적인 여성의 고정관념들)에 의한 영향을 받지 않는다는 것을 발견했다. 양성평등의 도덕적 원리를 높게 평가한 학생들은 평등의 원리를 복합적이며 우세한 스키마로 여길 수 있다. 편견적 자극들은—활성화된 도덕적 평등의 스키마에 의해 통제받게 되는 것—빠르게 일어나며, 심지어 의식되기 전부터 나타나게 된다. 자극은 아주 짧은 시간[200millisecond(1millisecond=1/1000초)도 안 되는 순간에 나타나게 됨]에 즉각적(과제 판단에 앞선 200millisecond보다 짧은 순간)으로 나타나게 된다. 편견적 자극은 낮은 양성평등의 도덕적 원리를 가진 참가자의 반응시간은 촉진시키지만 높은 양성평등의 도덕적 원리를 가진 참가자들에 있어서는 그렇지 않은데, 이는 아마도 높은 양성평등의 도덕적 원리를 가진 경우는 자극이 평등의 스키마들에 의해서 더욱 더 통제되어지기 때문일 것이다. 즉 이 모든 것은 매우 빠르게 발생하게 된다. 평등의 스키마는 이미 활성화되어 있으며, 응답자는 무슨 일이 일어났는지 알아차리기도 전에 그 자극의 내재적 억제가 이루어졌다.

이와 유사하게 친사회적 행동의 갑작스러운 순간 또는 단순한 반응들은 내재적인 과정과 스키마의 복합적인 인지배경을 가질 수 있다 (Bargh, 1996 ; Bushman & Anderson, 2001 ; Pizarro & Bloom, 2003 ; Wegner& Bargh, 1998). 구조자의 갑작스런 끼어듦은 단순하게 그 자체로서 일촉즉발의 공격상황에서 기인한 것이 아니라 그가 발달시켜 왔고 그 상황을 인식하게 만든 우세하고도 복합적인 인지구조에서 기인한 것이다. 최근까지 잘못된 스키마들(이상적인 도덕적 호혜관계의 위반행위)과 위해적인 스키마들(동정심과 죄책감처럼 인지적으로 조정된 공감적 고통)은 지속적으로 발달되어 왔으며, 아프리카계 미국 청소년들에게 가해졌다. 어떤 면에서 구조자는 그 상황을 인식하지 못했다고 하더라도 행동을 위한 준비를 했을 것이다. 나중에서야 그는 자신의 마음속에서 (스키마에 근거한) 하나의 태도를 형성하고 있었다는 것을 깨닫게 되었다. 그 도덕적 태도는 잘못된 것과 위해적인 두 수준으로 나뉘게 된다. 두 측면에서 도덕적 태도는 자신의 또래들이 언어적 폭력으로부터 일촉즉발의 공격상황까지 악화되는 것을 목격하면서 교차되었다.

한번 활성화되고 행동화되면 인지적 우선 원리는 도덕적 동기화의 지속적인 근원으로 작용하게 된다. 콜비와 데이먼(1992)이 도덕적으로 헌신적인 개인들에 관한 23개의 뛰어난 연구에 도덕적 의무의 개인적 표현에 대해 다음과 같이 표현한다.

마치 어떤 사람이 2 더하기 2는 4일 수밖에 없으며, 그러므로 분명히 다른 어떤 것이 4와 같다고 확신할 수 없을 때처럼 수학적인 필연성과 유사한 고결함이 떠오른다. 버지니아 듀어(Virginia Durr)는 이 확실성을 모든 사람이 반드시 평등하게 대우받아야 하며, 그리고 그것은 백인과 똑같이 흑인에게도 적용되어야만 한다고 표현하고 있다. 카벨 브랜드(Cabell Brand)는 … 이것은 가난한 아이들이 부유한 아이들에 비해서 적은 기회를 갖는 것은 잘못된 것이라고 말할 때라고 표현하고 있다. 우리가 도덕적 모범들로부터 발견하게 되는 위대한 확실성은 진실이 발견된 논리적 필연성에 의해 확고해진 확실성이다(pp. 75-76).

이러한 공동의 원리와 일치하는 친사회적 행동의 기본적인 동기 분석은 기본적으로 이타주의자들을 둘로 나눌 수 있다는 것을 발견하게 된다. 즉 "조력자"(helper)로서의 이타주의자와 "개혁가"(reformer)로서의 이타주의자로 나눠볼 수 있는 것이다. 조력자와 개혁가의 목표는 각각 도덕적인 좋음과 옳음에 부합한다. 조력자는 그들이 도와주는 사람들에게서 공감적인 동질감을 확인하고 그들의 고통을 줄여줄 방법을 찾는 데 비해 개혁가는 사회적 부당함을 바로잡는 것을 목표로 하고 있다(Carlson, 1982). 이러한 목적은 동기의 근거에 대한 강조에서 구별 가능하지만 여전히 분리되지 않고 상호보완적인 것으로 해석한다. 비록 조력자들의 친사회적 행동이 주로 고통을 줄이는 데 관심을 갖는다고 하더라도 조력자들 역시 사회적 불평등으로부터 발생하는 그 고통의 원인을 줄일 방법을 찾는다. 이와 마찬가지로 이성적 또는 도덕적 필연성으로서의 정당한 권리의 사회적 불평등을 바로잡으려는 개혁가들의 인지적 동기는 그 부당함의 피해자와 함께 공감하는 것으로부터 형성되는 동기화의 힘과 결합되어져 있다. 친사회적 행동의 범주에서 서로 긴밀한 관계를 맺고 있는 조력자와 개혁가 모두 도덕적 동기의 근본이 된다는 점에서 중요하다[두 범주가 상응하는 것은 공감과 정의(Gibbs, 2003 참조)이다]. 구조자는 실제 상황 속에서는 고통과 부당함 모두를 인식했고, "깜둥이가 아닌 아이로서 보기 시작했다." 그리고 그는 도덕적 동기화와 인식에 있어 정서적이고 인지적인 우선 원리들에 따라 행동했다.

도덕적 자아 관련성

삶에서 도덕적 좋음과 옳음을 알아차릴 수 있는 사람들은─즉 사회적 존재로서의 인간이 가진 복잡한 성격 중에서 정서(공감) 그리고 인지(정의 또는 이상적인 도덕적 호혜성과 관련된 것)의 윤리적인 측면─도덕성을 자신의 감정 또는 그것과 대등하게 관련지으려고 한다. 마치 모쉬맨(2005; cf. Moshman, 2004)이 "우리의 가장 깊은 의식의 중심"이라고 표현한 것처럼 말이다. 다르게 말하자면 성숙함과 도덕적 인식을 할 수 있다는 것은 도덕적 자아 관련성(moral self-relevance)과 연관되어야 하는 것이다(cf. Kohlberg & Candee, 1984). 콜비와 데이먼(1992)은 도덕적 모범이 되는 사람들은 "자신에 대한 희망과 자기 자신에 대한 운명을 그들 자신이 품고 있는 도덕적 목표들에 의해 규정하고 있다"고 결론내렸다(p. 300). 즉 그들의 자아의식 또는 "자아와 도덕성 사이의 통일"이 "도덕적 중심"에 있다는 것이다(p. 303). 그들의 관심 범위는 "이례적으로 폭넓다." "그들은 단지 건너편 길에 있는 자신의 아이들을 보기 위해서 자신의 모든 것을 던져버리지 않는다. 오히려 그들은 전 세계의 가난한 어린이들을 보살피려 하고, 죽어가는 이들에게 안식을 주려하며, 병든 이들을 치유하려 하고, 또는 인권을 위한 운동을 전개하기 위하여 자신의 모든 것을 던져버린다"(p. 303). 하트(Hart), 예이츠(Yates), 페글리(Fegley), 윌슨(Wilson, 1995)은 자원봉사 단체에서 폭넓게 활동하는 청소년들이 자신들에 대해 소개할 때 좀 더 도덕적 인격 특성과 목표로서 그들 자신을 묘사하려는 것을 발견했다. 마찬가지로 자신의 자아를 설명할 때 도덕적 용어를 덜 사용하는 사람들은 보다 반사회적인 행동과 연관성이 있었다(Barriga, Morrison, Liau, & Gibbs, 2001).

자아의 의식에 있어서 도덕성과 관련된 개인적 차이는 자아 개념에서의 성(性)적 개인차 보다 훨씬 더 크다. 남성 또는 여성으로서의 자아의식이 각자의 초기 성 정체성의 중심적 특징으로 비교적 안정적으로 발달되는 반면에(Martin, 2000) 도덕성과 관련된 자아감각은 그보다는 점진적으로 발달하여 자리잡게 된다(Damon & Hart, 1988). "삶의 초기, 도덕성과 자아는 그 둘 사이의 통합성이 거의 존재하지 않는 분리된 개념 체계이다"(Colby & Damon, 1992, p. 305). 성년기가 시작되기 전에 도덕성과 관련된 자아통합(integration)의 일정부분은 일반적으로 다양한 방법을 통해 성취된다(Geisbrecht & Walker, 2000).

콜비와 데이먼(1992)의 도덕적 모범사례에 의해 증명된 대부분의 자아와 도덕성의 통합성은 무엇이 그들을 "뛰어나게 만드는가"이다(p. 301). 도덕적 목표들의 발전과 통합은 광의적 의미에서 사회적 구성요소들의 변화하는 과정 속에서 모범이 되는 사람들이 다른 사람과 관계맺는 것처럼 성취된다. 콜비와 데이먼은 이를 "협력-구성"(co-construction)이라고 말하고 있다.

모범이 되는 사람과 그들의 동료들 모두는 변화의 모습을 결정짓는데 적극적인 동인(動因)들이다. 모든 새로운 생각들은 반드시 외적인 안내와 내적인 신념 사이의 상호작용으로 형성된다. 한마디로 이 변화는 "협력-구성"(co-construction)이다. 오랜 시간에 걸쳐서 새로워진 도덕목표 또는 확대된 도덕목표들은 모범이 되는 사람과 다른 사람 사이의 수많은 협상과정 속에서 이뤄진 협력과 구성에 의한 것이다(p. 184).

협력-구성이 이뤄지는 동안의 한 순간 또는 어느 순간에 중요한 사건 또는 "갑작스러운 변화"의 계기가 되는 경험이 발생할 수 있다(Colby & Damon, 1992, p. 185). "우리는 절대로 정확히는 알 수 없다 … 어떻게 그 사건들이 우리들의 삶과 연결될 것인가에 대해서"(Coles, 1986, p. 26). 구조자는 악화된 "나쁜 문제"의 상황과 마주치게 된다는 것이 개인적으로 그것을 해왔던 방식과 연결되어 있었다는 것, 그것이 자신의 공감과 죄책감, 부당함에 대한 의식을 일깨우며 또 그것이 도덕적 개입과 도덕적 사과의 "낯선" 순간을 자극하게 되었다는 것을 분명히 알지 못했다. 구조자는 스스로도 생소한 개입의 순간에, 그의 구조와 사과 행동과 그 이전에 가졌던 인종차별에 대한 신념 사이에서 발생하는 인지적 불일치를 줄이기 위해 자아에 대한 감각과 세계관을 불러오게 된다(cf. Abelson et al. 1968). 또한 구조자는 분명히 그에게 따라올 변화와 우정의 확장, 실제로 자기 자신의 스키마의 도덕적 좋음과 옳음의 통합 안에서 크고 확고해진 진보적 태도를 예상하지 못했다. 나는 이것은 도덕적 자아 관련성으로의 자세의 변화를 가져왔다고 추정한다. 도덕적 자아 관련성으로의 자세의 변화는 "변화하기 시작하게 만든 그 안에 있는 중요한 그 무엇"이다. (콜스는 구조자의 이후의 삶에 대해서는 아무것도 언급하지 않고 있다. 그의 이후의 삶은 1980년대의 도덕적인 헌신을 향한 변화와 같이 발전했을 것이라는 흐뭇한 상상에 젖게 한다. 또 그는 콜비와 데이먼에 의해 진행된 연구에서 도덕적으로 모범이 되는 사람들처럼 연구를 위한 새로운 도덕적 인물의 후보자들 가운데 하나가 되었을 것이다).

도덕적 모범이 되는 사람들을 통해서 도덕적 자아 관련성은 도덕적 동기에 있어서 그 자체로서 중요한 기여를 하는 도덕적 정체성으로 통합시킬 수 있다. 그리고 이상적 호혜관계와 공감뿐만 아니라 도덕적 정체성은 한 사람의 인생을 깊이 있는 도덕적 원리와 목표로 자기 스스로를 귀착시킬 수 있게 하는(삶에 있어서 일관되게 행동하며, 의사표시를 하고, 행동하는 것) 동기가 될 수 있다(cf. Bergman, 2004 ; Blasi, 1995). 이와 비슷하게 호프만(2000)은 도덕적 원리들을 내면화한 사람들은 단지 공감(하나 더 추가하자면 이상적인 도덕적 호혜성)만으로 도덕적인 행동을 하는 것은 아니며, "자기 스스로의 진실된 확신" 역시 중요한 역할을 한다고 주장한다(p. 18). 도덕적 정체성을 가진 사람이 그의 업무상 지출 비용을 부당하게 추가하는 일을 삼가는 것은 단지 고용주의 신뢰를 배신하는 행위이기 때문이며, 죄책감을 느끼기 때문만은 아니다. 그런 행위를 삼가게 되는 이유는 "자신의 자아통합감(sense of integrity)을 어기는 행위"이기 때문이다(Colby, 2002, p. 133). 콜버그와 캔디(Candee, 1984)는 사람들이 "도덕적인 좋음 또는 옳음은 자아를 위해 절대적으로 필수적이다"는 범위까지 "책임 판단"을 내린다고 주장한다. 말하자면 도덕적으로 모범이 되는 사람들에 있어서 도덕적 정체성은 메타적 우선성(meta-primary)이라고 말해도 무방할 것이다. 정의와 배려의 최상위적 가치들을 아우르는 인격적/도덕적 목표들의 역동적인 구성체계인 것이다.[5]

결론 : 세 가지 우선 원리

도덕성의 기초 또는 도덕적 동기의 근원이 되는 세 가지 원리는 우리들 삶의 예상치 못한 상황 속에서 갑작스러운 구조행위와 그 여파에 대한 반성적 사고를 통해서 확인해 보았다. 구조자는 공감적 고통(인지적 과정들에 의해서 구성되고 인도된 것)이라는 정서적 힘 때문에 구조행위에 나선 것일까? 그렇다. 호프만의 도덕적 동기에 있어서의 정서적 우선 원리에 대한 주장은 크고 강력한 반향을 일으키고 있다. 그러나 이 장에서 두 개의 우선 원리, 즉 인지적 우선 원리와 도덕적 자아 관련성을 추가하여 상정해 생각해 보았다. 정서적 우선 원리와 더불어 공동의 원리는 분명히 인지적 원리이다. 즉 불가피한 정의와 도덕적 호혜성의 이상(理想)(논리적 이상과 유사한)의 위반행위를 통해서 나타난 것으로서 잘못된 행위를

---

5) 나(Gibbs)는 개인적이고 도덕적인 목표가 고도로 통합된 개인들에게서 동기화를 위한 우선적 요소로 작동하는 것으로 도덕적 자아 적합성(self-relevance)를 강조하고자 한다. 이와는 대조적으로 데이먼(1996)은 "아동기가 끝나갈 무렵에야 비로소 자신들이 얼마나 친절하고 정의로우며 책임감이 있는지에 대해서 생각하기 시작한다. 이 사실(자신들의 도덕적 이익과 단순한 이익 사이의 밀접한 연계성)은 아동들의 도덕판단과 행동 사이의 관계에 대한 좀 더 나은 예측을 가능하게 해준다."라고 말하면서 동기화에 미치는 좀 더 광범위한 영향력을 강조하고 있다.

바로잡고자 하는 열망에서 발생하게 되는 인지적 우선 원리는 분명히 공동의 원리가 되는 것이다. 이러한 정서적·인지적 우선 원리들은 갑작스러운 구조행위의 순간 속에서 우리들의 반성적 사고를 통해서 뚜렷하게 나타났다. 그 순간 이전에라도 구조자 내부에서 중요한 변화의 시작은 일어났었다. 우리는 중요한 변화라는 것이 공감적 고통과 호혜적 상호관계의 위반행위라는 것을 넘어서는 도덕적 좋음과 옳음을 향한 자아의 태도의 변화라는 것을 추측했었다. 공감, 정의, 그리고 도덕적 자아 관련성의 세 가지 우선적 원리들은 도덕적 개입이나 사과의 수준을 넘어서 구조자가 아프리카계 미국 청소년들과 친구가 되고 인종차별이 없는 세상을 위한 투쟁을 시작하는 지속적인 동기가 되었다. 그가 이러한 원리를 보다 뚜렷하게 할수록 경멸이나 하는 껍데기 집단이 아니라 인류의 진정한 친구가 될 것이다.

참고문헌

Abelson, R. P., Aronson, E., McGuire, W.J., Newcomb, T.M., Rosenberg, M. J., & Tannenbaum, P. H. (Eds.). (1968),. Theories of cognitive consistency : A sourcebook. Chicago : Rand McNally.

Ames, G., & Murray, F. B. (1982). When two wrongs make a right : Promoting cognitive changes by social conflict. Developemental Psychology, 18, 894-898.

Bargh, J. A. (1996). Automaticity in social psychology : Handbook of basic principless (pp. 169-183). New York : Guilford Press.

Barriga, A. Q., Morrison, E. M., Liau, A. K., & Gibbs, J. C. (2001). Moral cognition : Explaining the gender difference in antisocial behavior. Merrill-Palmer Quarterly, 47, 532-562.

Bergman, R. (in press). Identity as motivation : Toward a theory of the moral self. In D. Lapsley & M. Narvaez (Eds.), Moral development, self, and identity (pp. 21-46). Mahwah, NJ : Erlbaum.

Berk. L. (2002). Personal communication, April 1.

Berkowitz, M. W., & Gibbs, J. C. (1985). The process of moral conflict resolution and moral development. In M. W. Berkowitz (Ed.), Peer conflict and psychological growth : New directions for child development (No. 29, pp. 71-82). San Francisco : Jossey-Bass.

Blasi, A. (1980). Bridging moral cognition and moral action and moral action : A critical review of literature. Psychological Bulletin, 88, 1-45.

Brown, R. (1965). Social psychology. New York : The Free Press.

Bushman, B. J., & Anderson, C. A. (2001). Is it time to pull the plug on the hostile versus instrumental aggression dichotomy? Psychological Review, 108, 273

-279. Carlson, R. (1982). Studies in script theory : II. Altruistic nuclear scripts. Perceptual and Motor Skills, 55, 595-610.

Case, R. (1998). The development of conceptual structures. In W. Damon (Series Ed.) & D. Kuhn & R. S. Siegler (Vol. Eds.), Handbook of child psychology : Vol. 2, Cognition, perception and language (5th ed., pp. 745-800). New York; Wiley.

Chapman, M., & Lindenburger, U. (1989). Concrete operations and attentional capacity. Journal of Experimental Child Psychology, 47, 236-258.

Colby, A. (2002). Moral understanding, motivation, and identity [Commentary]. Human Development, 45, 130-135.

Colby, A., & Damon, W. (1992). Some do care : Contemporary lives of moral commitment. New York : Free Press.

Coles, R. (1986). The moral life of children. Boston : Houghton Mifflin.

Crick, N. R., & Dofge, K. A (1994). A review and reformulation of social information processing mechanisms in children's social adjustment. Psychological Bulletin, 115, 74-101.

Damon, W. (1996). The lifelong transformation of moral goals through social influence. In P. B. Baltes & U. M. Staudinger (Eds.), Interactive minds : Lifespan perspectives on the social foundation of cognition (pp. 198-220). Cambridge : Cambridge University Press.

Damon, W., & Hart, D. (1988). Self-understanding in childhood and adolescence. New York : Cambridge University Press.

Dempster, F. N.(1981). Memory span : Source of individual and developmental differences. Psychological Bulletin, 89, 63-100.

de Waal, F. B. M. (1996). Good natured : The origins of right and wrong in humans and other animals. London : Harvard University Press.

Doise, W., & Mugny, G. (1984). The social development of the intellect (A. St.- James-Emler & N. Emer, Trans.). Oxford, UK : Pergamon. (Original work published 1979)

Eisenberg, N., Fabes, R. A., & Spinrad, T. L. (2006). Prosocial development. In W. Damon & R. M. Lerner (Series Eds.) & N. Eisenberg (Vol. Ed.), Handbook of child psychology : Vol. 3. social, emotinal, and personality development

(6th ed., pp. 646-718). New York : Wiley.

Flavell, J. H., Miller, P. H., & Miller, S. A. (2002). Cognitive development (4th ed.). Upper Saddle River, NJ : Prentice-Hall.

Geisbrecht, N., & Walker, L. (2000). Ego development and the construction of a moral self. Journal of College Student Development, 41, 157-171.

Gibbs, J. C. (2003). Moral development and rality : Beyond the theories of Kohlberg and Hoffman. Thousand Oaks, CA :Sage.

Gibbs, J. C., Basinger, K. S., Grime, R. S., & Snarey, J. R. (in press). Moral judgement development across cultures : Revisiting Kohlberg's university claims. Developmental Review.

Gibbs. J. C., Clark, P. M., Joseph, J. A., Green, J. L., Goodrick, T. S., & Makowski, D. G. (1986). Relations between moral judgment, moral courage, and field independence. Child Development, 58, 185-191.

Glachan, P. & Light, M. (1982). Peer interaction and learning : Can two wrongs make a right? In G. Butterworth & P. Light (Eds.), Social Cognition : Studies of the development of understanding (pp. 238-262). Sussex, UK : Harverster.

Gouldner, A. (1961). The norm of reciprocity : A preliminary statement. American Sociological Review, 25, 161-179

Hammock, G. S., Rosen, S., Richardson, D. R., & Bernstein, S. (1989). Aggression as equity restoration. Journal of Research in Personality, 23, 398-409

Hart, D. Yates, M., Fegley, S., & Wilson, G. (1995). Moral commitment in inner-city adolescents. In M. Killen & D. Hart (Eds.), Morality in everyday life : Developmental perspectives (pp. 317-341). Cambridge : Cambridge University Press.

Hoffman, M. L. (1986). Affect, cognition, and motivation . In R. M. Sorrentino & E.T. Higgins (Eds.), Handbook of motivation and personality : Foundations of social behavior (pp. 244-280). New York : Guilford.

Hoffman, M. L. (2000). Empathy and moral development : Implications for caring and justice. Cambridge, UK : Cambridge University Press.

Kohlberg, L. (1984). Essays on moral development. Vol. 2. The psychology of moral development. San Francisco : Harper & Row.

Kohlberg, L., & Candee, D. (1984). The relationship of moral judgment to moral action. In L. Kohlberg (Ed.), Essays on moral development : Vol. 2. The psychology of moral development (pp. 498-581). New York : Harper & Row.

Kuhn, D. (1972). Mechanisms of change in the development of cognitive structures. Child Development, 43, 833-844

Lerner, M. J. (1980). Belief in a just world : A fundamental delusion. New York : Plenum.

Martin, C. L. (2000). Cognitive theories of gender development. In T.Eckes & H.M. Trautner (Eds.), The developmental social psychology of gender (pp. 91-122). Mahwah, NJ : Erlbaum.

Miller, S. A., Custer, W. L., & Nassau, G. (2000). Children' s understanding of the necessity of logically necessary truths. Cognitive Development, 15, 383-403

Moshman, D. (2004). False moral identity : Self-serving denial in the maintenance of moral self-conceptions. In D. Lapsley & M. Narvaez (Eds.), Morality, self, and identity : Essays in honor of Augusto Blasi (pp. 83-109). Mahwah, NJ : Erlbaum.

Moshman, D. (2005). Adolescent psychological development : Rationality, morality, and identity (2nd ed.). Mahwah, NJ : Erlbaum

Moskowitz, G. B., Gollwitzer, P. M., Wasel, W., & Schaal, B. (1999). Preconscious control of stereotype activation through chronic egalitarian goals. Journal of Personality and Social Psychology, 77, 167-184

Piaget, J. (1965). Moral judgment of the child (M. Gabain, Trans.). New York : Free Press. (Original work published 1932.)

Piaget, J. (1971.). Biology and knowledge : An essay on the relations between organic regulations and cognitive processes (B. Walsh, Trans.). Chicago : University of Chicago Press. (Original work published 1967.)

Pizarro, D. A., & Bloom, P. (2003). The intelligence of the moral intuitions : Comments on Haidt (2001). Psychological Bulletin, 110, 193-196

Shultz, T. R., Dover, A., & Amsel, E. (1979). The logical and empirical bases of conservation judgments. Cognition, 7, 99-123

Smedslund, J. (1961). The acquisition of conservation of substance and weight in children. Ⅲ. Extinction of conservation of weight acquired "normally" and by means of empirical controls on balance scale. Scandinavian Journal of Psychology, 2, 85–87.

Vygotsky, L. S. (1978). Mind in society. Cambridge, MA : Havard University Press.

Walker, L. J. (1983). Sources of cognitive conflict for stage transition in moral development. Developmental Psychology, 19, 103–110

Wegner, D. M., & Bargh, J. A. (1998). Control and automaticity in social life. In D. Gilbert, S. Fiske, & G. Lindzey (Eds.), The handbook of social psychology (pp. 446–496). New York : McGraw-Hill.

Weiner, B. (1985). "Spontaneous" causal thinking. Psychological Bulletin, 8, 226–232

Wre, T. E. (1991). Caring about morality. London : Routledge.

Zajonc, R. B. (1984). On the primacy of affect. American Psychologist, 39, 117–123

〈8장〉

도덕판단 역량의 의미와 측정 :
양면 모델을 중심으로

게오그 린드(Georg Lind, 독일 콘스탄츠 대학)

(내적 원리들에 기초한) 도덕적 판단능력과 의사결정 능력,

그리고 그에 따라 실천할 수 있는 능력(Kohlberg, 1964, p. 425)

도입

빌 : 제인아, 너는 릭이 도덕적인 아이라고 생각하니?

제인 : 응, 그렇게 생각해. 안락사에 반대한다고 말했거든.

빌 : 왜 안락사를 반대하는 게 릭이 도덕적인 이유가 되지?

제인 : 글쎄, 안락사는 옳지 않아. 신은 우리에게 생명을 계속

유지할 것을 바라거든.

빌 : 하지만 릭은 무신론자잖아. 너는 릭의 생각에 어떤 도 덕적인 이유가 있는지 어떻게 알아?

제인 : 글쎄. 그냥 내 추측이야. 릭이 생명은 소중한 거라고 예 전에 말하는 것을 들은 적이 있거든.

빌 : 그런데 제인아, 릭이 사형제도에 찬성표를 던진 사실도 알고 있니? 릭은 생명을 궁극적인 도덕적 가치로 생각 하지 않는 것 같아.

제인 : 그래? 그 사실은 몰랐네. 릭은 자기의 도덕원칙에 일관 성이 없구나.

빌 : 그게 아니면 릭은 틀림없이 병든 사람과 나쁜 사람 모두 를 제거하는 것이 좋다고 생각하겠지.

제인 : 믿을 수 없어. 그런 생각은 정말 부도덕한 거야. 릭을 만 나면 이 문제에 대해서 꼭 물어볼 거야. 릭은 매우 방어 적인 자세를 취할 수도 있겠지만.

이 짧은 대화는 도덕성 측정에 대해 우리에게 무엇을 말하고 있는 가? 만약 무언가를 말하고 있다면 그것은 도덕성 측정이 쉽지 않고, 또 누군가의 도덕성에 대해 섣불리 판단할 때 우리의 생각은 쉽게 빗나갈 수 있다는 것 정도일 것이다. 분명히 빌과 제인은 릭의 도덕발달 수준을 평가하려고 시도했고, 이를 위해 다양한 접근방법을 사용하고 있다. 제 인은 먼저 그의 도덕적 태도나 가치들을 추정하기 위해 릭의 진술을 이 용한다. 그녀는 릭이 생명의 가치에 최우선권을 부여하고 신을 믿기 때문에 안락사를 반대한다고 추정한다. 그러나 이러한 추측은 릭이 사형 제도에 찬성했다는 사실로 인해 무효화된다. 그래서 제인은 릭이 도덕 적으로 일관되지 못하다고 재평가한다. 빌은 릭이 나쁜 사람들에 대해 서 뿐만 아니라 아픈 사람에 대해서도 악의(ill-minded)가 있을 것이라며 그의 새로운 측면을 이야기한다. 이를 통해 안락사와 사형제도에 대한 릭의 일관성 없는 태도를 설명할 수 있다. 그러나 제인은 쉽사리 이러한 설명을 수용하지 못한다. 그녀는 릭의 도덕성에 대한 타당한 판단을 내 리기 위해서는 더 많은 정보가 필요하다고 생각한다. 그러나 릭이 그녀 와의 대화에 응할까? 그리고 그는 만족할 만한 이유들을 제공해 줄까? 아니면 단지 자신의 입장을 합리화하려고만 시도할까?

수세대에 걸쳐 심리학자들은 사람들의 도덕적인 행동과 발달을 측 정하고 개념화하려 할 때 제인과 빌이 직면한 것과 유사한 문제들에 부 딪쳐 왔다. 나는 이 장에서 먼저 현대 심리학에는 도덕적 행동과 발달에 관한 새로운 측정방법이 필요함을 논의할 것이다. 그것들을 갖지 못한 다면 우리는 이론들의 경험적 정당성에 기초한 자료로부터 타당한 추론 을 도출해낼 수 없다. 새롭고 보다 나은 이론의 발전은 더 나은 도구의 구성에 의존한다. 그리고 연구를 위한 도구의 발전이 이론의 발전을 가 져오기도 한다.

그러므로 나는 먼저 도덕성에 관한 세 가지 정의들(규칙에 대한 복종, 선한 의도, 역량), 그리고 그것들이 수반하는 측정방법들에 대해서 개관할 것이다. 둘째, 나는 20년 전 도덕판단 행동의 역량적 측면을 적절하게 평가하기 위해 개발한 도덕판단검사(MJT)를 설명할 것이다. 셋째, 나는 MJT의 이론적 타당성과 간문화적 타당성에 대한 경험적 자료들과 MJT

의 여러 변형된 버전들을 독자들에게 보여줄 것이다. 마지막으로 MJT를 다른 측정도구들, 특히 콜버그의 도덕판단 인터뷰(MJI), 레스트의 도덕판단력검사(DIT) 그리고 깁스의 사회도덕적 반성능력 척도(SRM)와 대조해 볼 것이다.

도덕성에 대한 세 가지 정의 : 일치, 의도, 그리고 역량

도덕성을 측정하는 초창기의 방법들 중 하나는 규칙에의 일치(rule-conformity)이다. 여기에서 도덕성은 실천해야 하는 것과 삼가야 하는 것의 목록을 통해 규정된다. 도둑질하지 말라, 살인하지 말라, 간통하지 말라, 그리고 "네 이웃을 자신처럼 사랑하라", "너와 함께 있는 이방인들을 너 자신처럼 사랑하라"(성경, 레위기 19 : 17-34) 등등. 다른 문화와 종교들도 이와 유사한 목록들을 가지고 있다. 어떤 문화에서는 만약 규칙을 준수하는 행동이 규칙을 위반한 것보다 수적으로 우세하면 그를 도덕적인 사람으로 간주한다. 그래서 도덕성은 한 개인이 도덕적으로 올바른 행동은 하고, 나쁜 행동은 회피하는 사례들의 수에 의해서 측정된다. 일반적으로 초인적인 사례에 의해, 그리고 특별한 집단에 속해 있는 사람들에 의해 규정되는 이러한 목록의 길이는 시대를 거듭될수록 점점 길어진다. 그리고 결국에 가서는 성인(聖人)이 아니고서는 그 모든 규칙들을 준수하는 것이 도저히 불가능해진다. 수많은 연구자들은 이러한 접근방법을 사용해 왔다. 그리고 지금도 상당한 인기를 얻고 있다. 행동주의 심리학의 여러 측면에서 규칙에의 일치 접근방법의 전형을 볼 수 있다.

또 다른 접근법은 도덕성을 선한 의도(good-intentions)로 정의한다. 이들은 규칙과의 일치가 도덕성의 지표로 충분치 못하다고 생각한다. 이 관점은 도덕성의 지표로 개인의 도덕적 의도가 (규칙과의 일치보다) 더 낫다고 생각한다. 이들의 정의에 따르면, 만약 그 행동이 도덕적으로 선한 의도(혹은 도덕적 가치들, 동기들, 또는 원리들)에 근거했다면 그것은 도덕적으로 선하다. 초기 기독교 운동과 스토아 학파(Stoicism)에서는 이데아를 마음 속에 품고 그것을 고양시키는 것이 도덕성의 본질이라고 생각했다. 아퀴나스(St. Thomas Aquinas)는 당시 교회에 만연했던 규칙-일치의 도덕성에 맞서 이러한 정의에 힘을 실어주었다. 철학자 칸트(Immanuel Kant, 1948, 1785) 또한 도덕적으로 선한 의도만이 도덕적 선의 필요충분조건임을 주장했다. 선의지에서 비롯되는 결과를 제외하면 어느 것도 선한 것은 없다! 도덕적인 선의지의 기준으로 그는 정언명법(categorical imperative)을 제안했다. "너의 준칙이 보편적 법칙이 되어야 한다고 네가 의욕할 수 있도록 오로지 그렇게만 행동하라"(pp. 84, 421). 태도에 기반한 패러다임은 이와 같은 사유의 전통에 그 뿌리를 박고 있다. 모두가 그렇게 생각하듯 도덕적으로 선한 행동은 오로지 도덕적으로 선한 마음가짐과 가치들, 즉 원리에 근거한 도덕적 사고에서 나온다(예를 들면 Rest, 1979, Narvaez, Bebeau & Thoma, 1999). 재미있게도 하트숀과 메이(Hartshorne and May, 1929) 또한 그들의 연구에 이러한 접근법을 접목시켰다.

수세기 동안 도덕성에 관한 이 두 정의는 심리학, 교육학에서 뿐만 아니라 철학에서도 라이벌 관계를 유지해 왔고 지금도 여전히 그러하다. 행위-일치(behavior-conformity) 이론은 대체로 행동주의 도덕심리학과 도덕교육에 보상-처벌의 접근법으로 스며든 반면 선한-의도(good-intentions) 이론은 도덕적인 태도와 동기, 가치의 심리학과 또 다른 부류에 속하는 가치교육과 도덕적 교화에 베어들었다. 베버(Max Weber, 1994)가 지적한 것처럼 이러한 경쟁은 책임윤리(Verantwortungs-Ethik, 자신의 결정에 뒤따르는 결과에만 관심을 갖는 것)와 목적윤리(Gesinungs-Ethik, 의도의 선함에만 관심을 갖는 것) 사이에 존재했고, 듀이(John Dewey, 1966, p. 349)가 말했던 것처럼 칸트의 선의지 윤리학과 벤담의 공리주의 사이에 존재했다.

그럼에도 도덕성에 대한 양자의 정의 모두는 공통적인 몇 가지 믿음에 근거하고 있다. 예를 들면 (1) 도덕성은 단순히 타고나는 것이 아니다. 도덕성은 심리학적이고 교육학적인 방법을 통해 증진될 수 있다는(혹은 심지어 그렇게 되어야 한다는) 믿음. (2) 이러한 도덕성 증진은 거의 특정한 사회적 기제들(부모, 교사, 성직자, 행정관 등과 같은)에 책임이 있다는 믿음. 이는 곧 외부적인 어떤 것을 의미한다. (3) 사람들의 도덕성을 향상시키기 위한 모종의 시도는 사회적인 힘, 심지어 강제력이 요구된다는 믿음. (4) 도덕성은 개인의 인지능력이나 역량과는 완전히 분리되는 어떤 것이라는 믿음. 마지막 믿음은 명백하고도 자명해 보인다. (5) 한 사람이 사회가 만들어놓은 행위규칙을 완벽하게 준수하거나(규칙에의 일치이론의 경우처럼), 또는 (선한 의도 이론의 경우처럼) 한 개인이 도덕적으로 선한 의도를 갖는다면 그 사람은 도덕적인 사람으로 평가받을 것이라는 믿음. 이러한 믿음들은 수십 년간의 심리학적·교육학적 이론화와 연구조사를 통해 강력하게 굳어졌다. 1950년대 미국심리학회(APA)와 블룸(Benjamin Bloom)이 수장으로 있던 미국교육연구회(AERA)의 공동위원회는 두 개로 분리된 교육목표 분류학을 고안해냈다. 하나는 "인지적 영역"이고 다른 하나는 "정서적 영역"이었다. 그리고 도덕적 행동과 민주시민으로서의 행동은 인지, 역량과는 관련이 없다고 생각되어 정서적 영역에 포함되었다(Bloom, 1994 ; Bloom, Engelhart, Hill, Furst & Krathwohl, 1956 ; Krathwohl, Bloom & Masia, 1964).

이미 20세기 초 일부 심리학자들은 정서와 인지에 대한 이러한 분리의 필요성을 인식하기 시작했다. 결국 이러한 필요성은 도덕성과 도덕발달에 대한 양면 이론(Dual-Aspect theory)의 형식화를 이끌어냈다. 양면이론에 따르면 도덕적 행위에서 인지와 정서는 서로 분리될 수 없다. 하지만 구별될 수 있는 측면들은 있다. (1) 도덕적 이상이나 원리들에 대한 개인의 정서, 그리고 (2) 이러한 이상과 원리에 근거하여 추론하고 행동하는 개인의 능력(예를 들면 Lind, 1985a, 2002).

양면 이론의 부분적인 형식화는 이미 19-20C 초반에 등장한다. 1912년 독일의 정신과 의사 레비-줄(Max Levy-Suhl)은 도덕적 태도나 가치가 청소년 비행문제를 설명해 줄 수 없다는 사실을 발견했다. 그가 비행청소년과 그렇지 않은 청소년을 상대로 절도에 관해 인터뷰했을 때 두 집단 모두 유사한 방식으로 그것을 거부했다. 그러나 두 집단이 이유로 제시한 것에서 그는 도덕적 성숙의 차이를 나타내는 지표를 발견했다. 비행청소년들은 그것이 개인적인 손해를 가져오므로 옳지 않다고 응답했다. 그리고 자신이 속한 사회규범에 근거한 이유나 자율성에 기초한 이유는 거의 언급하지 않았다(Heidbrink, 1989 ; Levy-Suhl, 1912). 또 다른 예로는 꽁트(August Comte) 시대 이래 도덕적 성숙의 지표라고 생각되어 온 이타적 태도나 가치들이 있다. 1892년 초 이기주의와 이타주의는 언제나 혼합되어 있다는 이유로 짐멜(Georg Simmel, 1989)은 이러한 규정을 거부한 바 있다(한 사람이 매우 이기적인 이유로 이타적일 수 있다. 그 반대도 가능하다). 이후 이타적인 태도나 의도는 이타적인 행동과 거의 관계가 없다는 것이 경험적으로 증명되었다(Darley & Latane, 1968, Krebs, 1982 ; McNamee, 1997). 크렙스(Krebs, 1982)는 짐멜의 논의를 반복 수행하여 그것을 한층 명확히 했다. "내 생각에는 이타적인 행동이 필연적으로 도덕적이거나 올바른 행동은 아니다. 사실 이타주의는 누군가에게 그의 몫 이상을 주거나 혹은 그가 마땅히 받아야 하는 몫 이상을 분배하는 것이다. 이타주의는 정의로 규정된 상호성의 균형을 위반한다. […] 공정하게 행동하는 것은 관대함이라는 룰에 의해 사는 것보다 훨씬 많은 것을 함축한다"(p. 73).

이러한 생각들은 하트숀과 메이의 새로운 관점을 이해하는 데 의미가 있다. 그들의 연구는 행위-일치로서의 도덕성 관점에서 속임수(deceit)의 본질을 탐구했다. 그들에게 도덕적 행동은 "그것의 동기 또는 그것의 옳고 그름에 대한 어떠한 언급 없이 관찰·측정되어야 한다. 첫 번째 질문은 '주체(subject)가 무엇을 하였는가?'이다. 그가 한 것이 무엇인지 분명히 알기 위해서 이 물음은 양적 용어로 답해져야 한다. 그렇지 않을 경우 그가 그러한 행동을 한 이유를 계속 묻는 것은 무의미한 일이 되고 비난과 칭찬 여부를 심사숙고하는 것 또한 아무 소용이 없게 된다"(p. 11). 연구결과 정직과 부정직은 연구대상 연령대의 아이들에게서 한결같이 나타나는 특징이 아니었다. 즉 그것은 특정한 상황에 대한 일련의 반응이라는 사실을 그들이 밝혀낸 것이다(Hartshorn & May, 1930, Book two, p. 243). 결론적으로 하트숀과 메이(1928)는 도덕성에 대한 자신들의 정의에 의문을 제기했다. 즉 "도덕성은 나쁜 사람으로부터 선한 사람을 구별하는 행동의 성질이 아니라, 유기적으로 조직화되고 사회적으로 기능을 수행하는 자아의 성질이다"(p. 413). 규범-일치와 관련된 행동주의의 방대한 연구결과들을 재검토한 피텔과 멘델손(Pittel & Mendelsohn, 1966)은 측정의 문제에 대해 다음과 같은 결론을 내리고 있다.

> (측정의 문제는) 도덕적 가치와 행동 사이의 관계에 대한 본질을 개념화하는 데 충분한 노력을 기울이지 않은 결과로 보인다. 아마도 논의된 세부적인 비판들의 근원에 자리 잡고 있는 가장 큰 오류는 주체의 이러한 태도와 관습적이고 규범적인 도덕적 평가기준과의 관계를 언급하지 않은 채 시행된 측정을 가장 좋다고 생각하는 잘못된 평가태도일 것이다. 만족감, 강도 그리고 주체의 사고패턴이나 평가패턴을 개인적인 수준에서 평가해 보는 것이 중요하다. 이러한 태도를 사회가 승인할지 여부는 평가태도의 측정을 구조화하는 데 고려할 필요가 없는 차후의 문제이다(p. 32, 강조는 필자).

도덕성과 도덕성 발달에 관한 새로운 정의가 필요하다는 것에는 많은 이들이 동의한다. 하지만 도덕적 이상(혹은 태도 또는 가치 또는 원리)과 도덕적 행위 사이의 간극을 메우려는 시도는 거의 이루어지지 않았다. 게다가 이러한 간극을 메워줄 개념들을 측정해낼 의미 있는 방법을 제안하는 학자들은 더더욱 찾아보기가 어렵다. 피아제(Piaget, 1965/1932)는 아동의 놀이에 관한 연구에서 도덕규칙과 실제 행위 사이의 차이, 즉 식별 가능한 도덕-인지발달 단계들을 그의 연구목표로 삼았다. 그는 직접 관찰과 인터뷰 방법을 병용했다. 피텔과 멘델손(1966)은 더 적합한 측정을 위해 척도를 간략하게 설명했다. "본질적으로 내용, 강도 그리고 주체의 사고패턴이나 평가패턴 등을 개인적인 수준에서 평가해 보는 것이 중요하다"(p. 32, 강조는 필자).

콜버그(1958, 1964, 1984)는 도덕판단 역량을 측정하기 위한 다양한 시도들을 통합하려 했고, 그 결과 도덕심리학 연구의 패러다임 전환을 가져왔다. 그는 피아제의 평가방법과 피텔과 멘델슨의 측정척도를 받아들였다. 그런데 보다 중요한 것은 도덕판단 역량(moral judgment competence)에 대한 정의를 통해 도덕적 이상(ideas)과 행위 사이의 관계를 명확히 개념화한 것이다. 그의 정의에 따르면 도덕판단 역량이란 "(내적·자율적 원리들에 바탕을 둔) 도덕적 판단과 결정을 내리고 그러한 판단에 따라 행동할 수 있는 능력"을 의미한다(Kohlberg, 1964, p. 425, Kohlberg, 1984, p. 523).

도덕판단에 대한 콜버그의 정의는 다음의 세 가지 측면에서 혁명적인 진정한 패러다임의 전환이었다.

1. 도덕성이 단순한 태도나 가치가 아닌 역량으로 정의되었다. 그리고 이를 통해 행위에 있어 인지적 영역과 정서적 영역 사이의 부적절한 분리가 극복된다.
2. 도덕적 행동은 외적인 사회규범 및 기준이 아니라 행위주체가 내적으로 수용한 도덕원리들과의 관계 속에서 규정된다.
3. 한 개인이 판단을 입법화하는 것은 세 영역 모두를 통해 정의(definition)를 통합하는 것이다. 세 가지 영역(인지, 정의, 행동의 영역) 모두가 도덕성을 정의하는 데 반드시 필요하다. 그러므로 도덕성을 정의함에 있어 세 영역은 각각 고립된 채 관찰되거나 측정될

수 있는 그런 분리된 구성요소로 간주되어서는 안 된다.

[도표 8.1] 양면 모델(The Dual-Aspect Model)

도덕행위에 있어서 이러한 세 영역 간의 관계는 [도표 8.1]로 요약될 수 있다. 도덕적 행동은 도덕적 이상의 원리에 의해 인도되어야 한다. 게다가 도덕적으로 성숙한 사람의 행동은 발달된 그의 추론능력에서 정보를 제공받아야 한다. 하지만 도덕원리와 역량은 서로 분리된 것이 아니다. 그것들은 단지 행동의 다른 측면임을 유념하라.

이어서 콜버그(1984)는 그의 도덕판단 역량이라는 개념을 좀 더 정교화하는 작업과 동시에 그것의 타당한 측정을 위해 이론적인 기준을 마련했다.

1. 검사구성자는 검사 시작단계부터 구조를 가정해야 한다. 이는 검사 이후에 그 결과에서 구조를 발견하는 귀납적 방식과는 상반된다. "[…] 만약 검사가 단계의 구조를 산출해내려면 그 구조의 개념은 최초의 관찰행위, 검사구성, 채점 이전에 이미 구축되어 있어야 한다"(pp. 401-402).
2. 따라서 측정은 단순히 전통적인 심리측정 검사처럼 분리된 항목

들에 초점을 맞추기보다는 "조직적 전체 혹은 내적 관계들의 체계와 관련된 변수"(p. 8)를 평가할 수 있도록 설정되어야 한다.

3. 이러한 "인지구조는 행위의 구조(도식)이다"(p. 8). 좀 더 정확히 말하면 구조라는 것은 "추론(inference)이라기보다 구성물(construct)이고, 일목요연한 항목(items)들의 순서에 근거할 때 보증된다"고 콜버그(1984)는 말한다(p. 408). 따라서 "피험자들의 딜레마에 대한 반응과 임상연구에서의 반응은 피험자의 인지구조를 반영하거나 혹은 드러내는 것이다. … [피험자의] 어떤 판단에서 그 판단과 동시에 혹은 선행해서, 또는 잇따라 일어나는 상태를 추론해내는 데 잘못을 범한다는 의미의 오차란 있을 수 없다. 콜버그의 행위패턴 접근법(behavior pattern approach)은 전통적인 검사이론뿐만 아니라 라쉬(Rasch)의 평정법과도 뚜렷한 대조를 보인다. 라쉬의 평정법은 각각의 반응 항목을 관찰 불가능한 가설적인 변수 혹은 숨겨진 실재(entity)를 드러내 주는 지표로 본다. 그리고 개인별 응답패턴의 구조는 측정오차가 드러난 것이라고 생각한다.

4. 측정은 도덕판단 역량을 끌어내기 위해 복잡한 도덕적 문제상황을 활용해야 한다. "[인지활동을 위한] 이러한 방식의 조직은 항상 대상에 따른 행위의 조직이다"(Kohlberg, 1984, p. 8). 따라서 전통적 검사이론의 기초를 구성하는 탈맥락적인 인터뷰나 검사항목들은 그것들이 한 사람의 도덕적 태도나 가치를 평가하는 데는 가치 있는 도구일지 모르겠지만 도덕판단 역량을 평가하는 데는 적합하지 못한다.

5. "정서적 발달 및 기능(functioning)과 인지발달 및 기능은 별개의 영

역이 아니다. 정서발달과 인지발달은 병행한다. 두 발달은 구조적 변화를 정의할 때 서로 다른 조망 및 맥락을 나타낸다"(Kohlberg, 1984, p. 8). 즉 그것들은 똑같은 행위양식의 다른 측면으로 보아야한다. 그러므로 독립된 도구들을 통해 측정되기보다는 동일한 측정도구로 측정되어야 한다(DeVries를 보라. 1997, p. 6 ; Piaget & Inhelder, 1969, pp. 114, 117).

6. 역량의 측정은 언제나 적절한 도덕적 과제를 필요로 한다. 딜레마와 반대–제안(counter-suggestions) 방법은 이러한 과제를 제공해준다. 행위자가 딜레마와 반대–제안 방법을 다루는 방식은 믿음을 타인에게 강요하기 위해 지위와 힘을 이용하기보다는 평화적인 도덕적 대화를 통해 갈등을 해결해 가는 행위자의 능력을 보여주는 매우 좋은 지표이다(Habermas, 1990). 레비–줄(1912)은 이미 아동의 추론능력을 이끌어내기 위해 반대–제안 방법을 사용한 바 있다. 콜버그(1958) 역시 인터뷰에서 딜레마와 반대–제안 방법을 사용했었다. 그는 "딜레마 해결책은 자신의 믿음과 자신이 처한 상황에서 모두 정의로운 것이어야 한다. 참되고 소중하게 생각되는 가치들을 위해 우리는 정의를 실천한다. 그러므로 선택은 항상 **어려운 것이다**"(Kohlberg, 1958, pp. 128-129 ; 강조는 필자). 콜버그가 딜레마를 사용한 이유가 여기에 있다.

콜버그는 두 가지 목적을 위해 반대–제안 방법을 사용했다. "첫째로 판단의 독립성 평가, 둘째 발달수준의 확인"(p. 78), 피아제 역시 "반대–제안 방법을 임상연구의 기본으로 생각했다"(Lourenso & Machado, 1996, pp.

146, 154). 블라지(Blasi, 1987)가 주목했던 것처럼 "해석적인 분석을 조장하고 주체의 실제적 사고를 명료화하기 위해서 면밀한 조사, 양자택일 해야 하는 가설적 상황, 그리고 반대-제안 방법"(p. 89)에 호소하는 것은 인지발달론자들에게 표준이 되어왔다. 실제로 반대-제안 방법이 활용된 연구에 참여한 사람들의 반응은 도덕판단 역량을 암시적으로 보여준다(Keasey, 1974). 따라서 도덕판단 역량검사를 위한 연구에 충분히 활용될 수 있다.

딜레마와 반대-제안 방법 외에도 콜버그는 추측에 의한 고득점 취득을 방지하기 위해 열린 형식의 인터뷰를 권장했다. 그럼에도 불구하고 많은 연구자들은(Gibbs, Widaman & Colby, 1982 ; Kohlberg, 1979, p. xiv) DIT와 MJT 같은 선호도 검사와 MJI를 대조시키면서 MJI의 가장 뚜렷한 특징이 많은 논쟁을 산출하는 것을 부각시키고자 했다. 하지만 이러한 MJI의 특징은 반대-제안 방법과 같은 도덕적 과업을 포함하는 역량검사와 그것을 포함하지 않는 태도 질문지 사이의 차이만큼이나 중요한 것은 아니다. 린드(Lind, 2002)에 따르면 MJI 점수는 언제나 DIT나 MIT 점수보다 높게 나타난다. 이는 논쟁을 만드는 것이 선호도 검사의 기준을 충족시키는 것보다 더 어려울 것이라는 그들의 가정과는 상반되는 결과이다. 게다가 딜레마와 반대-제안 방법이 도덕적인 문제해결과 분명히 관련은 있지만, 숙고과정에 사용되는 이유가 자발적으로 마음속에서 우러나온 것인지 아니면 인터뷰하는 사람이 제안한 것인지의 여부와는 별로 도덕적 관련성이 없어 보인다. 어쩌면 이유들을 산출해내는 것은 도덕적으로는 아무 상관이 없는 언어적 어려움만을 가중시키는 것일지도 모른다(Darley & Shultz, 1990).

도덕판단 역량의 양면이론

　도덕판단 역량에 대한 콜버그의 정의와 그것을 측정하기 위한 이후 시도들에 대한 재검토에 기초해서 도덕적 행동와 발달에 대한 양면이론, 그리고 도덕적 행동과 발달의 구조를 측정하기 위한 새로운 방법인 도덕판단검사(Moral-Judgment Test, MJT)를 제안한다(Lind, 1978, 1982, 1985a, 2000a, 2002).

　양면이론은 피아제와 콜버그의 이론에서 그 기본원리들을 상당부분 가져왔다. 하지만 경험적 데이터와 좀 더 일관성 있는 이론을 구축하기 위해 명료화 작업과 수정작업을 수행했다. 도덕판단 역량 측정의 기본원리들은 다음과 같다.

1. **분리불가능성**(Inseparability) 정의적 기제와 인지적 기제는 비록 구별되긴 하지만 서로 분리될 수 없다. 도덕적 정서(가치, 이상)는 개개인들의 인지구조와 역량에 의지해 도덕적 행동 속에서 드러난다. 그러므로 그것들을 적절하게 측정하려면 우리는 그것들에 대해 더욱 면밀한 연구를 진행해야 한다. 반면 도덕적 역량은 개개인의 도덕적 이상이나 원리를 참조하지 않고는 측정할 수도 정의할 수도 없다. 그러므로 적합한 측정은 동일한 행동양식의 구별되는 측면인 판단행위의 양 측면을 평가할 수 있도록 설계되어야 한다(Piaget, 1976, Lind, 1985a, 2000a).

2. **도덕적 과업**(Moral task) 도덕판단 역량을 측정하기 위해 측정도구

는 도덕판단 역량의 사용을 요구하는 도덕적 과업을 포함해야 한다. 적합한 과업은 주체가 도덕적 딜레마에 대해 숙고하고, 반대-제안 혹은 딜레마 상에서 자신의 입장과 일치하는 주장에 반대되는 주장을 평가하도록 한다(Keasey, 1974 ; Kohlberg , 1958 ; Lind, 1978, 1985 ; Lind & Wakenhut, 1985).

3. **위장불가능성**(Nonfakeability) 도덕판단 역량 측정의 신뢰도를 높이기 위해 개인들이 자신의 점수를 높이기 위해 위장하는(fake) 것을 막아야 한다(Emler, Renwick & Malone, 1983 ; Lind, 2002).

4. **변화에 대한 민감성**(Sensitivity to change) 역량점수가 위장으로 높아져서는 안 되겠지만 또한 그 점수는 변화에도 민감해야 한다. 즉 도덕교육과 다른 여타의 도덕적 개입으로 발생하는 변화 혹은 역량감소로 인해 나타나는 변화에도 민감해야 한다. 이러한 입장은 점수가 하락하는 현상을 막기 위해 측정방법을 수정한 콜버그 등의 입장과는 상당히 대조적이다. "나는 수년간의 반성을 통해 피아제의 계열성에 대한 가정이 진실인지의 여부보다는 내 측정방법의 구조적 타당성에 더 많은 의문을 갖게 되었다"(p. 411)고 콜버그(1984)는 밝히고 있다. 우리가 측정에 대한 이러한 선입견을 떨쳐버릴 때 역량이 감소하는 사례를 분명히 관찰할 수 있을 것이다(Lind, 2000d, 2002).

5. **내적인 도덕원리**(Internal moral principles) 도덕판단 역량 점수는 개인의 도덕원리를 고려해야 한다. 또한 그 점수는 외적인 도덕적 기대에 의해 강요된 것이어서는 안 된다(Kohlberg, 1964 ; Pittel & Mendelsohn, 1966).

6. **준단일성**(Quasi-simplex) 딜레마 검사가 원리에 근거한 도덕판단을 요구한다면 각 단계에 대한 수용 정도는 위계화된 계열성을 지지한다. 즉 각 단계 측정의 연관성은 준단일적 구조를 띤다 (Kohlberg, 1958, pp. 82-85 ; Lind, 2000a).

7. **병행론**(Parallelism) 도덕적 판단의 정서적 측면과 인지적 측면은 서로 독립적으로 점수화되지만 이 두 측면들은 병행한다. 즉 그것들은 서로 밀접한 상관관계를 갖는다(Piaget & Inhelder, 1969, pp. 114, 117 ; Lind, 1985a, 2002).

8. **찬성과 반대 주장의 등가성**(Equivalence of pro and con-arguments) 제시된 딜레마 상에서 참가자가 처해 있는 특수한 상황은 배제되어야 한다. 그러기 위해서는 참가자들로 하여금 등가성을 갖는 찬성, 반대 주장에 맞닥치게 해야 한다. 예를 들면 안락사에 대한 측정에서 찬성 측의 주장은 반대 측의 주장과 동등하게 수용되고 또 변호되어야 한다.

도덕판단검사(MJT)

1970년대 초 우리는 도덕적 태도들을 평가하는 것 외에 개개인의 도덕판단 역량(competence)을 측정할 수 있는 도구를 찾고자 노력했다(see also Lind, 1985a, 2000a, 2002). 당시 양 측면을 분명히 구분하면서도 동시에 양 측면을 모두 측정할 수 있는 적절한 검사도구가 부재한 상태였기 때문이다. 그래서 우리는 도덕판단검사(Moral Judgment Test : MJT)라는 새로운 검사도구를 고안했다. 그것은 도덕적인 문제와 관련해서 자신이 처한 특수한 입장을 배제한 상태에서 자신의 도덕원리에 입각해 찬성, 반대를 결정하는 능력의 측정을 가능하게 했다. 이 외에도 다른 많은 검사도구들이 그렇듯 MJT는 콜버그의 도덕발달이론에 대한 참가자의 도덕적 사고방식의 데이터를 제공해 주었다.

MJT의 설계에는 검사상황과 도덕판단의 심리적 특성에 대한 우리의 이해가 반영되어 있다. 도덕판단의 본질은 단일한 응답 혹은 단일한 차원으로 환원될 수 없다. 그것은 맥락 속에서 조명되어야 한다고 우리는 믿었다. 믿음, 신뢰, 진실, 공정성과 같은 도덕가치들은 일련의 행동이나 행위경향성에 근거하여 판단할 수 있다. 행동의 전체적 양식(pattern)이나 구조(structure)에 근거해서 판단할 수 있는 것이다. 예를 들어 이 글의 도입부에 제시된 대화에서 빌과 제인은 릭의 도덕성을 평가해 보는 시도를 했다. 앞에서 밝혀진 바와 같이 릭이 했던 하나의 말만을 인용해 그의 도덕성을 추론하려는 첫 번째 시도는 부적절한 것으로 드러났다. 릭의 도덕성을 올바로 판단하기 위해서는 더 많은 정보가 필요하다는 것을 그들은 깨달았다. 다른 예를 보자. 로버트라는 가상의 17세 소년이 있다. 로버트는 학교 시험에서 친구의 부정행위를 도왔다. 그 이유는 도움이 필요한 친구를 돕는 것이 추상적인 교칙을 지키는 것보다 더 가치 있는 일이라고 생각했기 때문이다. 우리는 이러한 도덕적 이유가 다른 상황, 다른 사람에게도 일관되게 적용되기를 기대한다. 그런데 많은 친구들의 부정행위로 로버트의 성적은 기준점 이하로 떨어졌다. 결국 로버트는 자신이 꿈꾸던 대학에 응시할 수 없게 된 것을 알게 되었다. 그는 이제 다른 학생들이 교칙을 따랐어야 했다고 주장할 것이다. 분명 이런 식의 추론은 어떤 오류를 내포하고 있다. 왜냐하면 추론의 일관성이 없기 때문이다. 먼저의 상황에서 그는 이와 같은 결과를 미리 고려했어야 했다. 그 다음의 상황에서는 자신의 주장을 철회했어야 한다. 이 사례와 다음에 오는 사례는 추론의 명료함을 보여주기 위해 매우 단순화해서 준비한 것이다. 물론 자신의 추론근거를 바꾸는 것은 좋은 이유가 될 수 있다. 하지만 내가 처해 있는 상황의 변화가 그것을 바꾸는 이유가 될 수는 없다. 예를 들어 사람들은 점점 나이가 들어갈수록 새로운 통찰력이 생기고, 그로 인해 예전에 자신들이 의지했던 이유들을 거부하게 된다. 그러나 다른 사람이 이와 같은 사실만을 가지고 이전 주장의 근거를 무효화하는 것은 도덕적 일관성이 결여된 것이다. 또 다른 낮은 도덕 판단 단계의 예로 어떤 사람이 생명존중을 결코 어겨서는 안 되는 절대적 도덕원리로 갖고 있어서 낙태시술을 한 의사를 죽이려 하는 경우를 생각해 볼 수 있다.

구체적인 맥락 속의 변화들을 관통하는 도덕적 일관성, 즉 도덕판단 역량 개념에 기초해서 MJT는 참가자들이 응답하는 복합적인 상황을 반영하여 설계되었다.[1]

---

1) 도덕판단력 검사(MJT)의 디자인과 구성은 심리측정에 대한 인지구조적이고 실험적인 접근이라는 현대적 방법으로 평가될 수 있는 도덕판단 행동의 이중 이론에 의존하고 있다. 우리는 이런 아이디어를 애곤 브른스키(1955 ; 변증비관적 방법)와 노먼 H. 앤더슨(1991 ; 인지적 대수학), 조지 A. 켈리(1955 ; 개인적 구성), 레온 굿트만(1961 ; 국면 분석) 등에게서 빌려왔고, 그 외에도 여러 사람(로맨 & 이펠, 1993, 미쉘 & 쇼다, 1995 ; 실험적 질문에 관한 개념, Lind, 1982 참조)에게도 빚을 지고 있다. 우리의 실험질문적 접근은 피아제와 콜버그가 객관적인 측정방법으로 좀 더 정교화한 임상방법의 적절한 변형이라고 믿는다. 이 방법의 틀 안에서 도덕판단력 검사의 기본 측정 단위는 개별 주체의 총체적 반응 유형과 주체 내부의 반응 변인이다. 한 주체의 도덕판단 능력과 그의 도덕판단의 구조적 구성은 고전적인 측정 방법과 그 근대적 계승법이라고 할 수 있는 라셔 스케일링 방법(the Rasch scaling

MJT 참가자들에게는 많은 것들이 요구된다. 먼저 그들은 어려운 도덕적 딜레마에 대해 자신의 입장을 결정해야 한다. 그리고 난 뒤 "매우 반대(-4) ~ 매우 찬성(+4)"이라는 척도 상에 자신의 결정이 어디쯤 위치하는지를 결정한다. 이렇게 찬성과 반대를 하나로 묶어서 제시하는 것은 참가자의 입장과 상반되는 반대 입장이 존재함을 제시함으로써 반대 입장에도 같은 질 혹은 수준의 도덕적 추론이 있다는 것을 드러나게 하기 위해서이다. 이를 통해 우리가 얻고자 하는 것은 다음과 같은 것이다. 딜레마에 대한 찬성, 반대의 정도가 주장의 다른 도덕적 특성들에 기초를 두고 있는가? 그리고 그렇게 함으로써 참가자들의 도덕판단 역량이 드러나는가? 아니면 딜레마에 대한 찬성, 반대 여부가 참가자들의 도덕판단의 근거가 되는가? 이러한 물음에 대해 참가자들의 분리된 개별적인 응답들만 가지고는 그 답을 찾기가 어렵다. 한 개인이 보여준 반응의 전체적인 패턴을 가지고 그 답을 찾을 수 있다. 또한 (요인분석의 결과나 상호관계 양식 등과 같은) 각 개인들 간 서로 교차하는 "구조들"을 단순히 끌어모으는 것이 이러한 문제들의 답이 될 수는 없다. 한 개인을 단일한 인지적-정서적 구조에 따라 행동하는 사람으로 이해할 때에만 그 답은 구

---

method)에 의해 주어지는 각각의 모든 항목보다 각 개인의 총체적 반응 유형을 잘 보여준다. 도덕판단력 검사에서 종속변수는 -4에서 +4에 이르는 거부와 수용의 척도를 받아들이는 주체의 판단능력이다. 독립변수 또는 디자인하는 요인은 첫째 추론의 도덕적 질 또는 단계, 둘째 의견일치라는 과업 요인 셋째 딜레마 유형 등이다. 여기서 이 테스트는 6×2×2라는 사실에 근거한 디자인을 표현한다. 이 결합을 통해 주체의 도덕판단 능력을 촉진시키는 반응유형을 이끌어낼 수 있다. 이와 대조적으로 고전적인 테스트는 단지 한 가지의 다지인 요인에만 근거하고 혹시 다른 요인들을 고려한다고 해도 주체 내부의 요인일 뿐 주체 사이의 요인은 고려하지 못한다. 더욱이 고전적 접근법은 개인들 사이의 변인을 개인 인지구조의 수정으로서 보다는 실수로 간주하는 경향을 보인다.

해질 수 있다.

피아제, 콜버그의 인터뷰 방식처럼 MJT 역시 도덕적 딜레마를 사용한다. 딜레마 상황은 중요한 도덕적 규범이나 원리를 위반하지 않고는 도덕적인 결정을 내릴 없는 그런 상황이다. 표준 MJT에서는 콜버그의 MJI(Colby et al., 1987b)에서 가져온 안락사 딜레마, 막스 폰 데어 그륀(Max von der Grün)의 「빙판」(Stellenweise Glatteis)이라는 소설에서 가져온 노동자 딜레마가 사용된다. '의사 딜레마'에서 안락사를 요구하는 여성은 소중한 도덕원리들 간에 갈등한다(예를 들면 생명존중의 가치, 삶의 질에 대한 가치, 큰 고통에 빠진 사람에게 도움을 베푸는 가치 간의 갈등). 노동자 딜레마는 억압적인 통제와 연대의 문제, 그리고 고용주와 노동자의 권리문제 같은 논쟁의 소지가 있는 여러 이슈들을 불러일으킨다. MJT 참가자들은 의사와 노동자의 행동에 대해 자신의 입장을 –3~+3의 척도 위에 체크해야 한다.

Box 1 : 의사 딜레마

암에 걸린 한 여자가 있다. 그녀의 병은 나을 가망이 거의 없다. 그녀는 극심한 고통 속에서 하루하루 살아간다. 그리고 매일 몰핀 같은 진통제를 죽음에 이를 정도로 많이 투약하고 있다. 그래서 몸이 몹시 허약해져 있는 상태다. 일시적이나마 의식이 돌아오면 그녀는 의사에게 죽을 만큼의 진통제를 투약해달라고 간청한다. 더 이상 고통을 견딜 수 없고, 어차피 몇 주 후면 죽게 될 것 아니냐며 의사를 설득한다. 결국 의사는 그녀의 바람을 들어주었다.

당신은 의사의 행동에 찬성하는가? 아니면 반대하는가?

이 두 딜레마를 MJT의 표준형으로 선택한 것은 두 딜레마 모두가
참가자들을 매우 절박한 도덕원리와 대면토록 하기 때문이다. 우리는
안락사 딜레마의 경우 도덕추론의 가장 높은 단계, 즉 콜버그의 6단계에
해당하는 도덕적 담론을 기대했다. 반면 노동자 딜레마에 대해서는 5단
계의 도덕적 추론을 기대했다(Lind, 1985a). 조사결과 각 개인들은 의사 딜
레마의 경우 대부분 6단계에 해당하는 도덕적 담론을 가장 선호했다. 그
리고 노동자 딜레마에서는 5단계의 추론을 가장 선호한다는 것이 실제
로 드러났다(Lind, 2000a).

또한 유럽연구자들의 조사결과 안락사 딜레마가 약간 더 높은 도덕
판단 역량 점수를 얻는다는 것이 밝혀졌다. 하지만 라틴 아메리카와 미
국에서의 최근 연구에 따르면 참가자들이 종교적 권위에 순종할 경우
이러한 관계는 역전될 수도 있다(Lind, 2003b).

참가자들이 딜레마에 대한 의사결정에 부담을 느낄 때면 모종의 감
정적 흥분 징후가 나타난다. 하지만 검사에서는 이러한 부분들은 점수
화하지 않는다. 오히려 그것은 연속되는 다음 과업을 위한 일련의 과정
으로 설정된다. 딜레마는 의사결정 역량(decision-making competence)의 지

표로도 사용되는데, 이를 위해서는 MJT를 한층 더 정밀하게 다뤄야 한다. 만스바르트(Mansbart, 2001)의 실험연구에 따르면 주어진 딜레마에서 의사결정에 소요되는 시간은 실험 참가자마다 달랐다. 그리고 그 시간은 도덕판단의 주요 지표인 C-점수와 관련이 있었다.

MJT는 참가자들에게 연달아 제시될 수 있는 주장들을 포함한다. 각 딜레마마다 참가자들은 12개로 구성된 한 세트의 주장들에 얼마나 찬성하고 반대하는지 답해야 한다. 이 중 6개의 주장은 의사와 노동자들의 입장에 찬성하는 것이고, 나머지 6개는 반대하는 것이다. 제시된 주장들은 콜버그의 6단계 이론[2]에서 설명하고 있는 추론의 서로 다른 도덕적 질(quality)들을 보여준다. 그것들이 각 단계의 타당한 표본임을 확인하기 위해 우리는 전문가 평가를 거쳤다.[3] 이 과정을 거친 후 타당도 척도에 따라 검사를 실시했다. 더불어 8명의 참가자들에게는 각 주장에 대한 자신의 입장을 소리 내어 응답해 달라고, 그리고 비판적 논평도 해달라고 부탁했다. (노동자 딜레마 검사에서 나온) 사례는 Box 3에 있다.

참가자들은 각각의 주장에 대해 어느 정도 찬성, 반대하는지 Box 4와 같은 척도에 표기해야 한다.

---

2) 우리는 콜버그(1958)가 제안하고 이후 지속적으로 수정한(콜버그, 보이드 & 레빈, 1990) 6단계 모형을 사용한데, 콜버그는 6단계를 한 동안 포기하기도 했다.
3) 도덕판단력 테스트의 첫 번째 버전을 몇 년에 걸쳐 비판적으로 검토해준 동료들에게 감사한다. 그들은 티노 바젤, 토마스 크뢰머 바도니, 에크하르트 리페르트, 거투루 눈너-윈클러, 게르하르드 포틀레, 롤랜드 웨이켄허드, 한스-게르하르드 월터 등이다.

Box 3 : 주장의 사례들

당신이 두 노동자의 행위에 찬성하는 아래와 같은 주장들을 어느 정도 받아들일 수 있는가? 다음과 같은 이유로 그들이 옳았다고 주장하는 상황을 상상해 보라.

- 그들은 회사에 많은 손해를 야기하지 않았다.
- 회사가 법을 준수하지 않은 데서 기인한 일이다. 그리고 두 노동자가 취한 방법은 법과 원칙을 회복하기 위해 허용될 수 있다.
- 노동자의 대다수는 그들의 행동을 인정했고, 그들 중 대부분은 그것에 만족했을 것이다.
- 사람들 간의 신뢰와 개인의 존엄성은 회사 내규보다 더 중요하고 가치 있는 것이다.
- 회사가 먼저 부정의(injustice)를 저질렀기 때문에 두 노동자가 사무실에 잠입한 것은 정당화될 수 있다.
- 두 노동자들은 회사가 신뢰를 악용하고 있음을 밝힐 합법적 수단을 전혀 알지 못했기 때문에 그들은 좀 더 작은 악(the lesser evil)이라고 생각되는 것을 선택한 것이다.

Box 4 : 척도

	강한 반대						강한 찬성		
−4	−3	−2	−1	0	+1	+2	+3	+4

검사의 운용

MJT는 일반적으로 시간제한 없이 실시된다. 그런데 대개는 10분-20분 정도 소요된다. 대부분의 참가자들은 검사에 참여하는 것을 즐거워하고, 거의 모든 참가자들은 검사를 완료한다. 극소수의 의미 없는 검사지들은 채점과 분석에서 제외시킬 필요가 있다. 학습결손이 없는 10세 정도의 아동에게도 MJT는 사용될 수 있다. 어린 아동이나 인지적인 결손이 있는 사람들에게는 개인별로 검사를 시행하는 것이 좋다. 그리고 검사지의 글씨는 좀 더 크게, 응답 척도는 5개 정도로 줄이는 것이 좋다(-4~+4 보다는 -2~+2). 그러나 딜레마의 표현들이나 제시되는 주장들을 변경해서는 안 된다. 바꾸고 싶다면 바꾼 새 버전의 타당도를 다시 확보해야 한다.

평가 혹은 개입연구(intervention study)를 위해 MJT가 여러 차례 실시되는 경우 검사자는 재검사로 인한 피로현상에 주의해야 한다. 우리의 미발표 연구에 따르면 일부 참가자들은 두 차례의 짧은 검사에도 피로를 느낀다. 검사자들은 다음과 같은 적절한 지시를 통해 참가자들의 피로와 지루함을 미연에 막을 수 있다. "지금 우리는 당신이 이전에 본 적이 있는 딜레마들을 다시 제시합니다. 당신이 앞서 했던 것처럼 질문들을 신중하게 다시 읽어 주시길 부탁드립니다." 일반적으로 이러한 지시는 검사의 피로나 지루함을 상당부분 줄여준다.

MJT는 연구와 평가를 위한 프로그램으로 고안된 것이다. 즉 개인적인 진단 혹은 개인에 대한 판정(예를 들어 등급매기기)을 위해 고안된 것이 아님을 유의해야 한다. 개별적 주체의 도덕적인 판단은 피로도, 곤란도, 선(先)경험과 같은 상황적 요소들에 상당부분 좌우된다. 그런 까닭에 한 개인의 도덕판단 역량을 측정하기 위한 도구는 잘못된 해석을 사전에 방지할 수 있는 안전장치를 마련해 두어야 한다. 그런데 MJT는 그러한 장치를 가지고 있지 않다. 하지만 집단을 대상으로 한 기초조사 혹은 평가를 수행할 때 그러한 상황적 요인들은 보통 상쇄되는 것이 일반적이다. 따라서 C점수는 도덕판단 역량의 수준을 나타내는 지표라고 충분히 해석될 수 있다.

MJT 채점하기

양면이론에 근거해서 MJT는 두 세트의 점수를 산출한다. 한 세트는 도덕적 행동의 인지적 측면에 관한 것이고, 다른 한 세트는 정서적 측면에 대한 것이다. 인지적 측면에서 가장 중요한 점수는 C점수이다. C점수는 개인의 도덕판단 역량을 나타낸다. 도덕판단 역량에 대한 조작적 정의는 다음과 같다. "특정 도덕문제들에 대해 제시된 주장들이 비록 판단주체의 입장과 상반될 때조차도 그러한 주장들을 일관되게 수용하거나 거부하는 주체의 능력." 자신의 입장과 상반되는 도덕적 주장을 받아들이는 것은 감정적 측면에서 보면 상당히 어려운 과제인데, 이를 잘 처리해 나간다는 바로 그 사실이 C점수를 역량지표가 되게 한다. 도덕적 추론에서 어떤 단계를 선호하는 것은 그들의 도덕적 태도들을 보여주는 것일 뿐이다.

따라서 C점수는 도덕문제에 대한 논의 속에서 한 개인이 주어진 주장을 얼마나 수용 혹은 거부하는지 그 정도를 반영한다. 몇몇 연구자들(Rest, Thoma & Edwards, 1997)이 생각하듯 C점수는 그 자체로 일관성을 나타내는 것이 아니라는 점에 주의해야 한다. 단지 참가자의 판단이 자신의 도덕원리와 일치할 경우에 한해서 그것은 도덕역량으로 점수화된다. 원리와의 일치 여부는 관계없이 단순히 일관성만을 유지하는 것은 오히려 도덕역량이 부족한 것으로 판단된다(더 자세한 진술은 Lind, 1978, 2000a를 보라.) 물론 C점수는 도덕적 과업이 포함된 검사에서만 역량을 나타낸다. 이러한 과업이 포함하지 않는 DIT(Rest, Thoma & Edwards, 1997) 같은 검사의 C점수와는 다르다[어떻게 C-지표가 계산되는지에 대한 좀 더 세부적인 사항은 다음을 참조하라. http://www.uni-konstanz.de/ag-moral/mut/mjt-engl.htm 과 Lind(2000a)].

C점수의 점수 폭은 1점~100점까지이다. C점수는 때때로 매우 낮음(1-9), 낮음(10-19), 중간(20-29), 높음(30-39), 매우 높음(40-49), 대단히 높음(50 이상)으로 분류되기도 한다. 이 분류는 매우 대략적으로 만들어진 것이고, MJT의 표준유형에만 적용된다는 점에 주의하라. 만약 C점수가 딜레마마다 다르게 나온다면 제시된 딜레마 상황의 차이가 고려되지 못했기 때문일 가능성이 크다.

설명을 위해 [도표 8.2]에 안락사 딜레마에 대한 가상의 참가자들이 보인 응답패턴을 제시하였다. 샘과 빌은 모두 안락사에 반대한다. 그러나 두 사람은 제시된 주장들에 매우 다른 반응을 보였고, 또 그 결정에 있어서도 상반된 모습을 보였다. 샘은 안락사를 반대하는 주장 모두를 수용한다. 자신의 생각과 일치하기 때문이다. 그리고 자신의 입장과 상반되는 제안, 즉 안락사에 찬성하는 주장들은 모두 거부한다. 1, 2단계에서만 샘은 지지하는 주장들의 질적 차이를 감지하고 있는 듯 보인다. 이와 반대로 빌은 도덕원리에 기초한 일관성 있는 판단으로 자신의 역량을 드러내 보이고 있다. 비록 그는 안락사에 대한 반대 주장들을 찬성 주장들보다 약간 더 수용하고는 있지만 그 주장들 사이에 존재하는 질적 차이를 분명히 식별하고 있다. 위와 같은 반응 패턴의 C점수는 이와 같은 해석을 수치상으로 나타낸 것이다. 의사의 딜레마에 대한 샘의 C점수는 C=0.04이고 빌은 C=92.2이다(100점 중에서). 바꿔 말하면 제시된 주장들에 대한 샘의 반응패턴은 도덕판단 역량이 매우 낮은 수준에 있음을 나타내는 반면 빌의 그것은 실생활에서 보기 드물 만큼 대단히 높은 수준에 있음을 표시해 준다. 빌은 제시된 주장들의 도덕적 질에 관해 일관성을 가지고 판단한다. 반면 샘 역시 판단에 있어서 일관성을 보이고는 있지만 문제에 대한 자신의 입장과 관련해서는 일관성을 보여주지 못하고 있다.

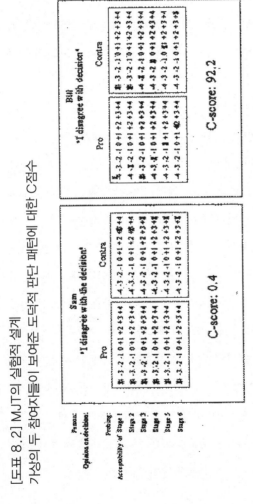

[도표 8.2] MJT의 실험적 설계
가상의 두 참여자들이 보여준 도덕적 판단 패턴에 대한 C점수

■ 요인설계 : 6×2 다변량(multivariate), 직교(orthogonal), N=1 (표준 MJT, 두 가지 딜레마 : 6×2×2)
■ 독립변인 : 1. 도덕적 추론의 발달단계 혹은 특성
　　　　　　2. 찬반주장을 제시하고 참가자의 입장 묻기
　　　　　　3. 사용된 딜레마 상황 : 표준유형
■ 종속변인 : 12가지 주장들에 대한 수용가능 여부의 정도
　　　　　　(표준유형 : 24가지 주장)
■ Note : MJT에서 주장들이 제시되는 순서는 임의적이다. 즉 주장들이 속하는 도덕적 추론단계의 순서에 따라 배열되지 않는다.

동일한 참가자에게서 C점수의 현저한 차이가 나타난다면 우리는 이를 "분할현상"(segmentation phenomenon)이라고 부른다(Lind, 2000c와 Schillinger, 2006을 보라). 분할현상이 발견되면서 MJT는 다시 다듬는 과정을 거치고 있다. 그러한 개량과정에는 MJT의 컴퓨터 버전을 통해 제공되는 반응지연 시간(response latency)과 의사결정 시간(decision-making time) 같은 추가적인 요인들이 효과적으로 참조된다. C점수와 도덕판단 역량의 다른 지표들이 도덕적 과업에 관한 것이 아니라면 그것은 아무 의미가 없는 것임을 유념해야 한다. 즉 그것은 도덕원리가 적용되는 도덕적 과업에 대한 것일 때에만 유의미한 지표가 될 수 있다.

도덕적 행동의 정서적 측면을 나타내는 지표에 의거해서 MJT는 콜버그의 도덕적 추론 6단계 각각에 대응하는 태도들에 점수를 부여한다. 이러한 태도에 대한 정밀조사를 통해 사람들이 가장 선호하는 그리고 가장 선호하지 않는 도덕적 추론 단계, 사람들이 가장 높은 단계에서 추론하기를 바라는 딜레마 유형, 낮은 단계가 가장 적절한 추론이라고 믿는 딜레마 유형에 관한 정보를 얻을 수 있다. 도덕적 태도는 콜버그 이론에서 단계를 상징하는 4가지 주장들에 대한 간단한 평가로 지표화된다[이것들에 대한 논의는 Heidbrink(1985) ; Lind(1978, 2000a), Lind & Wakenhut(1985)를 보라.] 6단계 각각에 해당하는 여섯 가지 태도는 수용가능성(acceptability)의 측면에서 설명된다. 어떤 사람의 추론단계는 그 사람이 가장 선호하는 것을 측정한다고 할 수 있다. 그러나 이러한 측정은 조사연구에서 거의 사용되지 않는다. 어떠한 불일치도 거의 기대할 수 없기 때문이다. 모두는 아닐지라도 대부분의 사람들은 원리화된 단계(5, 6단계)를 가장 선호한다.

MJT의 이론적 · 경험적 타당성

타당성(Validity)은 검사가 측정하려고 가정하고 있는 것을 실제로 잘 측정하고 있는지 그 여부에 주목한다(Messick, 1994). MJT는 측정하고자 하는 바를 실제 잘 측정하고 있는가? MJT의 데이터로부터 우리가 가정하고 있는 것들의 경험적 적합성(empirical fittingness)이 도출되는가? 다른 나라에서 번역되어 사용되는 MJT 연구와 그 데이터들을 우리의 그것과 비교할 수 있는가? 이러한 질문들은 경험적 분석뿐만 아니라 이론적인 분석을 통해서도 답변되야 한다. 검사의 설계와 그 내용이 우리가 측정하고자 하는 것과 일치하는가? 그렇다면 이러한 검사와 함께 제공된 데이터가 우리의 이론적 예상과 기대에 맞아떨어지는가? 본래 원형 MJT의 타당성(좀 더 정확하게는 C점수 해석에 대한 타당성)을 분석하기 위하여 우리는 MJT의 원형을 평가했고, 변형된 버전의 검사들을 모두 확인했다.[4]

MJT가 그 타당성을 인정받기 위해서는 다음의 다섯 가지 경험적 기

---

4) 우리의 타당성 검증 과정은 고전적 측정 이론의 그것에 비해 좀 더 엄격하다. 축적된 연구와 이론에 기반하는 검증의 준거는 단순한 우연으로는 충족시킬 수 없는 고도로 특수화된 기준을 설정한다. 그와 유사한 방식으로 도덕판단력 검사의 모든 외국어 버전들은 사용되기 이전에 상호문화적 타당성을 확보하고 있는지를 경험적으로 분석하는 과정을 거친다. 이러한 영역 교차적이고 깊이 있고 실험적이며 간섭적인 연구는 10대에서 90대까지의 연령대의 남녀 모두를 포함하고 있고, 교육이나 사회문화적 배경도 다양하게 포함하고 있다 (린드, 1978, 2000a/1984). 도덕판단력 검사의 표준 버전에 기초한 유효한 버전은 독일어를 비롯하여 29개의 다른 언어로 번역되어 있는데, 예를 들면 영어와 스페인어, 이탈리아어, 포르투칼어, 프랑스어, 러시아어, 네델란드어, 히부르어, 필란드어, 폴란드어, 체코어, 마케도니아어, 필리핀어 등이다.(이 검사의 최근 버전은 http ://democracy-education.net를 참고하기 바란다.)

준을 충족시켜야 한다. 이 기준은 인지발달이론과 양면이론에서 도출된 것이다(Kohlberg, 1958, 1964, 1984 ; Lind, 1978, 2000a, 2002).

1. 도덕적 추론에 있어서 콜버그 이론의 6단계들에 대한 각각의 선호(정서적 측면)는 예측 가능한 방향으로 배열된다 : 콜버그의 이론에서는 높은 단계의 도덕적 추론이 그보다 낮은 단계의 추론보다 선호된다. (내가 아는 한 이러한 선호의 구분은 많은 다른 문화에서의 연구들을 포함하여 모든 MJT 연구들에서도 발견되어 왔다(Lind, 1986, 2000a, 2002 ; Gross, 1997).

2. 선호하는 단계들 사이의 상관관계는 준단일구조((quasi-simplex structure)를 형성한다. 즉 (4단계와 5단계 같이) 선호하는 단계와 이웃하는 단계들 사이의 상관관계가 4단계와 6단계처럼 좀 더 거리가 먼 단계들보다 상관관계가 더 높다(Kohlberg, 1958, pp. 82-84).

3. 인지적 측면과 정서적 측면은 병행한다. 참여자의 도덕판단 역량이 높을수록 참가자들은 좀 더 확실하게 높은 단계의 주장을 수용하고 낮은 단계 주장을 거부했다. 피아제(1976)는 인지적 측면과 정서적 측면이 서로 체계적으로 관련되어 있다고 생각했다. 이러한 일반적인 가정을 해석하는 한 방법은 참가자의 도덕적 태도가 그들의 도덕판단 역량과 체계적으로 관련되어 있다고 가정하는 것이다. 우리는 C점수와 1단계 · 2단계의 태도 점수 사이에서 높은 부적 상관관계가 있을 것으로 예상한다. 그리고 C점수와 3단계 · 4단계의 태도 점수 사이에서는 어느 정도의 상관관계를 기대한다. 마지막으로 C점수와 5단계 · 6단계의 태도점수 사이에서는

높은 정적 상관관계를 기대한다. 거의 모든 MJT 연구들에서는 병행론의 원리를 확증하는 그런 상관관계의 패턴들이 발견된다.

4. 찬성과 반대 주장과 논의들은 동등한 가치를 지닌다. 실제로 찬성하는 참가자가 찬성 주장을 선호하는 모습은 반대하는 사람들이 반대주장들을 선호하는 모습과 거의 동일하다. 상반된 주장에 대한 두 집단의 선호는 똑같이 유효하다(Lind, 2000a).

5. MJT는 어려운 도덕적 과업이다. 그러므로 C점수는 도덕역량에 관한 지표이다. 엠러 등(Emler et al. 1983)의 실험 연구는 참가자들이 교육을 받았을 때 더 높은 P점수로 위장할 수 있는 DIT를 사용한 반면(Markoulis, 1989를 보라), 린드(2002)는 그들과 동일한 연구에서 참가자들이 C점수의 상승을 위장할 수 없었음을 보여주었다(모형 8.3을 보라). 모형 8.3에서 진한 선은 비판적인 집단, 즉 DIT와 MJT의 첫 번째 적용에서 낮은 점수를 받은 집단이다. 두 번째 검사를 시행하기 전에 참가자들은 자신들의 점수보다 높은 점수대에 있는 집단의 응답방식으로 위장하는 법을 배웠다. 낮은 점수대에 위치한 참가자들은 원리화된 추론을 통해 그들의 선호를 격상시킬 수 있었다(P점수). 하지만 도덕판단 역량의 향상까지 가장할 수는 없었다(C점수). 바젤(Wasel, 1994)은 MJT를 통한 또 다른 실험으로 이러한 사실을 재차 확인했다. 게다가 그는 C점수가 높은 사람은 낮은 사람보다 다른 사람의 도덕판단 역량을 정확하게 더 잘 진단할 수 있었다고 보고한다.

C-점수의 이러한 특징은 C-점수의 상승 혹은 하락이 점진적으로

[모형 8.3] MJT의 실험설계

도덕적 판단을 가장하라고 요구했을 때 "점수가 낮은 사람들은" "점수가 높은 사람들의" 도덕적 태도를 가장할 수는 있었다. 하지만 도덕판단 역량까지 가장할 수는 없었다.

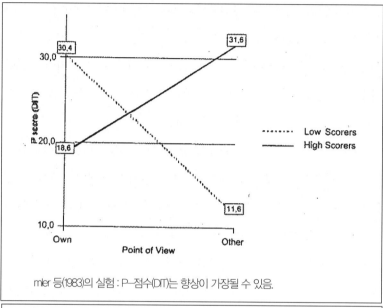

mler 등(1983)의 실험 : P-점수(DIT)는 향상이 가장될 수 있음.

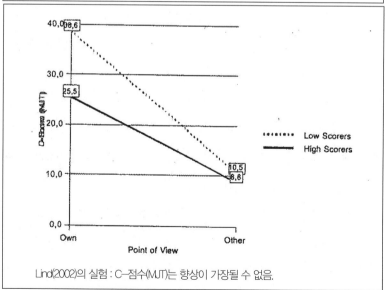

Lind(2002)의 실험 : C-점수(MJT)는 향상이 가장될 수 없음.

일어난다는 사실에 의해서도 역시 지지된다(Lind, 2000a, 2002). 점진적 변화는 능력을 습득해 가는 전형적인 패턴이다. 하지만 태도의 변화는 점진적이지 않다. 사람들은 자신들의 사회적 상황이 바뀌면 이따금 갑작스러운 태도변화를 보이기도 한다. 도덕적 능력 역시 서서히 쇠퇴한다. 개인의 C점수 "망각곡선"은 부적으로 가속화된다. 즉 참가자들이 그들의 도덕적 능력들을 실천에 옮기지 않은지 오래되면 오래될수록 그들의 도덕적 능력들은 점점 더 빨리 상실된다.

　이론 검증과정에서 반복과 순환을 피하기 위해 우리는 불변의 계열성, 발달연령과의 상관관계, 그리고 판단행위의 내적 일관성 같은 가정들을 전제하지 않았다. 우리는 경험적 검증을 원했다. 이것은 도덕발달 검사의 경험적 정당화 문제이다. 예를 들어 콜버그와 그의 동료들은 도덕판단의 내적 일관성 그리고 발달연령과 MJI-점수와의 상관관계를 극대화하기 위해 여러 차례 MJI를 수정했다. "적절한 질문은 인터뷰와 채점 시스템이 도덕판단 단계에 대해 타당한 평가를 하고 있는가의 여부이다. … 표준 논점 평정(The Standard Issue Scoring)은 … 불변의 계열성과 내적 일관성에 대한 이론적 예측과 매우 잘 들어맞는 점수를 산출한다"(Colby 외, 1987a, p. 71.). 그러므로 MJI의 데이터를 통해 불변의 계열성과 구조적 전체성이라는 인지발달이론의 핵심 전제들은 서로 순환적 관계 속에서 검사된다. 물론 이러한 제약은 내적 일관성이나 발달연령과의 상관관계에 적합한 검사들에도 적용된다.

　결국 MJT의 표준모형은 도덕판단 역량과 도덕적 태도에 유효한 측정법이다. 이는 검사설계와 양면모형에서 도출된 5개의 경험적 기준 덕분이다. 이것은 독일의 오리지널 버전에서 뿐만 아니라 엄격한 타당성 검사를 통과한 공인된 29개의 MJT 번역판에서도 사실로 나타난다(MJT 의 공인된 버전 목록과 타당성 검증과정과 관련된 권고에 대해서는 http://www.uni-konstanz.de/ag-moral/을 보라).

MJT는 비록 많은 타당성 기준을 요구함에도 불구하고 국가와 문화를 뛰어넘는 다양한 맥락 속에서도 잘 살아남아 왔다(Lind, 2005). 이러한 MJT의 성공은 그 근거가 되는 콜버그의 도덕성과 도덕발달 이론이 지니는 보편적 타당성 덕분이다. 그때부터 지금까지 MJT는 본질적인 변화가 없었다. 다만 부수적인 편집상의 변화들만 있었을 뿐이다. 그리고 그러한 변화들 중 어느 것도 타당성에 문제된 적은 없었다.

MJT에 의해 촉진된 경험적 발견들

MJT는 다른 방법으로는 확인하기 어려운 가정들에 대한 연구를 촉진했다. 왜냐하면 MJT는 도덕판단의 인지적 측면과 정의적 측면을 동시에 측정할 수 있게 해주고, 도덕발달과 사회적 행동 사이의 상관관계에 대한 다른 가정들을 경험적으로 검사할 수 있게 했기 때문이다(Colesante & Biggs, 2001 ; Lind, 2002) 인지적인 면과 정의적인 면에 대한 피아제의 병행론은 이제 간접적인 지표에 의지할 필요 없이 직접적인 방식으로 연구될 수 있다. MJT는 새로운 검사 유형의 타당성을 검증하는 기준으로 병행론이 아주 잘 활용될 수 있음을 보여준다(Lind, 2000a, 2002).

왜냐하면 양 측면이 모두 평가될 수 있을 뿐만 아니라, MJT는 퇴행에 부정적인 선입견도 없기 때문이다. 또한 그것은 실제 도덕판단 역량의 퇴행과 가장된 퇴행을 구분하는 데 도움을 줄 수도 있다. MJT 연구들에서는 오직 가장 높은 수준의 도덕판단 역량을 보여주는 참가자들만이 대학교를 진학하는 시기에 퇴행징후를 보였다(Lind, 2002). 게다가 그 퇴행도 단지 역량 측면에만 나타난 것이지 정서적 측면에서는 나타나지 않았다. 즉 콜버그와 크레이머(Kohlberg and Kramer, 1969)의 데이터가 암시한 것처럼 퇴행은 갑작스럽게 인습이전 수준의 추론을 원리화된 인습 이후의 추론보다 선호하는 것이 아니다. 콜버그와 히긴스(Kohlberg and Higgins, 1984)의 새로운 해석이 이를 뒷받침해 준다. 그러나 MJT를 통해 실제 9-10세의 학생들(Lind, 2002)과 의과대학 학생들(Lind, 2000d ; Schillinger, 2006)에게서 역량퇴행이 일어난다는 사실이 알려졌다.

eMJT는 MJT의 컴퓨터 버전이다. eMJT는 개인의 도덕판단 행위가 어떠한 맥락적 변화에 영향을 받게 되는가와 관련된 심리학적으로 매우 중요한 가정들을 검사할 수 있는 엄청난 가능성들을 열어주었다. 예를 들어 (1) '9개의 점수로 되어 있는 척도로부터 더 짧거나 긴 척도들로 응답 척도를 변경하는 것', (2) '소개된 주장들의 배열을 다르게 하는 것'(예를 들어 임의적인 배열에서부터 1단계의 주장에서부터 6단계 주장까지 체계적으로 배열하는 것 혹은 그 반대), (3) '논의되는 딜레마의 순서와 개수를 변경하는 것'의 결과를 연구하기 위해서 실험설계는 다양하게 변경되고 또 보완될 수 있다.

게다가 eMJT를 가지고 연구자들은 전체적인 판단과정(예를 들어 검사 중 참가자의 과제수행 경로), 그리고 가장 중요한 것으로 eMJT의 각 요소들에 대한 참가자들의 응답대기시간을 측정할 수 있다. 각 주장들에 대한 응답 대기 시간은 제시된 주장이 위치한 추론단계와는 다른 단계를 생각해내는 데 어려움을 겪고 있다는 지표로 활용될 수 있다. 만스바르트(Mansbart, 2001)는 딜레마 상황에서 참가자들이 의사결정하는 데 소요하는 시간을 연구했다. 그리고 도덕판단 역량이 의사결정 시간을 가장 잘 예언한다는 사실을 밝혀냈다. 결론적으로 이 실험연구는 도덕판단 역량을 학습능력에 연결시켰다. 하이드브링크(Heidbrink, 1985)에 따르면, 짧은 영화를 보고 난 후 C점수가 높은 학생들이 낮은 학생들에 비해 더 많은 사실들을 학습했다. 린드와 누프(Lind and Knoop, 2001)는 성인기의 학습과 그것의 응용에 관한 지표들은 도덕판단 역량과 정적 상관관계에 있음을 보고한 바 있다. 이러한 일련의 발견들은 도덕판단 역량이 일상적인 행동과 밀접하게 관련되어 있다는 연구에 경험적 증거를 추가해 주는 것이다(Kohlberg & Candee, 1984 ; McNamee, 1977).

최근 fMRI(기능성자기공명영상) 연구를 통해서 낮은 C점수와 우측 전전두엽피질(rDLPFC)의 뇌활동 간 높은 상관관계가 있음이 신경심리학자들을 통해 밝혀졌다. 결국 우측 전전두엽피질의 활성화가 의미하는 것은 C점수가 낮은 사람에게는 딜레마 해결을 위해 더 많은 시간과 에너지가 필요하다는 것이다.

다른 도구들에 대한 설명들

도덕판단 인터뷰(Moral Judgement Interview : MJI), 도덕판단력검사(Defining Issues Test : DIT) 그리고 사회도덕적 반성능력 척도(Sociomoral Reflection Measure : SRM)라는 세 가지 서로 다른 측정도구들은 모두 도덕

판단 역량에 대한 발달지표를 제공해 준다.

콜버그와 그의 동료가 만든 MJI(Kohlberg, 1958 ; Colby 외, 1987)는 도덕적 역량 검사로 간주될 수 있지만 MJI의 설계와 점수는 부분적으로만 양면이론의 기준에 부합한다. MJI의 원형은 두 가지 핵심적인 특징인 딜레마와 반대-제안 방법(Kohlberg, 1958)을 혼합했고, 응답패턴 속에 내재되어 있는 전체적인 구조를 관찰해서 채점에 반영한다. 그런데 여러 차례의 수정을 거치면서 인터뷰 지침에서 반대-제안 방법이 삭제되었다(Colby 외, 1987a, 1987b). 그리고 채점은 참가자들의 응답이 보이는 특징 혹은 응답패턴의 구조적 특징들을 샅샅이 파헤치는 고전적인 측정방식으로 퇴행하였다. 연구자들은 참가자의 응답패턴이나 응답구조를 통해 추론의 질 혹은 단계를 규정하기 보다는 "매뉴얼 상에 나온 단계의 구조를 명확하게 반영하는 각각의 항목들"을 요구했다(Colby 외, p. 403과 p. 410을 보라). 결국 MJI는 단지 도덕적 판단행위의 인지적 측면과 정서적 측면이 혼합된 지표들(단계 점수와 도덕적 성숙 점수 ; MMS)만 제공할 뿐, 그 지표를 통해 두 측면을 독립적으로 확인할 수는 없다(MJI에 대한 광범위한 논의는 Lind[1989]를 보라.)

그럼에도 만일 이러한 결점들이 잘 고려만 된다면 MJI는 도덕판단 역량을 지표화하기 위한 유용한 방법이 될 수 있다(Lind, 1989). MJI에서는 거짓으로 점수를 높일 수 없고, 따라서 높은 점수의 획득은 그 자체로 교육적 개입의 타당성을 보여주는 것이다(Lind, 2002). MJI가 교육적 개입에 관한 연구방법으로 사용될 때 그것은 폭넓은 연령대에서 교육적 개입의 효과를 예민하게 포착해낸다(Lind, 2002). 반면 DIT는 성인기에 나타나는 인습 이전 수준에서 인습 수준으로의 변화에만 민감하다(Schäfli,

Rest & Thoma, 1985).

적절하게 운영만 된다면 MJI는 사람이 할 수 있는 가장 높은 수준의 도덕추론을 보여줄 수 있을 것이다. 하지만 그것이 적절하게 통제되지 못한다면 개인들은 보다 낮은 수준의 추론경향을 보일 수 있다. 그래서 자신의 실제 수준보다도 낮은 점수를 얻게 될 수도 있다. 대학생을 대상으로 한 연구에서 슐러(Schuhler, 1977)는 그들이 최선을 다해 응답할 수 있도록 사전에 교육한 것이 참가자들의 도덕적 추론 수준을 상당히 높여주었다고 밝히고 있다. 콜버그와 크레이머(Kohlberg and Kramer, 1969)는 청소년기의 마지막 시기에 도덕적 추론의 단계가 보다 낮은 단계로 퇴행하는 경향이 있음을 보고한 바 있다. 그들은 이러한 현상이 도덕적 안정화 과정에서 나타나는 변화라고 생각했다. 하지만 콜버그와 히긴스(Kohlberg and Higgins, 1984)는 이 퇴행을 오래된 채점체계에서 비롯된 오류라고 주장했다. MJT의 연구자료에 의하면 퇴행은 역량의 측면으로 제한된다. 그리고 그것은 개인의 도덕적 안정화에 영향을 미치지 않으며, C점수가 가장 높은 참가자의 약 20% 정도에서만 제한적으로 나타난다(Lind, 1985b). 마지막으로 퇴행한 점수는 인터뷰 상황 자체가 참가자로 하여금 높은 수준의 도덕추론에 근거한 주장을 도출하게 할 만큼 도전적이지 못했음을 지적하는 것일 수도 있다. 비록 어떤 형태의 퇴행들은 측정방법상의 문제처럼 보이기도 한다. 하지만 린드(2002)는 아이들이 자신의 발달과정을 스스로 이끌어갈 만큼의 비판적 수준에 이르는 교육을 제대로 받지 못한다면 실제 도덕판단 역량의 퇴행은 일어날 수도 있음을 입증했다.

레스트(Rest, 1979)의 DIT, 깁스, 베이싱어 풀러(Gibbs, Basinger and

Fuller, 1992)의 SRM과 같은 도덕발달에 관한 측정방법들은 도덕적 과업을 거의 포함하고 있지 않다. 그러므로 그러한 측정방법들은 도덕적 태도를 평가하는 한에서만 유효한 측정도구일 수 있다. 비록 특정 상황 하에서는 도덕적 태도와 도덕역량이 서로 상관관계를 갖는다 할지라도 위의 측정방법들은 도덕판단 역량에 직접적인 어떤 지표를 제공하지 않는다. 그러므로 우리가 직접적인 지표를 얻을 수 없을 때에는 간접적인 지표를 얻기 위해서 위와 같은 방법들을 활용할 수는 있다.

DIT 검사에서 참가자들은 몇 개의 딜레마와 관련된 도덕적 진술문들을 보고 그 중요성에 대해 판단을 내려야 한다. 각각의 진술문들은 콜버그의 1-5단계 중 한 단계를 나타낸다. DIT는 딜레마를 포함하고 있다. 그러나 딜레마는 채점에 아무런 역할도 하지 않는다. 또한 DIT는 반대-제안 방법을 포함하고 있지 않다. 레스트(1979)는 MJT와 (초기) MJI 같은 역량검사의 이러한 특징을 비웃는다. "아이러니하게도 … 몇몇 연구자들은 여전히 찬성과 반대 진술문을 균형 있게 교차시키는 것이 탁월한 검사설계의 징표라고 생각한다"(p. 89).

대부분의 연구들은 P점수를 자료로 사용한다. P점수는 "참여자에게 인습 이전 수준의 사고가 얼마나 존재하는지 그 정도를 가리키는 백분위 점수를 제공한다"(Narvaez, 1998, p. 15).[5] 비록 P점수가 몇 가지 측면에서는 더 나은 통계적 속성을 지닌다고 생각되기는 하지만 그것과 동일한 정보를 제공하는 다른 지표들이 계속 제안되어 왔다(Rest 외, 1999).

---

5) 레스트(1979)는 "P지표가 도덕적 결정을 내리는 과정에서 원칙에 근거해서 도덕적 숙고를 하는 데 상대적 중요성을 가지는 것으로 해석된다"(101쪽)고 말하고 있다. 덧붙여 레스트(1986)를 참고하기 바란다.

만약 검사 참가자가 점수를 높이기 위해 위장할 이유가 전혀 없다면 P점수는 도덕발달 수준의 지표가 될 수 있을 것이다. 인습 이전 수준에서의 도덕적 추론에 대한 도덕적 태도는 도덕판단 역량과 매우 밀접한 상관관계를 맺고 있기 때문이다(Lind, 1985a, 2000a, 2002). 그러나 만약 DIT가 교육적인 개입 혹은 상급학교 진학을 위한 평가로 이용된다면 이러한 상관관계는 붕괴된다. 참가자들이 외적 기대(예를 들면 교사의 즐거움 혹은 교육제도의 요구충족)에 부응하려 한다면 그들은 자신들의 도덕적 태도를 위장할 것이다. 그로 인해 우리는 그들의 도덕발달 수준 혹은 교육적 개입의 효과를 과대평가하게 될 것이다. "콜버그의 단계에 대해 직접적으로 가르친 연구에서 … 사전검사와 사후검사 사이의 점수차는 판노비취 -발쿰(Panowitsch-Balcum)의 연구결과에 거의 두 배나 되는 10점 정도로 나타났다. 단계에 대한 학습경험이 도덕적 사고의 발달을 조장한 가장 강력한 개입이었다고 생각한다. … 그러므로 교육적 효과를 테스트하기 위한 사후검사 방법으로 DIT를 활용하면 성과를 거둘 수 있을 것이다" (Rest, 1979, p. 218). 그리고 DIT는 개입을 평가하기 위한 연구로써 제한적인 가치만을 갖는다. 왜냐하면 DIT는 오직 인습이후 수준(5단계)에 대한 선호만을 측정하고, 그러므로 더 낮은 단계에서 일어나는 변화와 연령대별 변화에 민감하지 못하기 때문이다(Schläfli 외, 1985 ; Kim, 2006). 유감스럽게도 DIT의 이러한 방법론적 한계는 몇몇 저자들로 하여금 효과적인 도덕교육은 오로지 성인들에게만 가능하다는 잘못된 결론을 내리게 하였다.

역량지표는 그렇게 하도록 교육을 받았다는 단지 그 이유만으로 높은 점수가 보장되지는 않는다는 것을 보여준다. 그렇지만 역량지표는 교육과 실천을 통한 실질적 향상에 민감해야 한다. 최근 레스트 등은 "자신들의 타당성 기준에서 위장과 관련된 부분을 삭제했다"(p. 115). 더 이상 그들은 DIT를 통해 산출되는 P점수나 다른 점수가 역량지표를 의미한다고 생각하지 않는 것 같다. 만일 참가자들에게 위장의 욕구가 전혀 없다면 DIT는 도덕적 태도들에 대한 타당한 검사방법이고, 도덕판단 역량의 간접적 지표로 활용될 수도 있다. 우리의 C점수를 응용한 U점수와 DIT C점수(Rest 외, 1997)처럼 DIT 연구에서 산출되는 대안적인 지표들은 무엇에 관한 것인가? 소위 활용자(utilizer) 점수(U점수)라는 것은 일반적인 도덕적 태도와 특정한 도덕적 선택시기의 연결정도를 평가한다. 그러나 U점수는 극소수의 연구에서만 찾아볼 수 있다(Thoma, 1994). DIT C점수는 폐기되었다. 이는 P점수의 척도가 그것을 능가했기 때문이다 (Rest 외, 1997). C점수는 MJT 안에 포함된 도덕적 과업과 결합될 때에만 유의미하다. 그런데 DIT는 그런 과제들을 포함하지 않고 있으므로 DIT C점수는 무의미했던 것이다.[6]

사회도덕적 반성능력 척도(SRM, Gibbs, 1995 ; Gibbs, Basinger & Fuller, 1992, 또한 Gielen, Comunian & Antoni, 1994를 보라)는 MJI를 대체하기 위해 만들어진 검사방법이다. 그러나 그것만의 고유한 이론적 입장도 갖고 있다. SRM에서 주요한 타당성 척도는 (1) 콜버그의 MJI와 (2) 연령, 이 양자와 높은 상관관계가 있다(Gibbs, 1995, p. 35 ; Gibbs 외, 1992 ; Krettenauer &

---

6) 도덕판단력 검사에서 P-점수를 정의하는 일은 그것이 곧 도덕적 태도 검사이기도 하다는 점에서 가능해진다(콜레슨트 & 빅스, 2001).
7) 별표를 한 논문(*)은 인터넷을 통해서도 볼 수 있다. http ://www.uni-konstanz.de/ag-moral/ 참조.

Becker, 2001). SRM은 도덕적 과업을 포함하지 않는다. 반대-제안 방법도 전혀 포함하지 않는다. 심지어 딜레마들까지도 삭제한다. 그들이 사용하는 측정도구의 구성요소 중 대표적인 한 가지를 제시하면 다음과 같다. "사람들에게 진실을 말하는 것은 얼마나 중요한가?" 그러므로 SRM은 여기에서 논의된 세 가지 대안적 방법들 중 도덕적 태도를 측정하는 가장 단순한 방법이라 할 수 있다. MJI와 DIT처럼 SRM은 참가자들이 점수를 올려야 할 어떠한 이유도 없을 경우에만 도덕역량 발달의 간접적 지표로 활용될 수 있다. 논의된 검사방법들 중 독자들은 SRM에서 높은 점수의 취득을 위한 가장이 가장 쉬울 것이라고 예상할 수도 있겠지만 SRM의 위장가능성(fakeability)에 대해서는 검토된 바 없다. 이러한 사실에도 불구하고 SRM은 위장이 불가능한 MJT처럼 교육적 개입들의 효과에 민감하지 못하다. SRM은 피검사자들에게 일주일간의 교육적 개입 프로그램을 실시했지만 어떠한 효과도 나타나지 않았다. 반면에 MJT에서는 점수가 상향 조정되는 변화가 나타났다(효과 크기는 r=0.26, Lind, 2002, p. 208).

요약하면 도덕적 태도들에 관한 많은 좋은 검사들이 있는 반면에 MJT를 제외하면 어려운 도덕적 과업을 포함하고, 이론적 근거가 타당한 방법을 통해 도덕판단 역량을 측정하는 검사는 전혀 없는 것 같다. 게다가 좀 더 간단하고 보다 많은 지표들을 제공하는 MJT는 대부분의 다른 검사들보다 넓은 범위의 연령대(10살-더 나이가 많은 연령층까지)에서 사용이 가능하다. 그리고 그것은 교육을 통해 유발되는 변화에도 민감하다.

MJT에 대한 요약 및 평가

MJT는 이론적으로 그 근거가 타당하고, 변화에도 민감하며, 간단하고, 채점의 전산화가 가능한 도덕판단 역량과 도덕적 태도를 측정하기 위한 도구이다. 그것은 조사 및 평가 연구를 위해 설계되었다. 개인에 대한 평가 혹은 선발을 위한 것이 아님을 유의해야 한다.

우리의 구조화된 측정방법은 고전적인 측정방법 그리고 그것의 현대판인 라쉬 척도와 대조를 이룬다. 그것들은 각각의 검사항목이 목표를 대표한다고 생각하여 주체의 변화와 검사항목 사이의 상관관계들에 기초하여 구조를 분석한다. 왜냐하면 고전적인 접근법은 검사에서 나타나는 응답반응의 특징을 검사의 특징으로 잘못 해석하기 때문에 개인의 사고와 행동의 구조적 특징을 평가하는 데 적절하지 못하며, 따라서 그것을 가지고 양면이론을 검증하는 것도 부적절하다(Broughton, 1978 ; Lind, 1985c, 2000a).

MJT는 개인 내적인 행동경험의 구조를 측정하기 위해 설계되었다. 체계적으로 잘 구조화된 일련의 도덕적 주장들에 직면해서 참가자들의 반응패턴은 도덕적 추론에 내재되어 있는 한 개인의 구조에 대해 검사자에게 무언가를 말해준다. 도덕추론 구조의 본질에 관한 여러 가정들을 검토하는 것은 이론적·경험적 타당성이 확인된 이론에 근거해야 한다. 그러므로 MJT에서 한 사람의 응답유형이 보여주는 응답의 일관성, 비일관성은 그 사람의 도덕적 인지구조가 보이는 특징들로 해석한다(Lind, 2002a를 보라). MJT의 핵심은 항목별 정보가 아니라 반응패턴과 구조들이기 때문에 전통적인 항목 분석이나 검사 신뢰도를 산출하는 데는 별로 의미가 없다. 흥미로운 것은 비록 MJT가 "신뢰도"(reliability) 부분에 있어서는 최적화되어 있지 않지만 테오 등(2004)은 검사와 재검사 사이의 상관관계가 r=0.90에 이른다는 것을 보고하고 있다.

MJT에서는 C점수와 경험적 기준들과의 상관관계를 높이기 위해 연령, 정치적 태도, 혹은 높은 교육수준과 같은 항목들을 설정하지는 않는다. 이 같은 사실은 다른 측정도구들과는 달리 MJT가 사람들 사이에서 순위, 연령과의 상관관계, 불변의 계열성, 혹은 교육과의 상관관계와 관련된 어떠한 예측이나 기대에 우호적 혹은 적대적 편견이 없다는 것을 확인시켜 주는 것이다. 가장 중요한 것은 MJT의 항목들이 (교육이 야기하는) 변화에 대한 민감성을 희생하면서 점수의 안정성(신뢰도) 극대화를 추구하는 것도 아니요, 이론적 타당성을 희생하면서까지 변화에 대한 민감성을 극대화하기 위해 선택된 것도 아니라는 점이다.

MJT는 도덕발달에 관한 다른 대부분의 검사들보다 훨씬 간결하다(표준유형은 26개의 항목들로 구성됨). 그래서 관리도 쉽고, 컴퓨터로도 충분히 채점 가능하다. 콜버그의 MJI처럼 MJT도 5학년생들을 대상으로 사용할 수 있다(DIT는 9학년, Rest 외, 1999). MJT에서 점수화되지 않는 사례들은 거의 없다(DIT 연구는 50%까지 점수화되지 않은 경우가 있다. Gielen, Comunian & Antoni, 1994를 보라).

도덕발달에 관한 다른 검사들은 점수 향상을 위해 위장이 가능하다. 하지만 MJT는 위장이 불가능한 반면 교육적 변화에는 민감하다. 검사과정에서 나타나는 재검사의 피로와 지루함은 점수를 저하시킬 수 있고, 이는 처치효과(treatment effects)의 과소평가로 이어질 수 있다. 적절한 검사자의 개입이 이러한 문제를 해결해 줄 수 있다. 최근 개입에 관한 연구에서 나타난 매우 높은 처치효과(r > 0.70)는 MJT가 도덕판단 역량의 실질적 향상에 민감함을 보여준다(Lind, 2003 ; Lerkiabundit 외, 2006).

MJT는 발달에 폭넓게 적용될 수 있다. 최초 MJT는 대학생을 대상으로 한 연구에서 고안되었다. 시간이 흐르면서 많은 나라에서는 이것을 10살 정도의 어린 아동 , 고등학생, 젊은 노동자 계층, 비행청소년, 전문가, 정치가, 성인 등을 그 연구대상으로 확대하는 데 성공했다. MJT는 29개의 언어로 번역되었으며, 타당성 또한 검증받았다. 표준 MJT에서 얻은 데이터는 오늘날 많은 횡단연구, 종단연구, 실험연구, 개입연구에 활용될 수 있다. MJT가 다른 검사방법들에 비해 많은 가치들을 담고 있지 않다. 그러나 가치로부터 자유로운 것은 아니다. 이는 특정 가치관의 개입 때문이다. 나는 검사가 뿌리를 내리고 있는 도덕적 이상이 보편적으로 정당화될 수 있어야 한다고 생각한다. 그래서 검사는 대부분의 문화권에서 충분히 수용 가능하게 만들어져야 하고, 또 만들 수 있다고 생각한다. "특정한 갈등 상황 속에서 어떤 해결책이 과연 옳은 것인가?"와 "그것이 토론되어야 하는 도덕적 추론 단계는 몇 단계인가?"와 같은 문제는 문화적 차원에서 규정될 필요가 있다는 점을 인정한다. 그리고 이런 문제들에 대한 응답이 도덕적 평가의 토대가 되어서는 안 된다고 생각한다. 따라서 MJT의 핵심 지표인 C점수는 그런 문제들에 좌우되는 것이 아니다. MJT 검사는 우리가 모든 사람에게 기대하는 도덕판단 역량, 즉 자신의 도덕원리에 따라서 판단을 내리는 능력과 이러한 원리에 따라 일관되게 행동하는 능력에 대한 믿음에 근거를 두고 있다.

어떤 면에서 MJT는 도덕적 행동과 그것의 핵심인 도덕적 이상과 역량에 대해 지금 우리가 알고 있는 것을 요약하여 구성한 것이다. 그러나 MJT는 새로운 연구 패러다임의 종착점이 아니다. 그것은 도덕적 행동과 발달의 본질, 조건, 결과들에 대한 새로운 문제의식을 가질 수 있도록 도와주는 것으로서 출발점을 나타낸다. 왜 도덕성을 세분화하는가?(Lind, 2000c) 도덕역량에 있어서 역할채택기회의 효과는 일반화될 수 있는가?(Lind, 2000b) 도덕판단 역량은 학습(Heidbrink, 1985 ; Lind & Knoop, 2001), 의사결정(Mansbart, 2001 ; Prehn 외, 2006)과 어떤 관계가 있는가? 결국 우리는 특별한 연구가 요구되는 문제들, 심지어 새로운 계획의 성격과 특징에 부합하는 새로운 검사방법들을 필요로 하게 될 것이다. 하지만 적어도 지금까지는 이와 같은 문제들에 대한 표준 MJT가 지니고 있는 답변능력이 모두 고갈된 것 같지는 않다(Bataglia 외, 2002, 2003 ; Lind, 2003b를 보라).

참고문헌

Anderson, N. H. (1991). Moral-social development. In N.H. Anderson (Ed.), *Information integration theory, Volume III : Developmental* (pp. 137-187). Hillsdale, NJ : Erlbaum.

Bataglia, P., Agati, M., Siva Torres, S., Zanoni Crivelaro, D. B. et al. (2002, Novermber). *The development of moral competence and religious commitment in Brzil*. Paper presented at the Meeting of the Association for Moral Education, Chicago.

Bataglia, P., Schillinger-Agati, M. M., Lind, G., & Quevedo, T. L. (2003, July). *Testing the segmentation hypothesis with an extended version of the MJT.* Poster presented at the meeting of the Association for Moral Education, Krakow.

Blasi, A. (1987). Comment. The psychological definitions of morality. In J. Kagan & S. Lamb (Eds.), *The emergence of morality in young children* (pp. 83-90). Chicago : University of Chicago Press.

Bloom, B. S., Engelhart, M. D., Hill, W. H., Furst, E. J., & Krathwohl, D. R. (1956). *Taxonomy of educational objectives. Handbook I : Cognitive domain.* New York : McKay.

Broughton, J. (1978). The cognitive-developmental approach to morality : A reply to Kurtines and Greif. *Journal of Moral Education* 1, 81-96.

Brunswik, E. (1955). Representative design and probabilistic theory in a functional psychology. *Psychological Review*, 62, 193-217.

Colby, A., Kohlberg, L., Abrahami, A., Gibbs, J., Higgins, A., Kauffman, K., Lieberman, M., Nisan, M., Reimer, J., Schrader, D., Snarey, J., & Tappan, M. (1987a). *The measurement of moral judgment. Volume I , Theoretical foundation and research validation*. New York : Columbia University Press.

Colby, A., Kohlberg, L., Speicher, B., Hewer, A., Candee, O., Gibbs, J., & Power, C. (1987b). *The measurement of moral judgment. Volume Ⅱ, Standard issue scoring*. New York : Columbia University Press.

Colesante, R. J., & Biggs, D. A. (2001, October). *A controversy about the measurement of moral development : Stage preference or moral consistency?* Paper presented at the Association for Moral Education Conference, Vancouver, Canada.

Comte, A. (1975). *Cours de philosophie positive*. 2 vol. Paris, Hermann.

Darley, J. M., & Latané, B. (1968). Bystander intervention in emergencies : Diffusion of responsibilities. *Journal of Personality and Social Psychology*, 8, 377–383.

Darley, J. M., & Shultz, T. R. (1990). Moral rules : Their content and acquisition. *Annual Review of Psychology*, 41, 525–556.

DeVries, R. (1997). Piaget's social theory. *Educational Researcher*, 26(2), 4–17

Dewey, J. (1996). *Democracy and education. An introduction to the philosophy of education*. New York : The Free Press.

Emler, N., Renwich, S., & Malone, B. (1983). The relationship between moral reasoning and political orientation. *Journal of Personality and Social Psychology*, 45, 1073–80.

Gibbs, J. C. (1977). Kohlberg's stages of moral judgment. A constructive critique. *Harvard Educational Review*, 47, 43–61.

Gibbs, J. C. (1995). The cognitive developmental perspective. In W. M. Kurtines & J. L. Gewirtz (Eds.), *Moral development : An introduction* (pp. 27–48). Boston : Allyn & Bacon.

Gibbs, J. C., Basinger, K. S., & Fuller, R. (1992). *Moral maturity : Measuring the development of sociomoral reflection*. Hillsdale, NJ : Erlbaum.

Gibbs, J. C., Widaman, K. F., & Colby, A. (1982). Construction and validation for a simplified, group–administrable equivalent to the Moral Judgment Interview. *Child Development*, 53, 895–910.

Gielen, U, P., Comunian, A. L., & Antoni, G. (1994). An Italian cross–sectional study of Gibbs' Sociomoral Reflection Measure-short form. In U. P. Gielen & A. L. Comunian (Eds.), *Advancing psychology and its application :*

International perspectives (pp. 125-134). Milan, Italy : Franco Angeli.

Gigerenzer, G. , & Murray, D. J. (1987). *Cognition as intuitive statistics*. Hillsdale, NJ : Erlbaum.

Gross, M. (1997). *Ethics and activism, The theory and practice of political morality*. New York : Cambridge University Press.

Grün, M.v.d. (1975). *Stellenweise Glatteis*. Neuwied : Luchterhand.

Guttman, L. (1961). Measurement as structural theory. *Psychometrika*, *36*, 329-347.

Habermas, J. (1985). Philosophical notes on moral judgment theory. In G. Lind, H.A. Hartmann, & R. Wakenhut (Eds.), *Moral development and the social environment. Studies in the philosophy and psychology of moral judgment and education* (pp. 3-20). Chicago : Precedent Publishing.

Habermas, J. (1990). *Moral consciousness and communicative action* (C. Lenhard & S. W. Nicholson, Trans.). Cambridge : MIT Press.

Hartshorne, H. , & May, M. A. (1928). *Studies in the nature of character. Vol. I : Studies in deceit, Book one and two*. New York : Macmillan.

Heidbrink, H. (1985). Moral judgment competence and political learning. In G. Lind, H.A. Hartmann, & R. Wakenhut (Eds.), *Moral development and the social environment. Studies in the philosophy and psychology of moral judgment and education* (pp. 259-271). Chicago : Precedent Publishing.

Heidbrink, H. (1989). Moralpsychologie : Die Reanalyse einer Untersuchung von 1912[Moral psychology. The reanalyses an experiment of 1912]. *Geschichte der Psychologie, 17*, pp. 4-9

Kant, I. (1948/1785). *Groundwork of the mataphysic of morals* (H. Paton, Ed.). London : Hutchinson(Original 1785).

Keasey, C. B. (1974). The influence of opinion-agreement and qualitative supportive reasoning in the evaluation of moral judgments. *Journal of Personality & Social Psychology, 30*, 477-482.

Kelly, G. A. (1955). *The psychology of personal constructs*. New York : Norton.

Kim, S. (2006, April). *A Comparative study on measurement instruments for moral judgment : Selecting an appropriate instrument*. Paper presented at the meeting of the American Educational Research Association, San Francisco.

Kohlberg, L. (1958). *The development of modes of moral thinking and choice in the years 10 to 16*. Unpublished doctoral dissertation, University of Chicago.

Kohlberg, L. (1964). Development of moral character and moral ideology. In M.L. Hoffman & L.W. Hoffman (Eds.), *Review of child development research* (Vol. I , pp. 381-431). New York : Russel Sage Foundation.

Kohlberg, L. (1979). Foreword. In J.R. Rest, *Development of judging moral issues* (pp. vii-xvi). Minneapolis : University of Minnesota Press.

Kohlberg, L. (1984). The *Psychology of moral development*. San Francisco : Harper & Row.

Kohlberg, L., Boyd, D., & Levine, C. (1990). The return of Stage 6 : Its principle and moral point of view. In T.E. Wren (Ed.), *The moral domain : Essays in the ongoing discussion between philosophy and the social sciences* (pp. 151-181). Cambridge, MA : MIT Press.

Kohlberg, L., & Higgins, A. (1984). Continuities and discontiuities in childhood and adult development revisited again. In L. Kohlberg (Ed.), *Essays on moral development, Vol. II. The psychology of moral development* (pp. 426-497). San Francisco : Harper & Row.

Kohlberg, L., & Kramer, R. (1969). Continuities and discontiuities in childhood and adult development. *Human Development*, 12, 93-120.

Krathwohl, D. R., Bloom, B. S., & Masia, B. B. (1964). *Taxonomy of educational objectives. Handbook II : Affective domain*. New York : McKay.

Krebs, D. (1982). Altruism : A rational approach. In N. Eisenberg (Ed.), *The development of prosocial behavior* (pp. 53-76). New York : Academic.

Krebs, D. L., Vermeulen, S. C. A., Carpendale, J. I., & Denton, K. (1991). Structural and situatuonal influences on judgment : The interaction between stage and dilemma. In W. M. Kurtines & J. L. Gewirtz (Eds.), *Handbook of moral behavior and development. Volume 2 : Research* (pp. 139-169). Hillsdale, NJ : Erlbaum.

Krettenauer, T., & Becker, G. (2001). Entwicklungsniveaus sozio-moralischen Denkens[Developmental levels of socio-moral thinking]. *Diagnostica, 47*, 188-195.

Kuhn, T. (1962). *The structure of scientific revolutions*. Chicago : University of Chicago Press.

Kurtines, W. M., & Gewirtz, J. (Eds.). (1995). *Moral development : An introduction.* Boston : Allyn & Bacon.

Lerkiatbundit, S., Utaipan, p. , Laohawiriyanon, C., & Teo, A. (2006). Randomized controlled study of the impact of the Konstanz method of dilemma discussion on moral judgment. *Journal of Allied Health, 35*(2), 101-108.

Levy-Suhl, M. (1912). The examination of the moral maturity of juvenile delinquents[Die Prüfung der sittlichen Reife jugendlicher Angeklagter und die Reformvorschläge zum '56 des deutschen Strafgesetzbuches]. *Zeitschrift für Psychotherapie*, 232-254.

Lind, G. (1978). Wie misst man moralisches Urteil? Probleme und alternative M öglichkeiten der Messung eines komplexen Konstrukts. [How does one measure moral judgment? Problems and alternative ways of measuring a complex construct]. In G. Portele (Ed.), *Sozialisation und Moral* (pp. 171-201). Weinheim : Beltz.*

Lind, G. (1982). Experimental questionnaires : A new approach to personality research. In A. Kossakowski & K. Obuchowski (Eds.), *Progress in the psychology of personality* (pp. 132-144). Amsterdam : North-Holland.*

Lind, G. (1985a). The theory of moral-cognitive judgment : A socio-psychological assessment. In G. Lind, H.A. Hartmann, & R. Wakenhut (Eds.), *Moral development and the social environment. Studies in the philosophy and psychology of moral judgment and education* (pp. 21-53). Chicago : Precedent.*

Lind, G. (1985b). Growth and regression in moral-cognitive development. In C. Harding (Ed.), *Moral dilemmas. Philosophical and psychological issues in the development of moral reasoning* (pp. 99-114). Chicago : Precedent.*

Lind, G. (1985c). Attitude change or cognitive-moral development? How to conceive of socialization at the university. In G. Lind, H.A. Hartmann & R. Wakenhut (Eds.), *Moral development and the social environment. Studies in the philosophy and psychology of moral judgment and education* (pp. 173-192). Chicago : Precedent.*

Lind, G. (1986). Cultural differences in moral judgment? A study of West and East European university students. *Behavioral Science Research, 20,* 208-225.*

Lind, G. (1987). Moral competence and education in democratic society. In G. Zecha & p. Weingartner (Eds.), *Conscience : An interdisciplinary approach* (pp. 37-43). Dordrecht : Reidel.

Lind, G. (1989). Measuring moral judgment : A review of The Measurement of Moral Judgment by Anne Colby and Lawrence Kohlberg. *Human Development, 32*, 388-397.

Lind, G. (1996). *The optimal age of moral education. A review of intervention studies and and experimental test of the dual-aspect-theory of moral development and education.* Paper presented at the annual meeting of the American Educational Research Association, New York.*

Lind, G. (2000a). *Content and structure of moral judgment* (2nd, corrected ed.). Doctoral dissertation, University of Konstanz. (Original work published 1984).*

Lind, G. (2000b). The importance of role-taking opportunities for self-sustaining moral development. *Journal of Research in Education, 10*, 9-15.*

Lind, G. (2000c, April). *Off limits : A cross-cultural study on possible causes of segmentation of moral judgment competence.* Round-table paper presented at the annual meeting of the American Educational Research Association, New Orleans, LA.*

Lind, G. (2000d). Moral regression in medical students and their learning environment. Revista Brasileira de Educacao. Médica, 24(3), 24-33. *

Lind, G. (2002). *Ist Moral lehrbar? Ergebnisse der mordernen moralpsychologischen Forschung* [Can ethics be taught? Research findings from modern moral psychology] (2nd ed.). Berlin : Logos-Verlag.

Lind, G. (2003a). *Moral ist lehrbar. Ein Handbuch zu Theorie und Praxis Moralischer und demokratischer Bildung.* [Morality can be taught. A handbook on theory and practice of moral and democratic education.] München : Oldenbourg.

Lind, G. (2003b, July). *Does religion foster or hamper morality and democracy?* Invited lecture at the annual meeting of the Association for Moral Education, Krakow, Poland.*

Lind, G. (2005, August). *The cross-cultural validity of the Moral Judgment Test*

: *findings from 27 cross-cultural studies.* Paper presented at the annual meeting of the American Psychological Association, Washington, DC.

Lind, G., & Althof, W. (1992). Does the Just Community program make a difference? Measuring and evaluating the effect of the DES project. *Moral Education Forum*, 17, 19-28.*

Lind, G., & Knoop, P. (2001). *Weiterbildungsseminar : Mentorik für Gymnasiallehrer*[Continuing education program : Mentoring for secondary school teachers.] University of Konstanz.*

Lind, G., Sandberger, J.-U., & Bargel, T. (1985). Moral competence and democratic personality. In G. Lind, H. A. Hartmann, & R. Wakenhut (Eds.), *Moral development and the social environment. Studies in the philosophy and psychology of moral judgment and education* (pp. 55-78). Chicago : Precedent.*

Lind, G., & Wakenhut, R. (1985). Testing for moral judgment competence. In G. Lind, H. A. Hartmann, & R. Wakenhut (Eds.), *Moral development and the social environment. Studies in the philosophy and psychology of moral judgment and education* (pp. 79-105). Chicago : Precedent.*

Lohman, D. F., & Ippel, M. J. (1993). Cognitive diagnosis : From statistically based assessment toward theory-based assessment. In N. Frederiksen, R. J. Mislevy, & I. I. Bejar (Eds.), *Test theory for a new generation of tests* (pp. 41-71). Hillsdale, NJ : Erlbaum.

Lourenço, O., & Machado, A. (1996). In defense of Piaget's theory : A reply to 10 common criticisms. *Psychological Review, 103,* 143-164.

Mansbart, F. J. (2001). *Motivationaler Einfluss der moralischen Urteilsfähigkeit auf die Bildung von Vorsätzen* [Motivational influence of moral judgment competence on the formation of intentions]. Unpublished master thesis, University of Konstanz, Dept of Psychology.

Markoulis, D. (1989). Political involvement and socio-moral reasoning : Testing Emler's interpretation. *British Journal of Social Psychology, 28,* 203-212.

McDougall, W. (1908). *An introduction to social psychology.* London : Methuen.

McNamee, S. (1977). Moral behavior, moral development and motivation. *Journal of Moral Education, 7(1),* 27-31.

Messick, S. (1994). The interplay of evidence and consequences in the validation of performance assessments. *Educational Researcher, 23*(2), 13-23.

Mischel, W., & Shoda, Y.(1995). A cognitive-affective system theory of personality : Re-cnoceptualizing situations, dispositions, dynamics, and invariance in personality structure. *Psychological Review*, 102, 246-268.

Narvaez, D. (1998). The influence of moral schemas on the reconstruction of moral narratives in eighth graders and college students. *Journal of Educational Psychology, 90*, 13-24.

Piaget, J. (1965), *The moral judgment of the child*. New York : The Free Press. (Original work published 1932).

Piaget, J. (1976). The affective unconscious and the cognitive unconscious. In B. Inhelder & H. H. Chipman (Eds.), *Piaget and his school* (pp. 63-71). New York : Springer.

Piaget, J., & Inhelder, B. (1969). *The psychology of the child*. New York : Basic Books (Original work published 1966).

Pittel, S. M., & Mendelsohn, G. A. (1966). Measurement of moral values : A review and critique. *Psychological Bulletin, 66*, 22-35.

Prehn, K., Wartenburger, I., Mériau, K., Scheibe, C., Goodenough, O., Villringer, A., van der Meer, E., & Heekeren, H. (2006). Neural correlates of individual differences in moral judgment competence. *Clinical neurophysiology, 118*(4), e84-e84.

Rest, J. R. (1979). *Development in judging moral issues*. Minneapolis : University of Minnesota Press.

Rest, J. (1986). *Moral development : Advances in research and theory*. New York : Praeger.

Rest, J. R., Thoma, S. J., & Edwards, L. (1997). Designing and validating a measure of moral judgment : Stage preferences and stage consistency approaches. *Journal of Educational Psychology, 89*, 5-28.

Rest, J. R., Narvaez, D., Bebeau, M. J., & Thoma, S. J. (1999). *Postconventional moral thinking. A neo-Kohlbergian approach*. Mahwah, NJ : Erlbaum.

Schillinger, M. (2006). *Learning environments and moral development : How university education fosters moral judgment competence in Brazil and two*

German-speaking countries. Aachen : Shaker-Verlag.

Schläfli, A., Rest, J. R., & Thoma, S. J. (1985). Does moral education improve moral judgment? A meta-analysis of intervention studies using the Defining Issues Test. *Review of Educational Research*, 55, 319–352.

Schuhler, p. (1977). *Anregungsbedingungen zur Förderung der moralischen Urteilsreife* [Stimulus conditions to foster moral judgment competence]. Unpublished master thesis(Diplomarbeit), University of Saarbrücken.

Simmel, G. (1989). *Einleitung in die Moralwissenschaft* [Indroduction into the moral sciences]. Frankfurt : Suhrkamp. (Original work published 1892).

Thoma, S. J. (1994). Moral judgments and moral action. In J. R. Rest & D. F. Narvá ez (Eds.), *Moral development in the professions : Psychology and applied ethics* (pp. 199–211). Hillsdale, NJ : Erlbaum.

Walker, L. J. (1983). Sources of cognitive conflict for stage transition in moral development. *Developmental Psychology 19*, 103–110.

Walker, L. J. (1986). Cognitive processes in moral development. In G. L. Sapp (Ed.), *Handbook of moral development* (pp. 109–145). Birmingham, AL : Religious Education Press.

Wasel, W. (1994). *Simulation of moral judgment competence* [simulation moralischer Urteilsfähigkeit]. Unpublished thesis in Psychology. University of Constance.

Weber, M. (1994). *Political writings*. New York : Cambridge University Press.

일방적 접근방법의 두 측면들

프리츠 K. 오저(Fritz K. Oser, 스위스 프리부르 대학)

지금까지 우리는 도덕교육에 관한 다양한 접근방법들을 살펴보았다. 그러한 접근방법들의 주요한 과업은 선과 악의 차이를 배우는 것뿐만 아니라 각각의 상황에서 선(the good)은 좋게, 악(the bad)은 나쁘게 보는 것에 있다. 이스라엘 작가 오즈(Amos Oz, 2005)는 괴테 상을 수상하면서 수상 소감에 다음과 같은 뜻을 지닌 말을 했다. 사회과학은 악이 이제 더 이상 나쁜 것만도 아니요, 선 또한 더 이상 좋은 것만도 아닌 그런 이유들을 찾기 위해 최선을 다했다. 나의 해석에 의하면 그는 이렇게 말했다. "이 세상에는 선한 사람도 있고 나쁜 사람도 있다. 악은 엑소시즘, 논증, 사회과학과 정신분석적 연구 등을 통해 물리쳐지는 것이 아니다. 종국에 가서 악은 힘과 폭력에 마주해야 한다"(p. 33). 그는 제2차 세계대

전 당시 독일에 주둔했던 미국 병사들에 대해 언급한다. 전쟁에서 처참하게 죽어간 희생자들은 메달의 한 단면일 뿐이다. 그 다른 면에는 자신들의 친밀함과 자아, 사람들에게 고통을 줄 수밖에 없었던 그들의 하루하루 괴로움들이 새겨져 있다. 그러므로 도덕적인 삶의 문제들은 어떤 체계적인 관점에서 행동을 규제하는 것일 뿐만 아니라 개인적인 고통을 경감시키고, 사회 속에서 타인의 행복과 자신의 역할을 통합시키는 것이다. 그래서 오즈는 수상 소감문에서 "타자를 상상하는 것은 심미적 의미를 가질 뿐만 아니라 내 관점에서 그것은 중요한 도덕적 의무"라고 말한다(p. 33).

이 책의 모든 장들은 다음과 같은 질문을 다루고 있다. 우리는 어떻게 학생들의 직접적·간접적인 도덕적 의무에 대한 조건들을 마련하여 도덕적 성장을 이끌 것인가? 각각의 저자들은 질문에 답해가는 과정에서 철학적·인류학적·사회학적·교육학적 토대가 되는 요소들을 내놓는다. 이 에필로그에서 나의 역할은 두 부분으로 나뉜다. 하나는 심포지엄에서처럼 문제들에 대해 질문하고, 논의의 정확성을 높이며, 비판적인 의견을 제시하는 토론자 역할이고, 다른 하나는 도덕교육과 관련해서 앞의 논문들에서 언급되지 않은 새로운 것들과 미처 의미 있게 조명되지 못하고 간과된 부분을 부언하는 역할이다. 다른 장들에 대한 비판적 태도는 그 영역 전체에 대한 개관을 전제하는 것이므로 나의 미천한 지식이 나로 하여금 두 번째 길을 택하게 했다. 이 짧막한 글은 앞의 논문들에 상당 부분 기대고 있다. 하지만 그와 동시에 다음과 같은 내용을 좀 더 중점적으로 다루고 있다.

1. 도덕학습의 상황성(situatedness)

2. 필요성(necessity) 개념

3. "불행한 도덕주의자"(unhappy moralist)와 "행복한 가해자"
   (happy victimizer) 같은 심리학적 효과에 관한 사실

4. 과정적 도덕성(procedural morality) 개념

5. 실천에 관한 이분법적 관점

도덕학습의 상황성

도덕학습의 상황성은 청소년들의 가치와 신념을 다룬 제6장에서 등장한다. 가치와 신념을 평가한다는 것은 상황성의 중요한 구성요소로서 그것에 관한 지식과 도덕적 체계를 이미 알고 있다는 의미이다. 예를 들어 만약 일선 교사들이 십대들은 후회 없이 술, 약물, 성관계를 맺는다고 믿고 있다면—패스코 등에 따르면 학생들은 음주와 성관계를 맺는 것에 대해서는 다소 판단을 주저하는 모습을 보인 반면 약물복용에 대해서는 단호한 거부의사를 표명했다—이는 가치교육을 위한 중요한 사전지식이 된다. 그것은 청소년들과 젊은이들의 삶에 대해 무언가를 말하고 있다. 그러나 상황성은 도덕적 내용이나 도덕적 딜레마가 제공되는 가치교육에서 맥락이 고려될 필요가 있다는 것을 의미하기도 한다. 블라지(Blasi, 2001)는 도덕적으로 다른 상황은 도덕판단과 행동에서의 복잡한 차이, 심지어 단계의 불일치까지도 양산한다는 것을 보여주었다(Beck, 2002 참조). 레이브(Lave, 1998)와 웬거(Wenger, 1991) 그리고 밴더빌트 대학

의 인지공학 연구팀(1997, 1998)은 이러한 상황성을 입증한 바 있다. 개념들, 방법들, 그리고 반성의 과정은 학생들이 배우고 학습하는 맥락에 좌우된다는 것을 암시한다. 예를 들면 빈곤과 실업에 노출된 적이 있는 학생들은 린드(Lind)의 노동자 딜레마를 부유한 환경에서 자란 학생들과는 다른 시각에서 바라본다. 베를리너(Berliner, 2005)가 보여준 것처럼 이러한 차이는 도덕적 개념이 달라지는 토대가 된다. 가난한 지역에서 좋은 교육이란 학습자의 도덕적 행동, 판단, 신념들을 변화시키지 않는 것이다. 왜냐하면 공동체의 맥락에서 새로운 생각은 그리 탐탁지 않은 것이기 때문이다. 브랜스포드, 브라운, 코킹(Bransford, Brown, Cocking, 2000)에 따르면 "학습이 이루어지는 맥락은 학습을 위한 기본적인 방법에 영향을 미친다. 공동체 중심의 접근방법은 외부세계와의 관계를 위해서 뿐만 아니라 교실과 학교라는 공동체를 위한 규범의 개발을 요구한다. 이를 통해 핵심가치에 대한 학습이 이루어진다"(p. 25). 그러므로 상황성은 첫째, 학생들의 신념체계에 대한 사전지식을 요구한다. 그것 없이 어떤 새로운 지식도 불가능하고, 행동의 변화와 새로운 지식에 대한 정당화도 불가능하다. 그리고 학생의 신념에 대한 사전 지식 없이는 개념이 학습자에게 미치는 영향도 전혀 확인해 볼 수 없다. 교수–학습 과정에서 교사가 유치한 덕목들을 설교하고 있다고, 옛날의 불필요한 가치들을 주입하고 있다고 학생들이 느끼는 순간 수업은 지루함 속으로 빠져든다. 둘째, 상황성은 실제적인 맥락 속에서 문제를 설정하도록 요구한다. 교사는 학생들이 겪는 도덕적 · 사회적 갈등이 무엇이고, 그것들을 학습상황과 연결시켜 이야기, 딜레마로 엮어내는 방법을 알고 있어야 한다. 셋째, 학습상황으로 제시되는 이야기와 딜레마는 발달론에 입각해 구성해야 한다. 솔로몬과 왓슨(Solomon and Watson)이 말한 것처럼 만약 6살, 12살, 20살 학생들이 배려공동체에 관여한다면 그것들은 그들에게 각각 서로 다른 의미를 지닐 것이다. 넷째, "맥락적 변화"(context variations)로 서의 학습의 상황성을 강조할 필요가 있다(Marton 등, 2005). 맥락에 따른 변화는 상황에 따라 동일한 이야기가 다른 구성요소들을 통해 제시되는 것을 의미한다. 예를 들면 하인즈의 딜레마는 유일한 혈육인 노모를 봉양해야 하는 흑인 노동자가 범법행위로 교도소에 수감되는 이야기로 표현될 수 있다. 맥락적 변화는 어린이들과 십대들이 알고 있는 것, 그리고 그것과 정직, 의무, 민주주의/자유, 종교, 도덕적 행동, 윤리와 같은 도덕적인 문제들과 어떤 관계가 있는지에 대한 우리의 앎을 증진시킨다.

맥락화(contextualization)의 한 방식은 학교에서 발생하는 개인적 문제들에서 거시적인 체제의 문제들까지 이 모두를 정의공동체 내에서 다루는 것이다. 정의공동체는 도덕교육을 위한 내용으로도 활용이 가능하다(Higgins, 1987, 1989 ; Oser & Althof, 1992 ; Power, 1979 참조). 그러나 학생들이 학교에서 보내는 시간은 그들의 삶에서 고작 14% 밖에 되지 않는다. 33%는 자는 데, 나머지 53%는 집 혹은 친구들과 어울리는 데 보낸다 (Bransford et al., 2000, p. 26). 이러한 사실은 학습에서 맥락이 핵심 역할을 하는 근거가 된다. 그리고 공동체 중심의 접근은 학교가 학교의 담 너머에까지 영향을 미치고, 학생들의 학교 밖 삶에도 관계한다는 것을 의미한다. 그리고 반대로 "연루되기"(Getting involved)는 학교 밖의 세상—생산과 관련한 삶, 공적인 영역 그리고 국가의 정치적 상황—과 접촉하는 것을 의미한다. 도덕적·사회적 상황성의 목표는 이러한 학습자의 학교 밖 삶과 관련된다. 그리고 그것은 학교 밖 문화를 학교 내부로, 또 학교의 문화를 학교 밖으로 전이시키는 것에 관심을 갖는다. 물론 킨첼로(Kinchloe)의 장은 사회적 상태를 받아들이는 것을 고려하는 것이 아니라, 정치적 이상의 관점에서 현 상태에 대한 도덕적·사회적 비판을 통해 이러한 전환의 틀을 마련하고자 한다. 이것이 우리가 학생과 "연루되기"를 말하는 이유이다.

필요성 개념

이 책에서 도덕성의 기원을 이해하는 데 가장 유력한 것은 도움을 주기 위한 '지각된 필요성'(felt necessity) 개념이다. 그것은 인지와 정서의 상호작용에 영향을 받는다(제7장). 전통적인 입장에서 도덕성은 즉각적으로 보고(인지), 분노를 느끼는 것(정서)에 의해 형성될 수 있다(Tugendhat, 1984 참조). 깁스(Gibbs)가 말한 것처럼 호혜주의를 위반하는 것은 부당한 대우를 받는 사람을 위해 모종의 행동을 취해야 한다는 의무를 발생시킨다. 상황 그 자체가 변화를 위한 참여와 개입의 필요성을 결정한다. 깁스는 인지적 지각과 상황적 필요의 인식이 가장 우선적인 요인이라고 말한다. 예전에 발달된 평등의 스키마(schema)는 불평등한 권리분배를 통해 활성화되고 사람들은 반드시 어떤 모종의 행동을 취해야 한다는 의무를 갖게 된다. "비록 본인은 인지하지 못할지라도 구조자는 어느 정도 행동할 준비가 되어 있다. (스키마에 기초한) 행동성향이 마음속에 이미 형성되어 있다는 것을 나중에 가서야 깨닫게 되는 것뿐이다. 이런 도덕적인 흐름은 그름(wrong)과 위해(harm) 두 수준으로 갈라진다"(p. 177).

상황적 필요성에 대한 설득력 있는 시각들 외에도 도움을 주거나 변화를 위해 활성화된 스키마라는 이 개념은 많은 의문을 가져온다. 다음은 그것들 중 몇 가지를 보다 분명히 해본 것이다.

1. 부정의가 명백한 상황을 필요성이 높은 상황으로 인식하는 때는 언제인가? 동일한 상황에서 위에서 언급된 스키마가 발현되는 것은 당연하다. 이는 똑같은 부정의한 상황이 모든 사람에게 행동을 위한 본래적 필연성으로 똑같이 인식되는 것은 아님을 보여준다. 타인을 위해 그러한 행동이 요구되는데도 왜 어떤 사람은 행동을 취하지 않을까? 이는 평등의 스키마를 발달시키지 못한 탓이 아니다. 오히려 이러한 도식은 행동의 요구가 절대적으로 느껴지는 그런 상황들에 의해서 만들어지는 것이다.

2. 여기에서 필요성의 정도는 "어떤 사람이 2+2가 4와 같아야 한다고 이해하는" 양적 필요성과 비교된다(Colby & Damon의 p. x 참조, 1992). 하지만 이러한 비교는 적절한 것이 아니다. 왜냐하면 우리가 어쩔 수 없는 상황에 직면해서 모종의 행동을 취하지 않는다면 우리에게 아무 일도 일어나지 않을 것이기 때문이다. 특히 (칸트에 따르면 의무가 아닌) 자신의 직분을 넘어서는 상황에서 도움을 주지 않은 사람을 비난할 수 없다(도덕성과 사회적 관습에 대한 누치(Nucci)의 구분 참조. 1996, 2001 ; Turiel, 1983). 그러므로 일반적인 필요성 개념에 근거하는 사회적 의무와 도덕적 의무에 대해 더 많은 것들을 알아보아야 한다(최근 유럽에서 교육의 필요성 개념은 활발히 논의되는 이

슈이다. 행동이 요구되지만 주어진 상황 하에서 행동방식을 결정하기 어려울 때 바로 거기에 교육의 필요성이 존재한다).

3. 깁스는 7장에서 도덕적 필요성에 대한 중요한 기준 하나를 제시했다. 바로 자유이다. 도덕적 행동이나 친사회적 행동에 있어서 주체는 주어진 필요성에 따르지 않기 위해 자유로워야 한다. 즉 그것은 자기 스스로가 변화를 요구한다는 바탕 위에서 주체에게는 반대의 혹은 뒤엎는 선택과 행동이 가능해야 함을 의미한다. 도덕의 영역에서 행동을 위한 자유 vs 필요성이라는 이러한 이분법은 한없이 모호한 것이다. 자신이 느낀 필요성에 따르지 않을 자유가 있는 경우를 제외하고는 어느 누구도 도덕적이지 않다. 즉 도와주지도 나누지도 배려하지도 않거나, 상황이 요구하는 모든 것들을 하지 않을 자신의 가능성을 극복한 사람을 제외하고는 어느 누구도 친사회적이지 않다(한나 아렌트가 언급한 것처럼 오로지 선한 사람만이 나쁜 양심을 갖는다. 나쁜 사람은 그것들을 가질 수 없다).

이러한 문제들에도 불구하고 도덕적 행동을 위한 필요성 개념은 가장 유력한 개념 중 하나이다. 그것은 도덕적 인지, 도덕적 느낌, 도덕판단, 도덕적 용기, 도덕적 행동 그리고 스스로에 대한 도덕적 존중을 포함한다(도덕적 자아는 Damon & Hart, 1982 참조). 도덕적 개념 형성과 그것의 사용, 그리고 그것의 변화는 필요성에 대한 지각에 의존한다. 주어진 상황에서 도덕성의 기능을 이해하기 위해 학생들은 도덕성을 의미 있고 일반화가 가능한 것으로 인정할 필요가 있다. 학생들은 사물이 계속 그 상태로 머물러 있을 수 없다는 것을 느껴야 한다. 변화의 형식이 무엇이든 학생들은 변화의 필요성을 느껴야 한다.

심리학적인 효과들

도덕성의 정서적 혹은 심리학적 효과들에 대해 이야기하는 것은 오늘날 도덕교육을 다루는 분야가 짊어진 중요한 임무 중 하나이다. 그러므로 나는 여기에서 두 가지 흥미로운 현상, 즉 "불행한 도덕주의자"(Oser & Reichenbach, 2000)와 "행복한 가해자"(Nunner-Winkler, 1993, 2001) 개념에 대해 언급해 볼 것이다. 두 개념은 서로 관련이 있다. 그것들은 서로 상반된 관점을 보여준다. 갈등상황 속에서 "불행한 도덕주의자"는 중대한 재정적 혹은 사회적 이익의 손실을 감수하면서까지 도덕적인 측면을 선택하는 사람이다. 즉 그들은 불행함을 느낀다. 협상상황에서 좋지 않은 정보만을 가진 의뢰인 편에 서서 싸우는 변호사의 상황이 이러한 경우의 전형이라 할 수 있다. 우리의 사례는 이혼과 관련된 상황이다. 변호사는 고객의 비밀스러운 정보를 가지고 있다. 예를 들면 그녀는 아이들을 돌보지 않았고, 밤사이 아이가 침대에 오줌을 싸면 아이들을 때렸으며, 나이가 많은 큰 딸의 친구들과 함께 살았고, 남편의 돈을 모두 탕진하는 등의 부정적인 정보들을 그는 가지고 있었던 것이다. 반면 상대방에 대해서는 진지하고, 아이들을 잘 돌본다는 등 의뢰인의 그것과는 정반대되는 정보를 그 변호사는 또한 가지고 있었다. 이혼이 결정될 때까지 양측은 집과 재산에 대한 권리, 그리고 특히 양육권을 서로 가지려고 공방을 계속 벌인다. 부정적인 면들을 갖고 있는 고객의 변호사가 아이에 대한 양육권을 상대측에 넘겨주어야 한다고 결정하는 순간 아마 그 변호사는 스스로 좋은 일을 했다고 느낄 것이다. 하지만 동시에 그러한 결정을 하는 순간 그는 나쁜 협상가, 본분에 충실하지 못한 변호사, 패배한 변호사가 되어버린다. 그러므로 도덕적인 사람이 된다는 것은 부당한 요구에 응하지 않거나 불의에 굴하지 않는다는 것과 동시에 출세하지 못한다는 것을 의미한다. 고객에 대한 정보를 숨기고 상대 측을 충분히 압박할 수 있는 변호사는 나중에 성취감과 만족감을 느낀다. 즉 그들은 변호사로써 "해야 할 일"을 완수했다고 느낀다. 그러므로 고객의 부정적인 정보를 활용하여 상대 측에게 양육권을 넘겨주는 것은 자신의 고객에게 성공적이라는 인상도, 유능하다는 인상도 주지 못한다. 따라서 도덕성과 도덕적인 온당함에 대한 지식은 출세의 길을 택하는 데 어쩌면 방해가 된다. 그리고 도덕적 선택이 가져다 줄 즐거움은 이러한 실패로 인해 줄어든다. 이것이 우리가 도덕적 탄성(moral resilience)을 말하는 이유이다. 만약 성공을 위한 방법이 도덕적으로 의심스러운 결론을 수반한다면, 그리고 행위주체가 그것을 거부한다면 도덕적 회복력은 도달 가능한 선으로 향한다. 도덕적 탄성은 두 가지 모습을 띨 수 있다. (a) 사회의 압력으로 향하거나, (b) 우리 자신의 내적 압력 혹은 나를 유혹하는 내적 요구들을 향한다. 도덕적 탄성은 이런 내·외적 압력에 저항한다. 그리고 사람들은 그러한 것들에 저항하기는 하지만 도덕성과 금전적인 성공을 서로 조화시키지 못한다면 그들은 두 가치 사이에 끼어버렸다는 느낌을 갖게 될 것이다. 삶의 지표로 도덕을 선택하는 것은 즉각적인 이익을 거절하게 한다. 또한 세계가 모든 것에 열려있지는 않다는 생각으로 인도한다(Bayertz, 2002). 예를 들어 슈미드(Schmid, 2003)는 판매자가 오토바이의 사고이력을 알리지 않는다면 훨씬 비싼 가격에 그것을 팔 수 있는 이야기를 제시하고 7-15세의 아이들에게 물었다. 질문에 대해 대부분의 아이들은 비도덕적인 사람은 긍정적인 감정을(행복한 가해자), 그리고 도덕적인 사람들은 부정적인 감정을 갖게 될 것이라고(불행한 도덕주의자) 답했다. 해터슬리(Hattersley, 2005)에 따르면 "강력한 규범들"에 관련해서는 도덕적인 선택을 하는 사람들은 불행함을 느끼지 않는다. 그러나 "약한 규범들"과 관련해서는 성공의 기회를 놓쳤다는 부정적인 느낌을 받는다. 주머니에 있는 물건을 소매치기 당하는 이야기에서 참가자들은 실제 소매치기 당한 것보다 더 많은 것을 잃어버렸다고 보험회사에 신고하는 것을 택했다.

이런 현상의 또 다른 측면에는 "행복한 가해자" 개념이 있다(Nunner-Winkler, 1989, 1993, 2001). 눈너–윈클러(Nunner-Winkler)는 수학여행에서 사탕과자나 음료수를 친구들과 함께 나눠먹지 않는 가해자 이야기를 4살, 6살, 8살 아이들에게 제시했다. 그런 다음 아이들에게 피해자와 가해자가 각각 어떻게 느낄 것이라고 생각하는지 물었다. 정서귀인(attribution of emotion)은 어린아이들이 그런 행위의 원인을 가해자의 행복감 탓으로 돌린다는 사실을 산출한다. 그리고 아이들은 자신이 하고 싶은 것을 못하게 막는 것에 대해 나쁘게 느낀다. 물론 보다 나이가 많은 아이들과 어른들은 가해자가 나쁜 짓을 저지른 후에 잘못을 느낀다고 생각한다. 그래서 눈너–윈클러는 도덕적 동기화의 지표로 정서적인 귀인을 활용한다. 정서적인 반응에는 규범을 행동으로 변환하는 인지적인 판단이 포함된다는 사실을 그녀는 암묵적으로 인정한다. 게다가 10세 이상의 아이들 대부분은 가해자의 나쁜 마음 탓으로 돌린다(Keller et al., 2003 참조).

여기서 다시 "부정의는 … 무엇보다도 어떠한 모종의 느낌으로 개념화되어야 하는가?"라는 깁스의 문제가 다시 중요해진다. 왜냐하면 감정은 추론과 분리되지 않는 장점을 갖기 때문이다. 반면 카(Carr)의 "덕윤리학의 부활"에서 도덕성의 궁극 목적인 "에우다이모니아"(eudemonia)는 다음과 같은 문제들을 발생시킨다. 행복 증진과 고통 경감이라는 도덕성의 역동적인 부분들은 강력하지도, 성공적이지도 전략적이지도 못하다는 느낌들 때문에 그 의미가 희석된다. 그리고 "도덕적 행동의 본질을 숙고"해보는 데 도움을 주는 비판이론은 세상의 권력과 연결된 "행복한 가해자" 같은 현상을 설명할 수 없다. 왜냐하면 숙고적 사고가 만들어낼 수 있는 결과물에 대한 선험적 연구가 필요하기 때문이다.

실천적 담론에서의 과정적 도덕성 개념

이 책의 여러 장들은 다양한 도덕성 이론과 그것의 토대에 대해 언급하고 있을 뿐만 아니라 도덕성의 변화와 그에 대한 각각의 평가도 언급하고 있다. 지금까지의 도덕성 개념에는 하나가 빠져 있었다. 즉 일반적인 의사결정 과정을 통해 도덕적 결과를 산출해내는 문제가 빠져 있었던 것이다. 나는 과정적 도덕성에 대해 말하고 있는 것이고, 이는 도덕적인 능력의 한 단면이 아니라 도덕적 정당화의 역동적인 과정을 말하는 것이다(Oser, 1998). 예를 들어 과정적 도덕성(procedural morality)은 성공과 책임 사이의 조절 모델에 근거하여 서로 관계 있는 사람들의 집단이 갈등하는 문제들에 대해 어떠한 도덕적 합의를 도출하려고 노력하는 상황에 대해 이야기한다. 그런 상황의 사례로는 학급토론, 정의공동체 담론, 생산에 종사하며 서로 관계를 맺고 있는 사람들에 대한 담론 등이 있다. 이러한 담론들은 몇 가지 기준을 갖는데, 첫째 한 사람 혹은 집단 구성원들의 정체성이나 친숙한 자아의 가치에 상처를 입히는 행위는 불공정하고, 배려적이지 않으며, 진실되지 못한 것이다. 두 번째, 관련된 사람들이 원탁에 모여 함께 토론할 수 있도록 모임을 주관하는 선도자가 항상 존재한다. 그러한 토론은 위계적인 조직 내에서 요청할 수 있고, 한 사람의 선도자 아래에서 과정적 도덕성은 담보될 수 있다. 이것이 우리가 "실제적인 담론" 개념을 사용하는 이유이며, 그것은 하버마스 류의 "이상적인 담화" 모델과 상반된 입장에 서 있다. 이상적인 담화 모델에서는 모든 참가자들이 평등하고, 인습-이후 수준에 도달해 있으며, 논의주제에 주의를 기울인다. 그리고 토론 참가자들이 자율적인 분위기 속에서 쟁점들을 다룬다(Habermas 1988, 1991 참조). 그러나 (예를 들면 아이들과 함께하는) 실제적인 담론과정 속에서는 상황에 대한 중요한 느낌들이 부재하거나 어느 누구도 인습 이후 수준에 도달해 있지 않다. 대개 관련된 사람들은 신경질적이고, 때로는 울기도 하며, 어떤 때는 무턱대고 자신의 입장만을 옹호하기도 한다. 세 번째 기준은 선도자의 역할과 관련된다. 왜냐하면 토론에 참가하는 사람들은 종종 이성을 잃고, 화를 내며, 분개하고 흥분해서 거칠기까지 하기 때문이다. 그러므로 토론의 선도자는 다음의 역할을 수행해야 한다. (1) 나약하고 로비를 못 하는 힘없는 자들의 목소리를 전해야 한다. (2) 정의, 배려, 정직함의 결과들 사이에서 균형을 잡아야 한다. 그리고 각각의 가치와 관련이 있는 사람들을 도와야 한다. (3) 집단 내 모든 사람들이 선의지를 갖고 있으며, 그들은 모두를 위한 최선책을 바란다고 가정해야 한다. 선의지는 문제 해결에 긍정적인 기여를 할 수 있고, 특히 주어진 상황 속에서 정의, 배려, 정직함 간의 균형에 기여할 수 있다. (4) 선도자는 스스로의 입장을 표명하고 그것을 방어할 의무가 있다(선도자는 중립적인 입장을 취할 수 없다. 혹은 가치에서 자유로운 관찰자가 될 수 없다). 거기에는 각각의 요구와 주장들, 그리고 도출된 결과를 함께 공유하려는 책임의식이 존재한다. 마지막으로 (5) 선도자는 격렬한 숙고과정을 거쳐 도출된 합의된 해결책을 수용해야 한다. 그리고 그것이 완벽한 해결책이 아님을 인지하면서 그것의 실현을 위해 싸워야 한다. 이러한 수용력은 학생들의 원탁 토론에서 특히 중요하다.

이러한 도덕성의 발생 형식은 많은 선결조건과 전제들을 함축하고 있다. 첫째, 사람에 따라 동일한 도덕적 문제에 다양한 해결책들을 가질 수 있다는 것을 인정해야 한다. 이것은 하버마스적인 의미에서 칸트적인 시간과 공간의 선험성을 뛰어넘는 사회의 선험성이다. 사람들은 협의과정을 통해 그러한 도덕적인 해결책을 마련한다. 둘째, 과정적 도덕성과 관련해서 각각의 경우에 대한 정보교환이 핵심을 이룬다. 관련된 사람들은 무엇이 일어났는지, 그들은 어떤 사람인지, 제3자는 무엇을 알아야 하는지에 대한 정보를 제공한다. 정보의 교환은 단순한 잡담이 아니다. 즉 그것은 깊은 상처와 오해, 부정의와 배려의 부족을 극복하기 위해 조정이 가능한 공동체를 의미한다. 셋째, 해결책에 다다름에 따라 담론은 해결할 수 없는 이분법적인 것들을 다루게 된다. 종종 배려하는 사람들 중 일부는 진실하지 못할 수도 있다. 그들은 때로 정의가 배려의 원리를 훼손한다는 생각에 그것을 선택하지 않는다. 이를 분명히 보여주는 한 예가 있다. 열심히 공부한 학생이 그의 지적 수준에도 불구하고 나쁜 등급을 받았다. 반면에 게으른 학생이 최고의 등급을 받았다. 교사가 공정성의 원리를 도입한다면 교사는 그 학생을 배려할 것이다. 하지만 그러한 배려는 정의롭지 못한 것이다. 그러나 배려의 원리를 도입하지 않는다면 공정하기는 하겠지만 배려적이지는 못할 것이다. 담론은 이러한 의무들 사이에서 균형을 찾아가는 것이다. 넷째, 과정적 도덕성을 측정하는 것은 곤란한 상황에 관련된 당사자들이 문제해결을 위해 협의해 가는 과정을 기록하는 것이다. 측정을 위해 우리는 5단계의 척도를 계발한 바 있고, 그것은 다음과 같다. (1) 담론 회피하기, (2) 권위자들에게 문제 위임하기, (3) 담론과정을 거치지 않고 정의에 대한 책임감을 채택하는 형태 같은 하나의 형식에만 기대어 의사결정하기, (4) 관련된 사람들의 목소리를 듣지만 선도자가 혼자 의사결정하기, (5) 온전한 실제적인 담론을 진행하고 공동의 결정과 행동을 이끌어내기. 이러한 유형은 교사, 의사, 변호사, 직업인들 사이에서 갈등 유발요인이 드러나게 함으로써 단계화를 용이하게 할 수 있다. 마지막으로 다섯째, 과정적 도덕성은 확고한 규범적·교육적 주장들을 이야기한다. 우리는 많은 도덕적·친사회적 갈등이 비단 한 개인의 문제만은 아니라고 생각한다. 대부분의 도덕적·친사회적 문제들은 우리 모두의 문제이고, 그래서 다 함께 공동으로 해결해 가야 한다.

그러나 과정적 도덕성에 애착을 보이는 교사, 부모들은 결코 쉽지 않은 삶을 살게 된다. 우리는 이를 잘 알고 있다. 담론은 어렵고 정교한 구조물이다. 그것은 시간과 정신력을 요구한다. 담론 지향적인 교사, 판사, 의사들은 좀 더 존경스럽고, 정의로우며, 진실하게 비친다. 또한 그들은 한층 높은 지도 역량을 보여주고, 많은 행복을 가져다 주는 것으로 비춰진다(Oser, 1995). 쟁점 사안에 대해 혼자 힘으로 결정을 내리는 사람은 다른 4가지에서보다 안정감만을 더 많이 만들어낼 수 있을 뿐이다. 하지만 그것뿐이다.

두 갈래로 양분된 실천에 대한 관점

우리가 이 책에서 보는 것처럼 도덕교육은 일면적·일차원적인 협소한 가르침 그 이상의 의미가 있다. 도덕적으로 교육받는다는 것은 자신의 일상적인 도덕문제를 분명하고도 적절한 방식으로 다룰 수 있게 된다는 것을 의미이다. 그리고 부당한 조건들에 맞서고, 친사회적인 것에 관심을 가지며, 인간적인 삶과 사회적인 삶, 자연과 더불어 존재하는 삶 이들 모든 측면에서 도덕적인 힘을 가장 소중한 이상적인 목표로 갖는 것이다. 도덕적으로 "좋은 삶"은 모든 사람이 최적의 조건 하에서 살아가는 것을 의미한다. 이 책은 이러한 여정의 역사적·철학적·교육적·기술적인 측면들과 그것의 측정에 대한 논의들을 한데 모아놓은 것이다. 이 에필로그를 통해 나는 이러한 논의의 연장선으로 몇 가지 소소한 쟁점들을 추가해 보고자 한다. 교육은 그것이 다루는 모든 쟁점에 관해 극단적으로 양분된 이분법적 관점을 요구한다. 도덕교육에서 존재하는 옳고 그름 사이의 긴장은 철학적 분석 혹은 심리학적 분석 어느 하나만을 통해 해결할 수 있는 것이 아니다. 모든 단계에서 도덕교육은 변증법적이다. 한 예를 들어보자. 12살 된 소년이 가게에서 25달러 하는 작은 가방 하나를 훔쳤다. 부모는 우연히 그 가방을 발견한다. 아버지는 훔친 물건을 되돌려 주어야 하며 소년이 물건들을 제자리에 돌려놓고 주인에게 사죄할 수 있도록 부모가 도와주어야 한다고 말한다. 반면 어머니는 생각이 이와 다르다. 부모는 소년이 붙잡혀서 고통스러운 감정을 경험하게 해야 한다고, 그래서 도둑질을 절대 해서는 안 된다는 것을 배울 수 있게 해야 한다고 말한다. 두 의견 모두 설득력 있는 요소들을 포함하고 있다. 그러나 각각의 입장은 무엇이 효과적인지에 대해, 그리고 무엇이 아이를 위한 최선인지에 대해 완전히 다른 철학적 토대에 기대고 있다. 양쪽 모두 아들이 배우고 성장하기를 원한다. 그러나 그 과정에 대해서는 서로 다른 입장을 갖고 있다. 이러한 상황 속에서 칸트적인 합리주의가 가장 도움이 되는가? 아니면 카가 말한 것처럼 성향의 힘을 포함하는 덕윤리학적 접근이 더 나은 방법인가? 카가 진술하는 것처럼 우리는 동일한 상황의 다양한 측면들을 깊이 생각해 보아야 한다. 예를 들면 목적으로서의 선, 행복한 삶과 관련된 선, 인간의 잠재적 가능성 실현을 위한 노력으로서의 선, 덕으로서의 선, 악에 저항하는 보루로서의 선, 역할모델로서의 선 등등. 이 경우 비판이론은 모든 기능적인 도덕체계에 의문을 제기하는 데 활용될 수 있는가? 또한 이 예는 단순히 나딩스의 "아버지의 목소리"와 "어머니의 목소리"가 구체화된 것일 뿐인지, 혹은 테이어-베이콘의 말처럼 거짓된 배려인지 물을 수도 있다. 솔로몬과 왓슨이 제안한 것처럼 이 부모들이 마음속에 도덕적인 사람의 이상(idea)을 가지고 있는 것이 사실인가? 아니면 그들은 단지 도덕적 이상에 따라 행동하는 것인가? 우리가 도덕교육의 기준에 관심을 갖는다면 우리는 다음과 같이 물어야 한다. 이 부모들의 삶에서 핵심 가치는 무엇인가?

나는 딜레마에 대한 해결책을 제시하는 대신 도덕교육의 실천에서 두 가지 혹은 그 이상의 행동방식들 사이에 존재하는 긴장들을 여러분 들에게 보여줄 것이다. 즉 존재에 대한 다양한 변증법적 해석이 존재하 고 어떤 일면적 의도에는 항상 두 가지 측면이 존재한다는 것이다. 물론 어머니, 아버지 모두 의도에서는 옳다. 그러나 두 사람 모두 아이가 성장 하는 데 가장 좋은 지원책은 무엇인가, 아이들의 성장을 위해 필요하지 않은 것은 무엇인가에 대해 분석해 보아야 한다.

의도적인 도덕교육에서 이러한 일면적 행동제안들에 대한 변증법 적 형식이 갖는 의미는 무엇일까? 뒤르껭(1973)은 다음과 같은 이분법을 제안한다. "사회적인 삶은 두 개의 근원을 갖는다. 양심의 유사성과 사 회적 노동의 분업이 그것이다. 첫 번째 경우 개인은 사회화된다. 왜냐하 면 그는 자신만의 실질적인 개성을 갖지 못하고, 그와 닮은 이들과 함께 동일한 집단적 유형의 일부가 되어 가기 때문이다. 두 번째 경우 다른 사 람들과 자신을 구별하는 얼굴 생김새, 개인적인 행동성향을 갖지만 그 렇게 자신과 타인을 구별해 주는 기준 역시 그들이 속한 사회에서 유래 한 것이라는 점에서 그들은 역시 사회에 의존하고 있다"(p. 110).

이러한 논의 속에 내재해 있는 핵심적인 두 측면이 특별한 구조 (frame)를 형성한다. 즉 교육에 관한 지식이 한편으로는 사회적 체화의 측면에서 또 다른 한편으로는 타인과 구별되는 유일무이함의 측면으 로 개인을 향하게 한다. 그러한 측면들을 카, 솔로몬과 왓슨, 그리고 특 히 패스코와 그의 동료들이 쓴 논문들을 통해 확인할 수 있다. 여기서 핵 심 가치들은 사회와 관련될 뿐만 아니라, 이처럼 개인들의 공통된 관심 들과도 관련된다. 그러나 그것들은 영역에 따라 구분되기도 한다(Nucci, 1999). 나는 이 책의 여러 장들을 이러한 도덕교육의 양면적 요소를 통해 다시 한 번 상기해 볼 것이다. 개인 vs 집단 다음으로 양분되는 두 번째 측면은 직접적 · 간접적 도덕교육에 내재해 있는 의도들의 근원과 관련이 있다. 간접적인 접근방식은 잭슨, 부스트롬, 한센(Jackson, Boostrom, Hansen, 1993)의 연구에서처럼 학교와 교실에 관한 연구 속에서 기술된다. 이 접근방식에서 전제들에 대한 반성, 일상적인 틀과 암묵적인 규칙들, 긍정적으로 혹은 부정적으로 강조된 이슈와 행동들 같은 도덕교육의 다양한 측면들은 비의도적이다. 그들은 교사와 학생 사이의 일상적 상호작용 속에서 발생하는 해로운 도덕적 결과들을 이야기 한다. 그러므로 그들은 좋은 학교에서 조차 어떠한 도덕적인 결점들을 확인한다. 예를 들면 선정된 교재들, 선택된 규칙들, 자율선택 활동에 대한 학생들의 참여, 교육과정, 학교의 의식들과 행사들, 도덕적인 내용을 통한 가시적 표현들, 활동에 대한 도덕적 해석으로서 즉흥적 감탄사 등등이 그것이다. 또 다른 간접적인 영향은 잠재적 교육과정을 포함하는 사회화 이론에서도 비롯된다. 여기에서 모든 몸동작, 강조된 표현, 감정적 반응 등은 학생들에게 도덕적인 영향을 준다. 이러한 간접성의 논리는 학생들의 두뇌가 가소성이 매우 높고, 부정적인 영향으로부터 충분히 보호되지 못할 수 있다는 사실에 근거한다. 간접적인 도덕 교육의 세 번째 요소는 역할모델을 통해 학습한다는 사실에서 비롯된다. 그것은 간단한 개념으로부터 나온다. 사람들 말처럼 교사와 부모는 모델이 된다. 그런데 실제로 언제, 어떤 상황에서 그들이 아이들의 모델이 되는지 우리는 아직 제대로 알지 못한다. 그러나 우리는 교사들과 부모들이 규제와 안전을 제공함으로써 학생들에게 회복력을 길러줄 수 있다는 것을 알고 있다(Werner, 1995).

이와는 정반대에 있는 입장은 친사회적이고 도덕적이며, 덕윤리학적 관심 속에서 청소년들에게 의도적인 영향을 주고자 한다. 고의성 (intentionality)은 누군가를 변화시킬 의도가 있음을 의미한다. 그리고 직접적 가르침, 교육의 목적으로서 발달, 도덕적 반성, 도덕적 감수성 계발, 도덕적 엄밀성, 도덕적 비계(scaffolding), 도덕적 분노 등과 같은 방법이 최선이라고 믿는다. 이러한 형태는 고의성이 담고 있는 의미 중 일부일 뿐이다(Searle, 1983). 하지만 또한 그러한 고의성이 가장 많이 논의되는 것도 사실이다. 본래 교육자들은 아이들을 도덕적으로 키우기 위해 변화를 가져올 올바른 방법이 무엇인가에 대해 스스로 묻는다. 이러한 두 번째 유형의 이분법(직접적 도덕교육 vs 간접적 도덕교육)은 중요하다. 왜냐하면 그것은 그 자체로 도덕교육의 계획, 실행, 측정에 가장 큰 영향력을 행사하기 때문이다. 본서에서 카는 덕윤리학의 간접적인 영향력을 명료하게 설명하고 이어서 합리주의의 직접적인 영향력을 설명한다. 솔로몬과 왓슨은 규제와 안전의 맥락 속에서 아이들을 기르는 부드러운 방법들에 대해 설명하고 있다.

세 번째 양극적인 측면은 도덕교육의 상황성 및 일반화 가능성 문제와 관련된다. 철학에서 뿐만 아니라 공동체주의에서도 도덕적 규범들, 상황들, 반응들과 관련해 문화적 특수성을 강조한다. 교육에서 역시 특수한 상황적 내용들은 우리가 변화를 바라는 것의 주요한 핵심이다. 이러한 특수성은 다양한 모습을 띤다. 예들 들면 상황성은 동일한 내용이 다른 맥락에서는 또 다른 의미를 가질 수 있음을 의미한다. 교회에서 들었던 동일한 텍스트 내용이 교실에서는 또 다를 수 있다(Greeno, 1998 ; Lave & Wenger, 1991 ; Pellegrino et al., 2001). 이는 맥락이 우리가 느끼는 감각의 틀을 형성하기 때문이고, 우리가 맥락적 필요에 따라 접근하지 않는다면 그것은 아무 의미도 갖지 못할 것이기 때문이다. 여기서 필요성은 변화를 위한 절박함이다. 왜냐하면 갈등과 잘못된 이해로 인한 간섭 때문에 평범한 기능적 행위들은 방해받고, 왜곡되며, 또 분열된다. 상황적 특수성의 두 번째 유형은 다른 사례들과 관련해서 사람들이 어떻게 행동하는가 혹은 어떻게 판단하는가의 문제와 관련된다(Beck, 1997 ; Blakeney & Blakeney, 1992 ; Blasi, 1983 ; Oser, 1995). 이와 관련해서 전반적인 그 사람의 판단성향에 대한 선입견이나 단계의 일관성에 대한 전제를 가지고 보는 세세한 연구는 위험할 수 있다.

그러나 이러한 문제의 또 다른 측면은 보편성이다. 노벨상 수상자 카네티(Cannetti, 1992)가 말한 것처럼 어떤 이들은 자신들의 입장을 잃어가면서 보편성으로 나아가는 경향이 있다. 언뜻 보기에 보편성은 긍정적인 특성들만을 지니는 듯 보인다. 우리는 보편성에 대해 생각할 때 보편적 권리, 완전한 가역성, 온전히 타인의 입장에서 생각하는 것 등을 떠올린다. 완전한 보편성은 칸트의 정언명법 또는 롤즈의 무지의 베일과 같은 원칙들로 구성된다. 그러나 완전한 보편화 가능성은 순간순간의 일상적인 상황적 특수성을 제대로 반영하지 못하다. 교육의 측면에서 우리는 이러한 간극을 결코 줄일 수 없다.

네 번째 이분법은 직관적이고 감정적인 관점보다는 이성적인 관점에서 도덕적 상황을 조망하려는 데 존재한다. 이것은 영혼의 분리를 의미하는 것이 아니다. 오히려 정서지능(emotional intelligence, Stipek, 1996 ; Toda, 2000)의 관점에서 도덕성은 충돌되는 두 가지 가능성을 지니고 있음을 의미하는 것이다. 이러한 이분법의 배후에 존재하는 쟁점은 도덕성의 근원 문제이다. 우리는 도덕성의 가장 강력한 원천 중 하나가 분노라는 것을 알고 있다(Oser & Spychiger, 2005 ; Tugendhat, 1984). 부정의의 경험, 자신 및 타인에 대한 존중으로서의 분노는 도덕적 반성과 행동의 원동력이 된다. 더욱 최근의 연구들은 새로운 정보가 도덕적인 느낌의 계기가 될 수 있다는 사실을 보여준다. 그러므로 합리성은 정서적 반응들을 산출한다. 다른 사람들은 이와 정반대로, 즉 도덕적 감정들이 도덕적 반성을 이끈다고 믿는다. 어떤 사고가 발생한 후, 만약 우리가 그 사건이 의도적이었다는 것을 인식하게 된다면 이 경우는 전자에 해당한다. 우리가 집 없는 유랑자를 내 부모를 보듯 안타깝게 느낀다면, 그리고 우리가 그들의 상황을 크게 바꿀 수 없다고 느낀다면 이 사례는 후자에 해당한다(Asendorpf & Nunner-Winkler, 1992 ; Kersting, 2002 ; Peterson & Seligman, 2004 참조).

도덕교육에 대한 다섯 번째 이분법적인 사고는 결과(product)의 도덕성과 과정(process)의 도덕성을 구분하는 것과 관련이 있다. 결과의 도덕성은 교육의 궁극적인 목적에 대해 언급한다. 우리는 궁극적으로 우리가 무엇을 원하는지 알고 있다. 학생들이 습득해야 할 덕들에 대해서도 알고 있다. 비록 이러한 목적들이 결코 달성되지 못할지라도 목적 그 자체는 시간을 들여 노력할 만한 가치가 있는 것이고, 심사숙고하여 고려할 만한 것이다. 극단적인 경우 결과의 도덕성 관점에서 보면 교육자들은 무엇이 옳고 그른지 안다고 말할 수 있다. 슐만(Shulman, 1986)이 진술한 것처럼 과정-결과 연구는 개별적이고 관찰 가능한 교육의 효과를 지닌다. 물론 교사들이 차이를 발생시키는지 그 여부에 대해서는 좀 더 많은 이해가 필요한 상황이다. 결과지향적 도덕교육은 행동에 관여하는 인지를 너무 소홀히 다룬다. 오히려 교사가 사용하는 성공적인 방법과 그렇지 못한 방법들에 관심을 더 기울인다. "교사들은 연구 프로그램이 제안하는 방법들을 학습하는 데 능숙한 것 같다. 그리고 교사의 실행은 보다 높은 성과를 만들어내는 경향이 있다. 일정 부분 학생들의 활동을 표준화한 검사도구로 측정한 것이긴 하지만 프로그램은 분명히 성공적이었다"(Shulman, 1986, p. 11).

결과 지향의 반대는 과정의 도덕성이다. 여기에서는 담론 접근법이 두드러진 특징이다. 실제적 담론의 핵심 요소는 최소한 한 명의 당사자가 불행하다고, 불공정한 대우를 받았다고, 배려받지 못했다고 느끼는 도덕적 갈등 혹은 실질적인 분노를 느끼는 도덕적 갈등이다. 여기에서는 담론의 목적이 처음에 주어지지 않는다. 토론이 시작될 때 어느 누구도 도덕적 합의결과를 알지 못한다. 그러나 참가자들은 갈등과 관련된 모든 사람들이 선의지를 갖는다고 믿는다. 참가자들은 중재자의 도움을 통해 해결책을 찾을 수 있고 새로운 도덕적 평형상태를 산출할 수 있을 것이라고 믿는다. 그러므로 참가자들은 과정을 신뢰한다. 그리고 학습은 무엇이 옳고 그른지를 배우는 것이 아니라, 도덕적 문제에 대한 보다 좋은 혹은 보다 나쁜 해결책에 어떻게 도달하게 되는지 그 과정을 배우는 것이다.

여섯 번째 이분법에 대해 살펴보자. 새로운 도덕적 동기화 개념에 관한 가장 설득력 있는 분석 중 하나는 눈너-윈클러(2003)에게서 비롯된다. 이 역시 이분법을 제안하였고, 아직 그것이 도덕교육적으로 타당한지 충분히 검증되지는 않은 상태이다. 그녀는 강력한 습관화를 통한 도덕적 동기의 자기-통제 모델(self-constraint model)과 자신의 의지에 근거한 자기-제한 모델(self-limiting model)을 구분한다. 그녀에 따르면 이전 세대는 첫 번째 모델에 강하게 의존한다. 반면 보다 최근의 세대는 두 번째 모델에 주로 의지한다. 하지만 실제 교실에서는 두 가지 모두 함께 작동한다고 우리는 생각한다. 좀 더 권위적이고 종교적으로 지시된 유형의 도덕성 혹은 사회적으로 방향지워진 형태의 도덕성을 더 신뢰하는 학생들이 있다(자연법에 근거한 도덕성). 반면 모든 사람은 부도덕적인 행동 때문에 자신이 고통받게 되는 것을 바라지 않는다고 믿는 학생들도 있다. 그들은 도덕적으로 행동할 수 있는 개인의 의지를 믿는다. 눈너-윈클러가 주장했던 것처럼 후자와 같은 생각에서 도출되는 결과는 첫째, 소극적 의무들을 함축하는 최소 도덕(minimal morality, Gert, 1973)에 대한 자율적 수용이다(다른 사람을 해치지 않기). 그리고 둘째, 필요의 상황 속에서 도움주기와 같은 적극적 의무를 포함한다. 두 의무 중 오직 자신만이 고통을 느끼는 그런 도덕적 의무는 두 번째 모델과 관련된다. 자기-제한 모델에 따르면 인간은 자신의 신체적·정신적 요구들에 근거하여 의사를 결정한다는 점은 배제된다. 그러므로 도덕적 행동은 더 이상 공감, 열정 같은 감정들에 의해 동기화되지 않는다. 또한 두려움, 상처받은 초자아의 복수에 의해서도, 훈련되고 연습된 반응 형식들에 의해서도 동기화되지 않는다. 오히려 여기에서 원초적 입장(Rawls, 1974)을 취하고자 하는 의지가 계약이라는 도덕성으로 우리를 이끈다. 그러한 도덕성은 예외의 정당화 가능성, 힘의 균형, 지향할 바에 대한 합의, 과정의 도덕성 그리고 규칙들의 자명한 타당성과 같은 전제들에 기초한다. [이와 비슷한 생각이 콜버그(1981)의 동일한 단계 내 구별되는 도덕판단 형식 A와 B이다. A형식은 도덕적 딜레마에 대한 즉각적인 직관적 반응을 나타내는 것이고, B형식은 그것에 관한 자

율적 형식을 나타낸다.]

　도덕교육에서 핵심적인 문제 중 하나는 누구로부터 배워야 하는 가이다. 학교는 학생들의 잘못된 행동 때문에 정의공동체 회의(Just Community meeting)를 구성한다. 이것은 다른 이들이 미처 보지 못하고 지나친 이분법으로 우리를 인도한다. 즉 "악"은 "선"으로부터, "선"은 "악"으로부터 배워야 한다는 것이다(하지만 우리는 아직 무엇을 배우고 어떻게 배워야 하는지 알지 못한다). 일곱 번째 상반된 극단적인 입장은 다음과 같다. 선은 도덕적이기를 바라지 않는 사람에게 항상 고통스러운 것이어야 하는가? 사회 공동의 덕을 공유하지 않는 이들, 정의롭지 않게 행동하는 이들, 배려하지 않고 진실되지 못한 이들에게 선은 항상 고통스러운 것이어야 하는가? 우리는 성차에 관한 또 다른 연구를 통해 소녀들은 소년들만큼 못된 짓을 많이 하지는 않는다는 것을 알게 되었다. 그러나 뒤죽박죽인 "응급실"(emergency room) 같은 교실에서 교사가 "소년"들이 지니고 있는 공통적인 문제를 다룰 때, 소녀들은 학급에서 발생하는 소년들 간의 힘겨루기를 적절히 통제하는 법에 대해 어쩔 수 없이 듣고 배워야 하는 상황에 처하게 된다. 우리는 도덕적 사고와 감정의 발달에 또래집단의 중요성이 혹시 과대평가된 것은 아닌지 물을 수 있다. 그리고 우리는 무엇이 옳은 행동인지를 알고 있는 학생들의 문제에 대해 충분히 심사숙고하고 있는지, 그것을 알지 못하는 학생들의 문제에 그들을 끌어들이고 있는 것은 아닌지 의문을 제기할 수 있다[Oser (2005) 소극적 도덕성에 관하여].

　이분법의 여덟 번째 국면은 규칙을 다루는 두 가지 형식과 관련된다. 30년대의 피아제와 이후의 콜버그는 정의공동체 접근과 더불어 규칙은 두 가지 교육적 기능을 수행한다는 사실을 보여주었다. 한편으로 우리는 일상적인 문화를 통해 기본적으로 우리에게 주어지는 규칙들과 마주친다. 비록 이러한 규칙들이 성문화되어 있지는 않을지라도, 그리고 어느 누구도 적절한 방식으로 그것들을 형식화할 수 없다고 할지라도 다음 세대는 그것들 속에서 일하고, 그것들을 재공식화하며, 그것들을 비판하고, 바로 이전 세대가 파괴한 것을 다시 재건한다. 우리는 이러한 과정을 사회화라고 일컫는다. 또 다른 한편으로 의회구조를 갖춘 정의공동체 학교에서 학생들은 새로운 규칙들을 제정해 보면서 곤란한 상황을 적절히 다루는 방법에 대해 배워야 한다. 문화는 새로운 규칙을 제시해 주지 않는다. 그것들은 주어진 상황 속에서 필요에 따라 만들어진다. 우리는 이러한 극단적인 입장들 사이의 긴장을 도덕성의 오레스테스 효과(Orestes effect)라고 부른다(Oser, 1999). 그것은 새로운 규칙에 대한 의무를 말한다. 자기가 만든 규칙에 대한 의무감은 사회를 통해 전수되어 온 오래된 규칙들에 대한 그것보다 훨씬 강렬하게 다가온다. 오레스테스는 아버지의 죽음을 복수해야 하는 당시 전통을 준수해야 할 의무가 있었다. 그래서 자신의 어머니를 살해했다. 그러나 그가 속해 있던 동일한 그 전통은 어머니를 해(害)하지 못하게 하는 규범도 포함하고 있었다. 오레스테스는 전자의 의무를 수행하지 않았기 때문이 아니라 후자의 규범을 위반했기 때문에 유죄가 된다. 오레스테스 효과는 금지와 명령 사이의 갈등을 드러내려는 착상에서 비롯된 것이다. 그리고 때로 학생들은 학교 또는 사회의 규칙에 위배되는 그런 규칙을 교실이나 학교에서 만들 수 있는지 묻는다.

어떤 한 고등학교는 교사가 학생들의 출석상태를 매일 체크하는 규칙이 있었다. 어느 날 학생들은 교사들이 자신들을 너무 지나치게 통제한다는 느낌을 받았다. 그래서 학생들은 출석에 관한 규칙을 정의공동체 회의에 상정하기로 결정했다. 물론 교사들은 그것이 지역 교육청으로부터 내려진 지시이고, 일선 학교는 그것을 지켜야 할 의무가 있다고 방어했다. 또한 이러한 규칙은 급작스럽게 누군가 수업에 빠지고, 혹시 그들에게 무슨 일이 발생할지도 모르는 그런 상황을 확실히 인식하여 학교가 적절한 책임 있는 조치를 취하도록 하기 위해 교육당국이 내린 정책적 결정이라고 출석규칙을 옹호했다. 게다가 출석은 학습과 진급의 조건이라는 주장도 내세웠다. 그러나 학생들은 이러한 규칙이 학생인권에 불필요한 것이라고 주장했다. 결국 오랜 토론 끝에 거의 대다수 학생들은 일일 출석 체크를 거부하는 데 표를 던졌다. 이제 교장과 교사들은 난처한 상황에 놓이게 되었다. 이 상황은 오레스테스 효과를 우리 눈앞에 분명하게 보여준다. 결국 교장은 설득력이 강한 주장들이 제안될 때에만 예전의 규칙은 새로운 규칙으로 대체될 수 있다는 조건에 근거해서 새로운 규칙의 제정이 제한될 수 있음을 학생들에게 알리기 위해 회의 개최를 요구했다. 그러나 학생들은 이에 수긍할 수 없었다. 그래서 교사의 출석상태도 모니터되어야 한다는 주장을 가지고 학교 측과의 교섭에 임했다.

이러한 긴 토론의 과정은 이미 주어진 규칙과 새로운 그것 간의 갈등이 어느 정도까지 수용될 수 있는지를 명료하게 만들어 주었다. 학생들은 토론과정을 통해 보다 많은 것을 배웠다. 그리고 교칙이 단지 자신들의 학교생활에 장애가 되는지, 혹은 반성이나 토론과정 없이 교칙이 단지 집행되고 있는지보다는 토론과정과 교칙을 바꿔보려는 자신들의 노력을 통해 더 많은 것을 배울 수 있었다.

아홉 번째로 생각해 볼 수 있는 이분법적 측면은 배려지향적 도덕성과 정의지향적 도덕성 혹은 목적론적 정당화와 의무론적 정당화 간의 균형문제이다. 또는 결과주의의 도덕성과와 비결과주의의 도덕성 사이의 또 다른 미묘한 차이에서 발견할 수 있다. 자기 오해(self-misunderstanding)만큼 잘못된 이해가 많은 것도 없다. 왜냐하면 한 사람의 도덕적 결정은 자신이 처해 있는 맥락 속에서 발생하는 도덕적 갈등의 내용과 거기에서 느껴지는 책임감의 정도에 달려 있기 때문이다 (Blasi, 1983 ; Döbert & Nunner-Winkler, 1986 ; Juranek & Döbert, 2002 ; Noddings, 1992). 따라서 교육은 한쪽 측면만을 다루어서는 안 된다. 즉 교육은 각각의 구체적인 도덕적 상황 속에서 양 측면이 어떻게 평형을 찾을 것인가에 대해 창조적인 모습을 보여주어야 한다. 과정적 도덕성에 대한 한 연구를 통해 우리는 실천적 담론의 과정에서 도덕적 토론을 거쳐 도출된 성차적(gender) 관점이 아닌, 오히려 상황에 대한 자신의 지배적인 해석이 결정적임을 발견했다(Oser, 1998). 상황은 보다 많은 배려, 보다 높은 수준의 정의, 정직함을 요구할 수 있다. 이것 혹은 저것 어느 하나만 중요한 것이 아니다. 오히려 그것들이 함께 가는, 그것들 사이의 균형을 잡는 과정이 중요하다. 나는 도덕적 상황을 분석하면서 세 가지 중요한 윤리적 가치들 중 어느 하나만 단독으로 관련된 그런 사례는 없다는 것을 알게 되었다. 따라서 교육의 목적은 배려, 정의, 분배적 불편부당성 중 어느 하나의 윤리적 가치만을 계발하는 그런 방법을 찾는 것이 아니다. 주어진 상황이 그것들 모두를 얼마나 요구하는지 찾는 것이다. 해결책은 구체적인 상황 속에서 모든 중요한 도덕적·사회적 측면들을 고려한

결과로 도출된 합의된 균형이다.

　열 번째로 변증법적 긴장관계는 오래된 지식 대 역량(competence)으로 구성된다. 학교는 두 가지 모두를 추구해야 한다. 그러나 대부분의 학교는 이 중 어느 하나에만 치중하고 있다. 우리가 가상적인 도덕적 딜레마에 관해 토론을 하지만 이는 역량을 계발하는 것이 아니다. 역량은 가난을 당당하게 인정하고 견뎌낼 수 있는 것, 부당하게 취급당하는 것을 방어할 수 있게 되는 것, 그리고 도움과 배려가 필요한 이들을 지원해 줄 수 있게 되는 것 등을 의미하기 때문이다. 도덕역량을 증진시키기 위해서는 실천할 수 있는 적절한 상황이 요구된다. 그리고 일상적인 삶 속에서 도덕적인 사람이 되기가 얼마나 어려운가를 경험케 하는 것이 핵심이다. 스스로 도덕적 문제에 참여하는 법을 배우고 타자를 위해 행동하는 법을 배우는 것은 언제나 고통스러운 일이다.

　우리가 말하고 싶은 것은 이것이다. 도덕적 삶이란 갈등상황 속에서 쟁점이 되는 요소들을 적절히 중재하는 것으로 이루어진다. 열 번째 양극적인 차원은 단지 하나의 선택일 뿐이다. 린드의 8장은 긍정적 판단 vs 부정적 판단(찬성, 반대 주장들), 인지지향 대 정서지향, 판단의 일관성 vs 비일관성 등의 다양한 이분법적인 것들을 다루고 있다. 특히 (a) 규칙과의 일치, (b) 선한 의도, 또는 (c) 판단 속 역량을 통해 도덕성이 어떻게 형성되는지, 그에 대한 일반적인 믿음들은 다음과 같은 또 다른 차원의 양극적인 이분법을 초래한다. 규칙지향 vs 무규칙지향, 선한 의도와 행동 vs 선한 의도와 무행동, 판단 속 역량 vs 실행, 온전히 마음으로만 판단하는 것과 시간의 제약과 상황에 대한 편향된 정보 아래에서 판단하는 것 등.

마지막으로 철학적 · 발달론적 · 심리학적 이론들에 기초하고 있는 도덕교육은 이러한 이론들을 넘어서야 한다. 도덕교육은 도덕적 해결책을 발견해 가는 과정을 포함해야 한다. 그리고 감정과 정서 같은 심리학적인 요소들을 다루어야 한다. 또한 도덕교육은 태생적인 모든 이분법적 요소들을 포함해야 한다. 그러므로 도덕교육은 어쩌면 전혀 성공을 보장할 수 없는 그런 기획(enterprise)일지도 모른다. 도덕교육이 갖고 있는 위험은 타인을 향한 영원한 감수성이다. 그것은 오즈가 말했던 것처럼 타인의 신발을 신어보는 것은 즐거움이요, 심지어 진기한 모험이기까지 하다.

참고문헌

Asendorpf, J. B., & Nunner-Winkler, G. (1992). Children's moral motive strength and temperamental inhibition reduce their egoistic tendencies in real moral conflicts. *Child Development, 63*, 1223-1235.

Bayertz, K. (2002). *Warum moralisch sein?* Stuttgart : UTB.

Beck, K. (1997). *The segmentation of moral judgment of adolescent students in Germany-Findings and problems.* Arbeitspapiere Wirtschaftspädagogik Nr. 5. Mainz : Johannes Gutenberg-Universität.

Berliner, D. C. (2005, April). *Our improverished view of educational reform.* Paper presented at the annual meetion of the American Educational Research Association as the 2005 Presidential Invited Speech. Montreal, Canada (published by *Teachers College* Record, August 2, 2005).

Blakeney, C., & Blakeney, R. (1992). The role of race in moral reasoning. In D. K. Lapseley & F. C. Power(Eds.), *The challenge of pluralism : Education, politics and values* (pp. 65-102). South Bend, IN : Nortre Dame Press.

Blasi, A. (1983). Moral cognition and moral action : A theoretical perspective. *Developmental Review, 3*, 178-210.

Bransford, J. D., Brown, A. L., & Cocking, R. R. (2000). *How people learn Brain, mind, experience, and school.* Washington, DC : National Academy Press.

Canetti, E. (1992). *Masse und Macht.* Berlin : Claassen Verlag.

Cognition and Technology Group at Vanderbilt (1997). *The Jasper project : Lessons in curriculum, instruction, assessment, and professional development.* Mahwah, NJ : Erlbaum.

Cognition and Technology Group at Vanderbilt (1998). Designs for enviroments that invite and sustain mathematical thinking. In P. Cobb (Ed.), *Symbolizing,* communicating, and mathematizing : Perspectives on discourse, tools, and instructional design. Mahwah, NJ : Erlbaum.

Colby, A., & Damon, W. (1992). Some do care. Contemporary lives of moral commitment. New York : The Free Press.

Damon, W., & Hart, D. (1982). The development of self-understanding from infancy through adolescence. Child Development, 53, 841-864.

Döbert, R., & Nunner-Winkler, G. (1986). Wertwandel und moral. In H. Bertram (Eds.), Gesellschaftlicher Zwang und moralische Autonomie. Frankfurt/M. : Suhrkamp, S.289-321.

Durkheim, E. (1973). Erziehung, Moral und Gesellschaft. Neuwied : Luchterhand.

Gert, B. (1983). Die moralischen Regeln. Frankfurt : Suhrkamp.

Greeno, J. G. (1998). Ths situativity of knowing, learning, and research. American Psychologist, 58, 5-26.

Habermas, J. (1991). Erläuterungen zur Diskursethik. Frankfurt : Suhrkamp.

Habermas, J. (1988). Praktische Vernunft. Frankfurt : Suhrkamp.

Hattersley, L. (2005). "Unhappy moralist" : Doing right and feeling wrong. Eine empirische Arbeit zum Phänomen des unglücklichen Moralisten in Zusammenhang mit verschiedenen Normbereichen und anderen möglichen Einflussfaktoren. Lizentiatsarbeit. Fribourg, Schweiz : Universität Fribourg, Schweiz, Departement Erziehungswissenschaften.

Higgins, A. (1987). Moralische Erziehung in der Gerechten Gemeinschaft-Schule –Über schulpraktische Erfahrungen in den USA. In G. Lind & J. Raschert (Eds.), Moralische Urteilsfähigkeit. Eine Auseinandersetzung mit Lawrence Kohlberg (pp. 54-72). Weinheim : Beltz.

Higgins, A. (1989). Das Erziehungsprogramm der Gerechten Gemeinschaft : Die Entwicklung moralischer Sensibilität als Ausdruck von Gerechtigkeit und Fürsorge. In G. Lind & G. Pollitt-Gerlach (Eds.) Moral in "unmoralischer" Zeit. Zu einer partnerschaftlichen Ethik in Erziehung und Gesellschaft (pp. 101-127). Heidelberg : Asanger.

Jackson, P. W., Boostrom, R. E., & Hansen, D. T. (1993). The moral life of schools. San Francisco : Jossey-Bass.

Juranek, N., & Döbert, R. (2002). Eine andere Stimme? Universalien oder *geschlechtsspezifische Differenzen in der Moral*. Heidelberg : Asanger.

Keller, M., Lourenço, O., Malti, T., & Saalbach, H. (2003). The multifaceted phenomenon of "happy victimizers" : A cross-cultural comparison of moral emotions. *British journal of Developmental Psychology 21*, 1-18.

Kersting. W. (2002). *Kritik der Gleichheit. Über die Grenzen der Gerechtigkeit und der Moral*. Weilerswist : Velbrück Wissenschaft.

Kohlberg, L. (1981). *Essays on moral development. Vol. 1 : The philosophy of moral development. Moral stages and the idea of justice*. San Francisco : Harper & Row.

Lave, J., & Wenger, E. (1991). *Situated learning. Legitimate peripheral participation*. Cambridge : Cambridge University Press.

Marton, F., Runesson, U., & Tsui, A. B. M. (2005). *The space of learning*. Mahwah, NJ : Erlbaum.

Noddings, N. (1992). *The challenge to care in schools : An alternative approach to education*. New York : Teachers College Press.

Nucci, L. p. (1996). Morality and the personal sphere of actions. In E. Reed, E. Turiel, & T. Brown (Eds.), *Values and knowledge* (pp. 41-60). Hillsdale, NJ : Erlbaum.

Nucci, L. p. (2001). *Education in the moral domain*. Cambridge : Cambridge University Press.

Nunner-Winkler, G. (1989). Wissen und Wollen. Ein Beitrag zur frühkindlichen Moralentwicklung. In A. Honneth, T. McCarthy, C. Offe, & A. Wellmer (Eds.), *Zwischenbetrachtungen. Im Prozess der Aufklärung* (pp. 574-600). Frankfurt : Suhrkamp.

Nunner-Winkler, G. (1993). Die Entwicklung moralischer Motivation. In W. Edelstein, G. Nunner-Winkler, & G. Noam (Eds.), *Morla und person*. Frankfurt : Suhrkamp.

Nunner-Winkler, G. (2001). Freiwillige Selbstbindung aus Einsicht-ein moderner Modus moralischer Motivation. In J. Allmendinger (Ed.), *Gute Gesellschaft? Verhandlungen des 30. Kongresses der Deutschen Gesellschaft für Soziologie* in Köln 2000 (pp. 172-196). Opladen : Leske + Budrich.

Nunner-Winkler, G. (2003). Ethik der freiwilligen Selbstbindung. Erwägen, Wissen.

Ethik, 14(4), 579–589.

Oser, F. (1995). Does morality inhibit success? In F. R. Dans (Ed.), *Waarden in opvoeding en onderwijs* (pp. 1–28). Antwerpen : Universiteit Antwerpen.

Oser, F. (1998). Negative Moralität und Entwicklung. Ein undurchsichtiges Verhältnis. *Ethik und Sozialwissenschaften, 9*, 597–608.

Oser, F. (1999). Grudsätze einer umfassenden Moralerziehung : Der vergessene Orestes-Effekt. In G. Pollak & R. Prim (Eds.), *Erziehungswissenschaft und Pädagogik zwischen kritischer Reflexion und Dienstleistung. Festschrift zum 65. Geburtstag von Helmut Heid.* S. 350–365. Weinheim : Deutscher Studien Verlag.

Oser, F. (2005). Negative morality and the goal of moral education. In L. Nucci (Ed.), *Conflict, contradiction, and contrarian elements in moral development and education* (pp. 129–156). Mahwah, NJ : Erlbaum.

Oser, F., & Althof, W. (1992). *Moralische Selbstbestimmung. Modelle der Entwicklung und Erziehung im Wertebereich. Ein Lehrbuch.* Stuttgart : Klett.

Oser, F., & Reichenbach, R. (2000). Moralische Resilienz : Das Phänomen des "Unglücklichen Moralisten." In W. Edelstein & G. Nunner-Winkler (Eds.), *Moral im sozialen Kontext* (pp. 202–233). Frankfurt : Suhrkamp.

Oser, F., & Spychiger, M. (2005). *Lernen ist schmerzhaft. Zur Theorie des Negativen Wissens und zur Praxis der Fehlerkultur.* Weinheim : Beltz.

Oz, A. (2005, August). *Festrede in der Paulskirche zu Frankfurt. Abdruck Süddeutsche Zeitung vom 27.*

Pellegrino, J. W., Chudowsky, N., & Glaser, R. (2001). *Knowing what students know. The science and design of educational assessment.* Washington, DC : National Academy Press.

Peterson, C., & Seligman, M. E. P. (2004). *Character strengths and virtues. A handbook and classification.* New York : Oxford University Press.

Power, C. (1979). *The moral atmosphere of a Just Community high school : A four year longitudinal study.* Doctoral dissertation. Harvard University, Cambridge, MA.

Rawls, J. (1971). *A theory of justice.* Cambridge, MA. Belknap Press at Harvard University.

Schmid, E. (2003). "Unhappy Moralist" : Das Phänomen des unglücklichen Moralisten. Eine entwicklungspsychologische Arbeit zur Emotionsattribution im moralischen Bereich. Lizentiatsarbeit. Fribourg, Schweiz : Universität Fribourg, Schweiz, Departement Erziehungswissenschaften.

Searle, J. (1993). *Die Wiederentdeckung des Geistes*. München : Artemis.

Shulman, L. S. (1986). Those who understand. Knowledge growth in teaching. *Educational Researcher, 15*(2), 4–14/21.

Stipek, D. J. (1996). Motivation and instruction. In D. C. Berliner & R. C. Calfee (Eds.), *Handbook of educational psychology* (pp. 85–116). New York : Macmillan.

Toda, M. (2000). Emotion and social interaction : A theoretical overview. In G. Hatano, N. Okada, & H. Tanabe (Eds.), *Affective minds. The 13th Toyota Conference* (pp. 3–12). Amsterdam : Elsevier.

Tugendhat, E. (1984). *Probleme der Ethik*. Ditzingen : Reclam.

Turiel, E. (1983). *The development of social knowledge. Morality and convention*. Cambridge : Cambridge University Press.

Werner, E. (1995). Resilience in development. *Current Directions in Psychological Science, 4*, 81–85.

도덕철학과 도덕심리학

도덕교육론의 새로운 동향과 근거

발행일 1쇄 2013년 1월 31일

엮은이 웨인 윌리스, 다니엘 패스코 쥬니어

옮긴이 박병기, 김동창, 이철훈

펴낸이 여국동

펴낸곳 도서출판 인간사랑

출판등록 1983. 1. 26. 제일-3호

주소 경기도 고양시 일산동구 백석동 1178-1번지 2층

전화 031)901-8144(대표) | 977-3073(영업부) | 031)907-2003(편집부)

팩스 031)905-5815

전자우편 igsr@naver.com

블러그 http://blog.naver.com/igsr

인쇄 인성인쇄 **출력** 현대미디어 **종이** 세원지업사

값 19,000원

ISBN 978-89-7418-069-0   93370